Cadernos do cárcere

Obras de Antonio Gramsci

Editor: Carlos Nelson Coutinho
Coeditores: Luiz Sérgio Henriques e Marco Aurélio Nogueira

Cadernos do cárcere (6 vols.)

1. Introdução ao estudo da filosofia. A filosofia de Benedetto Croce
2. Os intelectuais. O princípio educativo. Jornalismo
3. Maquiavel. Notas sobre o Estado e a política
4. Temas de cultura. Ação católica. Americanismo e fordismo
5. O *Risorgimento*. Notas sobre a história da Itália
6. Literatura. Folclore. Gramática. Apêndices: variantes e índices

Escritos políticos (2 vols.)

1. Escritos políticos 1910-1920
2. Escritos políticos 1921-1926

Cartas do cárcere (2 vols.)

Antonio Gramsci

Cadernos do cárcere

Volume 5:
O *Risorgimento*. Notas sobre a história da Itália

Tradução de
Luiz Sérgio Henriques

6ª edição

CIVILIZAÇÃO BRASILEIRA

Rio de Janeiro
2023

Capa: Rodrigo Moreira
Imagem de capa: Laski Diffusion/ Getty Images

Texto revisado segundo Acordo Ortográfico da Língua Portuguesa de 1990.

Direitos desta edição adquiridos pela
EDITORA CIVILIZAÇÃO BRASILEIRA
Um selo da
EDITORA JOSÉ OLYMPIO LTDA.
Rua Argentina, 171 — Rio de Janeiro, RJ — 20921-380 — Tel.: (21) 2585-2000.

CIP-BRASIL. CATALOGAÇÃO NA PUBLICAÇÃO
SINDICATO NACIONAL DOS EDITORES DE LIVROS, RJ

G773c Gramsci, Antonio, 1891-1937
6. ed. Cadernos do cárcere : volume 5 : o risorgimento, notas sobre a história da Itália / Antonio Gramsci ; tradução Luiz Sérgio Henriques. - 6. ed. - Rio de Janeiro : Civilização Brasileira, 2023.

Tradução de: Quaderni del carcere
Inclui índice onomástico
ISBN 978-65-5802-027-1

1. Itália - História. 2. Itália - Condições econômicas. I. Henriques, Luiz Sérgio. II. Título.

CDD: 945
23-85362 CDU: 94(450)

Meri Gleice Rodrigues de Souza - Bibliotecária - CRB-7/6439

Impresso no Brasil
2023

SUMÁRIO

Nota prévia 7

CADERNOS DO CÁRCERE
Volume 5

1. Caderno 19 (1934-1935)
[*Risorgimento italiano*] 11

2. Caderno 25 (1934)
Às margens da história (história dos grupos sociais subalternos) 129

3. Dos cadernos miscelâneos
Caderno 1 (1929-1930) 149
Caderno 2 (1929-1933) 154
Caderno 3 (1930) 203
Caderno 4 (1930-1932) 209
Caderno 5 (1930-1932) 209
Caderno 6 (1930-1932) 240
Caderno 7 (1930-1931) 272
Caderno 8 (1931-1932) 277
Caderno 9 (1932) 304
Caderno 14 (1932-1935) 308
Caderno 15 (1933) 315
Caderno 17 (1933-1935) 335

Notas ao texto 351
Índice onomástico 419

NOTA PRÉVIA

Para os critérios utilizados na presente edição brasileira dos *Cadernos do cárcere*, cujo volume 5 o leitor tem agora em mãos, remetemos à detalhada "Introdução" contida no volume 1. Nela, o leitor encontrará não apenas a explicitação desses critérios, mas também uma descrição dos *Cadernos* e uma história de suas edições na Itália e no Brasil.

Recordamos aqui apenas alguns tópicos:

1) Os *Cadernos do cárcere* se dividem, segundo indicações do próprio Gramsci, em "cadernos especiais" e "cadernos miscelâneos". Nos primeiros, em geral mais tardios, Gramsci agrupou notas sobre temas específicos; nos segundos, reuniu apontamentos sobre diferentes assuntos. Além de reproduzir os "cadernos especiais" tais como nos foram legados por Gramsci, esta edição os faz sempre acompanhar pelas notas contidas nos "cadernos miscelâneos" relativas ao conteúdo básico de cada um dos "cadernos especiais".

O presente volume 5 contém dois desses "cadernos especiais": um dedicado ao *Risorgimento*, ou seja, aos processos que conduziram em meados do século XIX à unificação estatal da Itália; e outro, bem menor, dedicado à história dos grupos sociais subalternos, que trata essencialmente de temas referidos à história italiana. Segue-se uma parte intitulada "Dos cadernos miscelâneos", que reúne as várias notas dedicadas não apenas aos temas abordados nos referidos cadernos especiais, mas também à história italiana em geral, desde o período medieval até a contemporaneidade de Gramsci.

Apresentados aqui em sua presumível ordem cronológica de redação, os cadernos e as notas (sempre precedidas no manuscrito de Gramsci por um sinal de §) são datados e numerados segundo os critérios adotados na edição crítica organizada por Valentino Gerratana (*Quaderni del carcere*, Turim, Einaudi, 1975, 4 vols.).

2) Em sua edição, Gerratana distingue as notas gramscianas em textos A, B e C. Os textos A são aqueles que Gramsci cancela e depois retoma, com maiores ou menores alterações, em textos C; os textos B são os de redação única. Nossa edição, que reproduz a totalidade dos textos B e C, contém apenas alguns textos A, incluídos sobretudo no apêndice ao volume 6. Enquanto os "cadernos especiais" são quase sempre constituídos por textos C, os "cadernos miscelâneos" (se excluirmos os textos A e apenas três textos C) são formados por textos B. Quando houver exceções a essa "regra", elas serão indicadas na presente edição, mediante a inclusão, após cada parágrafo que não siga a "regra", dos signos {B} ou {C}. Cabe advertir que, no presente volume 5, todas as notas contidas nos "cadernos especiais" (19 e 25) são do tipo C, salvo os §§ 52, 54 e 58 do Caderno 19, que são textos B; e todas as notas dos "cadernos miscelâneos" são de tipo B.

3) Sempre que o leitor encontrar, ao longo do texto de Gramsci, um número posto entre colchetes ([1], [2], [3], etc.), tal número remete às "Notas ao texto", situadas no final de cada volume. Essas "Notas" fazem parte do aparato crítico da presente edição. No caso do atual volume, além de muitas notas originais e de outras sugeridas por V. Gerratana e por J. A. Buttigieg (nas edições mencionadas no vol. 1), valemo-nos também de indicações fornecidas por Corrado Vivanti, em sua edição crítica de A. Gramsci, *Quaderno 19. Risorgimento italiano*, Turim, Einaudi, 1977.

C.N.C.

CADERNOS DO CÁRCERE

Volume 5

1. Caderno 19

(1934-1935)

[*Risorgimento italiano*]

§ 1. Uma dupla série de investigações. Uma sobre a Era do *Risorgimento* e uma segunda sobre a história anterior que teve lugar na península italiana, por ter criado elementos culturais que tiveram uma repercussão na Era do *Risorgimento* (repercussão positiva e negativa) e também continuam a operar (ainda que como dados ideológicos de propaganda) na vida nacional italiana, tal como foi formada pelo *Risorgimento* [1]. Esta segunda série deve ser um conjunto de ensaios sobre as épocas da história europeia e mundial que tiveram um reflexo na península. Por exemplo:

1) Os diversos significados que teve a palavra "Itália" nas diferentes épocas, partindo do conhecido ensaio do professor Carlo Cipolla (que deveria ser completado e atualizado) [2].

2) O período da história romana que marca a passagem da República ao Império, por criar o quadro geral de algumas tendências ideológicas da futura nação italiana. Não parece ter sido compreendido que justamente César e Augusto, na realidade, modificam radicalmente a posição relativa de Roma e da península no equilíbrio do mundo clássico, tirando da Itália a hegemonia "territorial" e transferindo a função hegemônica a uma classe "imperial", isto é, supranacional. Se é verdade que César continua e conclui o movimento democrático dos Graco, de Mário, de Catilina, também é verdade que César vence na medida em que o problema, que para os Graco, para Mário, para Catilina, aparecia como problema a ser resolvido na península, em Roma, para César aparece no quadro de todo o Império, do qual a península é uma parte, e Roma, a capital "burocrática"; e isto, também, apenas até certo ponto. Este nexo histórico é da máxima importância para a história da península e de Roma, porque é o início do processo de "desnacionalização" de Roma e da península e de sua transformação

em "terreno cosmopolita". A aristocracia romana, que, com os modos e os meios adequados ao tempo, tinha unificado a península e criado uma base de desenvolvimento nacional, é sobrepujada pelas forças imperiais e os problemas que ela mesma suscitou: o nó histórico-político é cortado por César com a espada e se inicia uma época nova, em que o Oriente tem um peso tão grande que termina por sobrepujar o Ocidente e levar a uma fratura entre as duas partes do Império.

3) Idade Média ou Era das Comunas, em que se constituem molecularmente os novos grupos sociais urbanos, sem que o processo atinja a fase mais alta de maturação, como na França, na Espanha, etc.

4) Era do mercantilismo e das monarquias absolutas, que na Itália, precisamente, tem manifestações de escasso alcance nacional porque a península está sob a influência estrangeira, ao passo que nas grandes nações europeias os novos grupos sociais urbanos, inserindo-se poderosamente na estrutura estatal de tendência unitária, fortalecem a própria estrutura e o unitarismo, introduzem um novo equilíbrio nas forças sociais e criam para si as condições de um desenvolvimento rapidamente progressivo.

Estes ensaios devem ser concebidos para um público determinado, com o fim de destruir concepções antiquadas, escolásticas, retóricas, absorvidas passivamente em razão das ideias difundidas num dado ambiente de cultura popular, para suscitar, portanto, um interesse científico pelas questões tratadas, que por isto serão tratadas como vivas e operantes também no presente, como forças em movimento, sempre atuais.

§ 2. *L'età del Risorgimento*, de Adolfo Omodeo (Ed. Principato, Messina). Este livro de Adolfo Omodeo parece ter falhado em seu todo. É a reelaboração de um manual escolar e, do manual, conserva muitas características [3]. Os fatos (os eventos) são simplesmente descritos como puros enunciados de um catálogo, sem nexos de necessidade histórica. O estilo do livro é desleixado, muitas vezes irritante; os juízos são tendenciosos, às vezes parece que Omodeo tem uma questão pessoal com certos protagonistas da história (por exemplo, com os jacobinos franceses). No tocante à península italiana, parece que a intenção de Omodeo teria sido a de mostrar que o *Risorgimento* é fato essencialmente italiano, cujas origens devem se encontrar na Itália e não só, ou predominantemente, nos desdobramentos europeus da Revolução Francesa e da invasão napoleônica. Mas esta intenção só se efetiva com o fato de iniciar a narração em 1740, e não em 1789, 1796 ou 1815.

O período das monarquias iluminadas não é, na Itália, um fato autóctone, e não é "original" italiano o respectivo movimento de pensamento (Giannone e os regalistas) [4]. Parece que se pode considerar a monarquia iluminada a derivação política mais importante da era do mercantilismo, que anuncia os tempos novos, a moderna civilização nacional; mas na Itália terá havido uma era do mercantilismo como fenômeno nacional? Se organicamente desenvolvido, o mercantilismo teria tornado ainda mais profundas, e talvez definitivas, as divisões em Estados regionais; o estado informe e inorgânico em que as diversas partes da Itália se encontravam do ponto de vista econômico, a não formação de fortes interesses constituídos em torno de um forte sistema mercantilista-estatal permitiram ou tornaram mais fácil a unificação da Era do *Risorgimento.*

Parece também que, na conversão de seu trabalho de manual escolar em livro de cultura geral, com o título de *L'età del Risorgimento*, Omodeo deveria ter mudado toda a sua economia (a estrutura), reduzindo a parte europeia e ampliando a parte italiana. Do ponto de vista europeu, trata-se da Era da Revolução Francesa e não do *Risorgimento* italiano, do liberalismo como concepção geral da vida e como nova forma de civilização estatal e de cultura, e não só do aspecto "nacional" do liberalismo. Certamente, é possível falar de uma Era do *Risorgimento*, mas então é necessário restringir a perspectiva e focalizar a Itália e não a Europa, desenvolvendo, da história europeia e mundial, apenas aqueles nexos que modificam a estrutura geral das relações de força internacionais que se opunham à formação de um grande Estado unitário na península, reprimindo toda iniciativa neste sentido e sufocando-a ao nascer, e desenvolvendo a análise daquelas correntes que, ao contrário, a partir do mundo influíam na Itália, encorajando as forças autônomas e locais da mesma natureza e tornando-as mais vigorosas. Ou seja, existe uma Era do *Risorgimento* na história que se desenrola na península italiana, não existe na história da Europa como tal: nesta, o que corresponde é a Era da Revolução Francesa e do liberalismo (como foi tratada por Croce, de modo falho, porque no quadro de Croce falta a premissa, a revolução na França e as guerras subsequentes: as derivações históricas são apresentadas como fatos em si, autônomos, que têm em si as próprias razões de ser, e não como partes de um mesmo nexo histórico, do qual a Revolução Francesa e as guerras não podem deixar de ser elemento essencial e necessário) [5].

O que significa ou pode significar o fato de que Omodeo inicia sua narração a partir da Paz de Aachen, que põe termo à guerra pela sucessão da Espanha [6]? Omodeo não "argumenta", não "justifica" este seu critério de método, não mostra ser ele a expressão do fato de que um determinado nexo histórico europeu é, ao mesmo tempo, um nexo histórico italiano, a ser inserido necessariamente no desenvolvimento da vida nacional italiana. Mas isto pode e deve ser "declarado". A personalidade nacional (como a personalidade individual) é uma mera abstração, se considerada fora do nexo internacional (ou social). A personalidade nacional expressa uma "especificação" do todo internacional, portanto está ligada às relações internacionais. Existe um período de domínio estrangeiro na Itália, por um certo tempo domínio direto, posteriormente de caráter hegemônico (ou misto, de domínio direto e de hegemonia). A queda da península sob a dominação estrangeira no século XVI já havia provocado uma reação: aquela de orientação nacional-democrática de Maquiavel, que expressava ao mesmo tempo o lamento pela perda da independência numa determinada forma (a do equilíbrio interno entre os Estados italianos sob a hegemonia da Florença de Lourenço, o Magnífico) e a vontade inicial de lutar para readquiri-la numa forma historicamente superior, como principado absoluto à maneira da Espanha e da França. No século XVIII, o equilíbrio europeu, Áustria-França, entra numa fase nova no que respeita à Itália: existe um enfraquecimento recíproco das duas grandes potências e surge uma terceira grande potência, a Prússia. Portanto, as origens do movimento do

Risorgimento, isto é, do processo de formação das condições e das relações internacionais que permitirão à Itália unir-se em nação e às forças nacionais desenvolverem-se e expandirem-se, não devem ser buscadas neste ou naquele evento concreto registrado numa ou noutra data, mas precisamente no mesmo processo histórico pelo qual o conjunto do sistema europeu se transforma. Mas este processo não é independente dos eventos internos da península e das forças que nela se localizam. O papado sempre fora um elemento importante e, às vezes, decisivo dos sistemas europeus. No curso do século XVIII, o enfraquecimento da posição do papado como potência europeia é, sem dúvida, catastrófico. Com a Contrarreforma, o papado havia modificado essencialmente a estrutura de seu poder: afastara-se das massas populares, tornara-se promotor de guerras de extermínio, confundira-se com as classes dominantes de modo irremediável. Assim, havia perdido a capacidade de influenciar os governos, seja diretamente, seja indiretamente, através da pressão das massas populares fanáticas e fanatizadas: é digno de nota que, justamente enquanto Bellarmino elaborava sua teoria do domínio indireto da Igreja, a Igreja, com sua atividade concreta, destruía as condições de qualquer domínio seu, mesmo indireto, afastando-se das massas populares [7]. A política regalista das monarquias iluminadas é a manifestação desta perda de autoridade da Igreja como potência europeia e, portanto, italiana, e marca também o início do *Risorgimento*, se é verdade, como é verdade, que o *Risorgimento* só era possível em função de um enfraquecimento do papado, seja como potência europeia, seja como potência italiana, isto é, como possível força que reorganizasse os Estados da península sob sua hegemonia. Mas todos estes são elementos condicionantes; ainda não se fez uma demonstração, historicamente válida, de que já no século XVIII se tinham constituído na Itália forças que visavam concretamente a fazer da península um organismo político unitário.

§ 3. *As origens do Risorgimento.* As investigações sobre as origens do movimento nacional do *Risorgimento* são quase sempre viciadas pela tendenciosidade política imediata, não só por parte dos escritores italianos mas também por parte dos estrangeiros, especialmente franceses (ou sob influência da cultura francesa). Existe uma "doutrina" francesa sobre as origens do *Risorgimento*, segundo a qual a nação italiana deve sua fortuna à França, especialmente aos dois Napoleões, e esta doutrina também tem seu aspecto polêmico-negativo: os nacionalistas monárquicos (Bainville) dirigem aos dois Napoleões (e às tendências democráticas em geral suscitadas pela Revolução) a censura de terem enfraquecido a posição relativa da França na Europa com sua política "pró-nacionalidades", ou seja, de terem sido contra a tradição e os interesses da nação francesa, representados pela monarquia e pelos partidos de direita (clericais), sempre anti-italianos, e que consistiriam em ter por vizinhos conglomerados de pequenos Estados, como eram a Alemanha e a Itália no século XVIII [8].

Na Itália, as questões "tendenciais e tendenciosas" postas a este propósito são: 1) a tese democrática francófila, segundo a qual o movimento se deve à Revolução Francesa e é dela uma derivação direta, o que determinou a tese oposta; 2) a Revolução Francesa, com sua intervenção na península, interrompeu o movimento "verdadeiramente" nacional, tese que tem um duplo aspecto: *a)* o jesuítico (pelo qual os *sanfedistas* eram o único elemento "nacional" respeitável e legítimo), e *b)* o moderado, que se refere, antes, aos príncipes reformadores, às monarquias iluminadas [9]. Alguns ainda acrescentam: *c)* o movimento reformador fora interrompido com o pânico suscitado pelos acontecimentos na França; portanto, a intervenção dos exércitos franceses na Itália não interrompe o movimento nativo, mas, antes, torna possível sua retomada e efetivação.

Muitos destes elementos são desenvolvidos naquela literatura a que se alude sob a denominação "Interpretações do *Risorgimento* italiano", literatura que, embora tenha um significado na história da cultura política, tem somente um reles significado em termos de historiografia.

Num artigo, muito notável, de Gioacchino Volpe, "Una scuola per la storia dell'Italia moderna" (no *Corriere della Sera* de 9 de janeiro de 1932), está escrito: "Todos o sabem: para compreender o *Risorgimento*, não basta recuar até 1815 nem sequer até 1796, o ano em que Napoleão irrompeu na península e nela suscitou a tempestade. O *Risorgimento*, como retomada da vida italiana, como formação de uma nova burguesia, como consciência crescente de problemas não só municipais e regionais mas nacionais, como sensibilidade a certas exigências ideais, é preciso buscá-lo muito antes da Revolução: é também sintoma, um dos sintomas, de uma revolução em marcha, não só francesa mas, num certo sentido, mundial. Todos sabem igualmente que a história do *Risorgimento* não se estuda apenas com os documentos italianos, e como fato somente italiano, mas no quadro da vida europeia; trata-se de correntes de cultura, de transformações econômicas, de situações internacionais novas, que induzem os italianos a novas ideias, a novas atividades, a novo ordenamento político [10]."

Nestas palavras de Volpe está resumido aquilo que deveria ter sido o objetivo de Omodeo em seu livro, mas que, em Omodeo, permanece desconexo e exterior. Tem-se a impressão de que, seja pelo título, seja pela estrutura cronológica, o livro de Omodeo tenha apenas querido prestar uma homenagem "polêmica" à tendenciosidade histórica e não à história, por razões pouco claras de "concorrência" oportunista e, de todo modo, pouco dignas de apreço.

No século XVIII, mudadas as condições relativas da península no quadro das relações europeias, seja no tocante à pressão hegemônica das grandes potências, que não podiam permitir o surgimento de um Estado italiano unitário, seja no tocante à posição de poder político (na Itália) e cultural (na Europa) do papado (e as grandes potências europeias podiam permitir menos ainda um Estado unificado italiano sob a supremacia do papa, isto é, permitir que a função cultural da Igreja e sua diplomacia, já bastante embaraçosas e limitadoras do poder estatal nos países católicos, se reforçassem apoiando-se num grande Estado territorial e num Exército correspondente), também muda a importância e o significado da tradição literário-retórica que exalta o passado romano, a glória das Comunas e do Renascimento, a função universal do papado italiano. Esta atmosfera cultural italiana permanecera até então indistinta e genérica; beneficiava especialmente o papado, formava o terreno ideológico do poderio papal no mundo, o elemento discriminador para a seleção e a educação do pessoal eclesiástico e laico-eclesiástico, de que o papado tinha necessidade para sua organização prático-administrativa, para a centralização do organismo eclesiástico e sua influência, para todo o conjunto da atividade política, filosófica, jurídica, publicística, cultural que constituía a máquina para o exercício do poder indireto e, no período anterior à Reforma, para o exercício do poder direto ou daquelas funções de poder direto que podiam concretamente se efetivar no sistema de relações de força internas de cada país católico [11]. No século XVIII, inicia-se um processo de diferenciação nesta corrente tradicional: uma parte, cada vez mais conscientemente (por explícito programa), liga-se à instituição do papado como expressão de uma função intelectual (ético-política, de hegemonia intelectual e civil) da Itália no mundo e terminará por se expressar no *Primato* giobertiano (e no neoguelfismo, através de uma série de movimentos mais ou menos equívocos, como o *sanfedismo* e o primeiro período do lamennaisismo, que são examinados sob a rubrica da "Ação Católica" e suas origens) e, em seguida, por se concretizar em forma orgânica, sob a direção imediata do próprio Vaticano, no movimento da Ação Católica, no qual a função da Itália como nação é reduzida ao mínimo (ao contrário daquela parte do pessoal central vaticano que é italiana, mas não pode pôr em primeiro plano, como antes, seu ser italiano); e desenvolve-se uma parte "laica", aliás, em oposição ao papado, que busca reivindicar uma função de primazia italiana e de missão italiana no mundo, independentemente do papado. Esta segunda parte, que jamais pode se referir a um organismo ainda tão potente como a Igreja romana e carece, portanto, de um ponto único de centralização, não tem a mesma coesão, homogeneidade, disciplina da outra, tem várias linhas interrompidas de desenvolvimento e, pode-se dizer, converge no mazzinismo [12].

O que é importante historicamente é que no século XVIII esta tradição, para se concretizar melhor, começa a se desagregar e a se mover segundo uma dialética interior: significa que tal tradição literário-

-retórica torna-se um fermento político, o suscitador e o organizador do terreno ideológico em que as forças políticas efetivas conseguirão determinar a disposição, ainda que confusa, das mais amplas massas populares necessárias para alcançar certos fins, conseguirão pôr em xeque tanto o próprio Vaticano quanto as outras forças de reação existentes na península ao lado do papado. Que o movimento liberal tenha tido êxito em suscitar a força católico-liberal e fazer com que o próprio Pio IX se pusesse, ainda que brevemente, no terreno do liberalismo (o suficiente para desagregar o aparelho político-ideológico do catolicismo e tirar-lhe a confiança em si mesmo) — eis a obra-prima política do *Risorgimento* e um dos pontos mais importantes de desatamento dos velhos nós que haviam impedido, até então, pensar concretamente na possibilidade de um Estado unitário italiano.

(Se estes elementos da transformação da tradição cultural italiana se apresentam como elemento necessário no estudo das origens do *Risorgimento*, e o desmantelamento de tal tradição é concebido como fato positivo, como condição necessária para o surgimento e o desenvolvimento do elemento ativo liberal-nacional, então adquirem um certo significado, não desprezível, movimentos como o "jansenista", que de outro modo pareceriam meras curiosidades de eruditos. Tratar-se-ia, em suma, de um estudo dos "corpos catalíticos" no campo histórico-político italiano, elementos catalíticos que não deixaram rastros mas tiveram uma insubstituível e necessária função instrumental na criação do novo organismo histórico.)

Alberto Pingaud, autor de um livro sobre *Bonaparte, président de la République italienne*, e que está preparando um outro livro sobre *Le premier Royaume d'Italie* (que já foi publicado quase todo, de modo disperso, em diversos periódicos), está entre aqueles que "situam em 1814 o ponto de partida e, na Lombardia, o foco do movimento político que terminou em 1870 com a tomada de Roma" [13]. Baldo Peroni, que na *Nuova Antologia* de 16 de agosto de 1932 comenta estes escritos ainda dispersos de Pingaud, observa: "Nosso *Risorgimento* — entendido como despertar político — começa quando o amor da pátria deixa de ser uma vaga aspiração sentimental ou um motivo literário e se torna pensamento consciente, paixão que aspira a se traduzir em realidade mediante uma ação que se desenrola com continuidade e não se detém diante dos sacrifícios mais duros. Ora, esta transformação já tinha acontecido na última década do século XVIII, e não somente na Lombardia, mas também em Nápoles, no Piemonte, em quase todas as regiões da Itália. Os 'patriotas' que, entre 1789 e 1796, são mandados ao exílio ou sobem ao patíbulo, conspiraram não só para instaurar a república mas também para dar à Itália independência e unidade; e nos anos subsequentes é o amor da independência que inspira e anima a atividade de toda a classe política italiana, seja colaborando com os franceses, seja tentando movimentos insurrecionais, quando se torna evidente que Napoleão não quer conceder a liberdade solenemente prometida." De todo modo, Peroni não considera que se deve buscar o movimento italiano antes de 1789, isto é, afirma uma dependência do *Risorgimento* em relação à Revolução Francesa, tese que não é aceita pela historiografia nacionalista. No entanto, parece verdadeiro o que Peroni afirma, se se considera o fato específico e de importância decisiva do primeiro agrupamento de elementos políticos que se desenvolverá até formar o conjunto dos partidos que serão os protagonistas do *Risorgimento*. Se no decorrer do século XVIII começam a aparecer e a se consolidar as condições objetivas, internacionais e nacionais, que fazem da unificação nacional uma tarefa historicamente concreta (isto é, não só possível, mas necessária), é certo que só depois de 1789 esta tarefa se torna consciente em grupos de cidadãos dispostos à luta e ao sacrifício. Ou seja, a Revolução Francesa é um dos acontecimentos europeus que operam com mais intensidade para aprofundar um movimento já iniciado nas "coisas", reforçando as condições positivas (objetivas e subjetivas) do movimento mesmo e funcionando como elemento de agregação e centralização das forças humanas dispersas em toda a península e que, de outro modo, teriam tardado mais a "concentrarem-se" e a entenderem-se entre si.

Sobre este mesmo tema deve-se ver o artigo de Gioacchino Volpe, "Storici del *Risorgimento* a Congresso", na *Educazione Fascista* de julho de 1932. Volpe noticia o XX Congresso da Sociedade Nacional para a História do *Risorgimento*, realizado em Roma em maio-junho de 1932. A história do *Risorgimento* foi a princípio concebida predominantemente como "história do patriotismo italiano". Em seguida, ela começou a se aprofundar, "a ser vista como vida italiana do século XIX e quase dissolvida no quadro daquela vida, inteiramente envolvida num processo de transformação, coordenação, unificação, ideais e vida prática, cultura e política, interesses privados e públicos". Do século XIX passou-se ao século XVIII e viram-se nexos antes encobertos, etc. O século XVIII "foi considerado pelo ângulo visual do *Risorgimento*, aliás, como *Risorgimento* também; com sua burguesia enfim nacional: *com seu liberalismo que abrange a vida econômica e a vida religiosa e, em seguida, a política, e que não é tanto um 'princípio' quanto uma exigência de produtores*; com aquelas primeiras aspirações concretas a 'alguma forma de unidade' (Genovesi), em razão da insuficiência dos Estados particulares, agora reconhecida, para enfrentar, com sua economia restrita, a economia invasora de países muito mais amplos e fortes. No mesmo século se delineava também uma nova situação internacional. Ou seja, entravam plenamente em jogo forças políticas europeias interessadas num ordenamento mais independente e coerente e menos estaticamente equilibrado da península italiana. Em suma, uma nova 'realidade' italiana e europeia, que também dá significado e valor ao nacionalismo dos literatos, ressurgido depois do cosmopolitismo da era anterior".

Volpe não menciona especificamente a relação nacional e internacional representada pela Igreja, que também sofre no século XVIII uma transformação radical: a dissolução da Companhia de Jesus, com a qual culmina o fortalecimento do Estado laico contra a ingerência eclesiástica, etc. [14] Pode-se dizer que, para a historiografia do *Risorgimento*, hoje, dado o novo influxo exercido depois da Concordata, o Vaticano se tornou uma das maiores, se não a maior, forças de resistência científica e de "malthusianismo" metodológico [15]. Anteriormente, ao lado desta força, que sempre foi muito relevante, exerciam uma função restritiva do horizonte histórico a monarquia e o medo do separatismo. Muitos trabalhos históricos não foram publicados por esta razão (por exemplo, alguns livros do Barão Manno sobre a história da Sardenha, o caso Bollea durante a guerra, etc.) [16]. Os publicistas republicanos se especializaram na história "panfletária", explorando qualquer obra histórica que reconstruísse cientificamente os acontecimentos do *Risorgimento*: daí derivou uma limitação das investigações, um prolongamento da historiografia apologética, a impossibilidade de pesquisar os Arquivos, etc.; em suma, toda a mesquinhez da historiografia do *Risorgimento* quando comparada à da Revolução Francesa. Hoje, as preocupações monárquicas e separatistas se atenuaram, mas cresceram as vaticanas e clericais. Uma grande parte dos ataques à *Storia dell'Europa* de Croce tiveram evidentemente esta origem: assim também se explica a interrupção da obra de Francesco Salata, *Per la storia diplomatica della Questione Romana*, cujo primeiro volume é de 1929 e ficou sem continuidade [17].

No XX Congresso da Sociedade Nacional para a História do *Risorgimento* foram tratados temas de máximo interesse para este caderno. O estudo de Pietro Silva, "Il problema italiano nella diplomazia europea del XVIII secolo", é assim resumido por Volpe (no artigo citado): "O século XVIII significa influência de grandes potências na Itália, mas também suas divergências: e, por isto, progressiva diminuição do domínio direto estrangeiro e desenvolvimento de dois fortes organismos estatais no Norte e no Sul. Com o Tratado de Aranjuez entre França e Espanha, 1752, e, logo depois, com a aproximação Áustria-França, inicia-se uma fase de estagnação de quarenta anos para os dois reinos, apesar de muitos esforços para romper o círculo austro-francês, tentando aproximações com Prússia, Inglaterra, Rússia. Mas estes quarenta anos assinalam também o desenvolvimento daquelas forças autônomas que, com a Revolução e a ruptura do sistema austro-francês, virão a campo para uma solução em sentido nacional e unitário do problema italiano. Daí as reformas e os príncipes reformadores, objeto, nestes últimos tempos, de muitos estudos sobre o reino de Nápoles e da Sicília, sobre a Toscana, Parma e Piacenza, Lombardia [18]."

Carlo Morandi ("Le riforme settecentesche nei risultati della recente storiografia") estudou a posição das reformas italianas no quadro do reformismo europeu, e a relação entre reformas e *Risorgimento*.

Sobre a relação entre Revolução Francesa e *Risorgimento*, Volpe escreve: "É inegável que a Revolução, seja como ideologias, seja como paixões, seja como força armada, seja como Napoleão, introduz elementos novos no fluxo em movimento da vida italiana. Não menos inegável é que a Itália do *Risorgimento*, organismo vivo, assimilando o assimilável daquilo que vinha de fora e que, como ideia, era também reelaboração do que já se havia elaborado na Itália, reage ao mesmo tempo a tudo isto, elimina-o e integra-o, de qualquer modo o supera. Ela tem tradições próprias, mentalidade própria, problemas próprios, soluções próprias: que são, de resto, a raiz verdadeira e profunda, a verdadeira característica do *Risorgimento*, constituem sua substancial continuidade com a era anterior e, por sua vez, o tornam capaz de também exercer uma ação sobre outros países: do modo como tais ações se podem exercer, não milagrosamente mas historicamente, no círculo de povos vizinhos e afins."

Estas observações de Volpe nem sempre são exatas: como se pode falar de "tradições, mentalidades, problemas, soluções" próprios da Itália? Ou, pelo menos, o que isto significa concretamente? As tradições, as mentalidades, os problemas, as soluções eram múltiplos, contraditórios, de natureza muitas vezes apenas individual e arbitrária, e não eram então nunca vistos unitariamente. As forças tendentes à unidade eram escassíssimas, dispersas, sem nexo entre si e sem capacidade de suscitar laços recíprocos, e isto não só no século XVIII, mas, pode-se dizer, até 1848. Ao contrário, as forças opostas às unitárias (ou melhor, tendencialmente unitárias) eram poderosíssimas, coesas, e, especialmente como a Igreja, absorviam a maior parte das capacidades e energias individuais que poderiam constituir um novo pessoal dirigente nacional, dando-lhes uma orientação e uma educação cosmopolita-clerical. Os fatores internacionais, e especialmente a Revolução Francesa, enfraquecendo estas forças reacionárias e desgastando-as, fortalecem por consequência as forças nacionais em si mesmas escassas e insuficientes. É esta a contribuição mais importante da Revolução Francesa, muito difícil de avaliar e definir, mas que se intui como de peso decisivo na preparação do movimento do *Risorgimento.*

Entre os textos apresentados ao Congresso, deve-se observar o de Giacomo Lumbroso, "La reazione popolare contro i francesi alla fine del 1700". Lumbroso sustenta que "as massas populares, especialmente camponesas, reagem não porque instigadas pelos nobres, nem mesmo por amor à vida pacata (com efeito, empunharam armas!), mas, pelo menos em parte, por um obscuro e confuso amor pátrio ou apego a sua terra, a suas instituições, a sua independência (!?): daí o frequente apelo ao sentimento nacional dos italianos, que fazem os 'reacionários', já em 1789"; mas a questão, assim, está mal posta e cheia de equívocos [19]. Em primeiro lugar, não se fala da "instigação" dos padres, muito mais eficaz do que a dos nobres (que não eram tão contrários às novas ideias, como se infere da República Partenopeia); e, afinal, o que significa o parêntese irônico de Volpe, segundo o qual parece que não se pode falar de amor à vida pacata quando se empunham as armas? A contradição é apenas verbal: "vida pacata" é entendida no sentido político de misoneísmo e conservadorismo e não exclui de modo algum a defesa armada das próprias posições sociais. Além disto, a questão da atitude das massas populares não pode ser formulada independentemente daquela das classes dirigentes, porque as massas populares podem se insurgir por razões imediatas e contingentes contra invasores "estrangeiros", na medida em que ninguém as levou a conhecer e seguir uma orientação política diversa daquela localista e restrita. As reações espontâneas (na medida em que o são) das massas populares podem apenas servir para indicar a "força" de direção das classes altas; na Itália, os liberal-burgueses sempre negligenciaram as massas populares. Neste ponto, Volpe deveria ter tomado posição a propósito daquela literatura sobre o *Risorgimento* equívoca e unilateral, cuja amostra mais característica é Lumbroso: quem é "patriota" ou "nacional" no sentido de Lumbroso, o Almirante Caracciolo enforcado pelos ingleses ou o camponês que se insurge contra os franceses? Domenico Cirillo ou Fra Diavolo? E por que a política filoinglesa ou o dinheiro inglês devem ser mais nacionais do que as ideias políticas francesas [20]?

§ 4. *Bibliografia.* Sobre o desenvolvimento autônomo de uma nova vida civil e estatal na Itália antes do *Risorgimento*, Raffaele Ciasca está preparando um trabalho, cuja introdução foi publicada: Raffaele Ciasca, "Germogli di vita nuova nel 700 italiano" (nos *Annali della Facoltà di Filosofia e Lettere della R. Università di Cagliari*, 1930-1931, separata de 21 p., in-8º) [21]. Ciasca estuda as "transformações que, no curso do século XVIII, e especialmente em sua segunda metade, se realizam na vida de quase todas as regiões da Itália e que não se limitam a reformas fragmentárias impostas por príncipes iluminados e pouco sentidas pela população, mas abarcam toda a constituição estatal, toda a estrutura econômica do país, todas as relações entre as classes, e se manifestam nas correntes predominantes no pensamento político, social e econômico" (*Nuova Rivista Storica* de 1931, p. 577). As reformas administrativas e financeiras, a política eclesiástica, a história do pensamento já tinham sido estudadas; Ciasca traz uma contribuição nova para o estudo da vida econômica do tempo.

Francesco Lemmi, *Le origini del Risorgimento italiano*, Milão, Hoepli. Do mesmo Lemmi, *La Bibliografia del Risorgimento italiano*, Società Anonima Romana. Carlo Morandi, *Idee e formazioni politiche in Lombardia dal 1748 al 1814*, Turim, Bocca. Massimo Lelj, *Il Risorgimento dello spirito italiano (1755-1861)*, Milão, L'Esame, Edizioni di storia moderna, 1928.

No XII Congresso Internacional de Ciências Históricas que se preparava em Varsóvia, de 21 a 28 de agosto de 1933, deviam ser apresentados os seguintes estudos sobre o *Risorgimento*: 1) G. Volpe, "I rapporti politici diplomatici tra le grandi potenze europee e l'Italia durante il *Risorgimento*"; 2) A. C. Jemolo, "L'Italia religiosa del secolo XVIII"; 3) Pietro Silva, "Forze e iniziative nacionali ed influenze straniere nell'opera dell'assolutismo illuminato in Italia" [22].

§ 5. *Interpretações do Risorgimento.* Existe uma notável quantidade de interpretações, as mais díspares, do *Risorgimento.* A própria quantidade delas é um sinal característico da literatura histórico-política italiana e da situação dos estudos sobre o *Risorgimento.* Para que um evento ou um processo de acontecimentos históricos possa produzir um tal gênero de literatura, deve-se pensar que ele é pouco claro e justificado em seu desenvolvimento devido à insuficiência das forças "interiores" que parecem tê-lo produzido, à escassez dos elementos objetivos "nacionais" aos quais fazer referência, ao caráter inconsistente e gelatinoso do organismo estudado (e, de fato, muitas vezes se ouviu mencionar o "milagre" do *Risorgimento*). E não pode justificar uma tal literatura a escassez dos documentos (dificuldade de pesquisa nos Arquivos, etc.), porque, neste caso, todo o curso dos acontecimentos poderia ser documento de si mesmo: aliás, é sem dúvida evidente que a debilidade orgânica de um nexo "vertebrado" neste curso dos acontecimentos é a origem deste desencadeamento do "subjetivismo" arbitrário, muitas vezes bizarro e extravagante. Em geral se pode dizer que o significado do conjunto destas interpretações é de caráter político imediato e ideológico, e não histórico. Mesmo seu alcance nacional é escasso, seja pela excessiva tendenciosidade, seja pela ausência de qualquer contribuição construtiva, seja pelo caráter por demais abstrato, muitas vezes bizarro e romanceado. Pode-se notar que tal literatura floresce nos momentos mais característicos de crise político-social, quando a separação entre governantes e governados se faz mais grave e parece anunciar eventos catastróficos para a vida nacional; o pânico se difunde entre certos grupos intelectuais mais sensíveis e se multiplicam as tentativas para determinar uma reorganização das forças políticas existentes, para suscitar novas correntes ideológicas nos organismos de partido desgastados e pouco consistentes ou para exalar suspiros e gemidos de desespero e de negro pessimismo. Uma classificação racional desta literatura seria necessária e plena de significado. Por ora, podem-se fixar provisoriamente alguns pontos de referência: 1) um grupo de interpretações em sentido estrito, como pode ser aquela contida na *Lotta politica in Italia* e nos outros escritos de polêmica político-cultural de Alfredo Oriani, que determinou toda uma série de interpretações através dos escritos de Mario Missiroli; como as de Piero Gobetti e de Guido Dorso; 2) um grupo de caráter mais substancial e sério, com pretensões de seriedade e rigor historiográfico, como as de Croce, Solmi, Salvatorelli; 3) as interpretações de Curzio Malaparte (sobre *L'Italia Barbara*, sobre a luta contra a Reforma protestante, etc.), de Carlo Curcio (*L'eredità del Risorgimento*, Florença, La Nuova Italia, 1931, 114 p., 12 liras), etc. [23]

É preciso lembrar os escritos de F. Montefredini (ver o ensaio de Croce a propósito, na *Letteratura della nuova Italia*) entre as "bizarrias" e os de Aldo Ferrari (em livros, folhetos e artigos da *Nuova Rivista Storica*) como bizarrias e romances ao mesmo tempo; do mesmo modo, o pequeno livro de Vincenzo Cardarelli, *Parole all'Italia* (Ed. Vallecchi, 1931).

Um outro grupo importante é representado por livros como o de Gaetano Mosca, *Teorica dei governi e governo parlamentare*, publicado pela primeira vez em 1883 e reeditado em 1925 (Milão, Soc. An. Istituto Editoriale Scientifico, in-8º, 301 p., 25 liras); como o livro de Pasquale Turiello, *Governo e governati [in Italia]*; de Leone Carpi, *L'Italia vivente*; de Luigi Zini, *Dei criteri e dei modi di governo [nel regno d'Italia]*; de Giorgio Arcoleo, *Il Gabinetto nei governi parlamentari*; de Marco Minghetti, *I partiti politici e l'ingerenza loro nella giustizia e nell'amministrazione*; livros de estrangeiros, como o de Laveleye, *Lettere d'Italia*; de von Loher, *La nuova Italia*, e também de Brachet, *L'Italie qu'on voit et l'Italie qu'on ne voit pas*; além de artigos da *Nuova Antologia* e da *Rassegna Settimanale* (de Sonnino), de Pasquale Villari, de R. Bonghi, de G. Palma, etc., até o famoso artigo de Sonnino na *Nuova Antologia*, "Torniamo allo Statuto!" [24].

Esta literatura é uma consequência da queda da direita histórica, do advento ao poder da chamada esquerda e das inovações "de fato" introduzidas no regime constitucional para encaminhá-lo a uma forma de regime parlamentar. Em grande parte são queixumes, recriminações, juízos pessimistas e catastróficos sobre a situação nacional, e Croce alude a tal fenômeno nos primeiros capítulos de sua *Storia d'Italia dal 1871 al 1915*; a esta manifestação se contrapõe a literatura dos epígonos do Partido de Ação (típico, o livro póstumo do abade Luigi Anelli, editado recentemente, com notas e comentários, por Arcangelo Ghisleri), seja em livros, seja em opúsculos e em artigos de revista, inclusive os mais recentes publicistas do Partido Republicano [25].

Pode-se notar este nexo entre as várias épocas de florescimento de tal literatura pseudo-histórica e pseudocrítica: literatura devida a elementos conservadores, furiosos por causa da queda da Direita e da *Consorteria* (isto é, da redução da importância na vida estatal de certos grupos de grandes proprietários de terra e da aristocracia, já que de uma substituição de classe não se pode falar), irascível, biliosa, acrimoniosa, sem elementos construtivos, sem referências históricas a uma tradição qualquer, porque, no passado, não existe nenhum ponto de referência reacionário que possa ser proposto para uma restauração com certo pudor e alguma dignidade: no passado existem os velhos despotismos regionais e as influências do papa e da Áustria [26]. À "acusação" feita ao regime parlamentar de não ser "nacional", mas copiado de modelos estrangeiros, resta uma vazia recriminação sem sentido, que só esconde o pânico diante de uma intervenção, ainda que restrita, das massas populares na vida do Estado; a referência a uma "tradição" italiana de governo é necessariamente vaga e abstrata, porque uma tal tradição não tem perspectivas historicamente dignas de apreço: em todo o passado jamais existiu uma unidade territorial-estatal italiana, a perspectiva da hegemonia papal (própria da Idade Média até o período do domínio estrangeiro) já foi desbaratada com o neoguelfismo, etc. (Essa perspectiva, enfim, será encontrada na época romana, com oscilações, segundo os partidos, entre a Roma republicana e a Roma cesárea, mas o fato terá um novo significado e será característico de novas orientações imprimidas às ideologias populares.)

Esta literatura reacionária precede a do grupo Oriani-Missiroli, que tem um significado mais popular-nacional, e esta última precede a do grupo Gobetti-Dorso, que tem ainda um outro significado mais atual. De todo modo, mesmo estas duas novas tendências mantêm um caráter abstrato e literário. Um dos pontos mais interessantes por elas tratado é o problema da falta de uma reforma religiosa como a protestante na Itália, problema que é posto de modo mecânico e exterior e repete um dos motivos que guiam Masaryk em seus estudos de história russa [27].

O conjunto desta literatura tem uma importância "documental" para o tempo em que apareceu. Os livros dos "direitistas" descrevem a corrupção política e moral no período da Esquerda no poder, mas as publicações dos epígonos do Partido de Ação não apresentam como melhor o período de governo da Direita. Está claro que não houve nenhuma mudança essencial na passagem da Direita à Esquerda: o marasmo em que se encontra o país não se devia ao regime parlamentar (que apenas torna público ou notório aquilo que antes permanecia escondido ou suscitava publicações panfletárias clandestinas), mas à fraqueza e inconsistência orgânica da classe dirigente e à grande miséria e atraso do país. Politicamente, a situação é absurda: à direita, estão os clericais, o partido do *Sillabo*, que nega desabridamente toda a civilização moderna e boicota o Estado legal, não só impedindo que se constitua um amplo partido conservador, mas mantendo o país sob a sensação da precariedade e insegurança do novo Estado unitário; no centro, está todo o naipe liberal, desde os moderados até os republicanos, sobre os quais opera toda a memória de ódio do tempo das lutas e que se dilaceram implacavelmente; à esquerda, o país miserável, atrasado, analfabeto expressa em forma esporádica, descontínua, histérica, uma série de tendências subversivo-anarcoides, sem consistência e orientação política concreta, que mantêm um estado febril sem futuro construtivo. Não existem "partidos econômicos" mas grupos de ideólogos *déclassés* de todas as classes, galos que anunciam um sol que não quer despontar nunca.

Os livros do grupo Mosca-Turiello começaram a ser repostos em voga nos anos anteriores à guerra (pode-se ver na *Voce* a referência contínua a Turiello), e o livro juvenil de Mosca foi republicado em 1925, com algumas notas do autor para recordar que se trata de ideias de 1883 e que, em 1925, o autor não mais está de acordo com o escritor de 1883, aos 24 anos [28]. A reedição do livro de Mosca é um dos tantos episódios da inconsciência e do diletantismo político dos liberais no período imediatamente após a guerra e no subsequente [29]. De resto, o livro é bisonho, desordenado, escrito apressadamente por um jovem que pretende "sobressair" em seu tempo com uma atitude extremista e com palavras altissonantes e, muitas vezes, triviais em sentido reacionário. Os conceitos políticos de Mosca são vagos e oscilantes, sua preparação filosófica é nenhuma (e assim restou por toda a carreira literária de Mosca), seus princípios de técnica política também são vagos e abstratos e têm caráter acentuadamente jurídico. O conceito de "classe política", cuja afirmação se tornará o centro de todos os escritos de ciência política de Mosca, é de uma fragilidade extrema e não é discutido nem justificado teoricamente. No entanto, o livro de Mosca é útil como documento. O autor pretende estar programaticamente livre de preconceitos, não ter papas na língua e, assim, termina por evidenciar muitos aspectos da vida italiana de seu tempo que, de outro modo, não teriam encontrado documentação. Sobre a burocracia civil e militar, sobre a polícia, etc., Mosca oferece quadros às vezes convencionais, mas com uma substância de verdade (por exemplo, sobre os suboficiais do Exército, sobre os delegados de polícia, etc.). Suas observações são especialmente válidas para a Sicília, em razão da experiência direta daquele ambiente por parte de Mosca. Em 1925, Mosca havia mudado de ponto de vista e perspectiva, seu material estava ultrapassado, mas ele republicou o livro por vaidade literária, pensando dar-lhe imunidade com algumas pequenas notas de retratação.

Sobre a situação política italiana precisamente em 1883 e sobre a posição dos clericais, podem-se encontrar algumas observações interessantes no livro do Marechal Lyautey, *Lettres de jeunesse* (Paris, Grasset, 1931). Segundo Lyautey, muitos italianos, entre os mais fiéis ao Vaticano, não acreditavam no futuro do reino; previam sua decomposição, da qual nasceria uma Alta Itália, com Florença como capital, uma Itália Meridional, com a capital em Nápoles, e Roma no meio, com saída para o mar. Sobre o Exército italiano de então, que na França era pouco apreciado, Lyautey reproduz o juízo do conde de Chambord: "Não se iludam. Tudo que sei dele [o Exército italiano] me leva a considerá-lo bastante sério, bastante digno de atenção. Sob suas maneiras um tanto teatrais e seus penachos, os oficiais são bem treinados e aplicados. Aliás, esta é a opinião de meu sobrinho de Parma, que não tem motivo para amá-los [30]."

Todo o afã de interpretação do passado italiano e a série de construções ideológicas e de romances históricos que daí derivaram estão predominantemente ligados à "pretensão" de encontrar uma unidade nacional, pelo menos de fato, em todo o período de Roma até hoje (e muitas vezes até antes de Roma, como no caso dos "pelasgos" de Gioberti e em outros mais recentes) [31]. Como nasceu esta pretensão, como se manteve e por que ainda persiste? Será um sinal de força ou de fraqueza? Será o reflexo de formações sociais novas, seguras de si, que buscam ou criam para si títulos de nobreza no passado, ou, ao contrário, o reflexo de uma conturbada "vontade de crer", um elemento de fanatismo (e de fanatização) ideológico, que deve precisamente "corrigir" as fraquezas de estrutura e impedir um colapso temido? Esta última parece ser a interpretação correta, aliada ao fato da excessiva importância (com relação às formações econômicas) dos intelectuais, isto é, dos pequenos burgueses, em comparação com as classes econômicas atrasadas e politicamente incapazes. Realmente, a unidade nacional é sentida como precária, porque forças "selvagens", não conhecidas com precisão, elementarmente destrutivas, se agitam continuamente em sua base. A ditadura férrea dos intelectuais e de alguns grupos urbanos, mais a propriedade fundiária, só mantém sua solidez superexcitando seus elementos militantes com este mito de fatalidade histórica, mais forte do que qualquer deficiência e incapacidade política e militar. É neste terreno que a adesão orgânica das massas nacional-populares ao Estado é substituída por uma seleção de "voluntários" da "nação" concebida abstratamente. Ninguém pensou, precisamente, que o problema posto por Maquiavel, ao proclamar a necessidade de substituir os mercenários adventícios e indignos de confiança por milícias nacionais, só será resolvido quando também o "voluntarismo" for superado pelo fato "popular-nacional" de massa, uma vez que o voluntarismo é solução intermediária, equívoca, tão perigosa quanto o mercenarismo.

O modo de representar os acontecimentos históricos nas interpretações ideológicas da formação italiana se poderia chamar "história fetichista": para esta, com efeito, tornam-se protagonistas da história "personagens" abstratos e mitológicos. Na *Lotta politica* de Oriani tem-se o mais popular destes esquemas mitológicos, aquele que gerou uma longa série de filhos degenerados. Entre eles, encontramos *Federazione*, *Unità*, *Rivoluzione*, *Italia,* etc. Em Oriani está clara uma das causas deste modo de conceber a história através de figuras mitológicas. O cânone crítico segundo o qual todo o desenvolvimento histórico é documento de si mesmo, o presente ilumina e justifica o passado, é mecanizado e exteriorizado e reduzido a uma lei determinista de caráter retilíneo e "unilinear" (até porque o horizonte histórico está restrito aos limites geográficos nacionais e o evento é separado do conjunto da história universal, do sistema de relações internacionais, a que, no entanto, está necessariamente ligado). O problema de buscar as origens históricas de um evento concreto e circunstanciado, a formação do Estado moderno italiano no século XIX, é transformado no problema de ver este Estado, como Unidade, como Nação ou genericamente como Itália, em toda a história anterior, assim como o pinto deve existir no ovo fecundado.

Para a análise deste tema, devem-se ver as observações críticas de Antonio Labriola nos *Scritti vari* (p. 487-90, p. 317-442, *passim*, e no primeiro de seus *Saggi*, p. 50-52) [32]. Sobre este ponto, também se deve ver Croce na *Storia della Storiografia*, II, p. 227-28 da 1ª ed., e, no curso de toda esta obra, o estudo da origem "sentimental e prática", bem como a "impossibilidade crítica" de uma "história geral da Itália". Outras observações relacionadas a estas são as de Antonio Labriola a propósito de uma história geral do cristianismo, que a Labriola parecia inconsistente, como todas as construções históricas que assumem como tema "entes" inexistentes (cf. o terceiro *Saggio*, p. 113).

Uma reação concreta no sentido indicado por Labriola pode ser estudada nos escritos históricos (e também políticos) de Salvemini, o qual não quer saber de "gibelinos" e "guelfos", um partido da nobreza e do Império e o outro do povo e do papado, porque ele afirma conhecê-los apenas como "partidos locais", que combatem por razões inteiramente locais, que não coincidiam com as do Império e do papado [33]. No prefácio a seu volume *La Rivoluzione francese*, pode-se ver teorizada esta posição de Salvemini, com todos os exageros anti-históricos que traz consigo (o volume *La Rivoluzione francese* é criticável também de outros pontos de vista: que se possa considerar a Revolução terminada com a Batalha de Valmy é uma afirmação insustentável): costuma-se atribuir, em bloco, "a inumerável variedade dos eventos revolucionários" a um ente "Revolução", em lugar de "se atribuir cada fato ao indivíduo ou ao grupo de indivíduos reais que foram seus autores". Mas, se a história se reduzisse apenas a esta investigação, seria uma coisa bem pobre e, de resto, se tornaria incompreensível. Será o caso de ver como Salvemini resolve, concretamente, as incongruências que resultam de sua formulação excessivamente unilateral do problema metodológico, levando em conta esta cautela crítica: se não se conhecesse por meio de outras obras a história aqui narrada, e se tivéssemos apenas este livro, compreenderíamos a série dos eventos descrita? Ou seja, trata-se de uma história "integral" ou de uma história "polêmica" e polemicamente complementar, que só se propõe (ou só consegue, sem necessariamente se propor) acrescentar algumas pinceladas a um quadro já esboçado por outros? Esta cautela deve estar sempre presente em toda crítica, porque, com efeito, muitas vezes nos vemos diante de obras que "por si sós" não seriam satisfatórias, mas que podem ser muito úteis no quadro geral de uma determinada cultura, como "integradoras e complementares" de outros trabalhos e pesquisas.

Escreve Adolfo Omodeo na *Critica* de 20 de julho de 1932, p. 280: "Aos patriotas [Marconi] oferecia a tese que, então, Salvemini havia reposto em circulação: a história do *Risorgimento* como pequena história, não suficientemente irrigada de sangue; a unidade mais como presente de uma fortuna favorável do que conquista merecida dos italianos; o *Risorgimento*, obra de minorias contra a apatia da maioria. Esta tese, gerada pela incapacidade do materialismo histórico de valorizar em si a grandeza moral, sem a estatística empírica da torrente de sangue versado e o cômputo dos interesses, tinha um fácil caráter especioso e estava fadada a circular em todas as revistas e jornais, bem como a fazer os ignorantes denegrir a obra árdua de Mazzini e de Cavour; esta tese servia de base a Marconi para uma argumentação moralista de estilo *vociano*." (Omodeo escreve sobre Piero Marconi, morto na guerra, e sobre seu livro, *Io uddii il comandamento*, Florença, sem data [34].)

Mas o próprio Omodeo, em seu livro *L'età del Risorgimento*, não conseguiu dar uma interpretação e uma reconstrução que não fosse exterior e solene. Que o *Risorgimento* tenha sido a contribuição italiana ao grande movimento europeu do século XIX não significa, seguramente, que a hegemonia do movimento estivesse na Itália e não significa sequer que o próprio movimento não fosse seguido com relutância e contrariedade, até mesmo por parte da "maioria da minoria" ativa. A grandeza individual de Cavour e de Mazzini destaca-se ainda mais na perspectiva histórica, como a palmeira no deserto. As observações críticas de Omodeo sobre a concepção do *Risorgimento* como "pequena história" são maledicentes e triviais, e ele não consegue compreender como tal concepção tenha sido a única tentativa um pouco séria de "nacionalizar" as massas populares, isto é, criar um movimento democrático com raízes italianas e com exigências italianas. (É curioso que Salvatorelli, mencionando numa nota da *Cultura* a *Storia d'Europa*, de Croce, e *L'età del Risorgimento*, de Omodeo, considere esta última como expressão de uma orientação democrática e a história crociana como expressão de uma tendência mais estritamente liberal-conservadora [35].)

De resto, pode-se observar: se a história do passado só pode ser escrita com os interesses e para os interesses atuais, não será insuficiente e demasiado restrita a fórmula crítica pela qual é preciso fazer a história daquilo que o *Risorgimento* foi concretamente (se não significa uma referência ao respeito e à integridade da documentação)? Explicar como o *Risorgimento* se fez concretamente, quais são as fases do processo histórico necessário que culminaram naquele determinado evento, pode ser apenas um novo modo de representar a chamada "objetividade" externa e mecânica. Trata-se, frequentemente, de uma reivindicação "política" de quem está satisfeito e, no processo contra o passado, vê justamente um processo contra o presente, uma crítica ao presente e um programa para o futuro. O grupo Croce-Omodeo & Cia. está canonizando hipocritamente (a hipocrisia é especialmente de Omodeo) o período liberal, e o próprio livro de Omodeo, *Momenti della vita di guerra*, tem este significado: mostrar como o período giolittiano, tão "difamado", alimentasse em seu íntimo um tesouro "insuperável" de idealismo e de heroísmo.

De resto, estas discussões, por serem puramente de metodologia empírica, são inconclusivas. E se escrever história significa fazer história do presente, é grande livro de história aquele que, no presente, ajuda as forças em desenvolvimento a se tornarem mais conscientes de si mesmas e, portanto, mais concretamente ativas e operosas.

O defeito máximo de todas estas interpretações ideológicas do *Risorgimento* consiste no fato de que elas foram meramente ideológicas, isto é, não se orientavam no sentido de suscitar forças políticas efetivas. Trabalhos de literatos, de diletantes, construções acrobáticas de homens que pretendiam ostentar talento, quando não inteligência; ou dirigidas a grupelhos intelectuais sem futuro, ou escritas para justificar forças reacionárias de tocaia, emprestando-lhes intenções que não tinham e fins imaginários; portanto, pequenos serviços próprios de lacaios intelectuais (o tipo mais consumado destes lacaios é Mario Missiroli) e de mercenários da ciência.

Estas interpretações ideológicas da formação nacional e estatal italiana também devem ser estudadas de um outro ponto de vista:

sua sucessão "acrítica", por impulsos individuais de pessoas mais ou menos "geniais", é um documento do primitivismo dos velhos partidos políticos, do empirismo imediato de toda ação construtiva (inclusive, a do Estado), da ausência na vida italiana de qualquer movimento "vertebrado" que tenha em si possibilidades de desenvolvimento permanente e contínuo. A falta de perspectiva histórica nos programas de partido, perspectiva construída "cientificamente", isto é, com seriedade escrupulosa, para basear em todo o passado os fins a serem alcançados no futuro e a serem propostos ao povo como uma necessidade para a qual colaborar conscientemente, permitiu justamente o florescimento de tantos romances ideológicos, que são, na realidade, a premissa (o manifesto) de movimentos políticos abstratamente considerados como necessários, mas para cuja criação, afinal, não se faz nada prático. É este um modo de proceder muito útil para facilitar as "operações" daquelas que são muitas vezes chamadas de "forças ocultas" ou "irresponsáveis", que têm como porta-vozes os "jornais independentes": elas têm necessidade, de quando em vez, de criar movimentos ocasionais de opinião pública, que se devem manter acesos até a obtenção de determinados objetivos e, em seguida, se deixam enfraquecer e morrer. São manifestações com a mesma natureza das tropas mercenárias, autênticos bandos de mercenários ideológicos, prontos a servir a grupos plutocráticos ou de outra natureza, muitas vezes fingindo lutar exatamente contra a plutocracia, etc. Organizador típico de tais "bandos" foi Pippo Naldi, também discípulo de Oriani e orientador de Mario Missiroli e de suas improvisações jornalísticas [36].

Seria útil compilar uma bibliografia completa de Mario Missiroli. Alguns de seus livros: *La Monarchia socialista* (de 1913), *Polemica liberale*, *Opinioni*, *Il colpo di Stato* (de 1925), *Una battaglia perduta*, *Italia d'oggi* (de 1932), *La repubblica degli accattoni* (sobre Molinella), *Amore e fame*, *Date a Cesare...* (1929). Um livro sobre o papa, de 1917, etc.

Os temas principais postos em circulação por Missiroli são: 1) o *Risorgimento* foi uma conquista régia e não um movimento popular; 2) o *Risorgimento* não resolveu o problema das relações entre Estado e Igreja, tema que está ligado ao primeiro, porque "um povo que não conhecera a liberdade religiosa não podia conhecer a liberdade política. O ideal da independência e da liberdade se tornou patrimônio e programa de uma minoria heroica, que concebeu a unidade contra a aquiescência das multidões populares". A falta da Reforma protestante explicaria em última análise todo o *Risorgimento* e a moderna história nacional. Missiroli aplica à Itália o critério hermenêutico aplicado por Masaryk à história russa (embora Missiroli tivesse dito aceitar a crítica de Antonio Labriola contra o Masaryk historiador) [37]. Como Masaryk, Missiroli (apesar de suas relações com G. Sorel) não compreende que a "reforma" intelectual e moral (isto é, "religiosa") de alcance popular no mundo moderno se deu em dois tempos: no primeiro, com a difusão dos princípios da Revolução Francesa, no segundo, com a difusão de uma série de conceitos extraídos da filosofia da práxis e muitas vezes contaminados com a filosofia do Iluminismo e, depois, do evolucionismo cientificista. Que uma tal "reforma" se tenha difundido sob formas grosseiras e sob forma de folhetos não é objeção válida contra seu significado histórico: não se deve acreditar que as massas populares influenciadas pelo calvinismo absorvessem conceitos relativamente mais elaborados e refinados do que os oferecidos por esta literatura de opúsculos: apresenta-se, no entanto, a questão dos dirigentes de tal reforma, de sua inconsistência e ausência de caráter forte e enérgico.

Missiroli sequer tenta analisar por que a minoria que guiou o movimento do *Risorgimento* não "foi ao povo", nem "ideologicamente", adotando o programa democrático que, apesar de tudo, chegava ao povo através das traduções do francês, nem "economicamente", com a reforma agrária. E isso "podia" ter acontecido, uma vez que o campesinato era quase todo o povo de então e a reforma agrária era uma exigência fortemente sentida, enquanto a Reforma protestante coincidiu justamente com uma guerra de camponeses na Alemanha e com conflitos entre nobres e burgueses na França, etc. (não se deve esquecer, no entanto, que a Áustria especulou com a reforma agrária, para incitar os camponeses contra os patriotas latifundiários, e que os liberais conservadores, com as escolas de ensino mútuo e instituições de socorro mútuo ou de pequeno crédito mediante penhor popular, só buscaram obter a simpatia dos artesãos e dos raros núcleos operários das cidades: Cavour esteve entre os fundadores da Associação Geral dos Operários de Turim). "A unidade não pudera ser realizada com o papado, por sua natureza universal e organicamente hostil a todas as liberdades modernas; mas não havia conseguido sequer triunfar sobre o papado, contrapondo à ideia católica uma ideia também universal que correspondesse tanto à consciência individual quanto à consciência do mundo renovado pela Reforma e pela Revolução." Afirmações abstratas e em grande parte destituídas de sentido. Que ideia universal a Revolução Francesa contrapôs ao catolicismo? Por que, pois, na França o movimento foi popular e na Itália não? A famosa minoria italiana, "heroica" por definição (nestes escritores, a expressão "heroico" tem um significado puramente "estético" ou retórico e se aplica tanto a Dom Tazzoli quanto aos nobres milaneses que se prostraram ante o imperador da Áustria, tanto que também foi escrito um livro sobre o *Risorgimento* como revolução "sem heróis", com sentido igualmente literário e artificial), essa minoria, que conduziu o movimento unitário, na realidade se preocupava mais com interesses econômicos do que com fórmulas ideais e combateu mais para impedir que o povo interviesse na luta e a transformasse em luta social (no sentido de uma reforma agrária) do que contra os inimigos da unidade [38]. Missiroli escreve que o novo fator surgido na história italiana depois da unidade, o socialismo, foi a forma mais poderosa assumida pela reação antiunitária e antiliberal (o que é uma tolice e não coincide com outros juízos do próprio Missiroli, segundo os quais o socialismo teria inserido no Estado as forças populares antes ausentes e indiferentes). Como o próprio Missiroli escreve: "O socialismo não só não revigorou a paixão política (!?), como ajudou poderosamente a extingui-la; foi o partido dos pobres e da plebe esfomeada: as questões econômicas deviam rapidamente dominar, os princípios políticos ceder espaço (!?)

aos interesses materiais"; criava-se uma "barreira, lançando as massas às conquistas econômicas e evitando todas as questões institucionais". Ou seja, o socialismo teria cometido o erro (pelo avesso) da famosa minoria: esta só falava de ideias abstratas e de instituições políticas, aquele desprezou a política em prol da mera economia. É verdade que em outros pontos Missiroli, precisamente por isto, exalta os dirigentes reformistas, etc.; estes motivos são de origem orianista e republicana, adotados superficialmente e sem noção de responsabilidade.

Na realidade, Missiroli é apenas o que se chama de um escritor brilhante; tem-se a impressão fundamentada de que ele não faz caso de suas ideias, da Itália e de tudo; interessa-lhe apenas o jogo momentâneo de alguns conceitos abstratos e interessa-lhe cair sempre de pé, com um novo distintivo no peito. (Missiroli, o joão-teimoso [39].)

O movimento político que conduziu à unificação nacional e à formação do Estado italiano deve necessariamente desembocar no nacionalismo e no imperialismo militarista? Pode-se sustentar que este desfecho é anacrônico e anti-histórico (isto é, artificioso e de curto alcance); ele realmente é contra todas as tradições italianas, primeiro romanas, depois católicas. As tradições são cosmopolitas. Que o movimento político devesse reagir contra as tradições e produzir um nacionalismo de intelectuais pode ser explicado, mas não se trata de uma reação orgânico-popular. Por outra parte, mesmo no *Risorgimento*, Mazzini-Gioberti buscam enxertar o movimento nacional na tradição cosmopolita, criar o mito de uma missão da Itália renascida numa nova Cosmópolis europeia e mundial, mas se trata de um mito verbal e retórico, baseado no passado e não nas condições do presente, já formadas ou em processo de desenvolvimento (tais mitos sempre foram um fermento de toda a história italiana, mesmo a mais recente, de Q. Sella a Enrico Corradini e a D'Annunzio) [40]. Porque um evento se produziu no passado não significa que deva se reproduzir no presente e no futuro; as condições de uma expansão militar no presente e no futuro não existem e não parecem estar em processo de formação. A expansão moderna é de ordem financeiro-capitalista. No presente italiano, o elemento "homem" ou é o "homem-capital" ou é o "homem-trabalho". A expansão italiana só pode ser do homem-trabalho, e o intelectual que representa o homem-trabalho não é o tradicional, inflado de retórica e de recordações artificiais do passado. O cosmopolitismo tradicional italiano deveria se tornar um cosmopolitismo de tipo moderno, ou seja, capaz de assegurar as condições melhores de desenvolvimento ao homem-trabalho italiano, não importa em que parte do mundo ele se encontre. Não o cidadão do mundo como *civis romanus* ou como católico, mas como produtor de civilização. Por isto, pode-se sustentar que a tradição italiana continua dialeticamente no povo trabalhador e em seus intelectuais, não no cidadão tradicional e no intelectual tradicional. O povo italiano é o povo que "nacionalmente" mais interessado está numa moderna forma de cosmopolitismo. Não só o operário, mas o camponês e, especialmente, o camponês meridional. Colaborar para reconstruir o mundo economicamente de modo unitário está na tradição do povo italiano e da história italiana, não para dominá-lo hegemonicamente e apropriar-se do fruto do trabalho alheio, mas para existir e desenvolver-se justamente como povo italiano: pode-se demonstrar que César está na origem desta tradição. O nacionalismo de marca francesa é uma excrescência anacrônica na história italiana, própria de gente que tem a cabeça voltada para trás, como os condenados de Dante. A "missão" do povo italiano consiste na retomada do cosmopolitismo romano e medieval, mas em sua forma mais moderna e avançada. Que seja nação proletária, como queria Pascoli; proletária como nação, porque constituiu o exército de reserva dos capitalismos estrangeiros, porque forneceu operários para todo o mundo, ao lado dos povos eslavos [41]. Precisamente por isto deve se inserir na moderna frente de luta para reorganizar até o mundo não italiano, que contribuiu para criar com seu trabalho, etc.

§ 6. *A questão italiana.* Devem-se ver os discursos proferidos pelo ministro das Relações Exteriores, Dino Grandi, no Parlamento, em 1932, e as discussões que derivaram daqueles discursos na imprensa italiana e internacional [42]. Grandi apresentou a questão italiana como questão mundial, a ser resolvida necessariamente com as outras que constituem a expressão política da crise geral do pós-guerra, que se intensifica em 1929 de modo quase catastrófico, a saber: o problema francês da segurança, o problema alemão da igualdade de direitos, o problema de um novo ordenamento dos Estados danubianos e balcânicos. A formulação de Grandi é uma hábil tentativa de forçar qualquer possível Congresso mundial chamado a resolver estes problemas (e qualquer tentativa da atividade diplomática normal) a ocupar-se da "questão italiana" como elemento fundamental da reconstrução e pacificação europeia e mundial. Em que consiste a questão italiana, segundo esta formulação? Consiste no fato de que o incremento demográfico contrasta com a relativa pobreza do país, ou seja, na existência de uma superpopulação. Portanto, seria preciso que se desse à Itália a possibilidade de se expandir, seja economicamente, seja demograficamente, etc. Mas parece que a questão assim formulada não é de fácil solução e pode suscitar objeções fundamentais. Embora seja verdade que as relações gerais internacionais, tal como têm se enrijecido cada vez mais desde 1929, são muito desfavoráveis à Itália (especialmente o nacionalismo econômico e o "racismo", que impedem a livre circulação não só das mercadorias e dos capitais, mas sobretudo do trabalho humano), pode-se também perguntar se, para suscitar e enrijecer estas novas relações, não terá contribuído e ainda contribua a própria política italiana. Parece que a investigação principal deve ser neste sentido: a baixa renda nacional por indivíduo se deve à pobreza "natural" do país ou a condições histórico-sociais, criadas e mantidas por uma determinada orientação política, que fazem da economia nacional um tonel das Danaides? Ou seja, o Estado não custaria caro demais, entendendo por Estado, como é necessário, não só a administração dos serviços públicos, mas também o conjunto das classes que o compõem em sentido estrito e o dominam? Portanto, seria possível pensar que, sem uma mudança destas relações internas, a situação possa mudar para melhor, mesmo se internacionalmente as relações melhorassem? Também se pode observar que a projeção da questão no campo internacional pode ser um álibi político ante as massas do país.

Pode-se admitir que a renda nacional seja baixa, mas, afinal, ela não é destruída (devorada) pelo excesso de população passiva, tornando impossível toda capitalização contínua, ainda que em ritmo atenuado? Portanto, a questão demográfica, por sua vez, deve ser analisada, e é preciso estabelecer se a composição demográfica é "sadia", mesmo em termos de um regime capitalista e de propriedade. A pobreza relativa "natural" de cada país na civilização moderna (e em tempos normais) tem também uma importância relativa; no máximo, impedirá certos ganhos marginais de "posição" geográfica. A riqueza nacional está condicionada pela divisão internacional do trabalho e pelo fato de se ter sabido escolher, entre as possibilidades que esta divisão oferece, a mais racional e produtiva para cada país dado. Trata-se essencialmente, portanto, de "capacidade dirigente" da classe econômica dominante, de seu espírito de iniciativa e de organização. Se estas qualidades faltam e o mecanismo econômico se baseia essencialmente na exploração selvagem das classes trabalhadoras e produtoras, nenhum acordo internacional pode corrigir a situação.

Não há exemplo, na história moderna, de colônias de "povoamento"; elas nunca existiram. A emigração e a colonização seguem o fluxo dos capitais investidos nos vários países, e não inversamente. A crise atual, que se manifesta especialmente como queda dos preços das matérias-primas e dos cereais, mostra que, para os vários países do mundo, o problema, exatamente, não é de riqueza "natural", mas de organização social e de transformação das matérias-primas para certos fins e não para outros. Que se trata de organização e de orientação político-econômica também se deduz do fato de que todo país de moderna civilização teve "emigração" em certas fases de seu desenvolvimento econômico, mas tal emigração cessou e muitas vezes foi reabsorvida.

Que não se queira (ou não se possa) mudar as relações internas (nem retificá-las racionalmente) se deduz da política da dívida pública, que aumenta continuamente o peso da passividade "demográfica", justamente quando a parte ativa da população está limitada pelo desemprego e a crise. Diminui a renda nacional, aumentam os parasitas, a poupança se restringe, é desinvestida do processo produtivo e canalizada para a dívida pública, isto é, torna-se causa de novo parasitismo absoluto e relativo.

§ 7. *Sobre a estrutura econômica nacional.* Na *Riforma Sociale* de maio-junho de 1932, publicou-se uma resenha sobre o livro de Rodolfo Morandi (*Storia della grande industria in Italia*, Ed. Laterza, Bari, 1931), resenha que contém algumas sugestões metodológicas de certo interesse (a resenha é anônima, mas se poderia identificar como autor o professor De Viti De Marco) [43].

Objeta-se antes de mais nada a Morandi não ter em conta o que custou a indústria italiana. "Ao economista, não basta mostrar-lhe fábricas que dão trabalho a milhares de operários, obras de saneamento que criam terras cultiváveis e outros fatos análogos com os quais o público geralmente se contenta em seus juízos sobre um país, sobre uma época. O economista bem sabe que o mesmo resultado pode representar um melhoramento ou um pioramento de uma certa situação econômica, segundo tenha sido obtido com um conjunto de sacrifícios menores ou maiores."

(É correto o critério geral de que é preciso examinar o custo da introdução de uma certa indústria no país, quem suportou seus custos, quem obteve vantagens e se os sacrifícios feitos não podiam se dirigir mais utilmente para uma outra direção, mas todo este exame deve ser feito com uma perspectiva não imediata, e sim de amplo alcance. De resto, só o critério de utilidade econômica não é suficiente para examinar a passagem de uma forma de organização econômica a outra; é preciso também levar em conta o critério político, ou seja, se a passagem foi objetivamente necessária e correspondeu a um preciso interesse geral, mesmo que de longo prazo. Deve-se admitir que a unificação da península tivesse de custar sacrifícios a uma parte da população em razão das necessidades inderrogáveis de um grande Estado moderno; contudo, é preciso examinar se tais sacrifícios foram distribuídos com equidade e em que medida podiam ser poupados e se foram aplicados numa direção justa. É certíssimo que a introdução e o desenvolvimento do capitalismo na Itália não ocorreram segundo um ponto de vista nacional, mas segundo estreitos pontos de vista regionais e de grupos restritos, e em grande parte não cumpriram suas tarefas, determinando uma emigração patológica, nunca reabsorvida, e cuja necessidade jamais cessou, arruinando economicamente regiões inteiras. A emigração, com efeito, deve ser considerada como um fenômeno de desemprego absoluto, por uma parte, e, por outra, como manifestação do fato de o regime econômico interno não assegurar um padrão de vida que se aproximasse daquele internacional, a ponto de dissuadir os trabalhadores já empregados de preferirem os riscos e os sacrifícios relacionados com o abandono do próprio país.)

Morandi não consegue avaliar o significado do protecionismo no desenvolvimento da grande indústria italiana. Assim, Morandi censura absurdamente à burguesia "o propósito deliberado e funestíssimo de não ter tentado a salutar *aventura* do Sul, onde só a duras penas a produção agrícola pode recompensar os grandes esforços que requer do homem". Morandi não se pergunta se a miséria do Sul não seria determinada pela legislação protecionista que permitiu o desenvolvimento industrial do Norte nem como poderia existir um mercado interno a ser explorado com tarifas e outros privilégios, se o sistema protecionista fosse estendido a toda a península, transformando a economia rural do Sul em economia industrial (contudo, pode-se pensar num tal regime protecionista pan-italiano como um sistema para assegurar determinados rendimentos a certos grupos sociais, isto é, como um "regime salarial"; e pode-se ver algo do gênero na proteção aos cereais, conexa à proteção industrial, que só funciona a favor dos grandes proprietários e da indústria de moagem, etc.). Censura-se a Morandi a excessiva severidade com que julga e condena homens e coisas do passado, uma vez que basta fazer uma comparação entre as condições antes e depois da independência para ver que, apesar de tudo, alguma coisa foi feita.

Parece duvidoso que se possa fazer uma história da grande indústria, abstraindo os principais fatores (desenvolvimento demográfico, políticas financeira e alfandegária, ferrovias, etc.) que contribuíram para determinar as características econômicas do período considerado (crítica muito justa; de fato, uma grande parte da atividade da direita histórica, de Cavour até 1876, esteve voltada para criar as condições técnicas gerais em que uma grande indústria fosse possível e um grande capitalismo pudesse se difundir e prosperar; só com o advento da esquerda, e especialmente com Crispi, ocorre a "fabricação dos fabricantes" através do protecionismo e privilégios de todo tipo [44]. A política financeira da Direita, voltada para o equilíbrio, torna possível a política "produtivista" subsequente). "Assim, por exemplo, não se consegue compreender por que havia tanta abundância de mão de obra na Lombardia nos primeiros decênios após a unificação e, portanto, o nível dos salários permanecia tão baixo, se se representa o capitalismo como um polvo que lança seus tentáculos para fazer sempre novas presas no campo, em vez de considerar a transformação que simultaneamente acontece nos contratos agrários e, em geral, na economia rural. E é fácil tirar conclusões de modo simplista sobre a teimosia e a estreiteza de mente das classes patronais, observando a resistência que elas antepõem a toda exigência de melhoramento de condições das classes operárias, se também não se tem presente o que representou o incremento da população em relação à formação de novos capitais." (A questão, no entanto, não é tão simples. A taxa de poupança ou de formação de capital era baixa porque os capitalistas quiseram manter toda a herança de parasitismo do período anterior, para que não desaparecesse a força política de sua classe e de seus aliados.)

Crítica da definição de "grande indústria" dada por Morandi, o qual, não se sabe por quê, excluiu de seu estudo muitas das atividades industriais mais importantes (transportes, indústrias alimentícias, etc.). Excessiva simpatia de Morandi pelos colossais organismos industriais, considerados muitíssimas vezes, indiscutivelmente, como formas superiores de atividade econômica, malgrado se recordem os colapsos desastrosos de Ilva, Ansaldo, Banco de Descontos, Snia Viscosa, Italgas. "Um outro ponto de divergência, o qual merece ser destacado porque nasce de um erro muito difundido, é aquele em que o autor considera que um país deve necessariamente permanecer sufocado pela concorrência dos outros países, se inicia depois deles a própria organização industrial. Esta inferioridade econômica, à qual também estaria condenada a Itália, não parece de modo algum demonstrada, porque as condições do mercado, da técnica, dos sistemas políticos estão em contínuo movimento e, portanto, as metas a alcançar e os caminhos a percorrer se deslocam tão frequente e subitamente que podem se ver em vantagem indivíduos e povos que se atrasaram ou quase não se mexeram. Se não fosse assim, seria difícil explicar como continuamente podem surgir e prosperar novas indústrias ao lado das mais velhas no mesmo país e como se pôde realizar o enorme desenvolvimento industrial do Japão no fim do século passado." (A este propósito, caberia investigar se muitas indústrias italianas, em vez de nascer com base na técnica mais avançada do país mais avançado, como seria racional, não nasceram com as máquinas usadas de outros países, por certo adquiridas a bom preço mas já superadas, e se este fato não se mostrou "mais vantajoso" para os industriais, que especulavam mais com o baixo preço da mão de obra e os privilégios governamentais do que com uma produção tecnicamente aperfeiçoada.)

Ao fazer a análise do relatório do Banco Comercial Italiano para a assembleia social sobre o exercício de 1931, Attilio Cabiati (na *Riforma Sociale* de julho-agosto de 1932, p. 464) escreve: "Surge destas considerações o vício fundamental que sempre afligiu a vida econômica italiana: a criação e a manutenção de um organismo industrial muitíssimo superior, seja à velocidade de formação de poupança no país, seja à capacidade de absorção dos consumidores internos; vivo, portanto, numa parte considerável, apenas por força do protecionismo e de auxílios estatais sob variadas formas. Mas o protecionismo pátrio, que em alguns casos alcança e supera cem por cento do valor internacional do produto, aumentando o custo de vida, diminuía por sua vez a formação da poupança, que, ainda por cima, era disputada à indústria pelo próprio Estado, muitas vezes premido por suas necessidades, desproporcionais ao nosso organismo industrial. A guerra, ampliando além da conta tal organismo, forçou nossos bancos, como escreve o relatório antes citado, 'a uma política corajosa e pertinaz de gestão de tesouraria', a qual consistiu em tomar emprestado 'rotativamente' no exterior para emprestar internamente a mais longo prazo. 'Mas uma tal política de tesouraria — diz o relatório — tinha seu limite natural na necessidade de os bancos conservarem a todo custo reservas adequadas de investimentos líquidos ou de fácil realização.' Quando eclodiu a crise mundial, os 'investimentos líquidos' não podiam ser realizados senão com um desconto formidável: a poupança externa estancou seu fluxo: as indústrias nacionais não puderam fazer o reembolso. Assim, *exceptis excipiendis*, o sistema bancário italiano se viu numa situação idêntica, sob vários aspectos, à do mercado financeiro inglês na metade de 1931 [...] (o erro) antigo consistia em ter pretendido dar vida a um organismo industrial desproporcional a nossas forças, criado com o objetivo de nos tornar 'independentes do exterior': sem refletir que, à medida que não 'dependíamos' do exterior quanto aos produtos, permanecíamos cada vez mais dependentes quanto ao capital."

Apresenta-se o problema se, num outro estado de coisas, será possível ampliar a base industrial do país sem recorrer ao exterior para os capitais. O exemplo de outros países (por exemplo, o Japão) mostra que isto é possível: toda forma de sociedade tem uma lei própria de acumulação da poupança e deve-se considerar que também na Itália se pode obter uma acumulação mais rápida. A Itália é o país que, nas condições criadas pelo *Risorgimento* e por seu modo de desenvolvimento, tem o maior peso de população parasitária, ou seja, uma população que vive sem intervir em absoluto na vida produtiva; é o país de maior quantidade de pequena e média burguesia rural e urbana, que consome uma fração grande da renda nacional, poupando uma fração insuficiente desta mesma renda para as necessidades nacionais.

§ 8. *As seitas no Risorgimento*. Cf. Pellegrino Nicolli, *La Carboneria in Italia*, Vicenza, Edições Cristofari, 1931. Nicolli busca distinguir, no Carbonarismo, as diversas correntes que muitas vezes o compunham e dar um quadro das variadas seitas que pulularam na Itália na primeira parte do século XIX. De uma resenha do livro de Nicolli, publicada no *Marzocco* de 25 de outubro de 1931, destaca-se este trecho: "É um emaranhado de nomes estranhos, de emblemas, de ritos, cujas origens o mais das vezes se ignoram; uma mistura confusa de propósitos díspares, que variam não somente de sociedade para sociedade mas na mesma sociedade, a qual, segundo o tempo e a circunstância, muda de métodos e programas. Vai-se do vago sentimento nacional às aberrações do comunismo e, inversamente, existem seitas que, inspirando-se nos próprios sistemas dos revolucionários, assumem a defesa do trono e do altar. Parece que revolução e reação têm necessidade de se enfrentarem num campo fechado, no qual não penetra o olho profano, tramando conjurações à luz de archotes enfumaçados e manejando punhais. Um fio que nos oriente no meio deste labirinto não existe, e é inútil pedi-lo a Nicolli, apesar de ter dado o melhor de si para encontrá-lo. E isso, ainda que se considere somente o Carbonarismo, que, de um certo modo, é o grande rio no qual convergem todas as outras sociedades secretas." Nicolli se propôs "recolher sinteticamente tudo aquilo que até agora foi escrito por valorosos historiadores" sobre as sociedades secretas no *Risorgimento*.

Pode-se observar: 1) a multiplicidade das seitas, dos programas e dos métodos, além de se dever ao caráter clandestino do movimento sectário, certamente se deve também ao primitivismo do próprio movimento, ou seja, à ausência de tradições fortes e enraizadas, e, portanto, à ausência de um organismo "central" sólido e de orientação firme; 2) a multiplicidade pode parecer mais "patológica" do que realmente era, dado o exagerado pedantismo erudito do investigador: realmente, em todas as épocas existem movimentos "sectários" bizarros e curiosos numa medida maior do que comumente se supõe, mas que nem sequer são considerados.

§ 9. *Correntes populares no Risorgimento. Carlo Bini* (cf. *Le più belle pagine di Carlo Bini*, selecionadas por Dino Provenzal). Giovanni Rabizzani, num estudo sobre Laurence Sterne na Itália (talvez na coleção "A Itália nos escritores estrangeiros", do editor Rocco Carabba), recorda Bini e aponta uma notável diferença entre os dois: Sterne, mais inclinado às análises sentimentais e menos cético; Bini, mais atento aos problemas sociais, tanto que Rabizzani o chama até de socialista. Em todo caso, deve-se notar que Livorno esteve entre as pouquíssimas cidades que, em 1848-1849, viu um profundo movimento popular, uma intervenção de massas plebeias que teve ampla repercussão em toda a Toscana e aterrorizou os grupos moderados e conservadores (recordar as *Memorie*, de G. Giusti). Por isto, deve-se ver Bini, ao lado de Montanelli, no quadro do 1849 toscano [45].

§ 10. *Os escritos do Padre Carlo Maria Curci.* Os escritos do padre Curci, depois de sua conversão ao catolicismo liberal, são úteis para reconstruir a situação italiana em torno de 1880. A conversão de Curci, célebre e combativo jesuíta da *Civiltà Cattolica*, representa, depois de 1870, um dos maiores golpes recebidos pela política vaticana de boicote ao novo Estado unitário e o início daquele processo molecular que transformará o mundo católico até a fundação do Partido Popular [46]. Alguns escritos do padre Curci depois da conversão: *Il moderno dissidio tra la Chiesa e l'Italia*, considerado por ocasião de um fato particular, 2ª ed. melhorada e ampliada, in-8º, XII-276 p., 1878, 4,50 liras; *La nuova Italia e i vecchi zelanti.* Estudos ainda úteis para a organização dos partidos parlamentares, in-8º, VIII-256 p., 1881, 5,25 liras; *Il Vaticano Regio, tarlo superstite della Chiesa Cattolica.* Estudos dedicados ao jovem clero e ao laicato religioso, in-8º, VIII-336 p., 1883, 4,50 liras; *Lo scandalo dello Vaticano Regio, duce la Provvidenza, buono a qualche cosa*, in-8º, XVI-136 p., 1884, 2,25 liras. (Estes volumes estão ainda à venda pela Utet de Turim, segundo o catálogo de 1928.)

§ 11. *Características populares do* Risorgimento. *Voluntários e intervenção popular.* No número de 24 de maio de *Gioventù Fascista*, está publicada esta mensagem (transcrita pelo *Corriere della Sera* de 21 de maio de 1932) do deputado Balbo: "As criações originais da história e da civilização italiana, desde o dia em que ressurgiu da letargia secular até hoje, se deveram ao voluntariado da juventude. O bando sagrado de Garibaldi, o heroico intervencionismo de 1915, os camisas-negras da Revolução Fascista deram unidade e poder à Itália, fizeram de um povo disperso uma nação. Às gerações que hoje se apresentam à vida sob o signo do Litório cabe a tarefa de dar ao século novo o nome de Roma." A afirmação de que a Itália moderna foi caracterizada pelo voluntariado é correta (pode-se acrescentar o *arditismo* de guerra), mas é preciso observar que o voluntariado, apesar de seu mérito histórico, que não pode ser diminuído, foi um sucedâneo da intervenção popular e, neste sentido, é uma solução de compromisso com a passividade das massas nacionais [47]. Voluntariado-passividade caminham juntos mais do que se acredita. A solução do voluntariado é uma solução autoritária, de cima para baixo, legitimada formalmente pelo consenso, como se costuma dizer, dos "melhores". Mas, para construir história duradoura, não bastam os "melhores", são necessárias as energias nacional-populares mais amplas e numerosas.

§ 12. *A posição geopolítica da Itália. A possibilidade de bloqueios.* Na sexta sessão da Conferência de Washington (25 de dezembro de 1921), o delegado inglês Balfour disse, referindo-se à Itália: "A Itália não é uma ilha, mas pode ser considerada uma ilha. Lembro-me da extrema dificuldade que tivemos para fornecer até mesmo o carvão minimamente necessário para manter sua atividade, seus arsenais e suas fábricas, durante a guerra. Duvido que ela pudesse se alimentar e abastecer, ou continuar a ser uma efetiva unidade de combate, se fosse realmente submetida a um bloqueio e seu comércio marítimo fosse paralisado. A Itália tem cinco vizinhos no Mediterrâneo. Espero e creio que a paz, a paz eterna, possa reinar no antigo berço da civilização. Mas nós fazemos um exame frio e calculado como o de um membro qualquer do Estado-Maior Geral. Este, considerando o problema sem nenhum preconceito político e somente como uma questão de estratégia, diria à Itália: 'Os senhores têm cinco vizinhos, cada um dos quais pode, se quiser, estabelecer um bloqueio de seu litoral sem empregar uma só embarcação de superfície. Não seria necessário que desembarcasse tropas e combatesse. Os senhores pereceriam sem ser conquistados.'" (Balfour falava especialmente sob o impacto da guerra submarina e antes dos grandes progressos realizados pela aviação de bombardeio, que parece não permitir um bloqueio a salvo de represálias; todavia, sob alguns aspectos sua análise é bastante correta.)

§ 13. *Publicação e exame dos livros e dos relatos dos antiliberais e antifranceses no período da Revolução Francesa e de Napoleão, e reacionários no período do Risorgimento.* São necessários, uma vez que as forças contrárias ao movimento liberal italiano também foram uma parte e um aspecto não desprezível da realidade, mas em relação a eles é preciso considerar alguns critérios metodológicos: 1º) Algumas reedições, como a do *Memorandum* de Solaro della Margarita, e talvez também os volumes preparados por Lovera di Castiglione e pelo jesuíta Ilario Rinieri, ou têm um objetivo atual, de reforçar certas tendências reacionárias na interpretação do *Risorgimento* (representadas pelos jesuítas da *Civiltà Cattolica*), ou são apresentadas como textos para a ação atual (o *Papa*, de Joseph De Maistre, e o próprio *Memorandum*, de Solaro, etc.) [48]. 2º) As descrições das intervenções francesas nas várias regiões italianas, sob o Diretório e sucessivamente, se deveram muito frequentemente apenas aos reacionários: os "jacobinos" se alistavam e, portanto, tinham mais o que fazer do que escrever relatos: os cenários, assim, são sempre tendenciosos e seria muito ingênuo reconstruir a verdade a partir de tal literatura. Entre estas publicações, verificar Ranuccio Ranieri, *L'invasione francese degli Abruzzi nel 1798-99, e una memoria del tempo inedita di Giovanni Battista Simone*, Pescara, Edições do "Adriatico", 1931. Da narrativa de Simone, antijacobino e legitimista, depreende-se que, na cidade de Chieti, a força jacobina tinha uma certa eficácia, mas, no campo (salvo exceções devidas a rivalidades municipais e ao desejo de poder fazer retaliações), prevaleciam as forças reacionárias na luta contra Chieti. Mais do que o relato de Simone, enfático e verboso, parece interessante a exposição de Ranieri, que reconstrói a situação de Abruzos naquele período da história.

§ 14. *Carlos Félix*. Deve-se ler sua biografia escrita por Francesco Lemmi para a "Coleção Histórica da Casa de Savoia", da Ed. Paravia. Alguns pontos relevantes da biografia de Lemmi: a aversão de Carlos Félix ao ramo dos Carignanos: em algumas cartas escritas por Félix ao irmão Vítor Emanuel em 1804, leem-se contra os pais de Carlos Alberto palavras "candentes", ditadas por não se sabe qual ressentimento e que chegam até a esconjurar como uma vergonha aquela sucessão não desejada; Carlos Félix e os movimentos de 1821. Lemmi observa que Carlos Félix jamais realizou uma política italiana, mas visou somente a ampliar suas posses [49].

§ 15. *A Revolução de 1831*. No *Archiginnasio* (4-6, ano XXVI, 1932), Albano Sorbelli publica e comenta o texto do plano político constitutivo da Revolução de 1831, escrito por Ciro Menotti. O documento já fora publicado por Enrico Rufini em 1909 (?), no *Archivio Emiliano del Risorgimento nazionale*, n. 10 e 11. Também o volume de Arrigo Solmi sobre os fatos de 1831 se baseia neste plano. Agora, pôde-se recuperar com um reagente o escrito de Menotti e reproduzi-lo no *Archiginnasio* [50].

§ 16. *Prosper Mérimée e o 1848 italiano* [51]. A *Revue des deux mondes* (edição de 15 de maio de 1932) publica um punhado de cartas de Prosper Mérimée à condessa de Boigne (autora de famosas *Memórias*). Sobre 1848 na Itália: "Os piemonteses não se preocupam de modo algum com nossa ajuda e nós impedimos os italianos de ajudá-los, ao prometer o reforço de nosso invencível Exército: um viajante que vem da Lombardia narra que o país, como em plena Idade Média, está dividido em inúmeras pequenas repúblicas, tantas quantas as aldeias e os burgos, hostis umas às outras na expectativa de tomarem armas." Mérimée era defensor da unidade italiana. (Conta histórias saborosas sobre a situação francesa: por exemplo, os camponeses, votando por Luís Napoleão, acreditavam votar em Napoleão I. Inutilmente se tentava explicar a eles que os restos do imperador estavam sepultados nos Inválidos.)

É possível que a esperança de uma possível ajuda do Exército francês tenha influído, em 1848, no sentido de restringir o movimento de voluntários, etc., mas isso não explica o fato de os voluntários que se apresentaram terem sido mal empregados e maltratados, não explica a inércia militar do próprio Piemonte e a ausência de uma clara direção político-militar, no sentido explicitado nas notas subsequentes; não explica sequer o lema: "A Itália o fará sozinha."

§ 17. Martino Beltrani Scalia: *Giornali di Palermo nel 1848-1849, con brevi accenni a quelli delle altre principali città d'Italia nel medesimo periodo*, organizado pelo filho Vito Beltrani, Palermo, Sandron, 1931. Trata-se de uma exposição resumida em poucas linhas do conteúdo de cada periódico publicado em Palermo em 1848 e em 1849, e mesmo no ano anterior, e também de inúmeros jornais do continente (de Nápoles, de Roma, da Toscana, do Piemonte e da Suíça, ou seja, da "Itália do Povo" de Mazzini), exposição feita geralmente dia após dia. Nos jornais não sicilianos, dá-se importância ao que diz respeito à Sicília. Em 1847, os jornais palermitanos eram apenas seis; em 1848-1849 Beltrani Scalia arrola 141, e não se pode excluir que lhe hajam escapado alguns. Dos resumos de B. S. se evidencia a ausência dos partidos permanentes: trata-se, em geral, de opiniões pessoais, muitas vezes contraditórias, na mesma publicação. Parece que o ensaio de B. S. demonstra que tinha razão La Farina, quando, na *Storia documentata della rivoluzione siciliana*, escreveu que "a imprensa periódica, salvo poucas e honrosas exceções, não esteve jamais à altura de seu ofício: foi escândalo, não força" [52].

§ 18. *1849 em Florença.* Na *Rassegna Nazionale* (reproduzida pelo *Marzocco* de 21 de fevereiro de 1932), Aldo Romano publica uma carta de Ruggero Bonghi e outra de Cirillo Monzani escritas a Silvio Spaventa em 1849, de Florença, durante o período da ditadura Guerrazzi-Montanelli, cartas que são interessantes para julgar a atitude dos moderados diante da fase democrática do movimento revolucionário de 1848-1849 [53]. Surpreende o fato de que estes dois moderados se mostram alheios aos acontecimentos, espectadores somente curiosos mas de má vontade, e não atores interessados. Eis um trecho de Bonghi, escrito quinze dias depois da fuga do grão-duque, e de estilo bresciano: "A facção republicana pretende içar por toda parte aquela árvore com tão pouca adesão içada em Florença, desde o dia em que se deu a conhecer a proclamação de De Laugier e mediante a ação de alguns livornenses convocados bem de propósito [54]. Este içamento encontra pouca ou nenhuma oposição nas cidades principais ou mais populosas; mas depara com muita nas menores e muitíssima no campo. Ontem à noite se queria içá-la fora da Porta Romana; houve gritos de aclamação; em seguida, altercação entre quem era a favor e quem era contra; depois ainda, esfaqueamentos e tiros de fuzis; enfim, uma grande balbúrdia. Os camponeses dos arredores, acreditando ser uma pândega que se fazia pelo retorno do grão-duque, ou acreditando já serem instigados e preparados para a reação, ou fosse o que fosse, também começaram a dar vivas a Leopoldo II, a dar tiros de espingarda, a desfraldar bandeiras, a agitar lenços, a disparar foguetes e coisas semelhantes." Mais sintomático ainda é o escrito de Monzani, que dá uma amostra do que devia ser a propaganda derrotista dos moderados: "A cegueira e, o que é pior, a má-fé, a astúcia, o embuste me parecem chegar ao cúmulo. Fala-se muito de pátria, de liberdade, mas poucos têm no coração a pátria e saberiam fazer extremos sacrifícios e arriscar a vida para salvá-la. Estes santíssimos nomes são infelizmente profanados, e deles a maioria se serve como pretexto (!) para obter poder ou riqueza. Talvez me engane, mas esperar desta gente a salvação me parece o mesmo que esperá-la do herege. Não tenho o hábito de iludir-me nem de correr atrás de fantasmas; e os italianos se deixaram prender em excesso pelas quimeras e utopias de certos apóstolos, os quais já são mais do que nocivos a nossa desgraçada pátria."

As duas cartas foram apreendidas com Spaventa no momento da detenção. Os Bourbon tinham mente tão estreita que delas não se serviram contra os liberais, fazendo com que escribas de aluguel as publicassem e comentassem (odiavam-nos tanto que nem os tinham a seu serviço), e se limitaram a juntá-las aos autos do processo Spaventa. (Todo o lado espirituoso de Bonghi se esgota na repetição contínua de *rizzare* e *rizzamento*, à napolitana [55].)

§ 19. *Momentos de vida intensamente coletiva e unitária no desenvolvimento nacional do povo italiano.* Examinar, no desenvolvimento da vida nacional a partir de 1800, todos os momentos em que se apresentou ao povo italiano para ser resolvida uma tarefa pelo menos potencialmente comum, na qual teriam podido se verificar, por isto, uma ação ou um movimento de caráter coletivo (em profundidade e em extensão) e unitário. Estes momentos, nas diferentes fases históricas, podem ter sido de natureza diferente e de diferente importância nacional-popular. O que importa na investigação é o caráter potencial (e, depois, a medida na qual a potencialidade se traduziu em ato) de coletividade e de unidade, ou seja, a difusão territorial (a região responde a esta exigência, quando não diretamente a província) e a intensidade de massa (isto é, a maior ou menor quantidade de participantes, a maior ou menor repercussão positiva e também ativamente negativa que o movimento teve nos diferentes estratos da população).

Estes momentos podem ter tido caráter e natureza variados: guerras, revoluções, plebiscitos, eleições gerais de particular significado. Guerras: 1848-1849, 1859, 1860, 1866, 1870, guerras africanas (Eritreia e Líbia), guerra mundial. Revoluções: 1820-1821, 1831, 1848-1849, 1860, *fasci* sicilianos, 1898, 1904, 1914, 1919-1920, 1924-1925 [56]. Plebiscitos para a formação do reino: 1859-1860, 1866, 1870. Eleições gerais com variada extensão do sufrágio. Eleições típicas: a que leva a esquerda ao poder em 1876, a realizada com a ampliação do sufrágio depois de 1880, a realizada depois de 1898. A eleição de 1913 é a primeira com características populares destacadas, pela amplíssima participação dos camponeses; a de 1919 é a mais importante de todas pelo caráter proporcional e provincial do voto, que obriga os partidos a se agruparem, e o fato de que em todo o território, pela primeira vez, se apresentam os mesmos partidos com os mesmos (aproximadamente) programas. Numa medida muito maior e mais orgânica do que em

1913 (quando o colégio uninominal restringia as possibilidades e falseava as posições políticas de massa, com a artificiosa delimitação dos colégios), em 1919, em todo o território, num mesmo dia, toda a parte mais ativa do povo italiano se propõe as mesmas questões e busca resolvê-las em sua consciência histórico-política. O significado das eleições de 1919 é dado pelo conjunto de elementos "unificadores", positivos e negativos, que para elas convergem: a guerra fora um elemento unificador de primeira ordem, por ter dado consciência às grandes massas da importância que tem, até mesmo para o destino de cada indivíduo, a construção do aparelho governamental, além de ter posto uma série de problemas concretos, gerais e particulares, que refletiam a unidade popular-nacional. Pode-se afirmar que as eleições de 1919 tiveram para o povo um caráter de Constituinte (as eleições de 1913 também tiveram este caráter, como pode recordar todo aquele que tenha assistido às eleições nos centros regionais onde maior tinha sido a transformação do corpo eleitoral e como foi demonstrado pela alta taxa de participação no voto: estava difundida a convicção mística de que tudo mudaria após o voto, a convicção de uma verdadeira regeneração social: era assim pelo menos na Sardenha), embora não o tivessem para "nenhum" partido do tempo: nesta contradição e distanciamento entre o povo e os partidos consistiu o drama histórico de 1919, que foi compreendido imediatamente apenas por alguns grupos dirigentes mais sagazes e inteligentes (e que tinham mais o que temer por seu futuro). Deve-se observar que justamente o tradicional partido da Constituinte na Itália, o republicano, demonstrou mínima sensibilidade histórica e capacidade política e se deixou impor o programa e a orientação (isto é, uma defesa abstrata e retrospectiva da intervenção na guerra) por parte dos grupos dirigentes de direita. A seu modo, o povo olhava para o futuro (mesmo na questão da intervenção na guerra) e nisto consiste o caráter implícito de Constituinte que deu às eleições de 1919; os partidos olhavam para o passado (só o passado) concretamente e para o futuro "abstratamente", "genericamente", com lemas como "tenham confiança em seu partido", e não como concepção histórico-política construtiva. Entre as outras diferenças entre 1913 e

1919, é preciso recordar a participação ativa dos católicos, com políticos próprios, com um próprio partido, com um próprio programa. Também em 1913 os católicos participaram das eleições, mas através do Pacto Gentiloni, de um modo dissimulado e que falseava o significado do alinhamento e da influência das forças políticas tradicionais [57]. Quanto a 1919, deve-se lembrar o discurso pronunciado por Giolitti, de viés constituinte (retrospectivo), e o comportamento dos giolittianos em relação aos católicos, como se depreende dos artigos de Luigi Ambrosini no *La Stampa*. Na realidade, os giolittianos venceram as eleições, no sentido de que imprimiram o caráter de Constituinte sem Constituinte às próprias eleições e conseguiram desviar a atenção do futuro para o passado [58].

§ 20. *Risorgimento e questão oriental*. Em toda uma série de escritos (tendenciosos a favor dos moderados), atribui-se um significado transcendental às manifestações literárias do período do *Risorgimento*, em que a questão oriental é apresentada em função dos problemas italianos: planos de projeção da Áustria para o Leste e os Bálcãs, para compensá-la do Lombardo-Vêneto, que seria cedido pacificamente em benefício do renascimento nacional italiano, etc. Não parece que tais planos sejam prova de grande capacidade política, como se pretende: parece que devem ser interpretados, sobretudo, como expressão de passividade política e de desalento ante as dificuldades do projeto nacional, desalento que se oculta sob planos tão grandiosos quanto abstratos e vagos, uma vez que não dependia das forças italianas levá-los a cabo. "Projetar aos Bálcãs" a Áustria significava, com efeito, criar uma situação político-diplomática europeia (e implicitamente militar) em decorrência da qual a Áustria se deixasse "conduzir aos Bálcãs"; significava ter a hegemonia política e diplomática da Europa — uma coisa à toa! Não se compreende por que a Áustria não pudesse, conservando o Lombardo-Vêneto, isto é, a supremacia na Itália e uma posição dominante no Mediterrâneo Central, conquistar também uma influência maior nos Bálcãs e, portanto, no Mediterrâneo Oriental: isto, ao contrário, teria sido do interesse da Inglaterra, que baseava na Áustria um sistema de equilíbrio contra a França e contra a Rússia. O próprio sentimento escasso de iniciativa política autônoma e a desconfiança nas próprias forças — que estavam implícitos no projeto de Balbo — deviam tornar surda a Inglaterra a tais sugestões. Só um forte Estado italiano, que pudesse substituir a Áustria em sua função antifrancesa no Mediterrâneo Central, poderia levar a Inglaterra a ter simpatia pela Itália, como ocorreu, de fato, depois das anexações na Itália Central e a campanha dos Mil contra os Bourbon: antes destes fatos reais, só um grande partido cheio de decisão e de audácia e seguro de seus próprios movimentos, por enraizar-se nas grandes massas populares, talvez obtivesse o mesmo resultado, mas isto exatamente não existia e até, ao contrário, Balbo e seus amigos não queriam que se formasse. A orientação da Áustria para os Bálcãs, permanecendo os Bourbon em Nápoles (segundo o plano neoguelfo), teria tido consequências graves para a política inglesa no Mediterrâneo. O Estado napolitano se tornaria um feudo russo, ou seja, a Rússia teria a possibilidade de uma ação militar justamente no centro do Mediterrâneo. (A questão das relações entre os Bourbon de Nápoles e o czarismo é todo um aspecto da história de 1799 até 1860 a ser examinado e aprofundado: no livro de Nitti, *Il capitale straniero in Italia*, publicado em 1915 pela Ed. Laterza, vê-se que ainda existiam na Itália Meridional cerca de 150 milhões de títulos estatais russos, considerável resíduo da conexão que se formara entre Nápoles e a Rússia antes de 1860, contra a Inglaterra.) Não se deve esquecer que a Questão Oriental, embora tivesse o miolo estratégico nos Bálcãs e no Império turco, era especialmente a forma político-diplomática da luta entre a Rússia e a Inglaterra: ou seja, era a questão do Mediterrâneo, da Ásia Próxima e Central, da Índia, do Império inglês. O livro no qual Balbo defendeu sua tese, *Le Speranze d'Italia*, foi publicado em 1844, e a própria tese só serviu para tornar conhecida a questão oriental, atraindo para ela a atenção, e, portanto, facilitar (talvez) a política de Cavour a propósito da Guerra da Crimeia. Não teve nenhuma eficácia em 1859 (quando o Piemonte e a França pensaram em estimular inimigos contra a Áustria nos Bálcãs, para debilitar suas forças militares), porque uma tal ação foi circunscrita, de pouco fôlego, e, em todo caso, se reduziu a um episódio de organização da atividade militar franco-piemontesa; deve-se dizer o mesmo sobre 1866, quando uma análoga ação diversionista foi pensada pelo governo italiano e por Bismarck para a guerra contra a Áustria. Em tempo de guerra, buscar enfraquecer o inimigo, suscitando-lhe inimigos internamente e em todo o perímetro das fronteiras político-militares, não é elemento de um plano político para o Oriente, mas fato de ordinária administração da conduta bélica. De resto, depois de 1860 e da formação de um Estado italiano de grande importância, a projeção oriental da Áustria tinha um significado internacional bastante diferente e encontrava o apoio tanto da Inglaterra quanto da França.

Algumas publicações recentes se ocuparam dos projetos dos Bourbon, que permaneceram como projetos, de expansão no Oriente, para buscar nisto argumento de reabilitação do governo napolitano; tais projetos terão sido vistos de bom grado pela Rússia e impedidos pela Inglaterra, que a propósito da questão de Malta foi inflexível com Nápoles. (Deve-se ver o livro de Pietro Silva sobre o Mediterrâneo [59].)

§ 21. *O "ensino mútuo"*. Para a importância que teve no movimento liberal do *Risorgimento* o princípio e a difusão prática do "ensino mútuo", cf. os dois volumes de Arturo Linacher sobre Enrico Mayer, que foi um dos maiores colaboradores da *Antologia* e de Vieusseux e um dos maiores divulgadores do novo método pedagógico [60].

§ 22. *Correntes populares.* Sobre os movimentos populares de esquerda de 1848-1849, deve-se ver: Nicola Valdimiro Testa, *Gli Irpini nei moti politici e nella reazione del 1848-49*, Nápoles, R. Contessa e Fratelli, 1932, in-8º, 320 p., 15 liras [61].

§ 23. *E. De Amicis e G. C. Abba*. Significado da *Vita Militare*, de De Amicis. Deve-se colocar a *Vita Militare* ao lado de algumas publicações de G. C. Abba, apesar do contraste interno e da atitude diferente [62]. G. C. Abba é mais "educador" e mais "nacional-popular": por certo, ele é mais concretamente democrático do que De Amicis, porque politicamente mais firme e eticamente mais austero. De Amicis, apesar das aparências superficiais, é mais servil ante os grupos dirigentes sob formas paternalistas.

Na *Vita Militare*, deve-se ver o capítulo: "L'Esercito Italiano durante il colera del 1867", porque retrata o comportamento do povo siciliano em relação ao governo e aos "italianos", depois da sublevação de setembro de 1866. Guerra de 1866, sublevação de Palermo, cólera: três fatos que não podem ser separados [63]. Será o caso de consultar mais livros sobre o cólera em todo o *Mezzogiorno*, em 1866-1867. Não se pode julgar o nível de civilização da vida popular daquele tempo sem tratar desta questão. (Será que existem publicações oficiais sobre os crimes contra as autoridades — soldados, oficiais, etc. — durante o cólera?)

No momento da sublevação, era administrador da província de Palermo Luigi Torelli, sobre o qual cf. Antonio Monti, *Il conte Luigi Torelli*, Milão, R. Istituto Lombardo di Scienze e Lettere, 1931, in-8º, 513 p., 30 liras. Depois da repressão, Torelli recebeu a medalha de ouro de mérito civil. O livro também deve ser consultado porque Torelli teve em todo o *Risorgimento* uma função bastante significativa [64].

§ 24. *O problema da direção política na formação e no desenvolvimento da nação e do Estado moderno na Itália.* Todo o problema da conexão entre as várias correntes políticas do *Risorgimento*, isto é, de suas relações recíprocas e de suas relações com os grupos sociais homogêneos ou subordinados existentes nas variadas áreas (ou setores) históricas do território nacional, se reduz a este dado fundamental: os moderados representavam um grupo social relativamente homogêneo, de modo que sua direção sofreu oscilações relativamente limitadas (e, em todo caso, segundo uma linha de desenvolvimento organicamente progressivo), ao passo que o chamado Partido de Ação não se apoiava especificamente em nenhuma classe histórica e as oscilações sofridas por seus órgãos dirigentes se compunham, em última análise, segundo os interesses dos moderados; ou seja, historicamente o Partido de Ação foi guiado pelos moderados: a afirmação atribuída a Vítor Emanuel II de "ter no bolso" o Partido de Ação, ou algo semelhante, é praticamente exata, e não só pelos contatos pessoais do rei com Garibaldi, mas porque, de fato, o Partido de Ação foi dirigido "indiretamente" por Cavour e o rei. O critério metodológico sobre o qual se deve basear o próprio exame é este: a supremacia de um grupo social se manifesta de dois modos, como "domínio" e como "direção intelectual e moral". Um grupo social domina os grupos adversários, que visa a "liquidar" ou a submeter inclusive com a força armada, e dirige os grupos afins e aliados. Um grupo social pode e, aliás, deve ser dirigente já antes de conquistar o poder governamental (esta é uma das condições principais para a própria conquista do poder); depois, quando exerce o poder e mesmo se o mantém fortemente nas mãos, torna-se dominante mas deve continuar a ser também "dirigente". Os moderados continuaram a dirigir o Partido de Ação mesmo depois de 1870 e 1876, e o chamado "transformismo" foi somente a expressão parlamentar desta ação hegemônica intelectual, moral e política [65]. Aliás, pode-se dizer que toda a vida estatal italiana, a partir de 1848, é caracterizada pelo transformismo, ou seja, pela elaboração de uma classe dirigente cada vez mais ampla, nos quadros fixados pelos moderados depois de 1848 e o colapso das utopias neoguelfas e federalistas, com a absorção gradual mas contínua, e obtida com métodos de variada eficácia, dos elementos ativos surgidos dos grupos aliados e mesmo dos adversários e que pareciam irreconciliavelmente inimigos. Neste sentido, a direção política se tornou um aspecto da função de domínio, uma vez que a absorção das elites dos grupos inimigos leva à decapitação destes e a sua aniquilação por um período frequentemente muito longo. A partir da política dos moderados, torna-se claro que pode e deve haver uma atividade hegemônica mesmo antes da ida ao poder e que não se deve contar apenas com a força material que o poder confere para exercer uma direção eficaz: de fato, a brilhante solução destes problemas tornou possível o *Risorgimento* nas formas e nos limites em que ele se realizou, sem "Terror", como "revolução sem revolução", ou seja, como "revolução passiva", para empregar uma expressão de Cuoco num sentido um pouco diverso de Cuoco [66].

Sob que formas e com quais meios os moderados conseguiram estabelecer o aparelho (o mecanismo) de sua hegemonia intelectual, moral e política? Sob formas e com meios que se podem chamar "liberais", isto é, através da iniciativa individual, "molecular", "privada" (ou seja, não por um programa de partido elaborado e constituído segundo um plano anterior à ação prática e organizativa). De resto, isto era "normal", dada a estrutura e a função dos grupos sociais representados pelos moderados, dos quais os moderados eram a camada dirigente, os intelectuais em sentido orgânico. Para o Partido de Ação, o problema se apresentava de modo diverso e diferentes sistemas organizativos deveriam ter sido empregados. Os moderados eram intelectuais já naturalmente "condensados" pela organicidade de suas relações com os grupos sociais de que eram a expressão (para toda uma série deles, realizava-se a identidade de representado e representante, isto é, os moderados eram uma vanguarda real, orgânica, das classes altas, porque eles mesmos pertenciam economicamente às classes altas: eram intelectuais e organizadores políticos e, ao mesmo tempo, dirigentes de empresa, grandes agricultores ou administradores de propriedades rurais, empresários comerciais e industriais, etc.). Dada esta condensação ou concentração orgânica, os moderados exerciam uma poderosa atração, de modo "espontâneo", sobre toda a massa de intelectuais de todo nível que existiam na península em estado "difuso", "molecular", em função das necessidades, ainda que satisfeitas de modo elementar, da instrução e da administração. Evidencia-se aqui a consistência metodológica de um critério de investigação histórico-política: não existe uma classe independente de intelectuais, mas todo grupo social tem uma própria camada de intelectuais ou tende a formar uma para si; mas os intelectuais da classe historicamente (e realisticamente) progressista, nas condições dadas, exercem um tal poder de atração que terminam, em última análise, por subordinar a si os intelectuais dos outros grupos sociais e, assim, criar um sistema de solidariedade entre todos os intelectuais com laços de ordem psicológica (vaidade, etc.) e, muitas vezes, de casta (técnico-jurídicos, corporativos, etc.).

Este fato se verifica "espontaneamente" nos períodos históricos em que o grupo social dado é realmente progressista, isto é, faz avançar realmente toda a sociedade, satisfazendo não só suas exigências vitais, mas ampliando continuamente os próprios quadros para a contínua ocupação de novas esferas de atividade econômico-produtiva. Assim que o grupo social dominante esgota sua função, o bloco ideológico tende a fragmentar-se e, então, a "coerção" pode substituir a "espontaneidade" sob formas cada vez menos disfarçadas e indiretas, até as medidas propriamente policiais e os golpes de Estado.

O Partido de Ação não só não podia ter, dada a sua natureza, um poder análogo de atração, mas era ele mesmo atraído e influenciado, seja em razão da atmosfera de intimidação (pânico de um 1793 terrorista, reforçado pelos acontecimentos franceses de 1848-1849), que o levava a hesitar em acolher em seu programa determinadas reivindicações populares (por exemplo, a reforma agrária), seja porque algumas de suas maiores personalidades (Garibaldi) tinham, ainda que irregularmente (oscilações), uma relação pessoal de subordinação com os líderes dos moderados. Para que o Partido de Ação se tornasse uma força autônoma e, em última análise, conseguisse pelo menos imprimir ao movimento do *Risorgimento* um caráter mais acentuadamente popular e democrático (mais além talvez não pudesse ir, dadas as premissas fundamentais do próprio movimento), deveria ter contraposto à atividade "empírica" dos moderados (que só era empírica no modo de dizer, uma vez que correspondia perfeitamente ao fim) um programa orgânico de governo que refletisse as reivindicações essenciais das massas populares, em primeiro lugar os camponeses: à atração "espontânea" exercida pelos moderados deveria ter contraposto uma resistência e uma contraofensiva "organizada" segundo um plano.

Como exemplo típico de atração espontânea exercida pelos moderados, deve-se recordar a formação e o desenvolvimento do movimento "católico-liberal", que tanto impressionou o papado e em parte conseguiu paralisar suas iniciativas e desmoralizá-lo, levando-o, num primeiro momento, muito à esquerda — com as manifestações liberalizantes de Pio IX — e, num segundo momento, empurrando-o para uma posição mais à direita do que poderia ter ocupado e, em definitivo, determinando seu isolamento na península e na Europa. O papado demonstrou, em seguida, ter aprendido a lição e soube, em tempos mais recentes, manobrar brilhantemente: o modernismo, primeiro, e o *popularismo*, depois, são movimentos análogos ao católico-liberal do *Risorgimento*, devidos em grande parte ao poder de atração espontânea exercida, por um lado, pelo historicismo moderno dos intelectuais laicos das classes altas e, por outro, pelo movimento prático da filosofia da práxis. O papado golpeou o modernismo como tendência reformadora da Igreja e da religião católica, mas desenvolveu o *popularismo*, isto é, a base econômico-social do modernismo, e hoje, com Pio XI, transforma-o no fulcro de sua política mundial [67].

No entanto, faltou ao Partido de Ação precisamente um programa concreto de governo. Em substância, ele sempre foi, mais do que qualquer outra coisa, um organismo de agitação e propaganda a serviço dos moderados. As divergências e os conflitos internos do Partido de Ação, os ódios tremendos que Mazzini suscitou contra sua pessoa e sua atividade por parte dos mais vigorosos homens de ação (Garibaldi, Felice Orsini, etc.) foram determinados pela falta de uma firme direção política [68]. As polêmicas internas foram, em grande parte, tão abstratas quanto a pregação de Mazzini, mas delas se podem extrair úteis indicações históricas (sirvam como exemplo os escritos de Pisacane, que, de resto, cometeu erros políticos e militares irreparáveis, como a oposição à ditadura militar de Garibaldi na República Romana) [69]. O Partido de Ação estava encharcado de tradição retórica da literatura italiana: confundia a unidade cultural existente na península — limitada, porém, a um estrato muito reduzido da população e maculada pelo cosmopolitismo vaticano — com a unidade política e territorial das grandes massas populares, que eram alheias àquela tradição cultural e dela não faziam caso, admitindo-se que conhecessem sua própria existência. Pode-se fazer uma comparação entre os jacobinos e o Partido de Ação. Os jacobinos lutaram tenazmente para assegurar uma ligação entre cidade e campo e obtiveram êxito neste aspecto. Sua derrota como partido determinado se deveu ao fato de que, num certo ponto, se chocaram contra as exigências dos operários parisienses, mas eles, na realidade, tiveram continuação sob outra forma com Napoleão e hoje, muito miseravelmente, com os radical-socialistas de Herriot e Daladier [70].

Na literatura política francesa, a necessidade de ligar a cidade (Paris) ao campo fora sempre vivamente sentida e expressa; basta recordar a coleção de romances de Eugène Sue, muito difundidos também na Itália (no *Piccolo mondo antico*, Fogazzaro mostra como Franco Maironi recebia clandestinamente da Suíça os fascículos dos *Mistérios do povo*, que foram queimados por obra do carrasco em algumas cidades europeias — por exemplo, em Viena) e que insistem, com particular regularidade, na necessidade de levar em conta os camponeses e ligá-los a Paris; e Sue foi o romancista popular da tradição política jacobina e a "fonte primária" de Herriot e Daladier sob muitos pontos de vista (lenda napoleônica, anticlericalismo e antijesuitismo, reformismo pequeno-burguês, teorias penitenciárias, etc.) [71]. É verdade que o Partido de Ação foi sempre implicitamente antifrancês devido à ideologia mazziniana (ver na *Critica*, ano 1929, p. 223 e ss., o ensaio de Omodeo "Primato francese e iniziativa italiana"), mas tinha na história da península a tradição à qual podia se referir e filiar. A história das Comunas é rica de experiências a propósito: a burguesia nascente busca aliados nos camponeses contra o Império e contra o feudalismo local (é verdade que a história se torna complexa graças à luta entre burgueses e nobres para obter mão de obra barata: os burgueses têm necessidade de mão de obra abundante e esta só pode ser dada pelas massas rurais, mas os nobres querem os camponeses ligados ao solo: fuga de camponeses para as cidades, onde os nobres não podem capturá-los. De todo modo, mesmo em situação diversa, aparece no desenvolvimento da civilização comunal a função da cidade como elemento diretivo, da cidade que aprofunda os conflitos internos do campo e deles se serve como instrumento político-militar para abater o feudalismo). Mas Maquiavel, o mais clássico mestre de arte política dos grupos dirigentes italianos, também havia formulado o problema, naturalmente nos termos e com as preocupações de seu tempo; nos textos político-militares de Maquiavel, vê-se bastante bem a necessidade de subordinar organicamente as massas populares às camadas dirigentes, para criar uma milícia nacional capaz de eliminar as tropas mercenárias.

Nesta corrente de Maquiavel talvez deva ser inserido Carlo Pisacane, para o qual o problema de satisfazer as reivindicações populares (depois de tê-las suscitado com a propaganda) é visto predominantemente do ponto de vista militar. A propósito de Pisacane, é preciso analisar algumas antinomias de sua concepção: Pisacane, nobre napolitano, havia conseguido dominar uma série de conceitos político-militares postos em circulação pelas experiências bélicas da Revolução Francesa e de Napoleão, transplantados para Nápoles sob os reinos de José Bonaparte e de Joachim Murat, mas especialmente pela experiência viva dos oficiais napolitanos que haviam combatido com Napoleão (no necrológio de Cadorna feito por M. Missiroli na *Nuova Antologia*, insiste-se na importância que tal experiência e tradição militar napolitana, através de Pianell, por exemplo, tiveram na reorganização do Exército italiano depois de 1870); Pisacane compreendeu que, sem uma política democrática, não pode haver exércitos nacionais de alistamento obrigatório, mas é inexplicável sua aversão à estratégia de Garibaldi e sua desconfiança contra Garibaldi; em relação a Garibaldi, ele tem a mesma atitude de desprezo que tinham em relação a Napoleão os estados-maiores do antigo regime [72].

Sobre estes problemas do *Risorgimento*, a individualidade que mais se deve estudar é Giuseppe Ferrari, mas não tanto em suas obras ditas maiores, verdadeiras colchas de retalho confusas e esfarrapadas, quanto nos opúsculos e nas cartas [73]. Mas Ferrari estava em grande parte fora da concreta realidade italiana: afrancesara-se excessivamente. Muitas vezes, seus juízos parecem mais sagazes do que realmente são, porque ele aplicava à Itália esquemas franceses, os quais representavam situações bem mais avançadas do que as italianas. Pode-se dizer que Ferrari se encontrava, em relação à Itália, na posição de um "póstero" e que, num certo sentido, emitia um "juízo retrospectivo". Ao contrário, o político deve ser um realizador efetivo e atual; Ferrari tão somente via que, entre a situação italiana e a francesa, faltava um elo e que importava justamente inserir este elo para passar ao seguinte. Ferrari não soube "traduzir" o francês em italiano e, por isto, sua própria "sagacidade" se tornava um elemento de confusão, suscitava novas seitas e pequenas escolas, mas não incidia no movimento real.

Ao se aprofundar a questão, vê-se que sob muitos aspectos a diferença entre muitos homens do Partido de Ação e os moderados era mais de "temperamento" do que de caráter organicamente político. O termo "jacobino" terminou por assumir dois significados: existe o significado próprio, historicamente caracterizado, de um determinado partido da Revolução Francesa, que concebia o desenvolvimento da vida francesa de um modo determinado, com um programa determinado, com base em forças sociais determinadas, e que explicitou sua ação de partido e de governo com um método determinado que era caracterizado por uma extrema energia, decisão e resolução, derivado da crença fanática na virtude tanto daquele programa quanto daquele método. Na linguagem política, os dois aspectos do jacobinismo foram cindidos e se chamou "jacobino" o político enérgico, resoluto e fanático, porque fanaticamente persuadido das virtudes taumatúrgicas de suas ideias, fossem quais fossem: nesta definição, prevaleceram os elementos destrutivos derivados do ódio contra os adversários e os inimigos, mais do que aqueles construtivos, derivados do fato de se terem adotado as reivindicações das massas populares; o elemento sectário, de conventículo, de pequeno grupo, de individualismo desenfreado, mais do que o elemento político nacional. Assim, quando se lê que Crispi foi um jacobino, é neste significado pior que é preciso entender a afirmação. Por seu programa, Crispi foi um moderado puro e simples. Sua "obsessão" jacobina mais nobre foi a unidade político-territorial do país. Este princípio foi sempre sua bússola de orientação, não só no período do *Risorgimento* em sentido estrito, mas também no período sucessivo, de sua participação no governo. Homem fortemente passional, ele odeia os moderados como pessoas: vê os moderados como retardatários, heróis de batalhas fictícias, gente que teria selado a paz com os velhos regimes se estes se tivessem constitucionalizado, gente, como os moderados toscanos, que se havia agarrado à casaca do grão-duque para não deixá-lo ir embora; ele confiava pouco numa unidade feita por não unitários. Por isto, liga-se à monarquia, que, ele compreende, será resolutamente unitária por razões dinásticas, e abraça o princípio da hegemonia piemontesa com uma energia e um arrebatamento inexistentes nos próprios políticos piemonteses. Cavour havia advertido que não se tratasse o *Mezzogiorno* à base de estados de sítio: Crispi, no entanto, logo estabelece o estado de sítio e os tribunais marciais na Sicília em virtude do movimento dos *Fasci*, acusa os dirigentes dos *Fasci* de tramar com a Inglaterra a separação da Sicília (pseudotratado de Bisacquino) [74]. Crispi liga-se estreitamente aos latifundiários sicilianos, a camada mais unitária por medo das reivindicações camponesas, ao mesmo tempo que sua política geral tem como meta reforçar o industrialismo setentrional, com a guerra de tarifas contra a França e o protecionismo alfandegário: ele não hesita em lançar o *Mezzogiorno* e as ilhas numa crise comercial tremenda, para reforçar a indústria que podia dar ao país uma independência real e ampliar os quadros do grupo social dominante; é a política de fabricar o fabricante. O governo da Direita, de 1861 a 1876, só havia criado timidamente as condições gerais externas para o desenvolvimento econômico: ordenamento do aparelho governamental, estradas, ferrovias, telégrafos, e havia saneado as finanças oneradas pelas dívidas de guerra do *Risorgimento.* A Esquerda buscara conter o ódio suscitado no povo pelo fiscalismo unilateral da Direita, mas conseguira apenas ser uma válvula de segurança: havia continuado a política da Direita com homens e frases de esquerda. Ao contrário, Crispi empurrou realmente à frente a nova sociedade italiana, foi o verdadeiro homem da nova burguesia. Mas sua figura é caracterizada pela desproporção entre os fatos e as palavras, entre a repressão e o objeto da repressão, entre o instrumento e o golpe vibrado; manejava uma colubrina enferrujada como se fosse uma peça moderna de artilharia. Mesmo a política colonial de Crispi está ligada a sua obsessão unitária e, nisto, soube compreender a inocência política do *Mezzogiorno*; o camponês meridional queria a terra, e Crispi, que não a queria (ou podia) dar essa terra na própria Itália, que não queria fazer "jacobinismo econômico", construiu a miragem das terras coloniais a serem exploradas. O imperialismo de Crispi foi um imperialismo passional, oratório, sem nenhuma base econômico-financeira. A Europa capitalista, rica de meios e chegada ao ponto em que a taxa de lucro começava a mostrar tendência à queda, tinha necessidade de ampliar a área de expansão de seus investimentos rentáveis; assim se criaram depois de 1890 os grandes impérios coloniais. Mas a Itália, ainda imatura, não só não tinha capitais para exportar, mas devia recorrer ao capital estrangeiro para suas próprias e limitadíssimas necessidades. Faltava, pois, um impulso real ao imperialismo italiano, que foi substituído pela passionalidade popular dos trabalhadores rurais cegamente voltados para a propriedade da terra: tratou-se de uma necessidade de política interna a resolver, cuja solução foi desviada para o infinito. Por isto, a política de Crispi foi combatida pelos próprios capitalistas (setentrionais), que teriam visto com olhos mais favoráveis o emprego na Itália das ingentes somas gastas na África; mas, no *Mezzogiorno*, Crispi foi popular por ter criado o "mito" da terra fácil.

Crispi marcou fortemente um amplo grupo de intelectuais sicilianos (de modo especial, porque, na verdade, influenciou todos os intelectuais italianos, criando as primeiras células de um socialismo nacional que, mais tarde, devia se desenvolver impetuosamente); criou aquele fanatismo unitário que determinou uma atmosfera permanente de suspeição contra tudo o que possa insinuar separatismo [75]. Mas isto não impediu (e se compreende) que, em 1920, os latifundiários sicilianos se reunissem em Palermo e pronunciassem um verdadeiro ultimato contra o governo "de Roma", ameaçando a separação, assim como não impediu que muitos destes latifundiários mantivessem a cidadania espanhola e levassem o governo de Madri a intervir diplomaticamente (o caso do duque de Bivona, em 1919) para a proteção de seus interesses ameaçados pela agitação dos camponeses ex-combatentes [76]. O comportamento dos vários grupos sociais do *Mezzogiorno* de 1919 até 1926 serve para iluminar e destacar algumas fraquezas da orientação obsessivamente unitária de Crispi e para destacar algumas correções nela introduzidas por Giolitti (poucas, na realidade, porque Giolitti se manteve essencialmente na esteira de Crispi: Giolitti substituiu por zelo e continuidade burocrática o jacobinismo de temperamento de Crispi; manteve a "miragem da terra" na política colonial, mas, em geral, sustentou esta política com uma concepção militar "defensiva" e com a premissa de que é preciso criar as condições de liberdade de expansão para o futuro).

O episódio do ultimato dos latifundiários sicilianos em 1920 não é isolado e dele se poderia dar outra interpretação, dado o precedente das classes altas lombardas, que em algumas ocasiões haviam ameaçado "agir por si mesmas", reconstituindo o antigo ducado de Milão (política de chantagem momentânea contra o governo), se não encontrasse uma interpretação autêntica nas campanhas feitas por *Il Mattino* desde 1919 até a defenestração dos irmãos Scarfoglio, que seria excessivamente simplista considerar inteiramente plantadas nas nuvens, isto é, não ligadas de algum modo a correntes de opinião pública e a estados de espírito que permaneceram subterrâneos, latentes, potenciais, em virtude da atmosfera de intimidação criada pelo unitarismo obsessivo [77]. Por duas vezes, *Il Mattino* sustentou esta tese: que o *Mezzogiorno* veio a fazer parte do Estado italiano numa base contratual, o Estatuto albertino, mas que (implicitamente) conserva, de fato, uma personalidade real própria e tem o direito de sair do nexo estatal unitário, se a base contratual de algum modo for atingida, ou seja, se for mudada a Constituição de 1848. Esta tese foi explicitada em 1919-1920 contra uma alteração constitucional num certo sentido, e foi retomada em 1924-1925 contra uma mudança noutro sentido. É preciso levar em conta a importância que tinha *Il Mattino* no *Mezzogiorno* (de fato, era o jornal mais difundido); *Il Mattino* foi sempre favorável a Crispi, expansionista, dando o tom à ideologia meridional, criada pela fome de terra e pelos sofrimentos da emigração, com tendência para toda e qualquer forma vaga de colonialismo de povoamento. Além disto, sobre *Il Mattino* é preciso recordar: 1) a violentíssima campanha contra o Norte a propósito da tentativa de controle, por parte de industriais têxteis lombardos, de alguns cotonifícios meridionais, tentativa que chegou ao ponto de se querer transportar as máquinas para a Lombardia disfarçadas de ferro-velho, para contornar a legislação sobre as zonas industriais, e que foi frustrada exatamente pelo jornal, o qual chegou até a fazer uma exaltação dos Bourbon e de sua política econômica (isto ocorreu em 1923); 2) o necrológio "amargurado" e "nostálgico" de Maria Sofia, feito em 1925, que suscitou rumor e escândalo [78].

É certo que, para avaliar este comportamento de *Il Mattino*, é preciso levar em conta alguns elementos de controle metodológico: o caráter aventureiro e a venalidade dos Scarfoglios, o diletantismo político e ideológico dos Scarfoglios (deve-se lembrar que Maria Sofia buscou continuamente intervir na política interna italiana por espírito de vingança, quando não com a esperança de restaurar o Reino de Nápoles, gastando até algum dinheiro, como parece fora de dúvida: na *Unità* de 1914 ou 1915 foi publicado um artigo contra Errico Malatesta, no qual se afirmava que os acontecimentos de junho de 1914 podiam ter sido patrocinados e subsidiados pelo Estado-Maior austríaco através de Zita de Bourbon, dadas as relações de "amizade", aparentemente nunca interrompidas, entre Malatesta e Maria Sofia; na obra *Uomini e cose della vecchia Italia*, B. Croce refere-se a estas relações, a propósito da tentativa de dar fuga a um anarquista que cometera um atentado, seguida de gestões diplomáticas do governo italiano junto ao governo francês para coibir estas atividades de Maria Sofia; recordem-se, além disto, as histórias sobre Maria Sofia narradas pela Senhora B., que em 1919 frequentou a ex-rainha para fazer-lhe o retrato; por fim, Malatesta nunca respondeu a estas acusações, como era obrigação sua, a não ser que seja verdade que ele as tenha respondido numa carta a um pequeno jornal clandestino, impresso na França por P. Schicchi e intitulado *Il Picconiere*, coisa muito duvidosa) [79]. Mas é preciso insistir no fato de que *Il Mattino* era o jornal mais difundido no *Mezzogiorno* e que os Scarfoglios eram jornalistas natos, isto é, possuíam aquela intuição rápida e "simpática" das correntes passionais populares mais profundas, que torna possível a difusão da imprensa sensacionalista.

Um outro elemento para avaliar o alcance real da política unitária obsessiva de Crispi é o conjunto de sentimentos que se cria no Norte em relação ao *Mezzogiorno*. A "miséria" do *Mezzogiorno* era "inexplicável" historicamente para as massas populares do Norte; elas não compreendiam que a unidade não ocorrera numa base de igualdade, mas como hegemonia do Norte sobre o *Mezzogiorno* numa versão territorial da relação cidade-campo, isto é, que o Norte concretamente era um "sanguessuga" que se enriquecia à custa do Sul e que seu desenvolvimento econômico-industrial estava em relação direta com o empobrecimento da economia e da agricultura meridional. Ao contrário, o homem do povo da Itália do Norte pensava que, se o *Mezzogiorno* não progredia depois de ser libertado dos entraves que o regime dos Bourbon opunha ao desenvolvimento moderno, isto significava que as causas da miséria não eram externas, a serem buscadas nas condições econômico-políticas objetivas, mas internas, inatas na população meridional, tanto mais que estava enraizada a convicção da grande riqueza natural da terra: e só restava uma explicação, a incapacidade orgânica dos homens, sua barbárie, sua inferioridade biológica. Estas opiniões já difundidas (o *lazzaronismo* napolitano era uma lenda de velha data) foram consolidadas e até teorizadas pelos sociólogos do positivismo (Niceforo, Sergi, Ferri, Orano, etc.), assumindo a força de "verdade científica" num tempo de superstição da ciência [80]. Ocorreu, assim, uma polêmica Norte-Sul sobre as raças e a superioridade e inferioridade do Norte e do Sul (deste ponto de vista, cf. os livros de N. Colajanni em defesa do *Mezzogiorno* e a coleção da *Rivista popolare*). Na verdade, permaneceu no Norte a crença de que o *Mezzogiorno* fosse um "peso morto" para a Itália, a convicção de que a civilização industrial da Itália do Norte faria maiores progressos sem este "peso morto", etc. No princípio do século, inicia-se uma forte reação meridional também neste terreno. No Congresso Sardo de 1911, realizado sob a presidência do general Rugiu, calculam-se quantas centenas de milhões foram extorquidas da Sardenha nos primeiros cinquenta anos de Estado unitário, em favor do continente. Campanhas de Salvemini, que culminam na fundação da *Unità*, mas já conduzidas na *Voce* (cf. o número especial da *Voce* sobre a "questão meridional", republicado depois em opúsculo): na Sardenha se inicia um movimento autonomista, sob a direção de Umberto Cau, que teve também um diário, *Il Paese* [81]. Neste início de século, também se realiza um certo "bloco intelectual", "pan-italiano", à frente B. Croce e Giustino Fortunato, que tenta impor a questão meridional como problema nacional capaz de renovar a vida política e parlamentar. Em toda revista de jovens que tenham tendências liberal-democratas e, em geral, se proponham renovar e desprovincianizar a vida e a cultura nacional, em todos os campos, na arte, na literatura, na política, surge não só a influência de Croce e de Fortunato, mas sua colaboração; é assim na *Voce* e na *Unità*, mas também na *Patria*, de Bolonha, na *Azione Liberale*, de Milão, no movimento juvenil liberal guiado por Giovanni Borelli, etc. A influência desse bloco se amplia, ao determinar a linha política do *Corriere della Sera*, de Albertini, e no pós-guerra, dada a nova situação, surge no *La Stampa* (através de Cosmo, Salvatorelli e também Ambrosini) e no giolittismo, com a presença de Croce no último governo Giolitti.

Deste movimento, certamente muito complexo e multilateral, até G. Prezzolini dá, hoje, uma interpretação tendenciosa, ele que, no entanto, foi uma sua típica encarnação; mas resta como documento autêntico a primeira edição de *Cultura italiana* (1923), do próprio Prezzolini, especialmente com suas omissões [82].

O movimento se desenvolve até seu *maximum*, que é também o ponto de dissolução: este ponto deve ser identificado na específica tomada de posição de P. Gobetti e em suas iniciativas culturais: a polêmica de Giovanni Ansaldo (e de seus colaboradores, como "Calcante", ou seja, Francesco Ciccotti) contra Guido Dorso é o documento mais expressivo de tal ponto de chegada e de dissolução, até mesmo pela comicidade que enfim se mostra evidente nas atitudes intimidatórias, próprias de gladiador, do unitarismo obsessivo (parece inconcebível que Ansaldo, em 1925-1926, acreditasse que pudesse fazer os outros acreditarem num retorno dos Bourbon a Nápoles, sem o conhecimento de todos os antecedentes da questão e dos caminhos subterrâneos nos quais ocorriam as polêmicas, com alusões e referências cifradas para os "não iniciados": no entanto, é digno de nota que, até mesmo em alguns elementos populares, que haviam lido Oriani, existisse então o medo de que em Nápoles fosse possível uma restauração dos Bourbon e, a seguir, uma dissolução mais ampla do nexo estatal unitário) [83].

Desta série de observações e de análises de alguns elementos da história italiana depois da unidade podem-se extrair alguns critérios para avaliar a posição divergente entre os moderados e o Partido de Ação, bem como para investigar a diversa "sabedoria" política destes dois partidos e das diversas correntes que disputaram a direção política e ideológica do segundo. É evidente que, para se contrapor eficazmente aos moderados, o Partido de Ação devia se ligar às massas rurais, especialmente meridionais, ser "jacobino" não só pela "forma" externa, de temperamento, mas especialmente pelo conteúdo econômico-social: a aliança das diversas classes rurais, que se realizava num bloco reacionário através das diversas camadas intelectuais clerical-legitimistas, só podia ser dissolvida, para chegar a uma nova formação liberal-nacional, se se envidassem esforços em duas direções: sobre os camponeses da base, aceitando suas reivindicações elementares e tornando-as parte integrante do novo programa de governo, e sobre os intelectuais dos estratos médios e inferiores, concentrando-os e insistindo nos motivos que mais os pudessem interessar (e já a perspectiva da formação de um novo aparelho de governo, com as possibilidades de emprego que oferece, era um elemento formidável de atração sobre eles, desde que a perspectiva se apresentasse como concreta, porque apoiada nas aspirações das massas rurais). A relação entre estas duas ações era dialética e recíproca: a experiência de muitos países, e antes de tudo da França no período da grande Revolução, demonstrou que, se os camponeses se movimentam por impulsos "espontâneos", os intelectuais começam a oscilar, e, reciprocamente, se um grupo de intelectuais se coloca na nova base de uma política filocamponesa concreta, ele termina por arrastar consigo frações de massas cada vez mais importantes. Mas se pode dizer que, dada a dispersão e o isolamento da população rural e a dificuldade de concentrá-la em sólidas organizações, convém iniciar o movimento a partir dos grupos intelectuais; em geral, porém, é a relação dialética entre as duas ações que se deve ter presente. Pode-se também dizer que é quase impossível criar partidos camponeses no sentido estrito da palavra: o partido camponês só se realiza, em geral, como forte corrente de opinião, não sob formas esquemáticas de enquadramento burocrático; contudo, até mesmo a existência apenas de um esqueleto organizativo é de imensa utilidade, seja para uma certa seleção dos homens, seja para controlar os grupos intelectuais e impedir que os interesses de casta os transportem imperceptivelmente para outro terreno.

Estes critérios devem estar presentes no estudo da personalidade de Giuseppe Ferrari, que foi o "especialista" não escutado de questões agrárias no Partido de Ação. Em Ferrari, também é preciso estudar bem a atitude em relação aos assalariados rurais, isto é, os camponeses sem terra e que recebiam por jornada de trabalho, sobre os quais ele fundamenta uma parte conspícua de suas ideologias, pelas quais ele ainda é lido e investigado por determinadas correntes (obras de Ferrari republicadas por Monanni, com prefácio de Luigi Fabbri) [84]. É preciso reconhecer que o problema do assalariado rural é dificílimo e, ainda hoje, de árdua solução. Em geral, é preciso considerar estes critérios: na maior parte, os assalariados rurais até hoje são, e mais ainda o eram no período do *Risorgimento*, simples camponeses sem terra, não operários de uma indústria agrícola desenvolvida com capital concentrado e com divisão do trabalho; no período do *Risorgi-*

mento estava mais difundido, de modo relevante, o tipo do assalariado agrícola fixo do que o ocasional. Por isto, com as devidas exceções, sua psicologia é a mesma do colono e do pequeno proprietário (deve-se recordar a polêmica entre os senadores Tanari e Bassini no *Resto del Carlino* e na *Perseveranza*, ocorrida no fim de 1917 ou no início de 1918, a propósito da realização da fórmula: "a terra aos camponeses", lançada naquele tempo: Tanari era a favor, Bassini, contra, e Bassini se baseava em sua experiência de grande industrial agrícola, de proprietário de empresas agrícolas em que a divisão do trabalho havia progredido a ponto de tornar indivisível a terra, devido ao desaparecimento do camponês-artesão e ao surgimento do operário moderno) [85]. A questão se apresentava de forma aguda não tanto no *Mezzogiorno*, onde o caráter artesanal do trabalho agrícola era muitíssimo evidente, quanto no Vale do Pó, onde tal caráter é mais velado. Porém, mesmo em tempos recentes, a existência de um problema agudo de assalariados rurais no Vale do Pó se devia em parte a causas "extraeconômicas": 1) superpopulação, que não encontrava uma saída na emigração, como no Sul, e era mantida artificialmente com a política de obras públicas; 2) política dos proprietários, que não queriam consolidar a população trabalhadora numa única classe de assalariados rurais ou de meeiros; portanto, alternavam arrendamento e meação, servindo-se desta alternância para determinar uma melhor seleção de meeiros privilegiados que fossem seus aliados (em todo congresso de proprietários da região do Pó, sempre se discutia se convinha mais a meação ou a locação direta, e ficava claro que a escolha era feita por motivos de ordem político-social). Durante o *Risorgimento*, o problema do assalariado agrícola do Pó surgia sob a forma de um fenômeno assustador de pauperismo. Assim foi visto pelo economista Tullio Martello em sua *Storia dell'Internazionale*, escrita em 1871-1872, obra que se deve ter presente porque reflete as posições políticas e as preocupações sociais do período anterior [86].

De resto, a posição de Ferrari é enfraquecida por seu "federalismo", que especialmente nele, que vivia na França, parecia ainda mais um reflexo dos interesses nacionais e estatais franceses. Deve-se recordar Proudhon e seus libelos contra a unidade italiana, combatida a partir do ponto de vista confesso dos interesses estatais franceses e da democracia [87]. Na realidade, as principais correntes da política francesa eram duramente contrárias à unidade italiana. Ainda hoje, os monarquistas (Bainville & Cia.) "censuram" retrospectivamente os dois Napoleões por terem criado o mito nacional e contribuído para sua realização na Alemanha e na Itália, diminuindo assim a estatura relativa da França, que "deveria" estar circundada por uma miríade de pequenos Estados, como a Suíça, para estar "segura".

Ora, foi justamente com a palavra de ordem "independência e unidade", sem considerar o conteúdo político concreto de tais fórmulas genéricas, que os moderados, após 1848, formaram o bloco nacional sob sua hegemonia, influenciando os dois líderes supremos do Partido de Ação, Mazzini e Garibaldi, em diferente forma e medida. O fato de os moderados terem conseguido êxito em seu intento de desviar a atenção do essencial para o secundário se demonstra, entre outras coisas, com esta frase de Guerrazzi numa carta a um estudante siciliano (publicada no *Archivio Storico Siciliano* por Eugenio de Carlo — Correspondência de F.D. Guerrazzi com o escrivão Francesco Paolo Sardofontana di Riella, resumida no *Marzocco* de 29 de novembro de 1929): "Seja lá o que quisermos — despotismo, república ou o que for —, não vamos nos dividir; com este eixo, pode desabar o mundo, mas reencontraremos o caminho [88]." De resto, toda a atividade de Mazzini se resumiu concretamente na pregação contínua e permanente da unidade.

A propósito do jacobinismo e do Partido de Ação, um elemento a ser posto em primeiro plano é este: os jacobinos conquistaram, com uma luta sem tréguas, sua função de partido dirigente; na realidade, eles se "impuseram" à burguesia francesa, conduzindo-a para uma posição muito mais avançada do que os núcleos burgueses originalmente mais fortes gostariam de ocupar "espontaneamente" e até muito mais avançada do que as premissas históricas podiam permitir; daí os contragolpes e a função de Napoleão I. Esta característica, típica do jacobinismo (mas também, antes, de Cromwell e dos "cabeças-redondas") e, portanto, de toda grande revolução, de forçar a situação (aparentemente) e criar irremediáveis fatos consumados, empurrando para a frente os burgueses a pontapés no traseiro desferidos por um grupo de homens extremamente enérgicos e resolutos, pode ser assim "esquematizada": o terceiro estado era o menos homogêneo dos estados; tinha uma elite intelectual muito diferenciada e um grupo economicamente muito avançado, mas politicamente moderado. O desenrolar dos acontecimentos segue um processo dos mais interessantes. Os representantes do terceiro estado inicialmente formulam apenas as questões que interessam aos integrantes físicos efetivos do grupo social, seus interesses "corporativos" imediatos (corporativos no sentido tradicional, de interesses imediatos e estreitamente egoístas de uma determinada categoria): os precursores da Revolução, de fato, são reformadores moderados, que engrossam a voz mas, na realidade, exigem bem pouco. Gradualmente, seleciona-se uma nova elite que não se interessa unicamente por reformas "corporativas", mas tende a conceber a burguesia como o grupo hegemônico de todas as forças populares, e esta seleção ocorre pela ação de dois fatores: a resistência das velhas forças sociais e a ameaça internacional. As velhas forças não querem ceder nada e, se cedem alguma coisa, fazem-no com a vontade de ganhar tempo e preparar uma contraofensiva. O terceiro estado cairia nestas "armadilhas" sucessivas sem a ação enérgica dos jacobinos, que se opõem a qualquer "parada" intermediária do processo revolucionário e mandam à guilhotina não só os elementos da velha sociedade, que resiste até morrer, mas também os revolucionários de ontem, hoje tornados reacionários. Os jacobinos, portanto, foram o único partido da revolução em ato, uma vez que não só representavam as necessidades e as aspirações imediatas das pessoas físicas reais que constituíam a burguesia francesa, mas representavam o movimento revolucionário em seu conjunto, como desenvolvimento histórico integral, porque também representavam as necessidades futuras e, de novo, não só daquelas determinadas pessoas físicas, mas de todos os grupos nacionais que deviam ser assimilados ao grupo fundamental existente. É preciso insistir, contra uma corrente tendenciosa e no fundo anti-histórica, que os jacobinos foram realistas à Maquiavel, e não seguidores de abstrações. Eles estavam convencidos da absoluta verdade das fórmulas sobre igualdade, fraternidade e liberdade — e, o que mais importa, de tal verdade estavam convencidas as massas populares que os jacobinos mobilizavam e levavam à luta. A linguagem dos jacobinos, sua ideologia, seus métodos de ação refletiam perfeitamente as exigências da época, mesmo que "hoje", numa situação diferente e depois de mais de um século de elaboração cultural, possam parecer "abstratos" e "exaltados". Naturalmente, refletiam-nas segundo a tradição cultural francesa, e disto é uma prova a análise da linguagem jacobina feita na *Sagrada Família* e a admissão de Hegel, que apresenta como paralelos e reciprocamente tradutíveis a linguagem jurídico-política dos jacobinos e os conceitos da filosofia clássica alemã, à qual, no entanto, hoje se reconhece a máxima concretude e que originou o historicismo moderno [89]. A primeira exigência era a de aniquilar as forças adversárias ou, pelo menos, reduzi-las à impotência para tornar impossível uma contrarrevolução; a segunda exigência era a de ampliar os quadros da burguesia como tal e de pô-la à frente de todas as forças nacionais, identificando os interesses e as exigências comuns a todas as forças nacionais, para pôr em movimento estas forças e conduzi-las à luta, obtendo dois resultados: *a)* opor um alvo mais amplo aos golpes dos adversários, isto é, criar uma relação político-militar favorável à revolução; *b)* tomar dos adversários toda zona de passividade na qual fosse possível recrutar exércitos reacionários. Sem a política agrária dos jacobinos, Paris teria tido a Vendeia em suas portas [90]. A resistência da Vendeia propriamente dita está ligada à questão nacional, acirrada, nas populações bretãs e alógenas em geral, pela fórmula da "república una e indivisível" e pela política de centralização burocrático-militar, às quais os jacobinos não podiam renunciar sem se suicidarem. Os girondinos tentaram se apoiar no federalismo para esmagar a Paris jacobina, mas as tropas provinciais conduzidas a Paris passaram-se aos revolucionários. Com exceção de algumas zonas periféricas, onde a diferenciação nacional (e linguística) era muito grande, a questão agrária predominou sobre as aspirações à autonomia local: a França rural aceitou a hegemonia de Paris, ou seja, compreendeu que, para destruir definitivamente o velho regime, devia se aliar aos elementos mais avançados do terceiro estado e não aos moderados girondinos. Se é verdade que os jacobinos "forçaram" a mão, é também verdade que isto aconteceu sempre no sentido do desenvolvimento histórico real, porque eles não só organizaram um governo burguês, ou seja, fizeram da burguesia a classe dominante, mas fizeram mais: criaram o Estado burguês, fizeram da burguesia a classe nacional dirigente, hegemônica, isto é, deram ao novo Estado uma base permanente, criaram a compacta nação francesa moderna.

O fato de que, apesar de tudo, os jacobinos sempre permaneceram no terreno da burguesia é demonstrado pelos acontecimentos que assinalaram seu fim como partido de formação excessivamente determinada e enrijecida, bem como a morte de Robespierre: eles não quiseram reconhecer aos operários o direito de associação, mantendo a Lei Chapelier, e como consequência tiveram de promulgar a lei do *maximum* [91]. Romperam, assim, o bloco urbano de Paris: suas forças de assalto, que se agrupavam na cidade, se dispersaram, desiludidas, e o Termidor prevaleceu. A Revolução havia encontrado os limites mais amplos de classe; a política das alianças e da revolução permanente terminou por colocar questões novas, que, então, não podiam ser resolvidas, desencadeou forças elementares que só uma ditadura militar conseguiria conter.

No Partido de Ação, não se encontra nada que se assemelhe a esta orientação jacobina, a esta vontade inflexível de se tornar o partido dirigente. Por certo, é preciso considerar as diferenças: na Itália, a luta se apresentava como luta contra os velhos tratados e a ordem internacional vigente, e contra uma potência estrangeira, a Áustria, que os representava e sustentava na Itália, ocupando uma parte da península e controlando o resto. Também na França este problema se apresentou, pelo menos num certo sentido, porque num certo ponto a luta interna se tornou luta nacional travada na fronteira, mas isto ocorreu depois que todo o território fora conquistado para a revolução e os jacobinos souberam tirar elementos da ameaça externa para uma maior energia, internamente: eles compreenderam bem que, para vencer o inimigo externo, deviam esmagar internamente seus aliados e não hesitaram em realizar os massacres de setembro. Na Itália, este nexo, que também existia, explícito e implícito, entre a Áustria e pelo menos uma parte dos intelectuais, dos nobres e dos proprietários de terra, não foi denunciado pelo Partido de Ação ou, pelo menos, não foi denunciado com a devida energia e do modo praticamente mais eficaz, não se tornou elemento político ativo. Transformou-se, "curiosamente", numa questão de maior ou menor dignidade patriótica e, em seguida, gerou uma arrastada série de polêmicas acrimoniosas e estéreis, até mesmo depois de 1898. (Cf. os artigos de "Rerum Scriptor" na *Critica sociale*, depois da volta à circulação, e o livro de Romualdo Bonfadini, *Cinquanta anni di patriottismo* [92].)

Deve-se lembrar, a este propósito, a questão dos "interrogatórios" de Federico Confalonieri: Bonfadini, no livro acima citado, afirma em nota ter visto a coleção dos "interrogatórios" no Arquivo de Estado milanês e menciona cerca de 80 pastas [93]. Outros sempre negaram que a coleção dos interrogatórios existisse na Itália e, assim, explicavam sua não publicação; num artigo do Senador Salata, encarregado de pesquisar nos arquivos de Viena os documentos relativos à Itália, artigo publicado em 1925(?), dizia-se que os interrogatórios haviam sido localizados e seriam publicados. Recorde-se o fato de que, num certo período, a *Civiltà Cattolica* desafiou os liberais a publicá-los, afirmando que eles, conhecidos, simplesmente fariam saltar pelos ares a unidade do Estado. Na questão Confalonieri, o fato mais notável consiste em que, à diferença de outros patriotas indultados pela Áustria, Confalonieri, apesar de ter sido um importante político, se retirou da vida ativa e manteve após sua libertação um comportamento muito reservado. Toda a questão Confalonieri deve ser reconsiderada criticamente, assim como a atitude assumida por ele e seus companheiros, com um exame aprofundado das memórias de cada um dos envolvidos, quando as escreveram: pela polêmica levantada, são interessantes as memórias do francês Alexandre Andryane, que dedica muito respeito e admiração a Confalonieri, mas ataca G. Pallavicino por sua fraqueza [94].

A propósito das defesas feitas, inclusive recentemente, da atitude assumida pela aristocracia lombarda em relação à Áustria, especialmente depois da tentativa insurrecional de Milão em fevereiro de 1853 e durante o vice-reinado de Maximiliano, deve-se recordar que Alessandro Luzio, cuja obra histórica é sempre tendenciosa e acrimoniosa contra os democratas, chega até a legitimar os fiéis serviços prestados à Áustria por Salvotti: nada de espírito jacobino [95]! A nota cômica neste tema é dada por Alfredo Panzini, que, na *Vita di Cavour*, desenvolve toda uma variação, tão afetada quanto enfadonha e jesuítica, sobre uma "pele de tigre" exposta numa janela aristocrática durante uma visita de Francisco José a Milão [96]!

De todos estes pontos de vista devem ser consideradas as concepções de Missiroli, Gobetti, Dorso, etc., sobre o *Risorgimento* italiano como "conquista régia".

Se, na Itália, não se formou um partido jacobino, as razões devem ser buscadas no campo econômico, isto é, na relativa fraqueza da burguesia italiana e no clima histórico diferente da Europa após 1815. O limite encontrado pelos jacobinos, em sua política do despertar forçado das energias populares francesas para se aliarem à burguesia, com a Lei Chapelier e a lei sobre o *maximum*, se apresentava em 1848 como um "espectro" já ameaçador, sabiamente utilizado pela Áustria, pelos velhos governos e também por Cavour (além do papa). A burguesia não podia mais (talvez) estender sua hegemonia sobre os amplos estratos populares, que, ao contrário, foi capaz de abranger na França (não podia por razões subjetivas, não objetivas), mas a ação sobre os camponeses era certamente sempre possível.

Diferenças entre a França, a Alemanha e a Itália, no processo de tomada de poder por parte da burguesia (e Inglaterra). Na França, ocorre o processo mais rico de desdobramentos e de elementos ativos e positivos. Na Alemanha, o processo se desenvolve, em alguns aspectos, sob formas que se assemelham às italianas, em outros, às inglesas. Na Alemanha, o movimento de 1848 fracassa em razão da escassa concentração burguesa (a palavra de ordem de tipo jacobino foi dada pela extrema esquerda democrática: "revolução permanente") e porque a questão do renovamento estatal se entrelaça com a questão nacional; as guerras de 1864, 1866 e 1870 resolvem, ao mesmo tempo, a questão nacional e a de classe num tipo intermediário: a burguesia obtém o poder econômico-industrial, mas as velhas classes feudais permanecem como estrato governamental do Estado político, com amplos privilégios corporativos no Exército, na administração e sobre a terra: mas pelo menos, embora estas velhas classes conservem na Alemanha tanta importância e gozem de tantos privilégios, elas exercem uma função nacional, tornam-se os "intelectuais" da burguesia, com um determinado temperamento dado pela origem de casta e pela tradição [97]. Na Inglaterra, onde a revolução burguesa aconteceu antes da França, temos um fenômeno de fusão entre o velho e o novo semelhante ao alemão, apesar da extrema energia dos "jacobinos" ingleses, ou seja, os "cabeças-redondas" de Cromwell; a velha aristocracia permanece como estrato governamental, com certos privilégios, torna-se também o estrato intelectual da burguesia inglesa (de resto, a aristocracia inglesa tem quadros abertos e se renova continuamente com elementos provenientes dos intelectuais e da burguesia). A propósito, devem-se ver algumas observações contidas no prefácio à tradução inglesa de *Utopia e ciência*, que é preciso recordar para a investigação sobre os intelectuais e suas funções histórico-sociais [98].

A explicação dada por Antonio Labriola sobre a permanência no poder, na Alemanha, dos *Junker* e do kaiserismo, apesar do grande desenvolvimento capitalista, obscurece a explicação correta: a relação de classes criada pelo desenvolvimento industrial, com o alcance do limite da hegemonia burguesa e a inversão de posições das classes progressistas, induziu a burguesia a não lutar até o fim contra o velho regime, mas a deixar subsistir uma parte de sua fachada sob a qual ocultar o próprio domínio efetivo.

Esta diversidade de processos na manifestação do mesmo desenvolvimento histórico nos vários países deve ser ligada não só às diferentes combinações das relações internas da vida das diferentes nações, mas também às diferentes relações internacionais (as relações internacionais são habitualmente subestimadas neste tipo de investigação). O espírito jacobino, audaz, temerário, está certamente ligado à hegemonia exercida tão longamente pela França na Europa, bem como à existência de um centro urbano como Paris e à centralização conseguida na França por obra da monarquia absoluta. As guerras de Napoleão, ao contrário, com a enorme destruição de homens, entre os mais audazes e empreendedores, enfraqueceram não só a energia política militante francesa, mas também das outras nações, embora intelectualmente tenham sido tão fecundas para a renovação da Europa.

As relações internacionais, certamente, tiveram uma grande importância para determinar a linha de desenvolvimento do *Risorgimento* italiano, mas elas foram exageradas pelo partido moderado e por Cavour com finalidades de partido. A este propósito, é digno de nota o fato de que Cavour teme como ao diabo a iniciativa garibaldina, antes da expedição de Quarto e da passagem do Estreito, pelas complicações internacionais que podia criar; em seguida, é também levado pelo entusiasmo criado pelos Mil na opinião europeia, até ver como factível uma nova guerra imediata contra a Áustria [99]. Existia, em Cavour, uma certa deformação profissional do diplomata, que o levava a ver "excessivas" dificuldades e o induzia a exageros "conspirativos" e a prodígios de sutileza e intriga, em boa parte funambulescos. Em todo caso, Cavour operou magnificamente como homem de partido: é uma outra questão saber se seu partido, afinal, representava os interesses nacionais mais profundos e duradouros, mesmo apenas no sentido da mais ampla extensão a ser dada à comunidade de exigências da burguesia com a massa popular.

A propósito da palavra de ordem "jacobina" formulada em 1848-1849, deve-se estudar sua complicada fortuna. Retomada, sistematizada, elaborada, intelectualizada pelo grupo Parvus-Bronstein, revelou-se inútil e ineficaz em 1905 e depois: tornara-se uma coisa abstrata, de laboratório científico. Ao contrário, a corrente que a combateu nesta sua manifestação literária, sem aplicá-la "de propósito", aplicou-a de fato numa forma aderente à história efetiva, concreta, viva, adaptada ao tempo e ao lugar, como surgia de todos os poros da sociedade determinada que devia ser transformada, como aliança de dois grupos sociais, com a hegemonia do grupo urbano [100].

No primeiro caso, houve o temperamento jacobino sem um conteúdo político adequado; no segundo, temperamento e conteúdo "jacobinos" segundo as novas relações históricas, e não segundo uma etiqueta literária e intelectualista.

§ 25. *Antissemitismo no Risorgimento.* Nas *Confessioni e professioni di fede di letterati, filosofi, uomini politici,* etc. (3 vols., Bocca, Turim, 1921), publica-se uma incursão lírico-sentimental de Raffaele Ottolenghi, que narra algumas recordações suas de "judeu" piemontês das quais se podem extrair algumas informações sobre a condição dos judeus no período do primeiro *Risorgimento* [101].

Um judeu, veterano de Napoleão, retornou a sua aldeia com uma mulher francesa: ao saber que a mulher era cristã, o bispo mandou os gendarmes expulsá-la, contra sua vontade. O bispo se apossava, *manu militari*, das crianças judias que, durante qualquer conflito com os pais, ameaçassem se tornar cristãs. (Brofferio registra uma série destes fatos em sua história [102].)

Depois de 1815, os judeus foram expulsos das universidades e, portanto, das profissões liberais.

Em 1799, durante a invasão austro-russa, aconteceram *pogroms*; em Acqui, somente a intervenção do bispo conseguiu salvar o bisavô de Ottolenghi dos disparos da multidão. Em Siena, durante um *pogrom*, judeus foram mandados à fogueira, sem que o bispo interviesse a seu favor.

Em 1848, o pai de Ottolenghi voltou de Turim a Acqui, com o uniforme da guarda nacional: irritação dos reacionários, que espalharam o boato do sacrifício ritual de um menino cristão por parte de Ottolenghi; sinos tocando a rebate, chegada de camponeses para saquear o Gueto. O bispo se recusou a intervir e Ottolenghi foi salvo pelo prefeito, com uma detenção simulada até a chegada das tropas. Os reacionários e os clericais queriam que as inovações liberais de 1848 aparecessem como uma invenção dos judeus. (Seria preciso reconstruir a história do menino Mortara, que teve uma repercussão tão clamorosa nas polêmicas contra o clericalismo [103].)

§ 26. *A relação cidade-campo no Risorgimento e na estrutura nacional italiana.* As relações entre população urbana e população rural não são de um só tipo esquemático, especialmente na Itália. É preciso, portanto, estabelecer o que se entende por "urbano" e "rural" na civilização moderna e quais combinações podem resultar da permanência de formas antiquadas e retrógradas na composição geral da população, estudada do ponto de vista de sua concentração maior ou menor. Às vezes, verifica-se o paradoxo de que um tipo rural é mais progressista do que um tipo dito urbano.

Uma cidade "industrial" é sempre mais progressista do que o campo, que dela depende organicamente. Mas, na Itália, nem todas as cidades são "industriais" e, mais ainda, poucas são as cidades tipicamente industriais. As "cem" cidades italianas seriam cidades industriais? A concentração da população em centros não rurais, quase o dobro em relação à França, demonstraria que existe na Itália duas vezes mais industrialização do que na França? Na Itália, a urbanização não é só, nem sequer "especialmente", um fenômeno de desenvolvimento capitalista e da grande indústria. Nápoles, que foi por muito tempo a maior cidade italiana e continua a figurar entre as maiores, não é uma cidade industrial; nem mesmo Roma, a atual maior cidade italiana, é industrial. No entanto, até nestas cidades, de tipo medieval, existem fortes núcleos de populações do tipo urbano moderno: mas qual é sua posição relativa? Eles estão submersos, comprimidos, esmagados pela outra parte, que não é de tipo moderno e é a grandíssima maioria. Paradoxo das "cidades do silêncio" [104].

Neste tipo de cidade, existe entre todos os grupos sociais uma unidade ideológica urbana contra o campo, unidade da qual não escapam nem mesmo os núcleos mais modernos por sua função civil, que também aí existem: existe o ódio e o desprezo contra o "camponês", uma frente única implícita contra as reivindicações do campo, que, realizadas, tornariam impossível a existência deste tipo de cidade. Reciprocamente, existe uma aversão "genérica", mas nem por isto menos tenaz e apaixonada, do campo contra a cidade, contra toda a cidade, todos os grupos que a constituem. Esta relação geral, que, na realidade, é muito complexa e se manifesta em formas aparentemente contraditórias, teve uma importância primordial no desenvolvimento das lutas pelo *Risorgimento*, quando era ainda mais absoluta e operante do que hoje. O primeiro exemplo clamoroso destas aparentes contradições deve ser estudado no episódio da República Partenopeia de 1799: a cidade foi esmagada pelo campo organizado nas hordas do cardeal Ruffo, porque a República, por um lado, seja em sua primeira fase aristocrática, seja na segunda, burguesa, negligenciou completamente o campo, mas, por outro — ao acenar com a possibilidade de uma revolução jacobina, pela qual a propriedade fundiária, que gastava a renda agrária em Nápoles, podia ser expropriada, privando a grande massa popular de seus meios de renda e de vida —, deixou frio, se não hostil, o homem do povo de Nápoles. Além disto, no *Risorgimento* já se manifesta, embrionariamente, a relação histórica entre Norte e Sul como uma relação análoga à de uma grande cidade e um grande campo: como esta não é a relação orgânica e normal entre província e capital industrial, mas implica dois amplos territórios de tradição civil e cultural muito diversa, acentuam-se os aspectos e os elementos de um conflito de nacionalidade. Aquilo que, no período do *Risorgimento*, é especialmente digno de nota é o fato de que, nas crises políticas, o Sul tem a iniciativa da ação: 1799, Nápoles; 1820-1821, Palermo; 1847, Messina e a Sicília; 1847-1848, Sicília e Nápoles. Outro fato notável é o aspecto particular que todo movimento assume na Itália Central, como uma via intermediária entre Norte e Sul: o período das iniciativas populares (relativas) vai de 1815 a 1849 e culmina na Toscana e nos Estados do papa (deve-se sempre considerar a Romanha e a Lunigiana como pertencentes ao Centro). Estas peculiaridades têm uma correspondência mesmo depois: os acontecimentos de junho de 1914 culminaram em algumas regiões do Centro (Romanha e Marcas); a crise que se inicia em 1893, na Sicília, e repercute no *Mezzogiorno* e na Lunigiana, culmina em Milão em 1898; em 1919 se registram as invasões de terra no *Mezzogiorno* e na Sicília, em 1920 a ocupação das fábricas no Norte. Esta relativa sincronia e simultaneidade mostra a existência, já depois de 1815, de uma estrutura econômico-política relativamente homogênea, por uma parte, e mostra, por outra, que nos períodos de crise é a parte mais fraca e periférica que reage inicialmente.

A relação cidade-campo entre Norte e Sul também pode ser estudada nas diversas concepções culturais e comportamentos mentais. Como já mencionado, B. Croce e G. Fortunato, no início do século, estiveram à frente de um movimento cultural que, de um modo ou de outro, se contrapunha ao movimento cultural do Norte (idealismo contra positivismo, classicismo ou classicidade contra futurismo) [105]. Deve-se sublinhar o fato de que a Sicília também se diferencia do *Mezzogiorno* pelo lado cultural: se Crispi é o homem do industrialismo setentrional, Pirandello, em linhas gerais, está mais próximo do futurismo, Gentile e o atualismo estão também mais próximos do movimento futurista (entendido em sentido amplo, como oposição ao classicismo tradicional, como forma de um romantismo contemporâneo). Diversa é a estrutura e a origem das camadas intelectuais: no *Mezzogiorno* ainda predomina o tipo do "bacharel", que põe em contato a massa dos camponeses com a dos proprietários e com o aparelho estatal; no Norte domina o tipo do "técnico" de fábrica, que serve de ligação entre a massa operária e os empresários: a relação com o Estado era função das organizações sindicais e dos partidos políticos, dirigidos por uma camada intelectual completamente nova (o atual sindicalismo de Estado, com a consequência da difusão sistemática em escala nacional deste tipo social, de modo mais coerente e consequente do que fosse possível ao velho sindicalismo, é um instrumento, até certo ponto e num certo sentido, de unificação moral e política) [106].

Esta complexa relação cidade-campo pode ser estudada nos programas políticos gerais que buscavam se afirmar antes da chegada dos fascistas ao governo: o programa de Giolitti e dos liberal-democratas tinha como objetivo criar no Norte um bloco "urbano" (de industriais e operários) que fosse a base de um sistema protecionista e reforçasse a economia e a hegemonia setentrional. O *Mezzogiorno* era reduzido a um mercado de venda semicolonial, a uma fonte de poupança e de impostos, e era mantido "sob disciplina" com duas séries de medidas: medidas policiais de repressão impiedosa de todo movimento de massa, com os assassinatos periódicos de camponeses (no necrológio de Giolitti, escrito por Spectator-Missiroli na *Nuova Antologia*, afeta-se surpresa pelo fato de que Giolitti sempre se opôs tenazmente a toda difusão do socialismo e do sindicalismo no *Mezzogiorno*, mas a coisa é natural e óbvia, porque um protecionismo operário — reformismo, cooperativas, obras públicas — só é possível se parcial; ou seja, todo privilégio pressupõe sacrificados e espoliados); medidas político-policiais: favores pessoais à camada dos "intelectuais" ou bacharéis, sob forma de empregos na administração pública, de permissão para o saque impune das administrações locais, de uma legislação eclesiástica aplicada menos rigidamente do que em outros lugares, deixando ao clero a disponibilidade de consideráveis patrimônios, etc., isto é, incorporação "a título pessoal" dos elementos meridionais mais ativos ao pessoal dirigente estatal, com particulares privilégios "judiciários", burocráticos, etc. [107]. Assim, o estrato social que poderia organizar o endêmico descontentamento meridional se tornava, ao contrário, um instrumento da política setentrional, um acessório de polícia privada desta política. O descontentamento não conseguia, por falta de direção, assumir uma forma política normal, e suas manifestações, expressando-se apenas de modo caótico e tumultuoso, eram apresentadas como próprias da "esferas de polícia" judiciária. Na realidade, aderiam a esta forma de corrupção, ainda que passiva e indiretamente, homens como Croce e Fortunato, pela concepção fetichista de "unidade" (cf. o episódio Fortunato-Salvemini a propósito da *Unità*, contado por Prezzolini na primeira edição de *Cultura italiana*) [108].

Não se deve esquecer o fator político-moral da campanha de intimidação que se fazia contra qualquer constatação, mesmo totalmente objetiva, de motivos de oposição entre Norte e Sul. Deve-se recordar a conclusão do inquérito Pais-Serra sobre a Sardenha, depois da crise comercial da década 1890-1900, e a acusação já lembrada, levantada por Crispi contra os *Fasci* sicilianos, de se terem vendido aos ingleses [109]. Especialmente entre os intelectuais sicilianos, existia esta forma de exasperação unitária (consequência da formidável pressão camponesa sobre a terra dos senhores e da popularidade regional de Crispi), que se manifestou, até mesmo recentemente, no ataque de Natoli contra Croce por causa de uma alusão inócua ao separatismo siciliano em relação ao Reino de Nápoles (cf. a resposta de Croce na *Critica*) [110]. O programa de Giolitti foi "perturbado" por dois fatores: 1) a afirmação dos intransigentes do Partido Socialista, sob a direção de Mussolini, e seu flerte com os meridionalistas (livre-câmbio, eleições de Molfetta, etc.), que destruía o bloco urbano setentrional; 2) a introdução do sufrágio universal, que ampliou de modo extraordinário o corpo eleitoral do *Mezzogiorno* e tornou difícil a corrupção individual (gente demais para corromper sem maiores dificuldades, daí a aparição dos *mazzieri*) [111].

Giolitti mudou de parceiro: substituiu o bloco urbano (ou melhor, a ele contrapôs, para impedir seu esfacelamento completo) pelo "Pacto Gentiloni". Em outras palavras, propôs um bloco entre a indústria setentrional e as forças do campo "orgânico e normal" (as forças eleitorais católicas coincidiam geograficamente com as socialistas: ou seja, espalhavam-se pelo Norte e o Centro), com extensão de seus efeitos também até o Sul, pelo menos na medida imediatamente suficiente para "retificar" utilmente as consequências da ampliação da massa eleitoral.

O outro programa ou orientação política geral é o que se pode chamar de programa do *Corriere della Sera* ou de Luigi Albertini, e se pode identificar numa aliança entre uma parte dos industriais do Norte (à frente, os industriais têxteis, do algodão, da seda, exportadores e, portanto, livre-cambistas) com o bloco rural do *Mezzogiorno*:

o *Corriere* apoiou Salvemini contra Giolitti nas eleições de Molfetta de 1913 (campanha de Ugo Ojetti), apoiou o ministério Salandra, primeiro, e o ministério Nitti, depois, isto é, os primeiros dois Governos formados por estadistas meridionais (os sicilianos devem ser considerados à parte: eles sempre tiveram a parte leonina em todos os ministérios a partir de 1860 e tiveram muitos presidentes do Conselho, à diferença do *Mezzogiorno*, cujo primeiro líder foi Salandra; deve-se explicar esta "invasão" siciliana com a política de chantagem dos partidos da ilha, que sub-repticiamente sempre mantiveram um espírito "separatista" em favor da Inglaterra: a acusação de Crispi era, de forma leviana, a manifestação de uma preocupação que realmente obcecava o grupo dirigente nacional mais responsável e sensível) [112].

A ampliação do sufrágio, em 1913, já suscitara os primeiros sinais daquele fenômeno que terá a máxima expressão em 1919-1920-1921, em consequência da experiência político-organizativa adquirida pelas massas camponesas na guerra, ou seja, a ruptura relativa do bloco rural meridional e o afastamento entre os camponeses, guiados por uma parte dos intelectuais (oficiais na guerra), e os grandes proprietários; tem-se assim o sardismo, o partido reformista siciliano (o chamado grupo parlamentar Bonomi era constituído por Bonomi e por 22 deputados sicilianos), com a ala extrema separatista representada pela *Sicilia Nuova*, pelo grupo do *Rinnovamento*, no *Mezzogiorno*, constituído por combatentes, que tentou constituir partidos regionais de ação segundo o modelo sardo (cf. a revista *Volontà*, de Torraca, a transformação do *Popolo romano*, etc.) [113]. Neste movimento, a importância autônoma das massas camponesas varia gradualmente da Sardenha para o *Mezzogiorno* e a Sicília, de acordo com a força organizada, o prestígio e a pressão ideológica exercida pelos grandes proprietários, que têm na Sicília um máximo de organização e de coesão, mas têm uma importância relativamente pequena na Sardenha. Igualmente variável é a independência relativa das respectivas camadas intelectuais, naturalmente em sentido inverso à dos proprietários. (Por intelectuais, deve-se entender não só aquelas camadas comumente compreendidas nesta denominação, mas, em geral, todo o estrato social que exerce funções organizativas em sentido lato, seja no campo da produção, seja no da cultura e no político-administrativo: correspondem aos suboficiais e oficiais subalternos no Exército e também, em parte, aos oficiais superiores de origem subalterna.) Para analisar a função político-social dos intelectuais, é preciso investigar e examinar sua atitude psicológica em relação às classes fundamentais que eles põem em contato nos diversos campos: têm uma atitude "paternalista" para com as classes instrumentais ou se consideram uma expressão orgânica destas classes? Têm uma atitude "servil" para com as classes dirigentes ou se consideram, eles próprios, dirigentes, parte integrante das classes dirigentes?

No desenvolvimento do *Risorgimento*, o chamado Partido de Ação tinha uma atitude "paternalista" e, por isto, não conseguiu, a não ser em medida muito limitada, pôr as grandes massas populares em contato com o Estado. O chamado "transformismo" é tão somente a expressão parlamentar do fato de que o Partido de Ação é incorporado molecularmente pelos moderados e as massas populares são decapitadas, não absorvidas no âmbito do novo Estado.

É da relação entre cidade e campo que deve começar o exame das forças motrizes fundamentais da história italiana e dos pontos programáticos a partir dos quais se deve estudar e julgar a orientação do Partido de Ação no *Risorgimento*. Esquematicamente, pode-se delinear este quadro: 1) a força urbana setentrional; 2) a força rural meridional; 3) a força rural setentrional-central; 4-5) as forças rurais da Sicília e da Sardenha.

Estabelecida a função de "locomotiva" da primeira força, é preciso examinar as diferentes combinações "mais úteis", capazes de formar um "trem" que avance do modo mais rápido na história. Mas a primeira força começa a ter problemas próprios, internos, de organização, de articulação em termos de homogeneidade, de direção político-militar (hegemonia piemontesa, relação entre Milão e Turim, etc.); mas continua de pé que, até "mecanicamente", se tal força adquire um certo grau de unidade e combatividade, ela exerce uma função diretiva "indireta" sobre as outras. Nos diversos períodos do *Risorgimento*, fica claro que o deslocamento desta força para uma posição de intransigência e de luta contra o domínio estrangeiro determina uma animação das forças progressistas meridionais: daí a sincronia relativa, mas não a simultaneidade, nos movimentos de 1820-1821, 1831, 1848. Em 1859-1860, este "mecanismo" histórico-político age do modo mais produtivo possível, uma vez que o Norte inicia a luta, o Centro adere pacificamente, ou quase, e no Sul o Estado dos Bourbon entra em colapso sob a pressão dos garibaldinos, pressão relativamente fraca. Isto acontece porque o Partido de Ação (Garibaldi) intervém tempestivamente, depois que os moderados (Cavour) haviam organizado o Norte e o Centro; ou seja, não é a mesma direção político-militar (moderados ou Partido de Ação) que organiza a simultaneidade relativa, mas a colaboração (mecânica) das duas direções, que se integram de modo afortunado.

Assim, a primeira força devia formular o problema de organizar em torno de si as forças urbanas das outras áreas nacionais, especialmente do Sul. Este problema era o mais difícil, carregado de contradições e de motivos que desencadeavam ondas de paixão (uma solução caricatural destas contradições foi a chamada revolução parlamentar de 1876) [114]. Mas sua solução, justamente por isto, era um dos pontos cruciais do desenvolvimento nacional. As forças sociais urbanas são socialmente homogêneas, logo devem se encontrar numa posição de perfeita igualdade. Isto era verdade teoricamente, mas historicamente a questão se apresentava de modo diverso: as forças urbanas do Norte estavam claramente à frente de sua área nacional, mas, no caso das forças urbanas do Sul, isto não se verificava, pelo menos em igual medida. As forças urbanas do Norte, assim, deviam conseguir daquelas do Sul que sua função diretiva se limitasse a assegurar a direção do Norte sobre o Sul no contexto da relação geral cidade-campo, ou seja, a função diretiva das forças urbanas do Sul só podia ser um momento subordinado da função diretiva mais ampla do Norte. A contradição mais gritante nascia desta ordem dos fatos: a força urbana do Sul não podia ser considerada como algo em si, independente da força do

Norte; formular assim a questão significaria afirmar, preliminarmente, um insanável dissídio "nacional", dissídio tão grave que nem mesmo a solução federalista poderia compor; iria se afirmar a existência de nações diferentes, entre as quais só se poderia realizar uma aliança diplomático-militar contra o inimigo comum, a Áustria (em resumo, o único elemento de comunidade e solidariedade consistiria em ter um inimigo "comum"). Mas, na realidade, só existiam alguns "aspectos" da questão nacional, não "todos" os aspectos, nem sequer os mais essenciais. O aspecto mais grave era a frágil posição das forças urbanas meridionais em relação às forças rurais, relação desfavorável que às vezes se manifestava numa autêntica submissão da cidade ao campo. A ligação estreita entre forças urbanas do Norte e do Sul, dando às segundas a força representativa do prestígio das primeiras, devia ajudar as do Sul a se tornarem autônomas, a adquirir consciência de sua função histórica dirigente de modo "concreto", e não puramente teórico e abstrato, sugerindo as soluções a dar aos grandes problemas regionais. Era natural que se encontrassem no Sul fortes resistências à unidade: de todo modo, para resolver a situação, a tarefa mais difícil cabia às forças urbanas do Norte, que não só deviam convencer seus "irmãos" do Sul, mas deviam começar convencendo a si mesmas desta complexidade do sistema político: assim, praticamente, a questão girava em torno da existência de um forte centro de direção política, com o qual necessariamente deveriam colaborar fortes e populares individualidades meridionais e das ilhas. O problema de criar uma unidade Norte-Sul estava estreitamente ligado e, em grande parte, contido no problema de criar uma coesão e uma solidariedade entre todas as forças urbanas nacionais. (De fato, o raciocínio desenvolvido mais acima é válido para todas as outras três áreas meridionais, a de Nápoles, a Sicília e a Sardenha.)

As forças rurais setentrional-centrais, por sua vez, apresentavam uma série de problemas que a força urbana do Norte devia se propor para estabelecer uma relação normal cidade-campo, rechaçando as interferências e as influências de origem estranha ao desenvolvimento do novo Estado. Nestas forças rurais, era preciso distinguir duas correntes: a laica e a clerical e caudatária da Áustria. A força clerical tinha seu peso máximo no Lombardo-Vêneto, além da Toscana e uma parte do Estado pontifício; a laica, no Piemonte, com influências mais ou menos amplas no resto da Itália: além das províncias do Estado pontifício, especialmente Romanha, também nas outras áreas, inclusive o *Mezzogiorno* e as ilhas. Se tivessem resolvido bem estas relações imediatas, as forças urbanas setentrionais teriam dado um ritmo a todas as questões análogas em escala nacional.

Em toda esta série de problemas complexos, o Partido de Ação falhou completamente: com efeito, ele se limitou a transformar em questão de princípio e de programa essencial aquilo que era, simplesmente, questão do terreno político no qual tais problemas poderiam se centralizar e encontrar uma solução legal: a questão da Constituinte. Não se pode dizer que tenha falhado o partido moderado, que propunha a expansão orgânica do Piemonte, queria soldados para o Exército piemontês e não insurreições ou exércitos garibaldinos excessivamente amplos.

Por que o Partido de Ação não apresentou em toda a sua extensão a questão agrária? Que não a apresentassem os moderados era óbvio: a formulação dada pelos moderados ao problema nacional requeria um bloco de todas as forças de direita, inclusive as classes dos grandes proprietários fundiários, em torno do Piemonte como Estado e como Exército. A ameaça feita pela Áustria de resolver a questão agrária em favor dos camponeses, ameaça que se efetivou na Galícia contra os nobres poloneses e em favor dos camponeses rutenos, não só semeou a desordem entre os interessados na Itália, determinando todas as oscilações da aristocracia (fatos de Milão em fevereiro de 1853 e ato de homenagem das mais ilustres famílias milanesas a Francisco José, justamente às vésperas dos enforcamentos de Belfiore), mas paralisou o próprio Partido de Ação, que, neste terreno, pensava como os moderados e considerava "nacionais" a aristocracia e os proprietários, e não os milhões de camponeses [115]. Só depois de fevereiro de 1853,

Mazzini fez algumas alusões substancialmente democráticas (ver a correspondência daquele período), mas não foi capaz de uma radicalização decisiva de seu programa abstrato. Deve-se estudar a conduta política dos garibaldinos na Sicília em 1860, conduta política que era ditada por Crispi: os movimentos de insurreição dos camponeses contra os senhores foram impiedosamente esmagados e foi criada a Guarda Nacional anticamponesa; é típica a expedição repressiva de Nino Bixio na região de Catânia, onde as insurreições foram mais violentas [116]. No entanto, até nas *Noterelle* de G. C. Abba existem elementos para demonstrar que a questão agrária era a chave para fazer entrar em ação as grandes massas: basta recordar os diálogos de Abba com o frade que vai ao encontro dos garibaldinos logo depois do desembarque de Marsala [117]. Em algumas novelas de G. Verga existem elementos pitorescos destes movimentos camponeses, que a Guarda Nacional sufocou com o terror e o fuzilamento em massa. (Este aspecto da Expedição dos Mil jamais foi estudado e analisado.)

A não formulação da questão agrária levava à quase impossibilidade de resolver a questão do clericalismo e da atitude antiunitária do papa. Sob este aspecto, os moderados foram muito mais ousados do que o Partido de Ação: é verdade que eles não distribuíram os bens eclesiásticos entre os camponeses, mas deles se serviram para criar uma nova camada de grandes e médios proprietários ligados à nova situação política, e não hesitaram em expropriar a propriedade fundiária, mesmo que só a das Congregações. Além disto, o Partido de Ação estava paralisado, em sua ação junto aos camponeses, pelas veleidades mazzinianas de uma reforma religiosa, que não só não interessava às grandes massas rurais, mas, ao contrário, tornava-as passíveis de um incitamento contra os novos heréticos. O exemplo da Revolução Francesa estava ali para demonstrar que os jacobinos, que haviam conseguido esmagar todos os partidos de direita até os girondinos no terreno da questão agrária, e não só impedir a coalizão rural contra Paris mas multiplicar seus próprios adeptos nas províncias, foram prejudicados pelas tentativas de Robespierre de instaurar uma reforma religiosa, que, no entanto, tinha um significado e uma concretude imediata no processo histórico real. (Seria preciso estudar atentamente a política agrária real da República Romana e o verdadeiro caráter da missão repressiva dada por Mazzini a Felice Orsini na Romanha e nas Marcas: neste período e até os anos 1870 — e mesmo depois —, designava-se quase sempre como *brigantaggio* o movimento dos camponeses para se apossarem da terra, movimento caótico, tumultuoso e marcado pela ferocidade [118].)

§ 27. *Os moderados e os intelectuais.* Por que os moderados deviam predominar na massa dos intelectuais. Gioberti e Mazzini. Gioberti oferecia aos intelectuais uma filosofia que parecia original e ao mesmo tempo nacional, capaz de situar a Itália pelo menos no mesmo nível das nações mais avançadas e dar uma nova dignidade ao pensamento italiano. Mazzini, ao contrário, só oferecia afirmações nebulosas e referências filosóficas que, para muitos intelectuais, especialmente napolitanos, deviam parecer palavreado vazio (o abade Galiani havia ensinado a zombar deste modo de pensar e de argumentar) [119].

Questão da escola: atividade dos moderados para introduzir o princípio pedagógico do ensino recíproco (Confalonieri, Capponi, etc.); movimento de Ferrante Aporti e das escolas maternais, ligado ao problema do pauperismo [120]. Entre os moderados se afirmava o único movimento pedagógico concreto oposto à escola "jesuítica"; isto não podia deixar de ter eficácia, seja entre os leigos, aos quais conferia na escola uma personalidade própria, seja entre o clero liberalizante e antijesuítico (hostilidade encarniçada contra Ferrante Aporti, etc.; a recuperação e a educação da infância abandonada eram um monopólio clerical, e estas iniciativas rompiam o monopólio). As atividades escolares de caráter liberal ou liberalizante têm um grande significado para apreender o mecanismo da hegemonia liberal dos moderados sobre os intelectuais. A atividade escolar, em todos os seus graus, tem uma importância enorme, inclusive econômica, para os intelectuais de todos os níveis: naquela época, até mais do que hoje, dada a estreiteza dos quadros sociais e os poucos caminhos abertos à iniciativa dos pequenos burgueses (hoje: jornalismo, movimento dos partidos, indústria, aparelho estatal extensíssimo, etc., ampliaram de modo extraordinário as possibilidades de emprego).

A hegemonia de um centro diretivo sobre os intelectuais se afirma através de duas linhas principais: 1) uma concepção geral da vida, uma filosofia (Gioberti), a qual ofereça aos seguidores uma "dignidade" intelectual que dê um princípio de diferenciação e um elemento de luta contra as velhas ideologias coercivamente dominantes; 2) um programa escolar, um princípio educativo e pedagógico original, que alcance e dê uma atividade própria, em seu campo técnico, àquela fração dos intelectuais que é a mais homogênea e a mais numerosa (os educadores, desde o professor primário até os da universidade) [121].

Os congressos de cientistas que foram organizados repetidamente no período do primeiro *Risorgimento* tiveram uma dupla eficácia: 1) reunir os intelectuais do nível mais elevado, concentrando-os e multiplicando sua influência; 2) obter uma concentração mais rápida e uma orientação mais decidida nos intelectuais de níveis inferiores, que são levados normalmente a seguir os universitários e os grandes cientistas por espírito de casta.

O estudo das revistas enciclopédicas e especializadas dá um outro aspecto da hegemonia dos moderados. Um partido como o dos moderados oferecia à massa dos intelectuais, para as exigências gerais, todas as satisfações que podem ser oferecidas por um governo (por um partido no governo), através dos serviços do Estado. (Para esta função de partido italiano de governo serviu otimamente, depois de 1848-1849, o Estado piemontês, que acolheu os intelectuais exilados e mostrou em escala reduzida o que faria um futuro Estado unificado.)

§ 28. *Direção político-militar do movimento nacional italiano.* No exame da direção política e militar impressa ao movimento nacional, antes e depois de 1848, é preciso fazer algumas observações prévias de método e de nomenclatura. Por direção militar não se deve entender apenas a direção militar em sentido estrito, técnico, ou seja, com referência à estratégia e à tática do Exército piemontês, das tropas garibaldinas ou das várias milícias improvisadas nas insurreições locais (Cinco Dias de Milão, defesa de Veneza, defesa da República Romana, insurreição de Palermo em 1848, etc.); deve-se entendê-la, ao contrário, em sentido muito mais amplo e mais ligado à direção política propriamente dita. O problema essencial que se impunha, do ponto de vista militar, era expulsar da península uma potência estrangeira, a Áustria, que dispunha de um dos maiores Exércitos da Europa de então e que, além disto, tinha não poucos nem fracos adeptos na própria península, inclusive no Piemonte. Portanto, o problema militar era este: como conseguir mobilizar uma força insurrecional que fosse capaz não só de expulsar da península o Exército austríaco, mas também de impedir que ele pudesse retornar com uma contraofensiva, dado que a expulsão violenta iria pôr em perigo a união do Império e, assim, galvanizar todas as suas forças de coesão para uma desforra. As soluções que foram apresentadas para o problema abstratamente eram muitas, todas contraditórias e ineficientes. "A Itália o fará sozinha" foi a palavra de ordem piemontesa de 1848, mas significou a derrota desastrosa [122]. A política incerta, ambígua, tímida e, ao mesmo tempo, imprudente dos partidos piemonteses de direita foi a razão principal da derrota: eles tiveram uma astúcia mesquinha, eles foram a causa da retirada dos Exércitos dos outros Estados italianos, napolitanos e romanos, por terem revelado muito cedo querer a expansão piemontesa e não uma confederação italiana; eles não favoreceram, mas hostilizaram o movimento dos voluntários; eles, em suma, queriam que os únicos vitoriosos em armas fossem os generais piemonteses, incapazes no comando de uma guerra tão difícil. A ausência de uma política popular foi desastrosa: os camponeses lombardos e vênetos alistados pela Áustria foram um dos instrumentos mais eficazes para sufocar a revolução de Viena e, portanto, também a italiana; para os camponeses, o movimento do Lombardo-Vêneto era uma coisa de senhores e de estudantes, como o movimento de Viena [123]. Com sua política, os partidos nacionais italianos deveriam ter determinado ou ajudado a desagregação do Império austríaco; no entanto, com sua inércia fizeram com que os regimentos italianos fossem um dos melhores apoios da reação austríaca. Na luta entre o Piemonte e a Áustria, o objetivo estratégico não podia ser o de destruir o Exército austríaco e ocupar o território do inimigo, o que seria um objetivo inalcançável e utópico, mas podia ser o de desagregar a união austríaca interna e ajudar os liberais a ir ao poder estavelmente, para mudar a estrutura política do império no sentido federalista ou, pelo menos, nele criar um estado prolongado de lutas internas que desse fôlego às forças nacionais italianas e lhes permitisse concentrarem-se política e militarmente (o mesmo erro foi cometido por Sonnino na guerra mundial, e isto contra a insistência de Cadorna: Sonnino não queria a destruição do império habsbúrgico e recusou toda política de nacionalidades; mesmo depois de Caporetto, uma política para as nacionalidades foi feita de má vontade e malthusianamente e, por isto, não deu os resultados mais rápidos que poderia dar) [124]. Tendo iniciado a guerra com o lema: "A Itália o fará sozinha", depois da derrota, quando toda a ação estava comprometida, tentou-se a ajuda francesa, justamente quando, até por efeito do revigoramento austríaco, na França haviam ido para o governo os reacionários, inimigos de um Estado italiano unitário e forte e mesmo de uma expansão piemontesa: a França não quis dar ao Piemonte nem mesmo um general provecto e se recorreu ao polonês Khrzanowski.

A direção militar era uma questão mais ampla do que a direção do Exército e a determinação do plano estratégico que o Exército devia executar; ela compreendia, além disto, a mobilização político-insurrecional de forças populares que se insurgissem na retaguarda do inimigo e lhe dificultassem os movimentos e os serviços logísticos, a criação de massas auxiliares e de reserva das quais recrutar novos regimentos e que dessem ao Exército "técnico" a atmosfera de entusiasmo e de ardor. A política militar não foi feita nem mesmo depois de 1849; aliás, em torno dos acontecimentos de 1849 se sofismou tolamente para intimidar as tendências democráticas: a política nacional da direita se empenhou, no segundo período do *Risorgimento*, na busca da ajuda da França bonapartista, e com a aliança francesa se equilibrou a força austríaca. A política da direita em 1848 retardou a unificação da península por algumas décadas.

As incertezas na direção político-militar, as contínuas oscilações entre despotismo e constitucionalismo tiveram suas repercussões desastrosas até no Exército piemontês. Pode-se afirmar que, quanto mais um Exército for numeroso, no sentido absoluto, como massa recrutada, ou no sentido relativo, como proporção de homens recrutados sobre a população total, tanto mais aumenta a importância da direção política em relação à meramente técnico-militar. A combatividade do Exército piemontês era altíssima no início da campanha de 1848: os direitistas acreditaram que tal combatividade fosse expressão de um puro espírito militar e dinástico abstrato, e começaram a intrigar para restringir as liberdades populares e atenuar as expectativas num futuro democrático. O "moral" do Exército decaiu. A polêmica sobre a fatal Novara está toda aqui. Em Novara, o Exército não quis combater, por isto foi derrotado. Os direitistas acusaram os democratas de ter levado a política ao Exército e de tê-lo desagregado: acusação inepta, porque o constitucionalismo, precisamente, "nacionalizava" o Exército, tornava-o um elemento da política geral e, com isto, o reforçava militarmente. Acusação ainda mais inepta, uma vez que o Exército se deu conta de uma mudança de orientação política, sem necessidade de "desagregadores", a partir de uma multiplicidade de pequenas mudanças, cada uma das quais pode parecer insignificante e desprezível, mas que, no conjunto, formam uma nova atmosfera asfixiante. Responsáveis pela desagregação, portanto, são aqueles que mudaram a direção política sem prever as consequências militares, ou seja, puseram uma política ruim no lugar da anterior, que era boa por ser conforme ao fim. O Exército é também um "instrumento" para um fim determinado, mas ele é constituído de homens pensantes e não de autômatos que se podem empregar no limite de sua coesão mecânica e física. Também neste caso, pode-se e deve-se falar de algo oportuno e conforme ao fim, mas é preciso também incluir a distinção: segundo a natureza do instrumento dado. Se se golpeia um prego com um pedaço de pau, com o mesmo vigor com que se usaria um martelo, o prego penetra na madeira e não na parede. A direção política justa é necessária inclusive num exército de mercenários profissionais (mesmo nos bandos mercenários medievais havia um mínimo de direção política, além daquela técnico-militar); é ainda mais necessária num Exército nacional formado por recrutamento. A questão se torna ainda mais complexa e difícil nas guerras de posição, feitas por massas enormes que, só com grandes reservas de força moral, podem resistir ao grande desgaste muscular, nervoso, psíquico: só uma habilíssima direção política, que saiba levar em conta as aspirações e os sentimentos mais profundos das massas humanas, impede sua desagregação e desmantelamento.

A direção militar deve estar sempre subordinada à direção política, ou seja, o plano estratégico deve ser a expressão militar de uma determinada política geral. Naturalmente, pode ocorrer que, numa dada situação, os políticos sejam ineptos, enquanto no Exército existam líderes que aliem a capacidade política à militar: é o caso de César e de Napoleão. Mas, em Napoleão, viu-se como a mudança de política, aliada à presunção de ter um instrumento militar abstratamente militar, acarretou sua ruína: mesmo nos casos em que a direção política e a militar se encontram unidas na mesma pessoa, é o momento político que deve prevalecer sobre o militar. Os comentários de César são um exemplo clássico de exposição de uma sábia combinação de arte política e arte militar: os soldados viam em César não só um grande líder militar, mas especialmente seu líder político, o líder da democracia [125]. Deve-se recordar que Bismarck, na trilha de Clausewitz, defendia a supremacia do momento político sobre o militar, enquanto Guilherme II, como escreve Ludwig, anotou raivosamente um jornal em que a opinião de Bismarck estava estampada: assim, os alemães venceram brilhantemente quase todas as batalhas, mas perderam a guerra [126].

Existe uma certa tendência de superestimar a contribuição das classes populares ao *Risorgimento*, insistindo especialmente no fenômeno do voluntariado. As coisas mais sérias e ponderadas a propósito foram escritas por Ettore Rota na *Nuova Rivista Storica* de 1928-1929. À parte a observação feita em outra nota sobre o significado a ser dado aos voluntários, deve-se destacar que os próprios escritos de Rota mostram os voluntários como malvistos e sabotados pelas autoridades piemontesas, o que confirma, sem dúvida, a má direção político-militar [127]. O governo piemontês podia recrutar obrigatoriamente soldados em seu território estatal, proporcionalmente à população, tal como a Áustria podia fazer no seu e em proporção a uma população muito maior: uma guerra total, nestes termos, seria sempre desastrosa para o Piemonte depois de um certo tempo. Posto o princípio de que "a Itália o fará sozinha", era preciso ou aceitar logo a confederação com os outros Estados italianos ou propor a unidade político-territorial numa base tão radicalmente popular que as massas fossem induzidas a se insurgirem contra os outros governos e a constituir exércitos voluntários que acorressem ao lado dos piemonteses. Mas justamente aqui estava a questão: as tendências de direita, piemontesas ou não, queriam auxiliares, pensando poder vencer os austríacos apenas com as forças regulares piemontesas (e não se compreende como pudessem ter uma tal presunção), ou queriam ser ajudadas em troca de nada (e mesmo aqui não se compreende como políticos sérios pudessem pretender um tal absurdo): na realidade, sem uma contrapartida, não se pode pretender entusiasmo, espírito de sacrifício, etc., nem mesmo dos próprios súditos de um Estado; menos ainda se pode pretendê-los de cidadãos estranhos ao Estado, em torno de um programa genérico e abstrato e por confiança cega num governo longínquo. Este foi o drama de 1848-1849, mas certamente não é justo desmerecer por isto o povo italiano; a responsabilidade do desastre deve ser atribuída tanto aos moderados quanto ao Partido de Ação, ou seja, em última análise, à imaturidade e à escassíssima eficiência das classes dirigentes.

As observações feitas sobre a deficiência de direção político-militar no *Risorgimento* poderiam ser rebatidas com um argumento muito trivial e gasto: "Aqueles homens não foram demagogos, não fizeram demagogia." Uma outra trivialidade muito difundida para rechaçar o juízo negativo sobre a capacidade dirigente dos líderes do movimento nacional é repetir, de vários modos e formas, que o movimento nacional pôde ser operado por *mérito apenas* das classes cultas. Onde esteja o mérito é difícil compreender. Mérito de uma classe culta, por ser sua função histórica, é dirigir as massas populares e desenvolver seus elementos progressistas; se a classe culta não for capaz de cumprir sua função, não se deve falar de mérito, mas de demérito, isto é, de imaturidade e fraqueza íntima. Assim, devemos nos entender sobre a palavra e o conceito de demagogia. Aqueles homens, efetivamente, não souberam guiar o povo, não souberam despertar-lhe o entusiasmo e a paixão, se se entende demagogia em seu significado originário. Terão alcançado, pelo menos, o fim que se propunham? Eles diziam se propor a criação do Estado moderno na Itália e produziram algo bastardo, se propuseram suscitar uma classe dirigente difusa e enérgica e não conseguiram, inserir o povo no quadro estatal e não conseguiram. A mesquinha vida política de 1870 até 1900, a rebeldia elementar e endêmica das classes populares, a existência tacanha e penosa de uma camada dirigente cética e pusilânime são a consequência daquela deficiência: assim como é sua consequência a posição internacional do novo Estado, destituído de autonomia efetiva porque minado internamente pelo papado e pela passividade animosa das grandes massas.

Assim, na realidade, os direitistas do *Risorgimento* foram grandes demagogos: eles fizeram do povo-nação um instrumento, um objeto, degradando-o, e nisto consiste a demagogia máxima e mais desprezível, exatamente no sentido que o termo assumiu na boca dos partidos de direita em polêmica com os de esquerda, embora tenham sido os partidos de direita os que sempre exerceram a pior demagogia e muitas vezes apelaram à escória do povo (como Napoleão III, na França).

§ 29. *O nexo 1848-1849. Novara.* Em fevereiro de 1849, Silvio Spaventa visitou D'Azeglio em Pisa e recorda a conversa num escrito político redigido em 1856, quando cumpria pena de prisão perpétua: "Um homem de Estado piemontês dos mais ilustres me dizia um mês antes: 'Nós não podemos vencer, mas combateremos de novo: nossa derrota será a derrota daquele partido que hoje volta a nos lançar à guerra; e, entre uma derrota e uma guerra civil, nós escolhemos a primeira: ela nos dará a paz interna, a liberdade e a independência do Piemonte, que a outra não nos pode dar.' As previsões daquele sábio (!) homem se concretizaram. A batalha de Novara foi perdida para a causa da independência e ganha para a liberdade do Piemonte. E Carlos Alberto, em minha opinião, sacrificou sua coroa mais a esta do que àquela." (Cf. Silvio Spaventa, *Dal 1848 al 1861.* Cartas, textos, documentos publicados por B. Croce, 2ª ed., Laterza, p. 58, nota.) Deve-se perguntar se as "previsões" se concretizaram ou se a derrota foi preparada por homens sábios como D'Azeglio [128].

Num artigo publicado no *Corriere della Sera* de 14 de maio de 1934 ("Onoranze americane a Filippo Caronti"), Antonio Monti recolhe das *Memorie* de Caronti (inéditas e guardadas no Museu do *Risorgimento* de Milão) estes dois episódios: Caronti, depois de vencer os austríacos em Como, em 1848, formou uma companhia de voluntários e foi a Turim obter armas. O ministro Balbo lhe deu esta resposta, que Monti considera "espantosa": "É inútil armar-se, já que um Exército regular e forte vencerá o inimigo. Será que os senhores querem servir-se das armas, de modo que a discórdia entre os de Como e os de Milão ressurja em prejuízo do bom êxito da causa italiana?" (Não é inútil recordar que, pouco antes da guerra de 1848, o Piemonte se desfizera de armas para enviá-las, na Suíça, aos católicos reacionários rebelados do *Sonderbund* [129].) Sobre a "preparação" da derrota de Novara, Caronti narra que, enquanto se preparava febrilmente uma retomada da luta armada em Como e se organizavam voluntários, chegou a notícia do armistício concluído, depois de Novara, pelo general Khrzanowski (Monti escreve "Kzarnowski"). Caronti interpelou o general, que disse: "— Concluímos um armistício muito honroso. — Honroso, como? — Sim, muito honroso, com um exército que não quer lutar [130]." O diálogo é confirmado por Gabriele Camozzi.

Mas não importam as palavras do general polonês, que era uma folha seca em meio à tormenta, e sim a orientação dada à política militar pelo governo piemontês, que preferia a derrota a uma insurreição geral italiana.

§ 30. *A propósito da ameaça contínua que o governo austríaco fazia aos nobres do Lombardo-Vêneto* de promulgar uma legislação agrária favorável aos camponeses (ameaça não inócua, porque já efetivada na Galícia contra a aristocracia polonesa), são interessantes alguns temas de história da Polônia contidos num artigo da *Pologne Littéraire*, resumido pelo *Marzocco* de 1º de dezembro de 1929. A revista polonesa, investigando as causas históricas do espírito militar dos poloneses, pelo qual se encontram voluntários poloneses em todas as guerras e guerrilhas, em todas as insurreições e em todas as revoluções do século passado, remonta a este fato: em 13 de julho de 1792, "uma nação que contava 9 milhões de habitantes, que tinha 70 mil soldados em armas, foi conquistada sem ter sido vencida". Em 3 de maio de 1791, fora proclamada uma Constituição, cujo espírito amplamente democrático podia se tornar um perigo para os vizinhos, o rei da Prússia, o imperador da Áustria e o czar da Rússia, e que tinha muitos pontos de contato com a Declaração dos Direitos do Homem e do Cidadão, votada pela Constituinte francesa em agosto de 1789. A Polônia foi conquistada com a plena conivência dos nobres poloneses, os quais, mais previdentes do que seus confrades da França, não esperaram a aplicação da Carta constitucional para provocar a intervenção estrangeira. Preferiram vender a nação ao inimigo a ceder nem que fosse uma parte mínima da terra aos camponeses. Preferiram cair em servidão, eles próprios, a conceder a liberdade ao povo. Segundo o autor do artigo, Z. St. Klingsland, os 70 mil soldados tomaram o caminho do exílio e se dirigiram para a França, o que é pelo menos exagerado. O significado essencial dos acontecimentos poloneses, no entanto, é altamente instrutivo e explica boa parte dos acontecimentos até 1859, inclusive na Itália.

Deve-se destacar o fato de que uma publicação polonesa, escrita em francês para a propaganda no exterior (pelo menos, é o que parece), explique a partilha da Polônia em 1792 especialmente com a traição dos nobres, mais do que com a fraqueza militar polonesa, apesar de a nobreza ter ainda na Polônia uma função muito relevante e Pilsudski também ter se abstido de promover uma reforma agrária radical

[131]. Estranha "questão de honra" nacional. Na *Viagem em volta do mundo de um naturalista*, Darwin narra um episódio análogo sobre a Espanha: seus interlocutores sustentavam que uma derrota da frota aliada franco-espanhola se devera à traição dos espanhóis, os quais, se tivessem combatido verdadeiramente, não poderiam ser vencidos [132]. Melhor desleais e traidores do que "sem espírito militar invencível".

§ 31. *Itália real e Itália legal.* A fórmula imaginada pelos clericais, depois de 1870, para indicar o mal-estar político nacional resultante da contradição entre a minoria dos patriotas decididos e ativos e a maioria hostil (clericais e legitimistas — passivos e indiferentes). Em Turim se publicou até alguns anos antes da guerra um diário (depois semanário), dirigido por um certo advogado Scala e intitulado *Italia reale*, órgão do clericalismo mais negro. Como surgiu a fórmula, por quem foi imaginada e qual justificação teórico-político-moral lhe foi dada? Deve-se fazer uma pesquisa na *Civiltà Cattolica* e nos primeiros números da própria *Italia reale* de Turim, que, nos últimos tempos, reduziu-se a insípido panfleto de sacristia.

A fórmula é feliz do ponto de vista "demagógico", porque existia de fato e se sentia fortemente uma nítida separação entre o Estado (legalidade formal) e a sociedade civil (realidade de fato), mas a sociedade civil estaria toda e somente no "clericalismo"? Na verdade, a sociedade civil era algo informe e caótico, e assim permaneceu por muitas décadas; foi possível ao Estado, portanto, dominá-la, superando em cada caso os conflitos que se manifestavam de forma esporádica, localista, sem nexo e simultaneidade nacional. Assim, nem mesmo o clericalismo era a expressão da sociedade civil, porque não conseguiu dar-lhe uma organização nacional e eficiente, apesar de ser uma organização forte e formalmente compacta: politicamente não era homogênea e tinha medo das próprias massas que, num certo sentido, controlava. A fórmula política do *non expedit* foi sem dúvida a expressão deste medo e incerteza: o boicote parlamentar, que parecia um comportamento duramente intransigente, na realidade era a expressão do oportunismo mais rasteiro. A experiência política francesa demonstrara que o sufrágio universal e o plebiscito de base amplíssima, em dadas circunstâncias, podiam ser um mecanismo favorabilíssimo às tendências reacionárias e clericais (a este propósito, cf. as ingênuas observações de Jacques Bainville em sua *História da França*, quando recrimina o legitimismo por não ter tido confiança no sufrágio universal, ao contrário de Napoleão III); mas o clericalismo italiano sabia que não era a expressão real da sociedade civil e que um possível sucesso seria efêmero e determinaria o ataque frontal por parte das energias nacionais novas, evitado com êxito em 1870. Experiência do sufrágio ampliado em 1882 e reação "crispino"-maçônica [133]. No entanto, a disposição clerical de manter "estático" o divórcio entre Estado e sociedade civil era objetivamente subversiva, e toda nova organização expressa pelas forças que, nesse meio-tempo, amadureciam na sociedade podia servir-se disto como terreno de manobra para abater o regime constitucional monárquico: por isto, a reação de 1898 golpeou, ao mesmo tempo, tanto o socialismo quanto o clericalismo, considerando-os, com acerto, igualmente "subversivos" e objetivamente aliados. Mas, a partir deste momento, começa uma nova política vaticana, com o abandono de fato do *non expedit* também no campo parlamentar (o município era tradicionalmente considerado sociedade civil, e não Estado), e isto permite a introdução do sufrágio universal, o Pacto Gentiloni e, finalmente, a fundação do Partido Popular em 1919. A questão da existência de uma Itália real e uma Itália legal se reapresenta de uma outra forma, nos acontecimentos de 1924-1926, até a supressão de todos os partidos políticos com a afirmação de se ter, afinal, alcançado a identidade entre o real e o legal, porque a sociedade civil, em todas as suas formas, estava enquadrada por uma só organização política de partido e estatal.

§ 32. Piero Pieri, *Il Regno di Napoli dal luglio 1799 al marzo 1806*, Nápoles, Ricciardi, 1928, 330 p., 25 liras (útil para compreender melhor a República Partenopeia através da política dos Bourbon, no curto período da Restauração) [134].

§ 33. Giovanni Maioli, *Il fondatore della Società Nazionale*, Roma, Sociedade Nacional para a História do *Risorgimento*, 1928. (Contém 22 cartas de Giorgio Pallavicino e de Felice Foresti sobre o período 1857-1858, quando Pallavicino, presidente da Sociedade Nacional, cujo secretário era G. La Farina, trabalhava para criar o bloco liberal de direita e de centro sobre dois pilares: "opinião italiana", "Exército sardo". Uma frase de Pallavicino: "O revolucionário italiano, homem fortíssimo no campo da ação, muito frequentemente é uma *criança* no campo do pensamento [135].")

Deve-se observar que, na atual historiografia do *Risorgimento*, a seu modo tendenciosíssima, considera-se como "certeiro realismo político" tudo aquilo que coincide com o programa piemontês dos moderados: é um juízo retrospectivo bastante ingênuo e pouco preciso: corresponde à concepção da *Gesta dei per Allobrogos*, desempoeirada e envernizada com alguns conceitos modernos [136].

§ 34. Giuseppe Solitro, *Due famigerati gazzetieri dell'Austria* (Luigi Mazzoldi, Pietro Perego), Pádua, Draghi, 1927, 15 liras. (Na resenha publicada na *Fiera Letteraria* de 16 de dezembro de 1928, Guido Zadei escreve que possui material inédito, e não aproveitado, sobre Mazzoldi e sobre uma curiosa polêmica na qual Filippo Ugoni acusa Mazzoldi de propaganda comunista, o que, afinal, quer dizer propaganda pela reforma agrária à moda austríaca.)

§ 35. *Gioberti e o catolicismo liberal.* No prefácio das *Letture del Risorgimento*, Carducci escreve: "Ao afastar-se da *Jovem Itália*, em 1834, [Gioberti] voltou ao que Santarosa queria e chamava de *conspiração literária*; e ele a fez com certa filosofia sua, combativa, que levava bem alto a tradição italiana, até que veio à liça com o *Primato* e, pregando a liga dos príncipes reformadores, à frente o pontífice, atraiu as almas temerosas e os engenhos temerosos, atraiu e arrebatou o jovem clero, que, por seu turno, arrastava o povo religioso, até mesmo do campo." Noutro ponto, Carducci escreve: "[...] a figura do abade italiano, reformista e meio jacobino, como Parini; que sobrenadou na torrente da revolução, como Cesarotti e Barbieri; que se fez, como Di Breme, apregoador do Romantismo e insuflador do carbonarismo de 1821;

que, como Gioberti, participou das conspirações e anunciou o *Primato d'Italia* e o *Rinnovamento*; que apontou, como Rosmini, as mazelas da Igreja; que, como Andreoli e Tazzoli, subiu ao patíbulo... [137]."

§ 36. *Augusto Sandonà*. Depois do armistício, Sandonà fez pesquisas nos Arquivos vienenses para recolher a documentação oficial austríaca sobre uma série de acontecimentos do *Risorgimento* italiano. Antes da guerra, Sandonà havia publicado, entre outras coisas: *Contributo alla storia dei processi del 21 e dello Spielberg*, Turim, Bocca, 1911; "L'idea unitaria ed i partiti politici alla vigilia del 1848", na *Rivista d'Italia* de junho de 1914; *Il Regno lombardo-veneto. La costituzione e l'amministrazione*, Milão, Cogliati, 1912.

§ 37. *Informantes e agentes provocadores da Áustria*. Os informantes que operavam no exterior e estavam sob as ordens da Chancelaria de Estado de Viena não deviam atuar como agentes provocadores: é o que se depreende das precisas instruções do príncipe de Metternich, que, num despacho secreto de 8 de fevereiro de 1844 endereçado ao conde Appony, embaixador da Áustria em Paris, assim se expressa sobre a missão que cumpria na capital francesa o famigerado Attilio Partesotti: "O grande objetivo que o governo imperial se propõe não é encontrar culpados nem provocar ações criminosas [...]. Consequentemente, Partesotti deve se considerar como um observador atento e fiel e evitar com cuidado ser agente provocador." (Documentos da *Staatskanzlei* de Viena.)

O trecho é citado por Augusto Sandonà no estudo: "Il preludio delle cinque giornate di Milano — Nuovi documenti", publicado na *Rivista d'Italia* de 15 de janeiro de 1927 e edições seguintes, com referência à acusação, lançada pelo doutor Carlo Casati (*Nuove Rivelazioni sui fatti di Milano del 1847-48*, Milão, Hoepli, 1885) e pelo *Archivio triennale delle cose d'Italia* (vol. I, Capolago, Tip. Elvetica, 1850) contra o Barão Carlo Torresani, diretor-geral da polícia de Milão de 1822 a 1848, de ter organizado um serviço de agentes provocadores que criassem tumultos.

Mas deve-se observar que, apesar das disposições de Metternich, os agentes provocadores podiam entrar em operação, seja por necessidade das polícias locais, seja ainda por necessidade pessoal dos próprios "observadores".

§ 38. *O nexo 1848-1849.* A liga alfandegária, promovida por Cesare Balbo e firmada em Turim, em 3 de novembro de 1847, pelos três representantes do Piemonte, da Toscana e do Estado Pontifício, devia preparar a constituição da Confederação política, que depois foi suspensa pelo próprio Balbo, fazendo abortar inclusive a liga alfandegária. A Confederação era desejada pelos Estados italianos menores; os reacionários piemonteses (entre os quais, Balbo), acreditando já assegurada a expansão territorial do Piemonte, não queriam prejudicá-la com laços que a dificultariam (nas *Speranze d'Italia*, Balbo havia sustentado que a Confederação era impossível enquanto uma parte da Itália estivesse nas mãos estrangeiras!), e suspenderam a Confederação, dizendo que ligas se estabelecem antes ou depois das guerras (!?): a Confederação foi rejeitada em 1848, nos primeiros meses (verificar).

Gioberti e outros viam na Confederação política e alfandegária, firmada mesmo durante a guerra, a necessária premissa para tornar possível a realização do lema "A Itália o fará sozinha". Esta política inconfiável, do ponto de vista das relações da Confederação, ao lado das outras diretrizes igualmente falazes sobre os voluntários e a Constituinte, mostra que o movimento de 1848 fracassou em razão das intrigas mesquinhamente espertas dos direitistas, que foram os moderados do período sucessivo. Eles não souberam dar uma orientação nem política nem militar ao movimento nacional.

§ 39. *A Constituição espanhola de 1812.* Por que foi tão popular? Seria preciso compará-la com as Constituições concedidas em 1848. Não parece que se deve buscar a razão da popularidade da Constituição espanhola em sua forma ultraliberal, na preguiça intelectual dos revolucionários liberais italianos ou em outras questões secundárias, mas no fato essencial de que a situação espanhola era "exemplar" para a Europa absolutista e os liberais espanhóis souberam encontrar a solução jurídico-constitucional mais apropriada e mais generalizada de problemas que não eram apenas espanhóis, mas italianos, especialmente no *Mezzogiorno* [138].

§ 40. *A Sicília.* Luigi Natoli: *Rivendicazioni (attraverso le rivoluzioni siciliane del 1848-1860)*, Treviso, Cattedra italiana di pubblicità, 1927, 14 liras. "Natoli quer reagir contra aquela tendência de estudos e de estudiosos que ainda hoje, ou por escasso domínio dos testemunhos ou por resíduo de antigas prevenções políticas, tem como objetivo desvalorizar a contribuição da Sicília para a história unitária do *Risorgimento.* O autor polemiza especialmente com B. Croce, o qual considera a revolução siciliana de 1848 como um 'movimento separatista' prejudicial à causa italiana, etc." [139] O que é interessante, nesta literatura siciliana, em jornais ou livros, é o tom fortemente polêmico e irritado (unitarismo obsessivo). Mas a questão deveria ser muito simples, do ponto de vista histórico: ou existiu ou não existiu o separatismo, ou existiu apenas de forma tendencial, numa medida a ser determinada segundo um método historicamente objetivo, fazendo abstração de qualquer juízo atual de polêmica de partido, de corrente ou de ideologia; a reconstrução das dificuldades encontradas na Sicília pelo movimento unitário poderiam não ser maiores ou diferentes daquelas encontradas em outras regiões, a começar pelo Piemonte. Se, na Sicília, tiver havido o separatismo, isto não deve ser historicamente considerado como censurável, imoral ou antipatriótico, mas apenas um nexo histórico a ser justificado historicamente e que, de todo modo, deve servir para enaltecer ainda mais a energia política dos unitários, que triunfaram sobre ele.

O fato de que a polêmica continua dura e encarniçada significa, portanto, que estão em jogo "interesses atuais" e não interesses históricos, significa, no fundo, que publicações como as de Natoli demonstram, elas mesmas, precisamente o que gostariam de negar, isto é, o fato de que o estrato social unitário na Sicília é muito tênue e controla com dificuldade forças latentes "demoníacas", que poderiam ser até separatistas, se esta solução, em determinadas ocasiões, se mostrasse útil para certos interesses. Natoli não fala do movimento de 1867 e, menos ainda, de certas manifestações do pós-guerra, que também têm um valor de sintoma para revelar a existência de correntes subterrâneas, que mostram um certo afastamento entre as massas populares e o Estado unitário, sobre o qual especulavam certos grupos dirigentes [140].

Natoli parece sustentar que a acusação de separatismo incorre em equívoco, explorando o programa federalista que, num primeiro momento, pareceu a alguns homens insignes da ilha e a seus representantes a solução mais adequada às tradições políticas locais, etc. De todo modo, tem algum significado o fato de o programa federalista ter tido defensores mais fortes na Sicília que em outras partes e ter durado por mais tempo.

§ 41. *Interpretações do Risorgimento.* Cf. Massimo Lelj: *Il Risorgimento dello spirito italiano (1725-1861)*, "L'Esame", Edizioni di Storia moderna, Milão, 1928, 15 liras.

§ 42. *Federico Confalonieri.* Para compreender a impressão "penosa" que produzia entre os exilados italianos a atitude de inércia de Confalonieri durante sua estada no estrangeiro, depois de ser libertado de Spielberg, deve-se considerar um trecho da carta escrita por Mazzini a Filippo Ugoni em 15 de novembro de 1838, publicada por Ugo Da Como na *Nuova Antologia* de 16 de junho de 1928 ("Lettera inedita di Giuseppe Mazzini"): "A volta de Confalonieri me surpreende. Quando você me fala do conflito que suscitaria em meu coração a recordação de minha mãe, de meu pai, da irmã que me resta, você diz a verdade; mas, Confalonieri, por qual afeto poderoso seria novamente chamado à Itália, depois da morte de Teresa, sua mulher [141]? Só compreendo a vida consagrada ao dever ou ao amor, que é também um dever. Compreendo, sem aprovar ou desaprovar, o indivíduo que renuncia à luta pela verdade e pelo bem, ante a felicidade ou infelicidade de pessoas queridas e sagradas; não compreendo quem a ela renuncia para viver, como se diz, no sossego; oito ou dez anos de vida de individualismo, de sensações que passam e não produzem coisa alguma para os outros, encerrados pela morte, me parecem coisa desprezível para quem não acredita na vida futura; e mais do que desprezível, talvez culposa, para quem nela acredita. Em minha opinião, Confalonieri, só, em idade já avançada, sem fortes deveres que o liguem a uma família de seres amados, deveria entediar-se com tudo, salvo a ideia de contribuir para a emancipação de seu país e para a cruzada contra a Áustria."

Da Como, em sua introdução à carta, escreve: "E por isto também existe em nossa carta uma preocupação amargurada por Federico Confalonieri. Ele havia saído de Londres, um ano antes, direto para a França: Mazzini soubera que estava melancólico e silencioso, mas os sofrimentos, segundo ele, não deviam mudar o fundo da alma. Seguia-o com sobressalto, porque queria que fosse sempre uma alta e reta figura, um exemplo. Pensava que, se ele próprio tivesse saído de Spielberg e visse em torno de si um deserto, só pensaria no modo de voltar a tentar algo em favor da antiga ideia e nisso chegar ao fim. Não queria que suplicasse, que quisesse e obtivesse o retorno quem sofrera quinze anos sem se acovardar, sem sinais de mudança. Queria que fosse sempre um novo Farinata degli Uberti, tal como o representou Gabriele Rosa, afetuoso e constante celebrador, até o fim, de seu companheiro de cárcere [142]."

Da Como está completamente perdido e as palavras de Mazzini, em vez de amarguradas, são ásperas e duras. A hagiografia impede Da Como de apreender o tom justo das palavras de Mazzini. Outras alusões a Confalonieri na correspondência mazziniana e nas cartas dos outros exilados: deve-se buscar o juízo real precisamente nestas cartas privadas, porque se compreende que os exilados não quisessem publicamente lançar sombras sobre a figura de Confalonieri. Uma pesquisa indispensável deve ser feita nos relatórios dos informantes austríacos para o governo de Viena, a partir dos países onde Confalonieri residiu depois da soltura, e nas instruções que estes informantes recebiam de Metternich.

§ 43. *A morte de Vítor Emanuel II.* Numa carta de Guido Baccelli a Paulo Fambri, de 12 de agosto (talvez de 1880, porque falta o ano e 1880 é uma hipótese de Guidi), publicada por Angelo Flavio Guidi ("L'archivio inedito di Paulo Fambri", na *Nuova Antologia* de 16 de junho de 1928), está escrito: "O coração de toda a Itália ainda sangra com a recordação da morte do glorioso Vítor Emanuel: mas aquele imenso infortúnio podia ser cem vezes maior, se não se tivessem ganho com a respiração do oxigênio tantas horas de vida." (Seguem-se pontos, ao que parece de Guidi, o responsável pela publicação, porque completam toda a linha, ou seja, não são as habituais reticências.) O que isto significa [143]?

§ 44. Federico Confalonieri, antes de ser levado a Spielberg e, depois da libertação, antes de ser levado ao cárcere de Gradisca, para ser deportado em seguida, esteve em Viena. Ver se, nesta segunda passagem por Viena, atribuída a razões de saúde, também manteve conversações com políticos austríacos. Podem-se encontrar os dados exteriores sobre a vida de Confalonieri nas publicações de D'Ancona.

Como curiosidade, será o caso de ver o drama de Rino Alessi, *Il conte Aquila*. Mas por que é que Alessi chamou Confalonieri de conde "Águia" [144]?

§ 45. *A República Partenopeia e as classes revolucionárias no Risorgimento*. Na edição Laterza das *Memorie storiche del regno di Napoli dal 1790 al 1815*, de Francesco Pignatelli, Príncipe de Strongoli (Nino Cortese, *Memorie di un generale della Repubblica e dell'Impero*, 2 vols., in-8º, 136-CCCCXXV p., 312 p., 50 liras), Cortese publica um ensaio, "Stato e ideali politici nell'Italia meridionale nel Settecento e l'esperienza di una rivoluzione", no qual se apresenta o problema: por que, no *Mezzogiorno* da Itália, a nobreza aparece ao lado dos revolucionários e, em seguida, é ferozmente perseguida pela reação, ao passo que, na França, nobreza e monarquia estão unidas diante do perigo revolucionário? Cortese recua aos tempos de Carlos de Bourbon para encontrar o ponto de contato entre a concepção dos inovadores aristocráticos e a dos burgueses: para os primeiros, a liberdade e as necessárias reformas devem ser garantidas, sobretudo, por um parlamento aristocrático, mas se mostram dispostos a aceitar a colaboração dos melhores da burguesia; para esta, o controle deve ser exercido, e a liberdade, atribuída a uma aristocracia da inteligência, do saber, da capacidade, etc., seja de que parte vier [145]. Para ambos, o Estado deve ser governado pelo rei, rodeado, iluminado e controlado por uma aristocracia. Em 1799, depois da fuga do rei, ocorre, primeiro, a tentativa de uma república aristocrática por parte dos nobres e, depois, a dos inovadores burgueses na sucessiva república napolitana.

Parece que os eventos napolitanos não podem ser contrapostos aos franceses; também na França houve uma tentativa de aliança entre monarquia, nobres e alta burguesia, depois de um início de ruptura entre nobres e monarquia. Na França, porém, a Revolução teve a força motriz também nas classes populares, que a impediram de se deter nas primeiras etapas, o que, ao contrário, faltou na Itália Meridional e, posteriormente, em todo o *Risorgimento*. Além disto, deve-se ter presente que o movimento napolitano aconteceu depois do francês, quando a monarquia estava sob o pesadelo do Terror francês e via um inimigo em todo aquele que se alinhasse com as ideias inovadoras, fosse nobre ou burguês. Deve-se ver o livro de Cortese.

§ 46. *O povo no Risorgimento*. 1) Ver o volume de Niccolò Rodolico, *Il popolo agli inizi del Risorgimento*, Florença, Le Monnier, in-8º, 312 p. 2). No estatuto da sociedade secreta *Esperia*, fundada pelos irmãos Bandiera, lê-se: "Não se façam, a não ser com extremo cuidado, filiações entre a plebe, porque ela quase sempre é imprudente por natureza e corrupta por necessidade. Deve-se apelar preferencialmente aos ricos, aos fortes, aos doutos, deixando de lado os pobres, os fracos, os ignorantes" (verificar) [146].

É preciso recolher todas as observações que, no primeiro período do *Risorgimento* (antes de 1848), se referem a este tema e ver a origem desta diferença. Uma causa deve ser investigada nos processos que se seguiram à tentativa de revolta militar em 1821 no Piemonte e em outros lugares: diferença de comportamento entre soldados e oficiais; muitas vezes, os soldados traíram ou se mostraram muito fracos diante dos juízes na instrução dos processos.

Comportamento de Mazzini antes e depois da insurreição de fevereiro de 1853 em Milão; depois de 1853, devem-se ver suas instruções a Crispi para a fundação de seções do Partido de Ação em Portugal, nas quais se recomenda pôr um operário em cada comitê de três.

§ 47. *A Itália e a alcachofra*. A imagem da Itália como uma alcachofra cujas folhas se comem uma a uma é atribuída a vários príncipes italianos, não só da Casa de Savoia. Da última vez se atribuiu a Vítor Emanuel II (e isto não seria contrário a seu caráter, como mostra o episódio de Quintino Sella, reproduzido por Ferdinando Martini; cf. outra nota) [147]. Segundo Amerigo Scarlatti (na *Italia che scrive* de fevereiro de 1928), a imagem se deveria a Vítor Amadeu II, como se deduz de *Voyage d'Italie*, de Misson, publicado em Haia, em 1703 [148].

§ 48. Piero Pieri, *Il Regno di Napoli dal luglio 1799 al marzo 1806*, Nápoles, Ricciardi, 1928, 314 p., 25 liras. Estuda a política dos Bourbon depois da primeira restauração e as causas de seu colapso ocorrido em 1806, embora não houvesse internamente nenhuma força contrária ativa e quando o Exército francês ainda estava longe. Estuda o difícil regime das classes no *Mezzogiorno* e o nascimento do pensamento liberal, que substitui o velho jacobinismo de 1799. (Mas se poderia chamar de "jacobinismo" a orientação política dos revolucionários napolitanos de 1799?) Parece que se trata de um livro muito interessante.

Para compreender a orientação das classes e seu desenvolvimento no *Mezzogiorno*, também deve ser muito interessante o livro de A. Zago: *L'istruzione pubblica e privata nel Napoletano (1767-1860)*, Città di Castello, "Il Solco", 1927, 228 p., 15 liras. (O desequilíbrio entre a atividade escolar estatal e a privada se deu depois de 1821: as escolas privadas florescem, enquanto a atividade estatal decai: constitui-se, assim, um estrato de intelectuais nitidamente separado das massas populares e em oposição ao Estado, relativamente forte em meio à desagregação política geral, unificada exteriormente, com dificuldade, pela repressão da polícia. Este tema merece ser aprofundado.)

§ 49. *O nó histórico 1848-1849*. Reconstruir e analisar minuciosamente a sucessão dos governos e das alianças de partidos (constitucionais e absolutistas) no Piemonte, desde o início do novo regime até a Proclamação de Moncalieri, desde Solaro della Margarita até Massimo D'Azeglio. Função de Gioberti e de Rattazzi e seu poder efetivo sobre a máquina estatal, que permanecera inalterada, ou quase, desde o tempo do absolutismo.

Significado do chamado *conúbio* Cavour-Rattazzi: terá sido o primeiro passo da desagregação democrática? Mas até que ponto se podia considerar Rattazzi um liberal-democrata [149]?

§ 50. *Critérios introdutivos.* A história como "biografia" nacional. Este modo de escrever a história começa com o nascimento do sentimento nacional e é um instrumento político para coordenar e fortalecer nas grandes massas os elementos que, precisamente, constituem o sentimento nacional. 1) Pressupõe-se que aquilo que se deseja tenha sempre existido e não possa se afirmar e manifestar abertamente em razão da intervenção de forças externas ou porque as virtudes íntimas estavam "adormecidas"; 2) Isso produziu a história popular oleográfica: a Itália é verdadeiramente pensada, ao mesmo tempo, como algo abstrato e concreto (demasiadamente concreto), como a bela matrona das oleografias populares, que influem mais do que se acredita na psicologia de certos estratos do povo, positiva e negativamente (mas sempre de modo irracional), como a mãe cujos "filhos" são os italianos. Com uma torção que parece brusca e irracional, mas indubitavelmente tem eficácia, a biografia da "mãe" se transforma na biografia coletiva dos "bons filhos", contrapostos aos filhos degenerados, perdidos, etc. Compreende-se que um tal modo de escrever e declamar a história nasceu por razões práticas, de propaganda: mas por que se continua ainda em tal tradição? Hoje, esta apresentação da história da Itália é duplamente anti-histórica: 1) porque está em contradição com a realidade; 2) porque impede avaliar adequadamente o esforço realizado pelos homens do *Risorgimento*, diminuindo sua figura e originalidade, esforço que não foi só dirigido contra os inimigos externos, mas especialmente contra as forças internas conservadoras que se opunham à unificação.

Para compreender as razões "pedagógicas" desta forma de história, também neste caso pode servir a comparação com a situação francesa na mesma época em que se efetivou o *Risorgimento*. Napoleão se chamou imperador dos franceses e não da França; do mesmo modo, Luís Felipe é o rei dos franceses. A denominação tem um caráter nacional-popular profundo e significa uma ruptura nítida com a época do

Estado patrimonial, uma importância dada aos homens maior do que ao território. Por isto, na França, "Marianne" pode ser alvo da ironia até dos patriotas mais fervorosos, ao passo que, entre nós, caricaturar a figura estilizada da Itália significaria, sem dúvida, ser antipatriota, como o foram os *sanfedistas* e os jesuítas antes e depois de 1870.

§ 51. *O nó histórico 1848-1849.* Cf. Carlo Pagani, "Dopo Custoza e Volta nel 1848" (na *Nuova Antologia* de 1º de março de 1929). Transcreve alguns documentos inéditos extraídos do Arquivo Casati, de Milão, não essenciais, mas significativos para ver a crise política daquele momento, crise política que foi um dos elementos principais da derrota militar: falta de uma orientação unitária política bem estabelecida e resoluta, hesitações, ações irresponsáveis dos grupelhos reacionários, nenhuma atenção às necessidades do Exército como massa humana, etc.

A Inglaterra era contrária à intervenção militar da França em favor do Piemonte: Palmerston declarou que a intervenção francesa desencadearia uma guerra europeia, porque a Inglaterra não a toleraria, enquanto apoiava o Piemonte apenas timidamente, em termos diplomáticos, para evitar uma derrota ruinosa e mudanças territoriais excessivamente favoráveis à Áustria. O artigo de Pagani deve ser visto de novo em caso de reconstrução dos acontecimentos de 1848-1849, para encontrar elementos de concordância e subsídio para outros documentos.

Sobre as vicissitudes do Ministério Casati-Gioberti (julho-agosto 1848), cf. a carta de Gioberti a Giuseppe Massari, publicada com introdução do Senador Matteo Mazziotti na *Nuova Antologia* de 16 de junho de 1918 [150]. Sobre a missão de Carlo d'Adda na França e na Inglaterra, desempenhada por atribuição do governo provisório de Milão, cf. Carlo Pagani no *Resoconto del Congresso Storico di Trento nel 1926* (conferência: "Il governo provvisorio di Milano nel 1848 e il Trentino"); Carlo Pagani, *Uomini e cose in Milano dal marzo all'agosto del 1848*, Ed. Cogliati, Milão (com documentos extraídos do Museu Histórico do *Risorgimento* de Milão e, especialmente, dos arquivos Casati, d'Adda, Arese, Giulini-Crivelli, Restelli).

§ 52. *Os voluntários.* Sobre os voluntários, algumas observações penetrantes se encontram nas *Memorie* de Leonetto Cipriani, especialmente sobre os voluntários toscanos e o modo como foram tratados pelo Exército piemontês em 1848 [151]. As *Memorie* de Cipriani também devem ser lidas em razão de algumas impressões vivas sobre os acontecimentos do *Risorgimento.* {B}

§ 53. *Luzio e a historiografia tendenciosa e facciosa dos moderados.* 1) Deve-se acentuar como o modo de escrever a história do *Risorgimento* de A. Luzio foi muitas vezes elogiado pelos jesuítas da *Civiltà Cattolica.* Nem sempre, porém mais frequentemente do que se pensa, o acordo entre Luzio e os jesuítas é possível. Cf., na *Civiltà Cattolica* de 4 de agosto de 1928, p. 216-17 do artigo "Processo politico e condanna dell'abate Gioberti nell'anno 1833". Luzio é levado a defender a política de Carlos Alberto (no livro *Mazzini carbonaro,* p. 498) e não hesita em julgar duramente o comportamento de Gioberti no processo pelos fatos de 1831, de acordo com os jesuítas [152]. Deve-se destacar como, a partir dos artigos publicados pela *Civiltà Cattolica* em 1928 sobre o processo de Gioberti, os documentos vaticanos revelem que o papa já dera previamente, à moda de Loyola, o *placet* à condenação capital e à execução de Gioberti, ao passo que em 1821, por exemplo, a condenação à morte de um religioso no Piemonte fora transformada em prisão perpétua devido à intervenção vaticana.

2) Sobre a literatura "histórica" de Luzio relativa aos processos do *Risorgimento,* devem-se fazer muitos reparos de ordem político-facciosa, de método e de mentalidade. Muitíssimas vezes, Luzio (no que diz respeito aos detidos dos partidos democráticos) parece censurar aos acusados o fato de não se deixarem condenar e enforcar. Mesmo de um ponto de vista jurídico ou judiciário, Luzio formula a questão de modo falso e tendencioso, pondo-se do ponto de vista do "juiz" e não dos acusados: daí suas tentativas (ineptas e insensatas) de "reabilitar" os juízes reacionários, como Salvotti. Mesmo admitindo-se que Salvotti deva ser considerado irrepreensível, seja pessoalmente, seja como funcionário austríaco, isto não altera o fato de que os

processos por ele conduzidos fossem contrários à nova consciência jurídica representada pelos patriotas revolucionários e lhes parecessem monstruosos. A condição do acusado era dificílima e delicadíssima: mesmo uma pequena admissão podia ter consequências catastróficas, não só para o acusado individualmente, mas para toda uma série de pessoas, como se viu no caso de Pallavicino [153]. À "justiça" sumária, que é uma forma de guerra, não importa nada a verdade e a justiça objetiva: só importa destruir o inimigo, mas de modo que o inimigo pareça merecer a destruição e admita ele próprio que a merece. Um exame dos escritos "histórico-judiciários" de Luzio poderia levar a toda uma série de observações de método histórico, interessantes psicologicamente e fundamentais cientificamente (deve-se verificar o artigo de Mariano d'Amelio, "Il successo e il diritto", no *Corriere della Sera* de 3 de setembro de 1934) [154].

3) Este modo de fazer a história do *Risorgimento* à Luzio mostrou seu caráter faccioso especialmente na segunda metade do século passado (e mais determinadamente depois de 1876, isto é, depois da chegada da esquerda ao poder): ele foi, indiscutivelmente, um aspecto característico da luta política entre católicos-moderados (ou moderados que desejavam se reconciliar com os católicos e encontrar o terreno para a formação de um grande partido de direita, que, através do clericalismo, tivesse uma base ampla nas massas rurais) e democratas, que, por razões análogas, queriam destruir o clericalismo.

Um episódio típico foi o ataque desferido contra Luigi Castellazzo por seu suposto comportamento no processo de Mântua, que levou aos enforcamentos, em Belfiore, de Dom Tazzoli, de Carlo Poma, de Tito Speri, de Montanari e de Frattini [155]. A campanha era puramente facciosa, porque as acusações feitas a Castellazzo não foram dirigidas a outros que, notoriamente, nos processos, tiveram um comportamento certamente pior do que aquele que se atribui a Castellazzo, e não de modo convincente, porque homens como Carducci se mantiveram solidários com o atacado; mas Castellazzo era republicano, maçom (chefe da maçonaria?) e tinha até manifestado simpatia pela Comuna. Castellazzo teria se comportado pior do que

Giorgio Pallavicino no processo Confalonieri? (Cf. ataques de Luzio a Andryane por sua hostilidade contra Pallavicino.) É verdade que o processo de Mântua se concluiu com execuções capitais, o que não aconteceu com Confalonieri e companheiros, mas, à parte o fato de que isto não deve modificar o juízo sobre as ações dos indivíduos, seria possível dizer que as execuções de Belfiore se deveram ao suposto comportamento de Castellazzo? Ou não teriam sido, ao contrário, a resposta fulminante à insurreição milanesa de 3 de fevereiro de 1853? E não teria contribuído para reforçar a vontade impiedosa de Francisco José a atitude covarde dos nobres milaneses, que se arrastaram aos pés do imperador justamente na véspera da execução? (Cf. as datas.) Deve-se ver como Luzio se comporta diante desta série complexa de acontecimentos. Os moderados buscaram atenuar a responsabilidade dos nobres milaneses de forma verdadeiramente vergonhosa (cf. *Cinquanta anni di patriottismo*, de R. Bonfadini). Ver como Luzio se manifesta na questão dos interrogatórios de Confalonieri e na do comportamento de Confalonieri após sua libertação. Sobre a questão Castellazzo, cf. Luzio: *I Martiri di Belfiore*, nas várias edições (a quarta é de 1924); *I processi politici di Milano e di Mantova restituiti dall'Austria*, Milão, Cogliati, 1919 (este pequeno livro deve tratar dos interrogatórios de Confalonieri, que o Senador Salata relatava ter "descoberto" nos arquivos vienenses); *La Massoneria e il Risorgimento italiano*, 2 vols., Bocca (parece que este trabalho chegou à quarta edição em pouquíssimo tempo, o que seria surpreendente); cf., ainda, P.L. Rambaldi, "Luci ed ombre nei processi di Mantova", no *Archivio Storico Italiano*, V-XLIII, p. 257-331, e Giuseppe Fatini, "Le elezioni di Grosseto e la Massoneria", na *Nuova Antologia* de 16 de dezembro de 1928 (fala da eleição de Castellazzo para a Câmara de Deputados, em setembro de 1883, e da campanha que se desencadeou: Carducci defendeu Castellazzo e escreveu contra "a sanha farisaica moderada").

4) O que se propunham e, em parte, se propõem ainda (mas, neste campo, há alguns anos muitas coisas mudaram) os historiadores e os publicistas moderados, com este trabalho de propaganda incansável, extremamente perpicaz e muito bem organizado (às vezes, parece ter

havido um centro dirigente para esta atividade, uma espécie de maçonaria moderada, tão grande é o espírito de sistema)? "Demonstrar" que a unificação da península foi obra precípua dos moderados, aliados à dinastia, e legitimar historicamente o monopólio do poder. É preciso recordar que pertenciam aos moderados as maiores personalidades da cultura, enquanto a esquerda não primava (salvo poucas exceções) por muita seriedade intelectual, especialmente no campo dos estudos históricos e da publicística de nível intermediário. A atividade polêmica dos moderados, através de sua "demonstração" manipulada, conseguia desagregar ideologicamente a democracia, absorvendo-lhe muitos elementos individuais e, especialmente, influindo na educação das jovens gerações, formando-as com suas concepções, com suas palavras de ordem, com seus programas. Além disto: 1) os moderados, em sua propaganda, não tinham escrúpulos, enquanto os homens do Partido de Ação eram cheios de "generosidade" patriótica, nacional, etc., e respeitavam todos aqueles que pelo *Risorgimento* realmente sofreram, mesmo que em determinados momentos tivessem sido fracos; 2) o regulamento dos arquivos públicos favorecia os moderados, aos quais se permitia individualmente investigar documentos contra adversários políticos e mutilar ou omitir documentos que fossem desfavoráveis aos seus; só há poucos anos, por exemplo, foi possível publicar a correspondência completa de moderados toscanos, que, ainda em 1859, se agarravam aos pés do grão-duque para não deixá-lo escapar, etc. Os moderados não reconhecem, sistematicamente, nenhuma força coletiva agente e operante no *Risorgimento* além da dinastia e dos moderados: do Partido de Ação, reconhecem a benemerência de personalidades individuais, que são exaltadas tendenciosamente para serem capturadas; outras são difamadas, conseguindo-se em todo caso romper o vínculo coletivo. Na realidade, o Partido de Ação não soube contrapor nada eficaz a esta propaganda, que, através da escola, se tornou ensinamento oficial: lamentações ou desabafos tão puerilmente sectários e parciais que não podiam convencer os jovens cultos e deixavam indiferentes os homens do povo, isto é, não tinham eficácia sobre as novas gerações: assim, o Partido de Ação foi desagregado e a democracia burguesa não soube jamais criar uma base popular. Sua propaganda não devia se basear no passado, nas polêmicas do passado, que sempre interessam pouco às grandes massas e só são úteis, dentro de certos limites, para constituir e reforçar os quadros dirigentes, mas no presente e no futuro, ou seja, em programas construtivos opostos (ou complementares) aos programas oficiais. A polêmica do passado era especialmente difícil ou perigosa para o Partido de Ação, porque ele fora vencido e o vencedor, só pelo fato de ser vencedor, tem grandes vantagens na luta ideológica. Não é destituído de significado o fato de que ninguém nunca tenha pensado em escrever uma história do Partido de Ação, apesar da importância indiscutível que teve no desenrolar dos eventos: basta pensar nas tentativas democráticas em 1848-1849 na Toscana, no Vêneto, em Roma, e na campanha dos Mil.

Num certo período, todas as forças da democracia se aliaram e a Maçonaria se tornou o eixo de tal aliança: é este um período bem determinado na história da Maçonaria, transformada numa das forças mais eficientes do Estado na sociedade civil para barrar as pretensões e os perigos do clericalismo, mas este período terminou com o desenvolvimento das forças operárias. A Maçonaria se tornou o alvo dos moderados, que, evidentemente, esperavam conquistar assim pelo menos uma parte das forças católicas, especialmente os jovens: mas, na realidade, os moderados valorizaram as forças católicas controladas pelo Vaticano e, assim, a formação do Estado moderno e de uma consciência laica nacional (em resumo, o sentimento patriótico) sofreu um feroz contragolpe, como se veria em seguida. (Observações a serem aprofundadas.)

§ 54. *Confalonieri.* Num artigo de Panfilo (Giulio Caprin), no *Corriere della Sera* de 26 de setembro de 1934, diz-se: "Teresa, consumida pelos tormentos, devia morrer antes que Ferdinando, o novo imperador, desse o indulto que Francisco sempre negara ao aristocrático conspirador não arrependido." Não mais se pode dizer este "não arrependido", depois do que Silvio D'Amico publicou sobre o pedido de indulto feito por Confalonieri e conservado no museu italiano de Spielberg [156]. O artigo de Caprin comenta o livro de Luigi Ceria, *Vita di una moglie* (Milão, Baldini e Castoldi, 12 liras), sobre Teresa e a vida "amorosa" de

Federico, não muito regular. Com o título *Confalonieri* (romance), o editor Treves publicou um volume de Riccarda Huch (1934, 8 liras). {B}

§ 55. *Os acontecimentos de fevereiro de 1853 em Milão e os moderados.* No artigo "Francesco Brioschi" (*Marzocco* de 6 de abril de 1930, capítulo do livro *Rievocazioni dell'Ottocento*), Luca Beltrami recorda que Brioschi foi acusado de ter assinado a moção de lealdade a Francisco José em fevereiro de 1853 (depois do atentado de um sapateiro vienense) [157]. Beltrami afirma que Brioschi não assinou (se há um Brioschi entre os signatários, não se trata do ilustre matemático, professor da Universidade de Pavia e futuro organizador do Politécnico de Milão). Beltrami anota: "E não seria nem mesmo o caso de definir como aulicismo o ato de funcionários do governo, 'convidados' a assinar o protesto contra o gesto insano e inconsciente de um sapateiro vienense", esquecendo: 1) que a moção foi assinada depois da repressão de Milão e às vésperas de Belfiore; 2) que os nobres milaneses signatários não eram "funcionários"; 3) que, se Brioschi, um funcionário, não assinou, sem ser perseguido, significa que não só os nobres mas também os funcionários podiam deixar de assinar. Portanto, em sua observação está implícita a condenação moral de todos os signatários.

§ 56. *A Itália no século XVIII.* A influência francesa na política, na literatura, na filosofia, na arte, nos costumes. Os Bourbon reinam em Nápoles e no ducado de Parma. Sobre a influência francesa em Parma, devem-se ver as minuciosas publicações de Henri Bédarida: *Parme dans la politique française au XVIIIe. siècle*, Paris, Alcan, e outras duas anteriores. Também se deve ver: Giuseppe Ortolani, "Italie et France au XVIIIe siècle", em *Mélanges de littérature et d'histoire publiés par l'Union intellectuelle franco-italienne*, Paris, Ed. Leroux.

Na política francesa, a Itália, por sua posição geográfica, está destinada a assumir a função de elemento de equilíbrio diante do crescente poderio da Áustria: portanto, a França, de Luís XIV a Luís XVI, tem como objetivo exercer na Itália uma ação de predomínio, antecipando a política dos Napoleões, antecipação que se manifesta nos reiterados projetos ou tentativas de federar os Estados italianos a serviço da França.

(Estes elementos da política francesa devem ser analisados atentamente, para fixar a relação entre os fatores internacionais e os nacionais no desenvolvimento do *Risorgimento*. Deve-se observar que esta orientação da política francesa é o contrário daquela sustentada por Jacques Bainville, na crítica da política napoleônica contraposta à da monarquia.)

§ 57. *A República Partenopeia*. Cf. Antonio Manes, *Un cardinale condottiere. Fabrizio Ruffo e la Repubblica Partenopea*, Aquila, Vecchioni, 1930. Manes tenta "reabilitar" o cardeal Ruffo (o fato deve ser citado na rubrica de *Passado e presente* em que se citam outras "reabilitações": a de Solaro della Margarita, de Fra Diavolo, etc., e se menciona o fato de que alguns professores "polemizam" com as *Memorie* de Settembrini e nelas encontram excessiva "demagogia" contra os Bourbon), descarregando a responsabilidade das repressões e dos perjúrios sobre o Bourbon e sobre Nelson [158]. Parece que Manes não sabe se orientar bem, ao fixar as divisões políticas e sociais na região de Nápoles; ora fala de corte nítido entre nobreza e clero, de uma parte, e povo, de outra; ora, o corte desaparece e se veem nobres e clero nas duas partes. Num certo ponto, diz que Ruffo "assume uma característica inteiramente nacional, se pode ser usada esta palavra de coloração bastante moderna e contemporânea", e então deveria concluir que não eram nacionais os patriotas exterminados pelos bandos absolutistas. (Sobre as relações entre nobreza, clero e povo, cf. o livro de N. Rodolico sobre a Itália Meridional e seu artigo no *Marzocco*, n. 11 de 1926.)

§ 58. *Uma opinião de Stendhal*. Cf. P. P. Trompeo, "Stendhal fra un Cardinale ed un Nunzio", *Nuova Antologia* de 1º de fevereiro de 1935. Trompeo, depois de ter enumerado alguns juízos de Stendhal muito favoráveis à causa da liberdade italiana e ao valor dos patriotas italianos, como Santarosa, etc. (p. 445), extraídos de *Rome, Naples et Florence* e de *Promenades dans Rome*, conclui: "Mas julgava que, contra uma Áustria segura de si, qualquer tentativa de insurreição fracassaria, inclusive pelo pouco consenso que encontrava no povo 'l'innocence vertueuse et *girondine*' dos conspiradores; e que, por outro lado, uma intervenção em favor de uma Itália ainda imatura para uma vigorosa rebelião seria, para a França, um risco demasiadamente forte [159]." {B}

2. Caderno 25

(1934)

Às margens da história
(história dos grupos sociais subalternos)

§ 1. *Davide Lazzaretti*. Num artigo publicado pela *Fiera Letteraria* de 26 de agosto de 1928, Domenico Bulferetti recorda alguns elementos da vida e da formação cultural de Davide Lazzaretti [1]. Bibliografia: Andrea Verga, *Davide Lazzaretti e la pazzia sensoria* (Milão, Rechiedei, 1880); Cesare Lombroso, *Pazzi e anormali* (este era o costume cultural do tempo: em vez de estudar as origens de um acontecimento coletivo, e as razões de sua difusão, de seu ser coletivo, isolava-se o protagonista e só se fazia sua biografia patológica, muito frequentemente partindo de motivos não comprovados ou passíveis de interpretação diferente: para uma elite social, os elementos dos grupos subalternos têm sempre algo bárbaro ou patológico) [2]. Uma *Storia di Davide Lazzaretti, Profeta di Arcidosso* foi publicada em Siena, em 1905, por um dos mais destacados discípulos de Lazzaretti, o ex-frade oratoriano Filippo Imperiuzzi: outros textos apologéticos existem, mas este é o mais notável, segundo Bulferetti. Mas a obra "fundamental" sobre Lazzaretti é a de Giacomo Barzellotti, que na 1ª e na 2ª edições (pela Ed. Zanichelli) se intitulava *Davide Lazzaretti* e que foi ampliada e, em parte, modificada nas edições seguintes (Treves), com o título *Monte Amiata e il suo Profeta* [3]. Segundo Bulferetti, a opinião de Barzellotti, pela qual as causas do movimento lazzarettista são "inteiramente particulares e devidas apenas ao estado de espírito e de cultura daquela gente", deriva, "em parte, do amor natural aos belos lugares nativos (!) e, em parte, da sugestão das teorias de Hippolyte Taine". É mais simples pensar, porém, que o livro de Barzellotti, que serviu para formar a opinião pública sobre Lazzaretti, seja só uma manifestação de patriotismo literário (como se diz, por amor à pátria!), que levava a tentar esconder as causas do mal-estar geral que existia na Itália depois de 1870, dando, para cada episódio de explosão deste mal-estar, explicações restritivas, individuais, folclóricas, patológicas, etc. A mesma coisa aconteceu, em escala maior, com o *brigantaggio* meridional e das ilhas.

Os políticos não se preocuparam com o fato de que o assassinato de Lazzaretti foi de uma crueldade feroz e friamente premeditada (na realidade, Lazzaretti foi fuzilado e não morto em combate: seria interessante conhecer as instruções reservadas enviadas pelo governo às autoridades): nem sequer os republicanos se preocuparam com o fato (investigar e verificar), apesar de Lazzaretti ter sido morto aclamando a república (o caráter tendencialmente republicano do movimento, que era capaz de se difundir entre os camponeses, deve ter contribuído especialmente para determinar a vontade do governo de exterminar seu protagonista), talvez pela razão de que, no movimento, a tendência republicana estava bizarramente misturada ao elemento religioso e profético. Mas esta confusão é que representa a característica principal do acontecimento, porque demonstra sua popularidade e espontaneidade. Deve-se considerar, além disto, que o movimento lazzarettista esteve ligado ao *non expedit* do Vaticano e mostrou ao governo a tendência subversivo-popular-elementar que podia nascer entre os camponeses, em decorrência do abstencionismo político clerical e do fato de que as massas rurais, na ausência de partidos regulares, buscavam dirigentes locais que emergissem da própria massa, misturando a religião e o fanatismo ao conjunto de reivindicações que, de forma elementar, fermentavam no campo. Outro elemento político a ter presente é este: há dois anos, as esquerdas tinham chegado ao governo, cujo advento suscitara no povo um fervilhar de esperanças e de expectativas que seriam frustradas. O fato de que as esquerdas estivessem no governo também pode explicar a falta de entusiasmo em sustentar uma luta por causa do assassinato de um homem que podia ser apresentado como um reacionário, papista, clerical, etc.

Observa Bulferetti que Barzellotti não investigou a formação da cultura de Lazzaretti, apesar de se referir a ela. Se investigasse, veria que, também no Monte Amiata, então chegavam em grande quantidade

(!? — mas como Bulferetti sabe disto? De resto, para quem conhece a vida dos camponeses, especialmente do passado, a "grande quantidade" não é necessária para explicar a extensão e a profundidade de um movimento) folhetos, opúsculos e livros populares impressos em Milão. Lazzareti era um leitor insaciável deles e, graças a seu ofício de carroceiro, tinha facilidade de obtê-los. Davide nascera em Arcidosso, em 6 de novembro de 1834, e exercera o ofício paterno até 1868, quando, blasfemador, se converteu e se retirou para fazer penitência numa gruta de Sabina, na qual "viu" a sombra de um guerreiro que lhe "revelou" ser o ancestral de sua família, Manfredo Pallavicino, filho ilegítimo de um rei da França, etc. Um estudioso dinamarquês, o doutor Emilio Rasmussen, descobriu que Manfredo Pallavicino é o protagonista de um romance histórico de Giuseppe Rovani, intitulado exatamente *Manfredo Pallavicino* [4]. O enredo e as aventuras do romance se passaram exatamente como na "revelação" da gruta e, a partir desta revelação, inicia-se a propaganda religiosa de Lazzaretti. Barzellotti, porém, acreditara que Lazzaretti tivesse sido influenciado pelas lendas do século XIV (as aventuras do rei Giannino, de Siena), e a descoberta de Rasmussen só o levou a introduzir, na última edição de seu livro, uma vaga menção às leituras de Lazzaretti, sem, no entanto, citar Rasmussen e deixando intacta a parte do livro dedicada ao rei Giannino. Mas Barzellotti estuda o desenvolvimento subsequente do espírito de Lazzaretti, suas viagens à França e a influência que sobre ele teve o padre milanês Onorio Taramelli, "homem de fino engenho e ampla cultura", que, por haver escrito contra a monarquia, fora detido em Milão e em seguida fugira para a França. De Taramelli Davide recebeu o impulso republicano. A bandeira de Davide era vermelha, com o lema: "A República e o reino de Deus". Na procissão de 18 de agosto de 1878, em que Davide foi assassinado, ele perguntou a seus fiéis se queriam a república. Ao "sim" fragoroso ele respondeu: "A república começa a partir de hoje no mundo: mas não será aquela de 1848: será o reino de Deus, a Lei do Direito que sucede à da Graça." Na resposta de Davide, existem alguns elementos interessantes que devem estar ligados a suas reminiscências das palavras de Taramelli: sua vontade de se diferenciar de 1848, que, na Toscana, não deixara boas recordações entre os camponeses, a distinção entre Direito e Graça.

O drama de Lazzaretti deve ser relacionado com as "façanhas" dos chamados bandos de Benevento, que são quase da mesma época: os padres e os camponeses envolvidos no processo de Malatesta pensavam de modo muito semelhante aos lazzarettistas, como se depreende dos autos judiciários (cf., por exemplo, o livro de Nitti, *Socialismo Cattolico*, no qual precisamente se mencionam os bandos de Benevento: ver se menciona Lazzaretti) [5]. De qualquer modo, até agora o drama de Lazzaretti foi visto apenas do ponto de vista do impressionismo literário, embora merecesse uma análise político-histórica.

Giuseppe Fatini, na *Illustrazione Toscana* (cf. o *Marzocco* de 31 de janeiro de 1932), chama a atenção para as atuais sobrevivências do lazzarettismo. Acreditava-se que, depois da execução de Davide por parte dos carabineiros, todo e qualquer traço de lazzarettismo tivesse para sempre se dispersado, inclusive nas encostas do Amiata, em Grosseto. No entanto, os lazzarettistas ou cristãos *jurisdavídicos*, como gostam de se chamar, continuam a existir: agrupados em sua maior parte no vilarejo de Zancona, em Arcidosso, com alguns prosélitos espalhados nas povoações adjacentes, extraíram da guerra mundial novo alimento para se juntarem cada vez mais em torno da memória de Lazzaretti, que, segundo os seguidores, havia previsto tudo, desde a guerra mundial até Caporetto, desde a vitória do povo latino até o nascimento da Sociedade das Nações. De quando em quando, aqueles fiéis ressurgem fora de seu pequeno círculo com opúsculos de propaganda, endereçando-os aos "irmãos do povo latino", e neles recolhem alguns dos tantos escritos, poéticos inclusive, deixados inéditos pelo mestre e que os seguidores conservam com zelo.

Mas o que querem os cristãos *jurisdavídicos*? Para quem não foi ainda tocado pela graça de poder penetrar no segredo da linguagem dos santos, não é fácil compreender a substância de sua doutrina. Trata-se de uma mistura de doutrinas religiosas de outras épocas com uma boa dose de máximas socialistoides e referências genéricas à redenção moral do homem, redenção que só poderá se concretizar com a plena renovação do espírito e da hierarquia da Igreja Católica. O artigo XXIV, no fim do "Símbolo do Espírito Santo", que constitui uma espécie de "Credo" dos lazzarettistas, declara que "Davide Lazzaretti, nosso fundador, ungido pelo Senhor, julgado e condenado pela Cúria Romana, é realmente o Cristo Guia e Juiz, na figura verdadeira e viva do segundo advento de Nosso Senhor Jesus Cristo ao mundo, como filho do homem vindo para completar a ampla redenção de todo o gênero humano, em virtude da terceira lei divina do Direito e Reforma Geral do Espírito Santo, a qual deve reunir todos os homens sob a fé de Cristo no seio da Igreja Católica, num só ponto e numa só lei, em confirmação das divinas promessas". Pareceu por um momento, no pós-guerra, que os lazzarettistas se encaminhavam "por uma via perigosa", mas souberam recuar a tempo e aderiram plenamente aos vencedores. Não certamente por suas divergências com a Igreja Católica — a seita da "idolatria papal" —, mas pela tenacidade com que defendem o mestre e a reforma, Fatini considera digno de atenção e de estudo o fenômeno religioso do Amiata.

§ 2. *Critérios metodológicos.* A história dos grupos sociais subalternos é necessariamente desagregada e episódica. É indubitável que, na atividade histórica destes grupos, existe tendência à unificação, ainda que em termos provisórios, mas esta tendência é continuamente rompida pela iniciativa dos grupos dominantes e, portanto, só pode ser demonstrada com o ciclo histórico encerrado, se este se encerra com sucesso. Os grupos subalternos sofrem sempre a iniciativa dos grupos dominantes, mesmo quando se rebelam e insurgem: só a vitória "permanente" rompe, e não imediatamente, a subordinação. Na realidade, mesmo quando parecem vitoriosos, os grupos subalternos estão apenas em estado de defesa, sob alerta (pode-se demonstrar esta verdade com a história da Revolução Francesa, pelo menos até 1830). Por isto, todo traço de iniciativa autônoma por parte dos grupos subalternos deve ser de valor inestimável para o historiador integral; daí decorre que uma tal história só pode ser tratada através de monografias e que cada monografia demanda um acúmulo muito grande de materiais frequentemente difíceis de recolher.

§ 3. Adriano Tilgher, *Homo faber. Storia del concetto del lavoro nella civiltà occidentale*, Roma, Libreria di Scienze e Lettere, 1929, 15 liras [6].

§ 4. *Algumas notas gerais sobre o desenvolvimento histórico dos grupos sociais subalternos na Idade Média e em Roma.* No ensaio de Ettore Ciccotti, "Elementi di 'verità' e di 'certezza' nella tradizione storica romana" (recolhido no volume *Confronti storici*), existem algumas referências ao desenvolvimento histórico das classes populares nas Comunas italianas, especialmente dignas de atenção e de exame à parte [7]. As guerras recíprocas entre as Comunas e, portanto, a necessidade de recrutar uma força militar mais vigorosa e abundante, levando a armar muita gente, davam consciência de sua força aos homens do povo e, ao mesmo tempo, consolidavam suas fileiras (ou seja, funcionaram como estímulos para a formação compacta e solidária de grupo e de partido). Os combatentes permaneciam unidos até mesmo na paz, seja para a prestação de serviços, seja, posteriormente, com crescente solidariedade, para a obtenção de seus próprios fins. Surgem os estatutos das "Sociedades de Armas", que se constituíram em Bolonha, como parece, por volta de 1230, e emerge o caráter de sua união e seu modo de constituição. Pela metade do século XIII, as sociedades já eram 24, distribuídas segundo a área da cidade onde os componentes habitavam. Além de sua função política de defesa externa da Comuna, tinham o fim de assegurar a cada homem do povo a proteção necessária contra as agressões dos nobres e dos poderosos. Os capítulos de seus estatutos — por exemplo, da Sociedade dita dos Leões — têm títulos como: "Da ajuda a ser dada aos homens de dita sociedade [...]"; "O que os injustamente molestados devem fazer para ser ajudados pelos homens de dita sociedade [8]." E se acrescentavam às obrigações civis e sociais, além do juramento, uma exigência religiosa, com a assistência comum à missa e a celebração de ofícios divinos, ao mesmo tempo que outras obrigações comuns, como as de socorrer os membros pobres, sepultar os mortos, etc., próprias das pias congregações, tornavam a união cada vez mais duradoura e estreita. Pelas funções mesmas das sociedades, formaram-se em seguida cargos e conselhos — em Bolonha, por exemplo, quatro ou oito *ministeriales*, constituídos segundo as disposições da Sociedade das Artes ou segundo as disposições mais antigas da Comuna —, que, com o tempo, passaram a valer além do âmbito das sociedades e encontraram lugar na estrutura da Comuna.

Originalmente, os *milites* entram nestas sociedades em pé de igualdade com os *pedites*, nobres e homens do povo, ainda que em menor número. Mas progressivamente os *milites*, os nobres, tendem a se afastar, como em Siena, ou, segundo as circunstâncias, podem ser expulsos, como em 1270, em Bolonha. E, à medida que o movimento de emancipação se firma, ultrapassando também os limites e a forma destas sociedades, o elemento popular postula e obtém a participação nas funções públicas mais relevantes. O povo se constitui cada vez mais em verdadeiro partido político e, para dar mais eficiência e centralização a sua ação, atribui-se um chefe, o "capitão do povo", instância que, parece, Siena tomou de empréstimo a Pisa e que, tanto no nome quanto na função, revela ao mesmo tempo origens e funções militares e políticas. O povo, que, várias vezes mas esporadicamente, já se armara, reunira, organizara e tomara deliberações distintas, se constitui como uma instância à parte, que também se dá leis próprias. Sino próprio para suas convocações, "em dissonância com a convocação da Comuna" [9]. Entra em conflito com o podestade, a quem contesta o direito de fazer proclamações públicas e com o qual o Capitão do Povo estipula "a paz". Quando o povo não consegue das autoridades comunais as reformas pretendidas, faz a secessão com o apoio de homens eminentes da Comuna e, constituído em assembleia independente, começa a criar magistraturas próprias à imagem das magistraturas gerais da Comuna, a atribuir uma jurisdição ao Capitão do Povo e a deliberar por autoridade própria, dando início (a partir de 1255) a toda uma obra legislativa. (Estes dados são da Comuna de Siena.) O povo consegue, primeiro praticamente e depois também formalmente, introduzir nos estatutos gerais das Comunas disposições que, antes, só se aplicavam aos membros do "Povo" e eram de uso interno. O povo chega, em seguida, a dominar a Comuna, submetendo a classe dominante precedente, como em Siena depois de 1270, em Bolonha com as Ordenações "Sagradas" e "Sagradíssimas", em Florença com as "Ordenações de Justiça". (Em Siena, Provenzan Salvani é um nobre que se apresenta como líder do povo.)

A maior parte dos problemas de história romana que Ciccotti aponta no estudo já citado (à parte a averiguação de episódios "pessoais", como o de Tanaquilla, etc.) se referem a eventos e instituições dos grupos sociais subalternos (tribuno da plebe, etc.) [10]. Por isto, o método da "analogia" afirmado e teorizado por Ciccotti pode dar alguns resultados "indiciários", porque, dada a falta de autonomia dos grupos subalternos, suas iniciativas "defensivas" estão submetidas a leis próprias de necessidade, mais simples, mais limitadas e politicamente mais restritivas do que as leis de necessidade histórica que dirigem e condicionam as iniciativas das classes dominantes. Com frequência, os grupos subalternos são originalmente de outra raça (outra cultura e outra religião) em relação aos dominantes e, muitas vezes, são uma mistura de raças diversas, como no caso dos escravos. A questão da importância das mulheres na história romana é semelhante à dos grupos subalternos, mas até certo ponto; só num certo sentido o "machismo" pode ser comparado a uma dominação de classe e, portanto, tem mais importância para a história dos costumes do que para a história política e social.

É preciso levar em conta um outro critério de investigação para tornar evidentes os perigos inerentes ao método da analogia histórica como critério de interpretação: no Estado antigo e no medieval, a centralização, seja político-territorial, seja social (de resto, uma é tão somente função da outra), era mínima. Num certo sentido, o Estado era um bloco mecânico de grupos sociais e, muitas vezes, de raças diversas: dentro do círculo da pressão político-militar, que se exercia em forma aguda só em certos momentos, os grupos subalternos tinham uma vida própria, à parte, instituições próprias, etc., e estas instituições, às vezes, tinham funções estatais, que faziam do Estado uma federação de grupos sociais com funções diversas não subordinadas, fato que, nos períodos de crise, dava uma evidência extrema ao fenômeno do "duplo governo". O único grupo excluído de qualquer vida própria coletiva organizada era o dos escravos (e dos proletários não escravos), no mundo clássico, e o dos proletários, dos servos da gleba e dos colonos, no mundo medieval. Todavia, embora sob muitos aspectos escravos antigos e proletários medievais se encontrassem nas mesmas condições, sua situação não era idêntica: a tentativa dos cardadores de lã, em Florença, certamente não produziu o impacto que teria produzido uma tentativa semelhante dos escravos antigos (Espártaco postulando admissão ao governo em colaboração com a plebe, etc.) [11]. Enquanto, na Idade Média, era possível uma aliança entre proletários e povo, e, mais ainda, o apoio dos proletários à ditadura de um príncipe, nada semelhante no mundo clássico para os escravos. O Estado moderno substitui o bloco mecânico dos grupos sociais por uma subordinação destes à hegemonia ativa do grupo dirigente e dominante; portanto, abole algumas autonomias, que, no entanto, renascem sob outra forma, como partidos, sindicatos, associações de cultura. As ditaduras contemporâneas abolem legalmente até mesmo estas novas formas de autonomia e se esforçam por incorporá-las à atividade estatal: a centralização legal de toda a vida nacional nas mãos do grupo dominante se torna "totalitária".

§ 5. *Critérios de método.* A unidade histórica das classes dirigentes acontece no Estado e a história delas é, essencialmente, a história dos Estados e dos grupos de Estados. Mas não se deve acreditar que tal unidade seja puramente jurídica e política, ainda que também esta forma de unidade tenha sua importância, e não somente formal: a unidade histórica fundamental, por seu caráter concreto, é o resultado das relações orgânicas entre Estado ou sociedade política e "sociedade civil". As classes subalternas, por definição, não são unificadas e não podem se unificar enquanto não puderem se tornar "Estado": sua história, portanto, está entrelaçada à da sociedade civil, é uma função "desagregada" e descontínua da história da sociedade civil e, por este caminho, da história dos Estados ou grupos de Estados. Portanto, deve-se estudar: 1) a formação objetiva dos grupos sociais subalternos, através do desenvolvimento e das transformações que se verificam no mundo da produção econômica, assim como sua difusão quantitativa e sua origem a partir de grupos sociais preexistentes, cuja mentalidade, ideologia e fins conservam por um certo tempo; 2) sua adesão ativa ou passiva às formações políticas dominantes, as tentativas de influir sobre os programas destas formações para impor reivindicações próprias e as consequências que tais tentativas têm na determinação de processos de decomposição e de renovamento ou de nova formação; 3) o nascimento de novos partidos dos grupos dominantes, para manter o consenso e o controle dos grupos sociais subalternos; 4) as formações próprias dos grupos subalternos para reivindicações de caráter restrito e parcial; 5) as novas formações que afirmam a autonomia dos grupos subalternos, mas nos velhos quadros; 6) as formações que afirmam a autonomia integral, etc.

A lista destas fases pode ser ainda mais definida com fases intermediárias ou com combinações de várias fases. O historiador deve observar e justificar a linha de desenvolvimento para a autonomia integral a partir das fases mais primitivas, deve observar cada manifestação do soreliano "espírito de cisão". Por isto, também a história dos partidos dos grupos subalternos é muito complexa, uma vez que deve incluir todas as repercussões das atividades de partido em toda a área dos grupos subalternos em seu conjunto e nos comportamentos dos grupos dominantes, e deve incluir as repercussões das atividades — bem mais eficazes, porque sustentadas pelo Estado — dos grupos dominantes sobre os subalternos e seus partidos. Entre os grupos subalternos, um exercerá ou tenderá a exercer uma certa hegemonia através de um partido, e é preciso estabelecer isto, estudando também o desenvolvimento de todos os outros partidos, por incluírem elementos do grupo hegemônico ou dos outros grupos subalternos que sofrem tal hegemonia. Podem-se construir muitos cânones de investigação histórica a partir do exame das forças inovadoras italianas que guiaram o *Risorgimento* nacional: estas forças tomaram o poder, unificaram-se no Estado moderno italiano, lutando contra determinadas outras forças e ajudadas por determinados auxiliares ou aliados; para se tornarem Estado, deviam subordinar a si ou eliminar as primeiras e ter o consenso ativo ou passivo das outras. Portanto, o estudo do desenvolvimento destas forças inovadoras, de grupos subalternos a grupos dirigentes e dominantes, deve investigar e identificar as fases através das quais elas adquiriram a autonomia em relação aos inimigos a abater e a adesão dos grupos que as ajudaram ativa ou passivamente, uma vez que todo este processo era necessário historicamente para se unificarem em Estado. O grau de consciência histórico-política a que estas forças inovadoras chegaram progressivamente, nas várias fases, se mede exatamente com estes dois parâmetros, e não apenas com aquele de sua separação das forças anteriormente dominantes. Habitualmente se recorre só a este critério e se tem assim uma história unilateral ou, às vezes, não se compreende nada, como no caso da história da península a partir da Era das Comunas. A burguesia italiana não soube unificar em torno de si o povo, e esta foi a causa de suas derrotas e das interrupções de seu desenvolvimento. Também no *Risorgimento*, tal egoísmo estreito impediu uma revolução rápida e vigorosa como a francesa. Eis uma das questões mais importantes e uma das causas de dificuldades mais graves para fazer a história dos grupos sociais subalternos e, portanto, a história pura e simples (passada) dos Estados.

§ 6. *Os escravos em Roma.* 1) Uma observação casual de César (*Bello Gallico*, I, 40, 5) revela o fato de que o núcleo dos escravos que se revoltaram com Espártaco era constituído pelos prisioneiros de guerra cimbros: estes revoltosos foram aniquilados (cf. Tenney Frank, *Storia economica di Roma*, trad. italiana, Ed. Vallecchi, p. 153). Neste mesmo capítulo do livro de Frank, devem-se ver as observações e as conjecturas sobre a variada sorte das várias nacionalidades de escravos e sobre sua sobrevivência provável, uma vez que não foram destruídos: ou se assimilaram à população nativa ou a substituíram diretamente.

2) Em Roma, os escravos não podiam ser reconhecidos exteriormente como tais. Quando, certa feita, um senador propôs que se desse aos escravos uma roupa que os distinguisse, o Senado foi contrário à medida por temor de que eles se tornassem perigosos, ao se darem conta de seu grande número (cf. Sêneca, *De Clem.*, I, 24, e Tácito, *Annali*, 4, 27). Neste episódio, estão contidas as razões político-psicológicas que determinam uma série de manifestações públicas: as procissões religiosas, as passeatas, as assembleias populares, as paradas de todo tipo e também, em parte, as eleições (a participação nas eleições de alguns grupos) e os plebiscitos.

§ 7. *Fontes indiretas. As "utopias" e os chamados "romances filosóficos"*. Foram estudados para a história do desenvolvimento da crítica política, mas um dos aspectos mais interessantes a ver é que eles refletiam, inconscientemente, as aspirações mais elementares e profundas dos grupos sociais subalternos, inclusive os mais baixos, ainda que através do cérebro de intelectuais dominados por outras preocupações [12]. Este gênero de publicação é ilimitado, se também se consideram livros que não têm nenhuma importância literária e artística, isto é, se se parte do ponto de vista de que se trata de um fenômeno social. Por isto, aparece o primeiro problema: a publicação em massa (relativa) de tal literatura coincide com determinados períodos históricos, com os sintomas de profundas perturbações político-sociais? Pode-se dizer que ela é como um conjunto de *cahiers de doléance* indeterminados e genéricos, e de um tipo particular? Mas deve-se também observar que uma parte desta literatura expressa os interesses dos grupos dominantes ou apeados do poder e tem caráter retrógrado e reacionário. Seria interessante elaborar uma relação destes livros, "utopias" propriamente ditas, romances chamados filosóficos, livros que atribuem a países longínquos e pouco conhecidos, mas existentes, determinados costumes e instituições que se querem contrapor aos do próprio país. A *Utopia*, de T. Morus, a *Nova Atlântida*, de Bacon, a *Ilha dos prazeres* e *Salento*, de Fénelon (mas também *Telêmaco*), as *Viagens de Gulliver*, de Swift, etc. De caráter reacionário, na Itália, devem-se recordar os textos incompletos de Federico De Roberto e de Vittorio Imbriani (*Naufragazia*, fragmento de romance inédito, com uma introdução de Gino Doria, na *Nuova Antologia* de 1º de agosto de 1934) [13].

2) Num artigo de Giuseppe Gabrieli, "Federico Cesi linceo", na *Nuova Antologia* de 1º de agosto de 1930, afirma-se um nexo histórico-ideológico entre a Contrarreforma (que, segundo Gabrieli, contrapôs ao individualismo, acirrado pelo Humanismo e liberado pelo Protestantismo, o espírito romano (!) de colegialidade, de disciplina, de corporação, de hierarquia, para a reconstrução (!) da sociedade), as Academias (como a dos *Lincei*, iniciada por Cesi, isto é, o trabalho colegiado dos cientistas, de tipo bem diferente dos centros universitários, que permaneceram medievais nos métodos e nas formas) e as ideias e as audácias das grandes teorias, das reformas regeneradoras e das reconstruções utópicas da convivência humana (*Cidade do Sol*, *Nova Atlântida*, etc.) [14].

Neste nexo há muito de enganoso, de unilateral, de mecânico e de superficial. Pode-se argumentar, com mais razão, que as utopias mais famosas nasceram nos países protestantes e que, mesmo nos países da Contrarreforma, as utopias são, sobretudo, uma manifestação, a única possível e sob certas formas, do espírito "moderno" essencialmente contrário à Contrarreforma (toda a obra de Campanella é um documento deste trabalho "traiçoeiro" de solapar internamente a Contrarreforma, a qual, de resto, como todas as restaurações, não foi um bloco homogêneo, mas uma combinação substancial, se não formal, entre o velho e o novo). As utopias se deveram a determinados intelectuais que formalmente retomam o racionalismo socrático da *República* de Platão e substancialmente refletem, muito deformadas, as condições de instabilidade e de rebelião latente das grandes massas populares da época; no fundo, são manifestos políticos de intelectuais, que querem alcançar o Estado ideal. Além disso, é preciso considerar as descobertas científicas do tempo e o racionalismo cientificista, que teve suas primeiras manifestações justamente no período da Contrarreforma. Também *O príncipe*, de Maquiavel, foi a seu modo uma utopia (cf., a propósito, algumas notas em outro caderno) [15]. Pode-se dizer que precisamente o Humanismo, ou seja, um certo individualismo, foi o terreno propício para o nascimento das utopias e das construções político-filosóficas: a Igreja, com a Contrarreforma, se afastou definitivamente da massa dos "humildes", para servir aos "poderosos"; determinados intelectuais tentaram encontrar, através das utopias, uma solução para uma série de problemas vitais dos humildes, ou seja, tentaram um nexo entre intelectuais e povo; portanto, eles devem ser considerados como os primeiros precursores históricos dos jacobinos e da Revolução Francesa, isto é, do evento que pôs fim à Contrarreforma e difundiu a heresia liberal, muito mais eficaz contra a Igreja do que a protestante.

3) Artigo de Ezio Chiòrboli, na *Nuova Antologia* de 1º de maio de 1928, sobre Anton Francesco Doni: interessante perfil deste publicista, popularíssimo em seu tempo, no século XVI, espirituoso, cáustico, de temperamento moderno [16]. Doni se ocupou de infinitos problemas de todo tipo, prenunciando muitas inovações científicas. De inclinações que hoje se diriam materialistas (vulgares): dois séculos antes de Camper (Petrus, holandês, 1722-1789), alude à importância do ângulo facial e aos sinais específicos da delinquência; dois séculos e meio antes de Lavater (Johann Kaspar, suíço, nascido em Zurique, 1741-1801) e de Gall (Franz Josef, alemão, 1758-1828), falou das funções do intelecto e das respectivas partes do cérebro. Escreveu uma utopia, *Mondo pazzo o savio* — "imaginosa reconstrução social que se tinge de muitas tonalidades e ânsias em que se abrasou o socialismo de nossos dias" —, que talvez tenha extraído da *Utopia*, de Morus. Conheceu o livro de Morus e o publicou, ele próprio, na versão popular de Lando. "Mas não se trata da mesma imaginação, assim como não é a mesma de Platão, na *República*, nem a de qualquer outro autor, obscuro ou

desconhecido; porque ele a executou, a transformou, a refundiu a seu bel-prazer, de sorte que deu vida a uma outra, sua, inteiramente sua, pela qual é capturado de tal modo que, seja nos *Marmi*, seja, gradualmente, em várias obras e opúsculos, aparece ora neste ou naquele particular, neste ou naquele sentimento." Para a bibliografia de Doni, cf. a edição dos *Marmi* organizada por Chiòrboli na coleção "Scrittori d'Italia", da Ed. Laterza, e a antologia de Doni publicada em "Le più belle pagine", da Ed. Treves.

4) *A tempestade*, de Shakespeare (a oposição de Calibã e Próspero, etc.; caráter utópico dos discursos de Gonzalo). Cf. Achille Loria, "Pensieri e soggetti economici in Shakespeare", na *Nuova Antologia* de 1º de agosto de 1928, que pode ser utilizado como primeira seleção das páginas shakespearianas de caráter político-social e como documento indireto do modo de pensar do homem do povo da época. A propósito de *A tempestade*, devem-se ver *Caliban* e *Eau de Jouvence*, de Renan.

§ 8. *Cientificismo e sequelas do baixo romantismo.* Deve-se ver a tendência da sociologia de esquerda, na Itália, para ocupar-se intensamente do problema da criminalidade. Estaria ligada ao fato de que à tendência de esquerda aderiram Lombroso e muitos de seus mais "brilhantes" seguidores, que então pareciam a suprema expressão da ciência e que influíam, com todas as suas deformações profissionais e seus problemas específicos? Ou se trata de uma sequela do baixo romantismo de 1848 (Sue e suas elucubrações de direito penal romanceado) [17]? Ou estaria ligada ao fato de que, na Itália, impressionava a certos grupos intelectuais a grande quantidade de crimes de sangue, e eles pensavam que não podiam ir adiante sem ter explicado "cientificamente" (isto é, naturalisticamente) este fenômeno de barbárie?

3. Dos cadernos miscelâneos

CADERNO 1 (1929-1930)

§ 50. *Um documento da Amma sobre a questão Norte-Sul.* Publicado pelos jornais turinenses de setembro de 1920. É uma circular da *Amma*, acho que de 1916, na qual se ordena às indústrias filiadas não admitirem operários que tenham nascido de Florença para baixo [1].

Cf. a política seguida por Agnelli-Gualino, especialmente em 1925-1926, de chamar a Turim cerca de 25 mil sicilianos para empregar na indústria: casas-casernas, disciplina interna, etc. [2] Fracasso da emigração e multiplicação dos delitos cometidos nas áreas rurais vizinhas por estes sicilianos, que fugiam das fábricas: notícias de destaque nos jornais, que certamente não atenuaram a crença de que os sicilianos são bandidos.

A questão específica Piemonte-Sicília está ligada à intervenção das tropas piemontesas na Sicília contra o chamado *brigantaggio*, de 1860 a 1870. Os soldados piemonteses trouxeram de volta a seus vilarejos a convicção da barbárie siciliana e, inversamente, os sicilianos se persuadiram da ferocidade piemontesa. A literatura de entretenimento (mas também a literatura militar) contribuiu para reforçar estes estados de espírito (cf. a novela de De Amicis sobre o soldado cuja língua foi decepada pelos bandidos); na literatura siciliana, há mais equidade, porque também se descreve a ferocidade siciliana (uma novela de Pirandello: os bandidos que jogam bocha com crânios). Lembrar o livro, me parece, de um certo D'Adamo (cf. *Unità*, na época da guerra líbia), no qual se diz que sicilianos e piemonteses devem fazer a paz, porque a ferocidade de uns equivale à dos outros [3].

A propósito da literatura de entretenimento sobre Norte-Sul, recordar *Caccia grossa*, de Giulio Bechi: *caccia grossa* quer dizer "caçada humana". Giulio Bechi passou alguns meses na prisão; mas não por ter operado na Sardenha como em terra de conquista, mas por ter se metido numa situação em que senhores sardos o desafiaram para um duelo; o desafio dos sardos, de resto, foi lançado não por Bechi fazer da Sardenha uma selva, mas por escrever que as mulheres sardas não eram bonitas.

Recordar um pequeno livro de memórias de um oficial lígure (impresso numa cidadezinha lígure, Oneglia ou Porto Maurizio), que esteve na Sardenha durante os acontecimentos de 1906, no qual os sardos são chamados de "macacos" ou coisa semelhante e se fala do "instinto da espécie", que agita o autor na presença das mulheres.

§ 57. *Reação do Norte aos preconceitos antimeridionais.* 1º Episódio de 1914 em Turim: proposta de candidatura a Salvemini: a cidade do Norte elegeria o deputado em nome do campo meridional. Salvemini recusa, mas participa na eleição como orador. 2º Episódio *Giovane Sardegna* de 1919, com os fatos anexos e conexos. 3ª Brigada Sassari, em 1917 e 1919. 4ª Cooperativa Agnelli em 1920 (seu significado "moral" depois de setembro; motivação da recusa). 5º Episódio de 1921, em Reggio Emilia (Zibordi evita falar sobre isto em seu pequeno livro sobre Prampolini) [4].

São estes fatos que surpreenderam Gobetti e, portanto, provocaram a atmosfera do livro de Dorso. (B.S.: cordeiros e coelhos. Minas-Ferrovias [5].)

§ 58. *Emigração e movimentos intelectuais.* Função da emigração de provocar novas correntes e novos grupos intelectuais. Emigração e Líbia. Discurso de Ferri na Câmara em 1911, depois de seu retorno da América (a luta de classes não explica a emigração). Passagem de um grupo de sindicalistas para o Partido Nacionalista. Conceito de nação proletária em Enrico Corradini. Discurso de Pascoli, "La grande proletaria si è mossa". Sindicalistas nacionalistas de origem meridional: Forges Davanzati-Maraviglia [6]. Em geral, muitos sindicalistas intelectuais de origem meridional. Sua passagem episódica pelas cidades industriais (como ciclones): seu êxito mais duradouro nas regiões agrícolas, da região de Novara ao Vale do Pó e à Púglia. Movimentos agrários no decênio 1900-1910. A estatística registra, naquele período, um aumento de 50% dos assalariados agrícolas, em detrimento especialmente da categoria dos trabalhadores fixos em condição servil (estatística de 1911: cf. panorama fornecido pela *Riforma sociale*). No Vale do Pó, os reformistas mais inexpressivos sucedem os sindicalistas, menos em Parma e vários outros centros, em que o sindicalismo se une ao movimento republicano, formando a União do Trabalho após a cisão de 1914-1915. A passagem de tantos camponeses ao trabalho assalariado está ligada ao movimento da chamada "Democracia Cristã" (*L'Azione*, de Cacciaguerra, saía em Cesena) e ao modernismo: simpatia destes movimentos pelo sindicalismo [7].

Bolonha é o centro intelectual destes movimentos ideológicos ligados à população rural: o tipo original de jornal que *Il Resto del Carlino* sempre foi não se poderia explicar de outro modo (Missiroli-Sorel, etc.).

Oriani e as classes da Romanha: o romanholo como tipo original italiano (muitos tipos originais: Giulietti, etc.) de transição entre Norte e Sul [8].

§ 71. *O padre Gioacchino Ventura*. Livro de Anna Cristofoli, *Il pensiero religioso di Padre Gioacchino Ventura*, Milão, Soc. Ed. "Vita e Pensiero", 1927, in-8º, 158 p. Resenha na *Fiera Letteraria* de 15 de janeiro de 1928, de Guido Zadei, muito severa. Ventura, frade siciliano, teria sofrido a influência de Bonald, de Lamennais, de De Maistre. Zadei cita um volume de Rastoul, *Le Père Ventura*, Paris, 1906, in-16º, 189 p. (*Clero e intelectuais*.) (*A influência de Lamennais* [9].)

§ 103. Confederação Geral Fascista da Indústria Italiana, *Lo sviluppo dell'Industria Italiana*, Litografia del Genio Civile, Roma, 1929, 100 liras (78 tabelas policrômicas, que passam em revista a indústria italiana, de 1876 até 1928). Indispensável.

§ 125. *1919*. Artigos de *La Stampa* contra os técnicos de fábrica e publicação sensacionalista dos salários mais altos [10]. Seria preciso ver se, em Gênova, a imprensa dos armadores fez a mesma campanha contra o pessoal mais graduado, quando este iniciou a agitação e foi auxiliado pelas tripulações.

§ 126. *1922.* Artigos do Senador Raffaele Garofalo, alto magistrado da Corte de Cassação, na *Epoca*, de Roma, a propósito da dependência da magistratura em relação ao Poder Executivo e da justiça administrada por circulares. Mas é especialmente interessante a ordem de razões com que Garofalo sustentava a necessidade imediata de tornar a magistratura independente [11].

§ 138. *Risorgimento.* Se é verdade que a vida concreta dos Estados é fundamentalmente vida internacional, também é verdade que a vida dos Estados italianos até 1870, isto é, a "história italiana", é mais "história internacional" do que história "nacional".

§ 144. Auguste Boullier, *L'île de Sardaigne. Description, Histoire, Statistique, Moeurs, État social*, Paris, E. Dentu, 1865. Bouillier esteve na Sardenha quando se falava de sua cessão à França. Também escreveu um outro volume, *Le Dialecte et les Chants Populaires de la Sardaigne.* O livro não tem valor hoje. É interessante por alguns aspectos. Boullier tenta explicar as causas das dificuldades que se apresentaram na Sardenha contra o desaparecimento de restos feudais (bens coletivos, etc.), o que envaidecia os defensores do antigo regime. Naturalmente, Boullier, que se põe de um ponto de vista ideológico puro, nada compreende da questão. São lembrados, além disto, alguns elementos que compreendem as relações internacionais da Sardenha e sua importância no Mediterrâneo: por exemplo, a insistência de Nelson para que o governo inglês comprasse a Sardenha do rei (do Piemonte) mediante um foro de 500.000 esterlinos anuais. Segundo Nelson, a Sardenha é estrategicamente superior a Malta; além disto, poderia se tornar economicamente lucrativa sob uma gestão inglesa, enquanto Malta economicamente será sempre deficitária.

§ 149. *Norte e Sul.* A hegemonia do Norte teria sido "normal" e historicamente benéfica se o industrialismo tivesse tido a capacidade de ampliar seus quadros com um certo ritmo, para incorporar cada vez mais novas zonas econômicas assimiladas. Esta hegemonia seria, então, a expressão de uma luta entre o velho e o novo, entre o progresso e o atraso, entre o mais produtivo e o menos produtivo; ocorreria uma revolução econômica de caráter nacional (e de amplitude nacional), ainda que seu motor fosse temporária e funcionalmente regional. Todas as forças econômicas seriam estimuladas e à divisão se seguiria uma unidade superior. No entanto, não foi assim. A hegemonia se apresentou como permanente; a divisão se apresentou como uma condição histórica necessária por um tempo indeterminado e, portanto, aparentemente "perpétua" para a existência de uma indústria setentrional.

Emigração. Compara-se Itália e Alemanha. É verdade que o desenvolvimento industrial, num primeiro momento, provocou uma forte emigração na Alemanha, mas, num segundo momento, não só a extinguiu, mas reabsorveu uma parte dela e determinou uma notável imigração. Isto deve ser dito no caso de uma comparação puramente mecânica dos dois fenômenos emigratórios, o italiano e o alemão: se o confronto for aprofundado, então aparecerão outras diferenças essenciais. Na Alemanha, o industrialismo produziu, num primeiro momento, um excesso dos próprios "quadros industriais", e foram estes que emigraram, em condições econômicas bem determinadas: emigrou um certo capital humano já qualificado e dotado, junto com um certo estoque de capital financeiro. A emigração alemã era o reflexo de um certo excesso de energia ativa capitalista, que fecundava economias de outros países mais atrasados, ou do mesmo nível, mas carentes de homens e de quadros dirigentes. Na Itália, o fenômeno foi mais elementar e passivo e, o que é fundamental, não teve solução, mas continua até hoje. Embora praticamente a emigração tenha diminuído e mudado de qualidade, o que importa observar é que tal fato não é função de uma absorção das forças restantes em quadros industriais ampliados, com um padrão de vida nivelado ao dos países "normais". É um produto da crise mundial, isto é, da existência em todos os países industriais de exércitos de reserva nacionais superiores à normalidade econômica. Acabou a função italiana de produtora de reserva operária para todo o mundo, não porque a Itália tenha normalizado seu equilíbrio demográfico, mas porque o mundo todo perdeu o próprio equilíbrio.

Intelectuais e operários. Outra diferença fundamental é esta: a emigração alemã foi orgânica, isto é, ao lado da massa trabalhadora emigraram elementos organizativos industriais. Na Itália, emigrou apenas a massa trabalhadora, predominantemente ainda amorfa, seja industrialmente, seja intelectualmente. Os correspondentes elementos intelectuais também permaneceram amorfos, isto é, não modificados em absoluto pelo industrialismo e por sua civilização; produziu-se um formidável desemprego de intelectuais, que provocou toda uma série de fenômenos de corrupção e de decomposição política e moral, com reflexos econômicos não desprezíveis. O próprio aparelho estatal, em todas as suas manifestações, foi afetado, assumindo um caráter particular. Assim, os conflitos se envenenavam em vez de desaparecer, e cada uma destas manifestações contribuía para aprofundar os conflitos.

CADERNO 2 (1929-1933)

§ 1. Vittorio Giglio, *Milizie ed eserciti d'Italia*, in-8º, 404 p., ilustrado, 80 liras, Ed. Ceschina. (Desde a época romana às milícias comunais, ao Exército piemontês, à MVSN [12].) Investigar por que em 1848, no Piemonte, não existia nenhum chefe militar e foi necessário recorrer a um general polonês. Nos séculos XV-XVI e até mesmo depois, capitães muito bons (*condottieri,* etc.), desenvolvimento notável da tática e da estratégia, mas impossibilidade de criar Exército nacional, pela separação entre o povo e as classes altas.

§ 2. Italo Raulich, *Storia del Risorgimento politico dell'Italia*, Zanichelli, cinco volumes, vol. IV, março-novembro de 1848, 32 liras; vol. V, 1849, 36 liras.

§ 3. George Macaulay Trevelyan, *Daniele Manin e la rivoluzione veneziana del 48*. Com prefácio de P. Orsi, Zanichelli, 35 liras [13].

§ 4. Do relatório lido pelo engenheiro Giacinto Motta na Assembleia Ordinária da "Edison", de 27 de março de 1927: — A indústria da produção e distribuição de energia elétrica, no fim de 1926, assumiu firmemente a liderança na atividade industrial italiana. Segundo as estatísticas da Confederação Bancária, o capital das sociedades anônimas da indústria elétrica totalizava 6,26 bilhões de liras no final de 1926, enquanto o das indústrias mecânicas, metalúrgicas e afins, que vêm logo em seguida na estatística, totalizava 4,757 bilhões. Uma estatística mais completa da União Nacional das Indústrias Elétricas (Uniel), considerando os dados de 1.785 empresas privadas e 340 empresas públicas e considerando também os títulos propriamente ditos, estabelece o total de investimentos, em setembro de 1926, em 7,857 bilhões de liras, correspondentes a cerca de 2,65 bilhões de liras-ouro.

Faltam, contudo, as estatísticas das dívidas e só se pode saber que, enquanto em 1923-1924-1925, as companhias de eletricidade preferiam os aumentos de capital, desde fins de 1925 recorreram aos empréstimos, especialmente em dólar, numa cifra em torno de um bilhão de liras em papel-moeda; por isto, apesar de um incremento menor de capital, manteve-se o mesmo ritmo de expansão das instalações.

Produção e consumo de energia: cifras não confiáveis. Estatísticas oficiais de consumo para os anos 1923-1924-1925: de 6,488 a 7,049 e 7,355 bilhões kWh; mas contagem dupla das informações, logo inferior em cerca de 25%. Estatística da Uniel a partir de dados referentes, em grande parte, a 1925 e, em pequena parte, a 1926: 6,212 bilhões kWh. O grupo Edison representa 30% da atividade total.

Lucros: investimentos enormes, com modesto volume de negócios. Lucros anuais inferiores a 1/5 e 1/6 das somas que é preciso investir anualmente. Indústria sempre ávida de dinheiro, *contraindicada para empresas públicas*, as quais, quanto maior o ritmo de desenvolvimento, mais sofrem de penúria de meios. (*Condições de monopólio*. Recordar as questões parlamentares de Aldo Finzi [14].)

§ 5. Angiolo Gambaro, *Riforma religiosa nel Carteggio inedito di Raffaello Lambruschini*, 2 vols., G. B. Paravia, 1926 [15]. Obras recentes de estudiosos da preparação espiritual do *Risorgimento*: *Ruffini, Gentile, Anzilotti, Luzio*. Anotar a bibliografia a propósito. Lambruschini, ligado por relações pessoais a muitos protagonistas (liberais moderados) do *Risorgimento*, exercendo uma influência que Gambaro considera de primeira ordem, *até agora quase ignorada* (*pour cause*!). Gambaro acentua o tormento íntimo que a associação, no mesmo problema, de elementos políticos e religiosos suscitou naquela geração, numa parte da qual prevaleceu a visão política, noutra, a religiosa. Lambruschini, expressão principal deste segundo grupo. Gambaro apresenta um Lambruschini não saint-simoniano, não lamennaisiano, não jansenista, mas perfeitamente ortodoxo: seus acusadores, espíritos de má vontade ou incapazes de compreender. Concepção evangélica da religião, em que aflora o princípio da liberdade interior em harmonia com a autoridade. Antecedeu e superou com maior audácia e amplitude de pensamento o moderado reformismo de Rosmini e propôs-se sanear uma ordem quádrupla de flagelos, por ele mesmo assim resumidos (Gamb., vol. I, p. CXCIX): "1) multiplicar, pormenorizar, *materializar* o culto externo, e negligenciar o sentimento; 2) falsear o conceito moral e o conceito de nossas relações com Deus; 3) subjugar as consciências, anular a liberdade por abuso da autoridade sacerdotal; 4) substituir a fé razoável por uma credulidade estúpida." (Referências extraídas da *Nuova Antologia* de 16 de abril de 1927.)

(Nestas exumações não se considera devidamente, para avaliar a importância histórica e a influência destes "heróis" do *Risorgimento*, que a obra deles se reduziu quase completamente à correspondência privada e permaneceu clandestina.)

§ 6. *Artigo "Problemi finanziari", assinado por Verax (Tittoni), na "Nuova Antologia" de 1º de junho de 1927* [16]. Na *Nuova Antologia* de 1925 (16 de maio), Tittoni publicou um artigo, "I problemi finanziari dell'ora", no qual examinava os seguintes pontos: equilíbrio orçamentário; controle de gastos; harmonização do sistema tributário;

fúria gastadora e tributária das instâncias locais de governo; circulação monetária e seus problemas; deflação; estabilização; dívidas com os aliados; regime bancário; regulamentação das sociedades anônimas; defesa da poupança nacional.

Equilíbrio orçamentário obtido: as confusões, distorções e sobreposições do sistema tributário eliminadas com a reforma De Stefani; as dívidas com os aliados regularizadas por Volpi, que tomou providências para a rápida *liquidação da seção autônoma do Consórcio de Valores*, a unificação da emissão, a transferência das operações de câmbio para o Instituto do Câmbio, sob o controle do Banco da Itália, *a defesa da poupança nacional*: discurso de Pesaro sobre a política monetária [17].

Novos problemas, *atuais*: consolidação do equilíbrio orçamentário; freio às despesas crescentes; emprego saudável dos superávits orçamentários; condições da Tesouraria; necessidade de uma amortização gradual e contínua da dívida pública; os empréstimos externos e o melhoramento do câmbio; a defesa da reforma tributária contra novos desvios; eliminação de todo e qualquer fiscalismo inútil.

Encerrou-se o exercício 1925-1926 com um *superávit* no orçamento aprovado de 2,268 bilhões, reduzido com dois decretos reais a 468 milhões. Mas deve-se examinar o exercício 1925-1926, considerando: 1) as despesas adicionais sobrevindas durante o exercício; 2) as despesas ordenadas depois de encerrado o exercício, mas a ele atribuídas; 3) relações entre os resultados do orçamento aprovado e a conta de caixa; 4) as contas não incluídas no orçamento. Durante o exercício 1925-1926, ordenaram-se despesas adicionais, superiores àquelas previstas no orçamento, num total de 3,605 bilhões; e, fechado o exercício, com os dois decretos reais (mencionados), foram ordenadas novas despesas no valor de 1,8 bilhão, atribuídas ao próprio exercício mediante a inserção de um anexo no orçamento financeiro. Sem levar em conta o movimento de capitais e as despesas dos Correios e Telégrafos, que foram transferidas do orçamento geral para o orçamento especial da empresa autônoma, e subtraídos 247 milhões de economias realizadas durante o exercício, tem-se, malgrado a diminuição das despesas residuais da guerra, um aumento de despesa da ordem de 4,158 bilhões sobre os 17,217 bilhões estimados (aumento de 24%). Mas também as receitas, previstas em 17,394 bilhões, saltaram para 21,043 bilhões; por isso, superávit de 468 milhões.

É necessária uma discriminação mais rigorosa e completa das despesas, os resultados do exercício devem se distanciar o menos possível das previsões; de outro modo, o orçamento inicial se tornaria inútil, e isso por uma razão *psicológica* (!), uma vez que o anúncio de grandes superávits *incita à despesa*. Um ilustre economista, R. C. Adams, chegou a afirmar que prefere um orçamento apresentado com um pequeno déficit a outro apresentado com um superávit excessivo, porque o primeiro estimula a poupança e o segundo leva ao desperdício ("e à imposição de novos tributos, se, posteriormente, o superávit estiver em perigo no novo patamar de despesas" — A.G). Estes superávits baseiam-se em aumentos de receitas que não são necessariamente permanentes. O superávit de um orçamento aprovado pode não coincidir com uma caixa igualmente saudável. "*Por isso, a situações orçamentárias excelentes podem corresponder situações de caixa que requerem providências excepcionais, como as adotadas pelo governo Nacional no outono passado* [18]." Política de controle. Se não redução das despesas, é desejável, pelo menos, um freio às novas despesas.

O orçamento italiano não é uma conta *de fato*, de tipo inglês, que registra receitas e despesas efetivamente ocorridas, mas uma conta *de direito*, de tipo francês, que compreende, por um lado, as receitas previstas e devidas, e, por outro lado, as despesas ordenadas, liquidadas e empenhadas na forma prescrita pela lei. No regime de competência, o orçamento não oferece uma visão clara da situação financeira do país, para aqueles que não sabem lê-lo. Seu maior inconveniente está no fato de que nenhum exercício se esgota em si mesmo; deixa sempre créditos e pagamentos inscritos mas não efetivados, de modo que, à gestão do orçamento próprio do exercício acrescenta-se a gestão destes restos a arrecadar e a pagar dos exercícios anteriores, que a caixa terá de suportar. Portanto, daí decorre que, aumentando as despesas orçamentárias, tem-se registrado normalmente um aumento destes resíduos, *especialmente dos passivos, que dificilmente correspondem aos ativos e cujo pagamento pode depauperar a caixa para além do previsível*. Os resíduos passivos dificilmente correspondem aos ativos, porque estes últimos, dados os nossos mecanismos de cobrança, não podem ser e não são de um valor considerável em termos efetivos; e somente este valor efetivo constitui uma verdadeira receita, já que os créditos residuais gerados por movimentos de capital representam empréstimos a serem contraídos ou levantados. Seria, portanto, um grave erro avaliar com o mesmo critério os restos a arrecadar e a pagar, no que diz respeito à possibilidade de se transformarem, respectivamente, em receitas e pagamentos. A isto se acrescenta um hábito que já começa a encontrar larga aplicação: o art. 154 do regulamento para a administração do patrimônio e a contabilidade do Estado estabelece que não se pode incluir, em nenhum caso, entre os resíduos dos anos decorridos, qualquer receita ou despesa não compreendida nos limites da competência dos exercícios anteriores; mas, *infelizmente, a palavra da lei* não veta que, no mesmo exercício, se cancele a dotação de uma rubrica em benefício de outra: por exemplo, é o que ocorre quando, entre os restos a pagar, encontra-se inscrita uma soma que presumivelmente não será gasta e que, portanto, ao não se traduzir num pagamento, poderia ser economizada; no entanto, termina-se por aumentar uma outra rubrica de despesa, sempre dos restos a pagar e, naturalmente, do mesmo exercício, despesa que será realmente efetuada e se traduzirá num pagamento. Assim, salva-se a contabilidade, não se aumenta o montante dos restos a pagar, mas as condições de caixa acabam por piorar. A gestão dos resíduos ativos e passivos e, de modo especial, o saldo dos resíduos devem ser considerados seriamente, tanto mais que este saldo está em contínuo aumento; de fato, a *diferença negativa* dos créditos e débitos residuais era, em 30 de junho de 1926, de 10,513 bilhões, contra 9,442 bilhões em 30 de junho de 1925.

França, Bélgica, Itália. Os três países, depois de terem assegurado o equilíbrio orçamentário, tiveram de enfrentar uma crise de Tesouraria;

ou seja, o déficit não havia desaparecido, mas, passando do orçamento à Tesouraria, havia simplesmente se deslocado. Foi necessário tomar medidas para procurar eliminar, acima de tudo, o perigo da dívida flutuante, que ficou enorme depois da guerra, uma vez que as Tesourarias se transformaram, de fato, em bancos de depósito. ("Esta é uma comparação capciosa: de modo algum se transformaram em bancos de depósito, mas cometeram uma fraude em grande estilo, porque as somas arrecadadas foram aplicadas como receitas ordinárias de orçamento, sem que se pudesse prever a expansão dos futuros orçamentos para assegurar a restituição das somas na data fixada: arrebanhou-se a poupança difusa sob a pressão do perigo nacional, para isentar de impostos a riqueza tributável; foi um sacrifício disfarçado do capital, mas do capital das classes médias, para não sacrificar aberta e realmente o capital das classes altas, as maiores detentoras de riqueza: a comparação entre países latinos e países anglo-saxões acentua ainda mais esta fraude colossal, que se resolveu, em parte, com a inflação e, em parte, com golpes de Estado.") O primeiro projeto de estabilização do franco belga, do ministro Jansens, fracassou em grande parte por ter omitido o equacionamento prévio da dívida flutuante. A *França* enfrentou a dívida flutuante com a criação de um fundo autônomo de consolidação e amortização. Para este fundo foram destinados os recursos de alguns impostos e do controle do tabaco, no total de 3,7 bilhões de francos ao ano. Pode-se fazer o pagamento destes impostos com títulos públicos, que são cancelados: com a diminuição dos títulos, diminuem os juros e a diferença disponível acaba por aumentar o fundo de amortização. Graças a uma emenda ao projeto original do governo, a amortização foi estendida a toda a dívida pública ("isto é, prolongou-se a existência presumível do fundo"). Na França, portanto, conseguiu-se não só interromper a corrida aos resgates mas também obter novas subscrições: o Tesouro foi revigorado; com os meios convencionais de Tesouraria, conseguiu levantar 14 bilhões, dos quais 9 foram reembolsados ao Banco da França e 5 usados para a aquisição de divisas cambiais. *Bélgica*: procedeu-se a uma conversão semiforçada. Aos portadores dos bônus foi posta a alternativa: ou autorizar a troca dos bônus por ações da companhia nacional das ferrovias belgas, controladas pelo Estado, ou converter os bônus. Os bônus dados em troca das ações ferroviárias, no total de 3/4, foram destruídos; os outros foram convertidos em novos bônus com os juros reduzidos de 7 para 5% e com o resgate subordinado não a um prazo fixo mas às disponibilidades futuras do orçamento. *Itália*: conversão obrigatória dos bônus do Tesouro em títulos da dívida consolidada, com um prêmio aos portadores que aumentou a dívida pública em cerca de 3 bilhões. "*Não é o caso de discutir teoricamente esta operação, que, de fato, era inevitável* [19]." Um recentíssimo comunicado aos jornais, ilustrando a situação do Tesouro no final de março, aponta a existência de reservas em caixa na ordem de 2,311 bilhões, em 31 de março (1927). A cifra "não causa impacto numa parte da opinião pública, que não consegue ver como condições tão favoráveis de caixa e de orçamento se conciliem com a recente necessidade de providências bastante drásticas, que afetaram uma parte considerável da população e atingiram duramente muitas economias privadas". A caixa do Tesouro pode apresentar uma aparente solidez e uma penúria real. Foi o que apontou a Comissão de Finanças do Senado, cujo relator, o senador Mayer, em seu relatório sobre a estimativa de receita do Ministério das Finanças e do Orçamento, para 1926-1927, constatava que, embora as contas mensais do Tesouro demonstrassem disponibilidades consideráveis de caixa (em 31 de março de 1926, quase 4 bilhões), também se registrava um aumento da dívida pública em mais de 1,8 bilhão. Isso ocorre porque as reservas mencionadas, no valor de 2,311 bilhões, não representam, em sua totalidade, dinheiro líquido de que o Tesouro possa efetivamente dispor. Assim, nesses 2,311 bilhões está incluída a soma de 1,554 bilhão referente às "contabilidades especiais", que compreendem inúmeras destinações feitas a entidades, como: fundo para o culto, instituto de pensão dos professores primários, caixa de previdência das instâncias locais de governo, hospitais de Roma, etc.; trata-se, no entanto, de somas distribuídas pelo Erário ou destinadas a pagamentos previstos pela administração e, portanto, obrigatórias. Mais significativa é a cifra relativa ao valor das reservas na *Tesouraria Provincial*, vale dizer, os recursos com que se faz a maior parte dos pagamentos no reino; certamente, seria um erro considerar apenas estes, porque o Tesouro tem outras disponibilidades líquidas na Tesouraria Central e, entre elas, devem ter alguma importância as disponibilidades em divisas mantidas por seus agentes externos, mas tais recursos orçamentários representam sempre a condição fundamental das disponibilidades de caixa do Tesouro para enfrentar suas necessidades correntes. Nada pode ser mais eloquente do que a diferença entre as chamadas "reservas gerais em caixa" do Tesouro e a situação dos "recursos orçamentários" do Estado para o exercício da Tesouraria Provincial, mantidos no Banco da Itália, isto é, da verdadeira conta-corrente do Tesouro no instituto emissor:

RESERVAS GERAIS EM CAIXA

	Sem contabilidades especiais	Com contabilidades especiais	Conta-corrente no Banco da Itália
30 set. 1926	421.860.578	1.816.505.000	+ 632.100.000
31 out.	61.850.763	1.534.561.000	- 129.700.000
30 nov.	109.814.566	875.004.000	- 687.700.000
31 dez.	768.467.255	1.974.689.000	+ 95.800.000
31 jan. 1927	804.426.967	2.225.661.000	+ 51.000.000
28 fev.	990.835.383	2.407.212.000	+ 248.100.000
31 mar.	777.283.292	2.311.802.000	+ 31.400.000

Como se vê, em 31 de outubro e em 30 de novembro, isto é, antes das receitas obtidas com a emissão do Empréstimo do Litório, a dita conta-corrente se apresentava deficitária, de modo que o banco teve de fazer frente aos pagamentos do Tesouro com as próprias cédulas. Na conta das dívidas da Tesouraria, chama a atenção o montante dos títulos do Tesouro em 1925-1926: 71,349 bilhões em pagamentos e 70,498 em receitas. Estas enormes cifras exigiriam alguns esclarecimentos para que o público pudesse se dar conta das operações que representavam. Enquanto isso, porém, uma coisa parece evidente: a política de Tesouraria ganhou prioridade sobre a política de orçamento, cujos resultados estão subordinados aos resultados da primeira.

É necessário, portanto, reforçar a caixa do Tesouro (a França e a Bélgica já o fizeram). Como? Não recorrendo a antecipações por parte do Banco da Itália, que só poderia fornecê-las mediante restrições do crédito ao comércio ou mediante inflação. Não mediante emissões de Bônus do Tesouro, porque seria impossível depois da recente consolidação. Não mediante novo empréstimo consolidado. A dívida pública deve ser diminuída, não aumentada, e são recentes, afinal, a consolidação e o Empréstimo do Litório. Ao contrário, é preciso reforçar a caixa mediante superávits orçamentários, com os quais, se não houver graves perturbações no câmbio e se praticarmos uma política de controle de gastos, poderemos continuar a contar. ("Mas, na realidade, superávits reais de orçamento jamais existiram, como se pode deduzir da exposição precedente, mas apenas manobras contábeis e mascaramentos de déficit através dos pagamentos não realizados, da dívida pública aumentada sub-repticiamente e do recurso a registros incontroláveis, sem contar a exaustão dos orçamentos locais, todos deficitários em medida espantosa. Seria preciso estabelecer, com exatidão, o que é superávit orçamentário efetivo, até mesmo depois de ter fixado uma parcela razoável para reforçar o Tesouro e amortizar a dívida pública; à parte isso, é o que permite diminuir os impostos efetivamente e melhorar as condições do pessoal; diminuir especialmente os impostos indiretos, que pesam mais sobre a parte mais pobre da população, isto é, tornar possível um padrão de vida mais elevado.") Com o decreto real de 3 de dezembro de 1926, foi elevada para 4/5 a parcela do superávit orçamentário a ser destinada a obras relativas à reconstrução econômica e à defesa militar da nação, antes fixada em 3/4 pelo decreto real de 5 de junho. Ninguém contestou as razões prementes (!) que induziram o governo a tomar esta providência excepcionalíssima, que é contrária à doutrina financeira de todos os economistas, sem distinção de escola, e que não encontra correspondência na prática financeira de nenhum outro país. Não deveria se tornar um hábito: o diretor-geral do Banco da Itália, no relatório apresentado à assembleia dos acionistas de 1927, "registrou-a, cautelosamente, como *uma tendência nova de fazer pesar sobre os superávits passados despesas referentes ao futuro*" [20]. O relator da Comissão de Orçamento da Câmara dos Deputados, Olivetti, falando sobre o projeto de lei para a conversão em lei do decreto real de 3 de dezembro de 1926, objetou que, como se haviam enfrentado os déficits registrados entre o exercício 1911-1912 e o de 1923-1924 com meios de tesouraria e aumentos da dívida, seria necessário destinar integralmente à redução da dívida pré-bélica os superávits registrados a partir de 1924-1925; além disso, o superávit poderia ser destinado para dar maior flexibilidade à Tesouraria. Porém, dadas as graves razões *contingentes*, a Comissão concluía pela aprovação, na expectativa de uma futura amortização gradual da dívida pública. (Verbalmente, todos defendem esta necessidade, mas, apesar disso, nunca se faz nada.) (Desde 1920, o Senado pediu sempre: prudente redução da circulação, controle rigoroso de gastos, interrupção do endividamento e início do pagamento das dívidas, rigorosa atenção à caixa do Tesouro, diminuição dos impostos.)

Necessidade de clareza nas contas financeiras. O dinheiro deve existir não apenas nas contas, mas nas caixas do Estado. "É preciso estudar a fundo a questão das operações extraorçamentárias, as quais constituem uma ameaça permanente aos resultados positivos do orçamento. Na verdade, mais do que uma ameaça, tivemos um prejuízo efetivo no período de agosto a novembro de 1926, como o demonstra o progressivo esgotamento da caixa durante aqueles meses [21]."

As operações financeiras são aquelas que se baseiam no crédito público e têm efeito sobre o patrimônio do Estado: a emissão de um empréstimo e o resgate de títulos incluem-se propriamente entre elas. Elas deveriam fazer parte das operações orçamentárias e ser diretamente contabilizadas entre as despesas e as receitas, entre as arrecadações e os pagamentos, em conta orçamentária. Ao contrário, as operações de Tesouraria propriamente ditas referem-se às providências que atendem às necessidades imediatas de caixa e, por isso, incluiriam a emissão de bônus comuns do Tesouro. Entre estas operações, existem também as que, pelo menos temporariamente, estão fora do orçamento, mas não deveriam existir em situações normais. Agora, as operações fora do orçamento tendem a eliminar os efeitos da gestão orçamentária, absorvendo-lhe os superávits. A administração da carteira de títulos tem um significado tão delicado que suas principais operações são registradas em ata (art. 534 do regulamento de contabilidade). O administrador dessa carteira está obrigado a prestar contas judiciais a cada ano. Sua gestão provoca perdas e ganhos. De 1º de julho de 1917 até 30 de junho de 1925 não se prestou conta judicial e, com o decreto-lei real de 7 de maio de 1925, autorizou-se a efetivação de uma única prestação judicial de contas para os oito exercícios financeiros precedentes, relativos à guerra. O governo deve se ater à prática da prestação judicial de contas e restringir a administração da carteira de títulos a suas funções específicas.

Amortização da dívida pública. A Inglaterra, os Estados Unidos e a Holanda há mais de um século realizam amortizações. Hamilton foi o primeiro a demonstrar, em 1814, que uma verdadeira amortização só pode ser feita mediante o excedente das receitas sobre as despesas e firmou o princípio segundo o qual a criação de uma dívida deve ser acompanhada pelo plano de sua gradual extinção. Entre 1919 e 1924, a Inglaterra diminuiu sua dívida em 650 milhões de libras, isto é, toda a dívida pré-bélica. A dívida pode ser amortizada: 1º, com um fundo especial; 2º, com os superávits orçamentários; 3º, com a consignação de uma soma fixa. São conhecidas as cifras das amortizações estabelecidas no orçamento e dos superávits orçamentários desde 1921 até 1926-1927. É notável e significativo o fato de que, a despeito de ter havido em 1926-1927 um *déficit* de 36,694 milhões de libras, naquele exercício foram destinados no orçamento, para fins de amortização, 60 milhões de libras, cifra muito superior às dos anos anteriores: 25.000.000 em 1921-1922, 24.000.000 em 1922-1923, 40.000.000 em 1923-1924, 45.000.000 em 1924-1925, 50.000.000 em 1925-1926 (com déficit de 14.000.000). Há uma inflexão orçamentária que começa a partir de 1924-1925: em 1926-1927, atinge-se o déficit de 36 milhões com o aumento da dotação destinada à propaganda contra os mineiros, isto é, aumenta-se a parte do orçamento em favor dos capitalistas, em detrimento da classe operária.

Para a história das finanças inglesas, recordar que, no final do século XVIII, foi adotado por Pitt o mecanismo do *sinking fund* — fundo de amortização — de Price, que depois teve de ser abandonado. Hamilton. Até 1857, o superávit do orçamento foi destinado preferencialmente a baixar os impostos. Em seguida, a amortização regular da dívida foi retomada e se tornou a base fundamental das finanças britânicas. Suspensa durante a guerra, foi retomada depois do armistício. Para a trajetória do orçamento, recordar as cifras dedicadas à amortização a partir de 1921 — extraídas do *Financial Statements*. Primeira cifra = amortizações estabelecidas em orçamento; segunda cifra = superávit adicional também empregado em amortização: 1921-1922: 25.010.000 e 45.693.000; 1922-1923: 24.711.000 e 101.516.000; 1923-1924: 40.000.000 e 48.329.000; 1924-1925: 45.000.000 e 3.659.000; 1925-1926: 50.000.000, déficit de 14.038.000; 1926-1927: 60.000.000, déficit de 36.694.000. O cálculo do superávit real dá estas cifras: 70.703.000; 126.227.000; 88.329.000; 48.659.000; 35.962.000; 23.306.000: há uma inflexão no orçamento, mas não um déficit real.

A comissão de inquérito para o estudo da dívida pública, presidida por Lorde Colwyn, num de seus recentes relatórios, conclui recomendando que se intensifique a amortização, ampliando os recursos de 75 para 100 milhões de libras por ano. Compreende-se muito bem o significado político desta proposta, dada a crise industrial inglesa: pretende-se evitar qualquer intervenção eficaz do Estado, pondo todas as amplas possibilidades orçamentárias nas mãos dos particulares, os quais, provavelmente, em vez de investir estes enormes capitais na indústria nacional em crise, os investirão no exterior, enquanto, com estes recursos, o Estado poderia reorganizar as indústrias fundamentais em favor dos operários.

Nos Estados Unidos, o sistema de administração está baseado na conversão das dívidas consolidadas em dívidas resgatáveis com redução de juros.

Na França, o fundo é constitucionalmente autônomo e independente do Tesouro, por desconfiança em relação ao Tesouro, que poderia se apropriar dos recursos para a amortização se estivesse sem dinheiro.

Na Bélgica, o ministro Francqui aumentou o fundo de amortização.

Itália. Com o decreto real de 3 de março de 1926, foi constituído um fundo para a amortização da dívida com a Inglaterra e os Estados Unidos. Mas não foi consignada uma soma anual fixa e inviolável, segundo o sistema inglês (sem prejuízo dos superávits orçamentários, que, depois de terem satisfeito as exigências de caixa e moderado a tributação exagerada, deveriam ser destinados à administração). Quinhentos milhões anuais já foram destinados à gradual redução da dívida com o Banco da Itália, referente às antecipações em papel-moeda feitas ao Estado; os 90 milhões de dólares do empréstimo Morgan, transferidos ao Banco da Itália, diminuíram em 2 bilhões e meio de liras a dívida monetária sob responsabilidade do Estado: com os 500 milhões de liras consignados, toda a dívida será eliminada em 8 anos (esta dívida foi extinta quando a reserva em ouro do Banco da Itália foi avaliada segundo a estabilização da lira, com a transferência dos ganhos de capital ao Estado). Na última prestação de contas do Tesouro, a dívida consolidada aparece, em 31 de março de 1927, na casa dos 44 bilhões e meio de liras, aos quais devem ser acrescentados cerca de 23 bilhões e meio, provenientes da operação dos Bônus do Tesouro; cerca de 3 bilhões e meio do Empréstimo do Litório; e cerca de 71 bilhões e meio, dos quais a parte relativa ao período pré-bélico corresponde mais ou menos a 10 bilhões; e isso sem mencionar nem as dívidas resgatáveis inscritas no Registro da Dívida Pública, num total de 3,784 bilhões, dos quais a metade relativa à guerra; nem os bônus plurianuais, que formam uma massa de 7 bilhões e 1/3; nem as outras dívidas, quase todas resgatáveis, administradas pela Dívida Pública; nem a dívida monetária, que é ainda de 4,229 bilhões (extinta em seguida, como dito anteriormente). Ignorando as dívidas resgatáveis, para as quais está em curso regular a extinção gradual, e *deixando de lado* os bônus (!), plurianuais, sobra a dívida consolidada.

Benefícios da amortização da dívida: 1º) alivia o orçamento, ainda que de forma modesta; 2º) eleva o crédito do Estado; 3º) possibilita a obtenção de novos empréstimos em circunstâncias graves e inesperadas; 4º) possibilita futuras conversões; 5º) põe à disposição da produção as somas amortizadas, criando novas fontes de receita; 6º) mantém elevada a cotação dos títulos do Estado.

Sir Felix Schuster argumentou, na Comissão de Inquérito da Dívida Pública, que até mesmo e, aliás, especialmente, nos momentos mais difíceis das finanças públicas, a amortização da dívida deve ser mantida, porque constitui o melhor modo de salvar o crédito do Estado e impede o colapso de seus títulos. Reduzir a dívida significa revalorizar a dívida consolidada ("por isso, estabelecer de vez em quando uma soma para reduzir a dívida pública, isto é, não fazer destinações fixas e invioláveis, significa uma verdadeira agiotagem: o Estado compra seus títulos não para extingui-los gradativamente, mas como uma operação de bolsa que faça elevar sua cotação, possivelmente para emitir imediatamente outros títulos" — A.G.). A amortização *deve* ser necessariamente lenta e moderada, para não determinar bruscos deslocamentos de capital.

Empréstimos americanos. Inicialmente, estes empréstimos não eram estimulados. Equacionadas as dívidas de guerra com a América e a Inglaterra, a diretriz do Tesouro mudou, *com este novo elemento essencial: na maioria das vezes, o risco das flutuações de câmbio no cálculo dos reembolsos é assumido pelo Estado, não pelos que contrataram a dívida*, o que, aos olhos dos emprestadores, imprime *um caráter especial* à operação toda. Esta garantia deve ser julgada em relação à centralização do controle do câmbio, inicialmente no Tesouro e, agora, muito oportunamente, no Instituto do Câmbio. Dívidas para a indústria, oportunas. Dívidas contraídas pelos municípios, perigosas, porque se gasta e não se sabe como pagar. A contratação de dívidas no exterior está submetida à aprovação do governo.

Impostos. 12,577 bilhões de impostos no exercício 1922-1923. 16,417 bilhões no exercício 1925-1926, com um aumento em três anos de 3,84 bilhões. Além disso, em 1925, os impostos locais estavam estimados em 4,947 bilhões; daí uma carga anual de 22 bilhões, isto é, um peso superior ao de todos os Estados europeus e americanos. Estados Unidos, diminuição de 2 milhões de dólares em impostos, em quatro anos. Inglaterra, diminuição de impostos. Na Itália, pelo menos, nenhum aumento e interrupção do terror fiscal. A mesma coisa nos municípios, afetados por uma fúria gastadora e tributária. Manter as bases fundamentais da reforma tributária De Stefani, unificadora, simplificadora e eliminadora de distorções. Já houve desvios em relação a esta reforma. O novo imposto de renda progressivo tinha o mérito de ter repudiado o sistema de avaliação do imposto baseado em sinais exteriores. Mas o novo imposto sobre os solteiros, que varia segundo a renda, leva a uma nova avaliação com base em sinais exteriores, em vez de se basear na renda avaliada para fins do imposto progressivo. Ocorrem, assim, duas avaliações da renda que conduzem a resultados diversos e, uma vez que a discrepância não é admissível, acaba por prevalecer o procedimento baseado em sinais exteriores. O objetivo do imposto de renda progressivo, com participação dos governos locais na receita, era eliminar todas as formas imperfeitas e iníquas de impostos locais sobre a renda, tais como aqueles sobre a família e o patrimônio imobiliário. *Uma tentativa de instituir um insólito imposto sobre o consumo foi esvaziada (sic) por uma oportuna intervenção do Senado.* Como o imposto de renda progressivo devia eliminar os impostos sobre a família e sobre os imóveis, quando fossem pagos em conjunto, para evitar uma dupla taxação sobre a mesma renda, era justo que continuassem a pagar tais impostos aqueles que não foram inscritos no registro do imposto progressivo, porque, neste caso, não existia sobreposição. Em vez disso, concedeu-se aos municípios a faculdade ou de continuar a cobrar o imposto sobre a família de todos aqueles que não estavam inscritos no registro do imposto progressivo, ou de também cobrar o imposto sobre os imóveis daqueles que pagavam o imposto progressivo. Quase todos os municípios escolheram a segunda alternativa e, com isso, voltamos à dupla tributação. E mais. Os agentes fiscais defenderam, com o endosso da comissão central dos impostos diretos, que as antigas avaliações do imposto sobre a família, cujas iniquidades todos haviam reconhecido, poderiam ser tomadas como base de cálculo para o imposto de renda progressivo. Ou seja, aquele imposto, em vez de ser suprimido, tornou-se dominante. Por certo, o imposto de renda progressivo proporcionou uma arrecadação inferior à esperada, mas isso porque, no primeiro ano, a arrecadação dos novos impostos é sempre inferior ao que deveria ser e porque, por três anos, o imposto progressivo sofreu o impacto das consideráveis deduções que foram concedidas aos que recolheram o imposto sobre o patrimônio. Contra o fiscalismo. Na sessão do Senado de 14 de junho de 1926, o relator do orçamento, senador Mayer, disse: "Penso que é necessária uma completa reforma de nosso sistema tributário, que data de 1862, de nossos sistemas de cálculo, de nossos antiquados e deficientes regulamentos, de modo a assegurar que os cidadãos não sejam levados a considerar o representante do Erário um inimigo implacável." No final do artigo, menciona-se até mesmo Necker, que procurou libertar a França do *impôt*, isto é, da *corvée*, da *taille*, etc. — modernamente, do "arrocho fiscal" —, e se fazem votos de que o ministro das Finanças se inspire em Necker. (Este artigo de Tittoni deve ser considerado a exposição das aspirações da burguesia no governo, depois dos acontecimentos de novembro de 1926; a linguagem é muito cautelosa e obscura, mas a substância é muito forte. A crítica deriva especialmente da comparação entre o que se fez nos outros países e na Itália.)

No número seguinte da *Nuova Antologia*, de 16 de junho de 1927, Alberto De Stefani — a quem Tittoni, numa nota, havia atribuído a defesa de uma política de maiores impostos e de regime fiscal mais rigoroso — publica uma carta na qual se declara de acordo com Tittoni e contrário à política que lhe é atribuída. Declara querer apenas a rígida obediência às leis tributárias, isto é, a luta contra a evasão fiscal. Entre as diversas citações que faz para demonstrar o acordo com Tittoni, é interessante esta, extraída do *Corriere della Sera* de 28 de novembro de 1926: "É óbvio, por exemplo, que o aumento das tarifas alfandegárias, como também dos impostos internos, pode anular a política monetária [...]. É desejável: [...] que não se influencie, através das finanças do Estado e das finanças locais, ou de algum outro modo, no sentido de aumentar os custos de produção." Para diminuir alíquotas, exige: 1º) uma *maior universalidade* (!) na aplicação dos tributos (justiça distributiva); 2º) menor evasão do que a hoje existente, documentada pelas listas dos contribuintes, cuja *publicação foi interrompida*; 3º) controle de despesas. Critério geral: diminuir a pressão financeira nominal proporcionalmente à revalorização monetária, para não tornar mais onerosa a pressão financeira real.

§ 7. Artigos de Luzzatti na *Nuova Antologia*, que poderiam ser interessantes: "La tutela del lavoro nelle fabbriche" (fevereiro de 1876); "Il socialismo e le quistioni sociali dinanzi ai Parlamenti d'Europa" (janeiro e fevereiro de 1883); "Schulze-Delitzsch" (maio de 1883); "I recenti scioperi del Belgio" (abril de 1886); "Le diverse tendenze socialiste degli operai italiani" (outubro de 1888); "Il Risorgimento dell'Internazionale" (dezembro de 1888); "La pace sociale all'Esposizioni di Parigi" (dezembro de 1889-janeiro de 1890); "Le classi dirigenti e gli operai in Inghilterra. A proposito della lotta di classe" (novembro de 1892); "La partecipazione degli operai ai profitti dell'azienda industriale" (16 de maio de 1899); "Le riforme sociali" (1º de novembro de 1908); "La cooperazione russa" (1º de julho de 1919); "Gli ordinamenti tecnici delle industrie in relazione all'obbligo internazionale delle 8 ore di lavoro" (1º de março de 1922).

Na *Nuova Antologia* de 16 de abril de 1927, publica-se a lista completa dos artigos publicados por Luzzatti na revista: são muitos os artigos sobre a cooperação, a previdência, etc. Provavelmente, existem alguns livros sobre esta atividade de Luzzatti, que se deve levar em conta num quadro completo do movimento operário italiano [22].

§ 13. Eugenio Di Carlo, *Un carteggio inedito del P. L. Taparelli D'Azeglio coi fratelli Massimo e Roberto*, Ed. Anonima Romana, Roma, 1926, 16,50 liras.

Livro importante. Prospero Taparelli D'Azeglio, irmão de Massimo e de Roberto, nascido em Turim, em 24 de outubro de 1793, ingressou na Companhia de Jesus em 1814, com o nome de Luigi. Intransigente opositor do liberalismo, defensor dos direitos da Igreja e do poder católico contra o poder leigo, em seus livros e na *Civiltà Cattolica*. Apregoou o tomismo, quando esta filosofia não gozava de muita simpatia entre os jesuítas. Inicialmente giobertiano, mas adversário depois do *Gesuita moderno*; adepto da necessidade de uma aproximação e de um acordo entre liberais moderados e catolicismo, contra o liberalismo que pretendia a separação entre Igreja e Estado: a favor do poder temporal da Igreja. Di Carlo o defende da acusação de favorável à dominação austríaca na Itália e inimigo da liberdade. Além do prefácio de Di Carlo, 44 cartas de 1821 até 1862, em que são tratados assuntos do dia.

(Parece-me que, também neste livro, exista a tendência de reabilitar os inimigos do *Risorgimento*, com a alegação do "contexto da época". Mas que "contexto" era este, a reação ou o *Risorgimento*?)

§ 17. Guido Bustico, "Gioachino Murat nelle memorie inedite del generale Rossetti", *Nuova Antologia*, números de 16 maio, 1º de junho e 16 de junho de 1927.

O general Giuseppe Rossetti, piemontês de nascimento, francês por eleição, foi primeiramente oficial superior do Exército francês e, em seguida, do Exército napolitano de Murat. Escreveu quatro grandes volumes de memórias, que permaneceram inéditos, em francês, de 20 de dezembro de 1796 a 6 de novembro de 1836, ricos de informações políticas relativas à Itália e à França. Bustico atesta a serenidade e a imparcialidade dessas memórias e delas extrai informações sobre a "nova política" de Murat depois da batalha de Leipzig (aproximação com a Áustria), sobre a missão dada a um certo G. Grassi, em março de 1815, de se dirigir à Alta Itália e ver que apoios obteria uma iniciativa de Murat para a independência italiana, bem como sobre a fuga de Murat de Nápoles até seu fuzilamento [23].

§ 22. Stefano Jacini, *Un conservatore rurale della nuova Italia*. Dois volumes num total de 600 páginas, com índice de nomes. Bari, Laterza. É a biografia do velho Stefano Jacini, escrita por seu sobrinho. Jacini utilizou o arquivo doméstico, repleto, entre outras coisas, de uma correspondência em grande parte inédita. Esclarece e completa períodos e episódios da história entre 1850-1890. Jacini não foi personalidade de primeiro plano, mas teve um caráter próprio. Desempenhou um papel não secundário na obra de unificação econômica da nação (unificação ferroviária, Garganta de São Gottardo, pesquisa agrária). Defensor de um partido conservador nacional (clerical) (Jacini agricultor e proprietário de uma fiação de seda). Não participou do movimento de 1848. ("Tinha uma cultura internacional adquirida em muitas viagens, o que lhe deu uma visão europeia da revolução de 1848, visão que o impediu de participar ativamente dela quando estourou na Itália": mais ou menos assim escreve Filippo Meda). Em suma, Jacini seguiu o comportamento de sua classe, que era reacionária e filoaustríaca.

Colaborou sob o governo de Maximiliano [24]. Ocupou-se de questões técnicas e econômicas. Partidário de Cavour, isto é, da independência sem revolução. Foi atacado quando era ministro de Cavour, em razão de seu passado antes de 1859, e defendido por Cattaneo [25].

Em janeiro de 1870, saiu seu livro *Sulle condizioni della cosa pubblica in Italia*, em que aparece a tese de *uma Itália real* diferente e discordante *da Itália legal* (fórmula depois usada pelos clericais): contra o Parlamento, que pretendia limitado às grandes questões da defesa do Estado, da política exterior, das finanças centrais; descentralização regional; sufrágio universal indireto com o voto dos analfabetos (isto é, poder aos proprietários de terra).

Em 1879, publica *I conservatori e la evoluzione naturale dei partiti politici in Italia*. Imagina assim o equilíbrio político: extrema esquerda, republicanos; extrema direita, clericais intransigentes (ele imaginava um abandono próximo do abstencionismo); no meio, dois partidos de governo, um decididamente conservador nacional, o outro liberal-monárquico progressista.

Contra Crispi e a *megalomania política*. (Emanuele Greppi, Gaetano Negri, Giuseppe Colombo aceitavam suas ideias: moderados lombardos). Jacini representa um exemplar completo de uma classe, os proprietários de terra setentrionais: sua atividade política e literária é interessante, porque forneceu pontos de partida e temas a movimentos posteriores (Partido Popular, etc.). (Em 1871, contrário à transferência da capital para Roma.)

§ 25. *O nacionalismo italiano*. Primeiro congresso do Partido Nacionalista (Associação Nacionalista) em Florença, em dezembro de 1910, sob a presidência de Scipio Sighele: Gualtiero Castellini, Federzoni, Corradini, Paolo Arcari, Bevione, Bodrero, Gray, Rocco, Del Vecchio. Grupo ainda indiferenciado, que tentava cristalizar em torno dos problemas da política externa e da emigração as correntes menos vulgares do patriotismo tradicional. (Observa-se raramente que, na Itália, ao lado do cosmopolitismo e do apatriotismo mais superficial, sempre existiu um chauvinismo arrebatado, que se relacionava com as glórias romanas e das repúblicas marítimas, bem como com o florescimento individual de artistas, literatos, cientistas de fama mundial. O chauvinismo italiano é característico e tem tipos absolutamente próprios: e se fazia acompanhar de uma xenofobia popular igualmente característica.) O primeiro nacionalismo compreendia muitos democratas, liberais e até mesmo maçons. Depois, o movimento veio a se diferenciar e a se definir por obra de um pequeno grupo de intelectuais que saquearam as ideologias e os modos de pensar áridos, imperiosos, cheios de arrogância e autossuficiência de Charles Maurras: Coppola, Forges Davanzati, Federzoni. (Importação do sindicalismo pelo nacionalismo.) Na realidade, os nacionalistas eram anti-irredentistas:

sua posição fundamental era antifrancesa. Toleraram o irredentismo porque não queriam que fosse um monopólio dos republicanos e dos radicais maçons, isto é, uma arma da influência francesa na Itália. Teoricamente, a política externa dos nacionalistas não tinha fins precisos: apresentava-se como uma abstrata reivindicação imperial contra todos; na realidade, queria suprimir a francofilia democrática e popularizar a aliança com os alemães.

§ 29. *Quintino Sella.* (Artigo de Cesare Spellanzon, na *Rivista d'Italia* de 15 de julho de 1927.)

Quintino Sella é um dos poucos burgueses, tecnicamente industriais, que participam na primeira linha da formação do Estado moderno na Itália. Ele se diferencia, de modo muito considerável, dos demais políticos de seu tempo e de sua geração: pela cultura especializada (é um grande engenheiro e também um homem de ciência); conhece inglês e alemão, além de francês; viajou muito ao estrangeiro e mergulhou na vida dos outros países, para conhecer seus hábitos de trabalho e de vida (ou seja, não viajou como turista, visitando hotéis e salões); tem uma ampla cultura humanista, além de técnica; é homem de fortes convicções morais, aliás, de um certo puritanismo, e busca se manter independente da Corte, que exercia uma função degradante sobre os homens de governo (muitos homens de Estado comportavam-se como rufiões, como D'Azeglio), até se pôr abertamente contra o rei em razão de sua vida privada, exigir-lhe reduções da lista civil (sabe-se quanto a questão da lista civil e das ofertas ocasionais tivesse importância na escolha dos homens de governo) e se afastar da chamada direita, que era mais uma camarilha de burocratas, generais, proprietários de terra, do que um partido político (ver melhor este problema), para se aproximar de outras correntes mais progressistas (Sella participou do transformismo, que significava a tentativa de criar um forte partido burguês, fora das tradições personalistas e sectárias das formações do *Risorgimento*).

Quintino Sella, tributador impiedoso: o imposto sobre a moagem de trigo; por que foi escolhido este tributo? Pela facilidade de arrecadação ou porque, entre o ódio popular e a sabotagem das classes proprietárias, temia-se mais esta última?

Pouca participação em 1848 (ele tinha visto em Paris a queda da Monarquia de Julho). Em Milão, viu-se numa assembleia em que se queria votar uma censura contra a cidade de Brescia, que pendia para o Piemonte: Sella defendeu Brescia e foi apupado. Pertencia à Direita, mas foi ministro pela primeira vez com Rattazzi, líder de centro-esquerda (1862); foi adversário do primeiro Gabinete Minghetti (1863-1864) e, com Lanza, combateu o Gabinete Menabrea (1868-1869) [26]. Decididamente a favor da conquista de Roma. Em 1871, Lamarmora escreveu que Sella "corre sempre, ora para cima, ora para baixo, um pouco à direita, um pouco à esquerda; nunca se sabe onde ele está e, muitas vezes, não o sabe nem mesmo ele".

Em 1865, dirige-se ao palácio, pedindo ao rei o sacrifício de três milhões anuais da lista civil para enfrentar dificuldades imediatas de caixa. Como industrial, uma vez no governo, interrompe os contratos de fornecimento ao Estado. No Parlamento, "com clara alusão, ousa dirigir-se ao rei, do qual deplora certos desregramentos da vida íntima, para adverti-lo de que o povo não dá crédito a seus governantes se estes não dão exemplo constante de moralidade". Opõe-se à aprovação do projeto de lei sobre o monopólio do tabaco, apresentado por um ministério da Direita, porque havia odor de corrupção e de manobras suspeitas naquele grande negócio que o Gabinete Menabrea se preparava para ratificar. Sella se opõe resolutamente à aliança com a França em 1870. O rei fazia intrigas para substituir Lanza por Cialdini; Sella, no Senado, respondeu com dureza ao ataque desferido por Cialdini [27]. (Nascido em 1827, morto em 1884.)

§ 34. "Per una politica annonaria razionale e nazionale", de Guido Borghesani, na *Nuova Antologia* de 1º de julho de 1927, é um artigo medíocre, com dados pouco confiáveis e elaborados de modo primário. Defende a tese geral de que na Itália se consome trigo em demasia e, por isto, além do esforço para obter uma melhor colheita do trigo onde for tecnicamente mais produtiva a semeadura deste cereal, deve-se ter como meta substituir o trigo por outros alimentos. Mas a questão é que, por exemplo, a França, cujos hábitos alimentares são muito semelhantes aos da Itália, não só consome, por habitante, tanto trigo quanto a Itália, mas consome muito mais outros alimentos fundamentais (açúcar: França, 24,5 kg; Itália, 8 kg) (queijo e manteiga, calculados em leite: França, 3 hl; Itália, 0,8 hl). O problema do trigo, na Itália, é de miséria, não de consumo excessivo, ainda que a tese geral seja justa, no sentido do grande desequilíbrio: na Itália, o maior consumo de trigo em comparação com o de milho, etc., é o único indicador de uma certa melhoria da dieta.

§ 42. *Quintino Sella.* A Theodor Mommsen, que perguntou com qual ideia universal a Itália se dirigisse a Roma, Quintino Sella respondeu: "A da ciência." (Mommsen dizia que, em Roma, não se pode estar sem uma ideia universal. Este tema foi retomado pelo chefe de governo em seu discurso sobre a Concordata na Câmara dos Deputados [28]. A reação de Sella é interessante e apropriada: naquele período histórico, a ciência era a nova "ideia universal", a base da nova cultura que se elaborava. Mas Roma não se tornou a cidade da ciência; teria sido necessário um grande programa industrial, o que não houve. A palavra de ordem de Sella, no entanto, é valiosa para descrever o homem.) Contudo, Sella não era nem um ateu nem um positivista, que quisesse substituir a religião pela ciência. (Ver os documentos relativos ao próprio Sella, escritos ou mencionados por outros.)

§ 43. *O imposto sobre a moagem de trigo.* No discurso proferido por Alberto De Stefani, em Biella, para comemorar o centenário do nascimento de Sella (transcrito na *Nuova Antologia* de 16 de setembro de 1927), menciona-se o imposto sobre a moagem, relacionando-o à taxa alfandegária sobre o trigo (aboliu-se o pesado imposto sobre a moagem, mas, logo depois, o guarda aduaneiro deixou o moinho e foi para a fronteira cobrar uma taxa sobre o trigo).

A questão não está bem posta (é um epigrama, não uma crítica ou um juízo). O imposto sobre a moagem era insuportável para os pequenos camponeses, que consumiam o pouco trigo produzido por eles próprios; e esse imposto era a causa de vendas abaixo do preço para obter dinheiro e a oportunidade para práticas usurárias pesadíssimas. Deve-se colocar o imposto em seu tempo, com uma economia familiar muito mais difundida do que agora: para o mercado produziam os grandes e médios proprietários; o pequeno camponês (pequeno proprietário ou colono em regime de parceria) produzia para o próprio consumo e jamais tinha moeda corrente; para ele, todos os impostos eram um drama catastrófico; no caso do imposto sobre a moagem, acrescentava-se o imediato caráter odioso. As revoltas contra esse imposto, os assassinatos e os espancamentos dos cobradores não eram, certamente, inspirados pelas agitações políticas: eram espontâneos.

§ 44. Sobre Quintino Sella, cf. na *Nuova Antologia* de 16 de setembro de 1927: P. Boselli, "Roma e Quintino Sella"; Alberto De Stefani, "Quintino Sella (1827-1884)"; Bruno Minoletti, "Quintino Sella storico, archeologo e paleografo".

§ 51. *Giovanni Pascoli.* Sobre as tendências políticas de Giovanni Pascoli (na juventude, Pascoli foi encarcerado como membro da Internacional), são interessantes as "Lettere inedite di Giovanni Pascoli a Luigi Mercatelli", publicadas por G. Zuppone-Strani na *Nuova Antologia* de 16 de outubro de 1927. (Mercatelli era correspondente da *Tribuna* na Eritreia; voltou à redação do jornal em 1896; em 1897, foi para a África com F. Martini; em 1899, foi diretor da *Tribuna*, com Federico Fabbri; em 1903, foi cônsul-geral no Zanzibar; em 1904, governador de Benadir.) As tendências políticas de Pascoli tiveram repercussão pública máxima no tempo da guerra líbia, com o discurso "La grande proletaria si è mossa", e devem ser relacionadas com as doutrinas de Enrico Corradini, cujo conceito de "proletário" é transferido das classes às nações (questão da "propriedade nacional", ligada à emigração; mas observa-se que a pobreza de um país é relativa e é a "indústria" do homem — classe dirigente — que consegue dar a determinada nação uma posição no mundo e na divisão internacional do trabalho; a emigração é uma consequência da incapacidade da classe dirigente para dar trabalho à população, e não da pobreza nacional: o exemplo da Holanda, da Dinamarca, etc.; questões relativas, naturalmente).

Numa carta escrita de Barga, em 30 de outubro de 1899, Pascoli diz: "Eu me sinto socialista, profundamente socialista, mas socialista da humanidade, não de uma classe. E sinto que meu socialismo, por mais que abrace todos os povos, não entra em conflito com o desejo e a aspiração da expansão colonial. Oh, como gostaria que, à frente da colonização italiana, estivesse o ousado e jovem partido social; mas, ai de mim, ele foi tornado decrépito por seus teóricos!" (Ver na obra poética de Pascoli e nas antologias escolares o reflexo desta sua concepção.)

Numa carta de Messina, de 8 de junho de 1900, menciona sua colaboração na *Tribuna*: "Oh, pudesse eu, semanal ou quinzenalmente, publicar minhas 'Conversações com os jovens'! No discurso que fiz anteontem, e que te mando escoimado dos muitos erros tolos de imprensa, há um sinal daquilo que reputo minha missão: introduzir o pensamento da pátria, da nação e da raça no cego e gélido socialismo de Marx."

Numa carta de Barga, de 2 de julho de 1900, anuncia uma coluna regular que gostaria de escrever na *Tribuna*, intitulada "No futuro", cujo texto inaugural logo enviaria: "A coluna conteria artigos de todo tipo, dirigidos àqueles que ora estão entre a infância e a adolescência e que contemplariam as questões presentes à luz do futuro. O primeiro artigo introdutório, depois de uma breve declaração minha de renúncia formal e solene à 'vida ativa' — a saber, tornar-me deputado —, trataria deste tema. 'Os jovens, pelo menos os que são verdadeiramente jovens, têm em si algo heroico. Os jovens de outrora se sentiam levados ao heroísmo patriótico, os de hoje ao heroísmo, digamos, socialista. Mas, no fundo de seu coração, existe um conflito profundo. Ao tomarem conhecimento da defesa de Amba Alagi, mesmo aqueles que dedicaram seus sentimentos heroicos à ideia humanitária experimentaram uma comoção [...] Pois bem, é preciso sanar este conflito que atribula (eu o sei, eu o sinto) o coração da juventude, etc., etc.'" [29]

Mais adiante, escreve: "E não falaria sempre, em absoluto, de semelhantes questões: falaria de arte e de literatura, de ciência e de moral, buscando sempre extirpar os preconceitos e contrapor à moda o *Ewig*, ao hoje o ontem e o amanhã", sem se dar conta da íntima contradição na qual ele próprio se debatia, admitindo-se que tivesse uma concepção justa sobre o *Ewig*.

Numa carta de Barga, de 12 de agosto de 1900, menciona um texto seu, "Nel carcere di Ginevra", a propósito de Luccheni, que a *Tribuna* não publicou e que Pascoli publica depois: não me lembro deste texto [30].

Numa carta de Messina, de 11 de dezembro de 1900, assinada "Giovanni Pascoli, socialista-patriota posto no índex pelos jornais políticos, isto é, financeiros, da Itália", fala de sua colaboração num jornal local; e parece ter iniciado a publicação pensada como coluna permanente da *Tribuna*, mas que a *Tribuna* não quis publicar. (Ver a bibliografia de Pascoli. Segundo uma carta de 14 de dezembro de 1900, Ojetti teria iniciado na *Tribuna* a coluna "No ou Pelo Futuro".)

Numa carta sem data, mas que Zuppone-Strani diz ter sido escrita de Barga no fim de 1902 ou na primeira metade de 1903, escreve: "Contudo, lá é que o poeta te ama, te vê, te sonha; exalta-se o patriota e o 'humano' ('socialista' não mais me convém ser chamado e chamar--me), ao saber-te investido de uma altíssima missão de proveito ou honra itálica e de civilização. Eu te chamava 'negreiro', e agora vais destruir os negreiros." (Pascoli, gracejando, chamava Mercatelli de "rás", "negreiro", etc.) Mais adiante: "Porque, a furtar-me ao socialismo político de nossos dias, ajuda-me não só o horror ao despotismo da multidão ou da maioria, mas especialmente a necessidade, que reconheço e idolatro, de uma grande política colonial."

§ 52. A *Nuova Antologia* de 1º de dezembro de 1927 publica um artigo inédito de Pascoli, enviado em 1897 à *Tribuna* e não publicado, porque pareceu a Mercatelli "excessivamente temerário para a natureza do jornal" e "excessivamente comprometedor para o autor". O artigo era intitulado "Allecto" ("a Erínia do ódio implacável e da vingança interminável") e partia de um telegrama do ministro francês Méline aos lorenos. Para Pascoli, a França e a Rússia fariam a guerra à Alemanha (logo, à Tríplice Aliança; logo, à Itália) "mais cedo ou mais tarde, mas com certeza". Pascoli se dirige às mães. Existe um "profeta": um "doce e altivo profeta, coberto de uma túnica vermelha, vaga pelo mundo entre os povos eleitos e as gentes, pregando seu evangelho de paz. Em seu nome, andam e falam milhares de apóstolos, em face dos quais todos se surpreendem e admiram, *porque cada qual os ouve falar em sua própria língua.* Eles converteram o coração estupidamente feroz dos homens." Estes homens "dizem aos sinistros arautos da destruição: 'Não: nós não queremos, vós não podeis!'", mas "doravante haverá na propriedade e, em geral, na convivência social algumas modificações". O que diriam as mães?, etc.

"O *Marxismo* pretendia ser este profeta. Pretendia e certamente ainda o pretende, mas não pode. Não conseguiu. A guerra atroz que ameaça, que é o crime maior [...], não mais pode ser evitada pelo *Marxismo.* Ao lado de tantas vidas e tantos tesouros e tantos ideais, ela também arrastará esta escola, este sistema, que se mostrou impotente. Por sua culpa? Eu não sou levado por hostilidade a tal escola e sistema; mas não posso deixar de reconhecer que lhe faltaram a inspiração, o ímpeto, *as línguas de fogo.* Quis ser uma escola e devia ser uma religião. Devia falar mais de amor e menos de *mais-valia*, mais de sacrifício do que de luta, mais de humanidade do que de classe. Devia difundir-se uniformemente por toda parte; devia dirigir-se a todos os povos, inclusive os mais protegidos pelos patíbulos e os princípios de 1789 [...] Explico-me."

Segundo Pascoli, "a Alemanha, logo a Tríplice Aliança, tem um elemento de fraqueza em relação à França e à Rússia: o *socialismo*". Pascoli "teme" que "se tenha conseguido", no coração dos operários alemães e italianos, "fazer germinar [...] o amor universal em lugar do atavismo feroz e belicoso". Italianos e alemães teriam se tornado cordeiros, mas franceses e russos continuariam sendo leões e tigres, etc.

"Mas o Marxismo falará antes do soar das trombetas. O que dirá? Ouviremos. Serão, acredito, palavras dignas do grande momento. Servirão, espero, para remediar os danos que, involuntariamente, ele acarretou ou está por acarretar às nações que o acolheram. Agirão, antes, como uma espécie de novo fermento ideal em nossos ânimos, que sirva para compensar o ímpeto bestial. Oh, especialmente a Itália o merece! Não será ela a nação pobre, o proletário entre os povos? Para a Itália, haverá uma palavra de coragem. Onde não existe o traço ciclópico do trabalho italiano? Quais ferrovias não foram construídas, e quais montanhas não foram perfuradas, e quais istmos não foram abertos, na maior parte, por braços italianos? E seu trabalho não enriqueceu nem a eles nem a sua nação, porque estava a serviço do capital estrangeiro. Nós exportamos e continuamos a exportar trabalhadores: importamos e continuamos a importar capitalistas. Lá fora e aqui dentro, nós enriquecemos os outros, permanecendo pobres. E aqueles que enriquecemos nos desprezam e nos chamam de *mendigos*. Não sei explicar este fato, mas assim é. E sei que, na realidade, não existe pecado nosso de indolência ou algum outro. Como se pode chamar de indolente o povo mais trabalhador e industrioso e frugal do mundo? Eu digo que é uma *injustiça*." Ataca a França, "a irmã *proprietária*", e conclui: "Oh, grande pátria de trabalhadores e de heróis! Porque o querem, e também porque tua pobreza causa perturbação e tua humildade causa despeito, aceita o desafio, seja quando for, e combate *desesperadamente*."

Pascoli aspirava a tornar-se o líder do povo italiano; mas, como ele mesmo diz numa carta a Mercatelli, citada na nota anterior, o caráter "heroico" das novas gerações se dirige ao "socialismo", assim como o das gerações precedentes se dirigira à questão nacional: por isto, seu temperamento o leva a pregar um socialismo nacional, que lhe parece à altura dos tempos. Ele é o criador do conceito de nação proletária e de outros conceitos, depois desenvolvidos por E. Corradini e os nacionalistas de origem sindicalista: nele, este conceito era muito antigo. Ele tinha a ilusão de que esta sua ideologia seria favorecida pelas classes dirigentes: mas a *Tribuna*, apesar da estreita amizade de Pascoli com Mercatelli, não lhe dá suas páginas e sua autoridade. É interessante esta cisão no espírito de Pascoli: querer ser poeta épico e cantor popular, embora seu temperamento fosse mais exatamente "intimista". Daí também uma dissonância artística, que se manifesta na tensão excessiva, na sofreguidão, na retórica, na feiura de muitas composições, numa falsa ingenuidade que se torna verdadeira puerilidade. Que Pascoli atribuísse muita importância a esta sua função fica evidente em um trecho de carta a Mercatelli, no qual diz que mais se alegraria como administrador das escolas no exterior ou nas colônias do que como professor universitário de literatura, para ter a possibilidade de encarnar, precisamente, o profeta da missão da Itália no mundo. (De resto, D'Annunzio pensou de si mesmo algo análogo: ver o volume *Per l'Italia degli Italiani.*)

§ 55. *A enfiteuse.* O proprietário se chama *direttario*; quem tem a posse da terra, *utilista.* Praticamente, a enfiteuse é um arrendamento que tem o traço especial de ser perpétuo, com a cessão de todo e qualquer direito inerente à propriedade efetiva, mas com o direito de reapropriação de domínio no caso de não pagamento da renda (censo ou foro — obrigações perpétuas). (Teoricamente, a figura do proprietário se duplica.) O contrato de enfiteuse é mais frequente no *Mezzogiorno* e na região de Ferrara: nas outras regiões, é pouco aplicado. Está ligado, parece-me, ao fenômeno do primitivo assalariamento agrícola, ou melhor, ao camponês sem terra, que toma em enfiteuse pequenos lotes para neles empregar os dias em que não tem trabalho, por efeito da sazonalidade ou da monocultura: assim, o enfiteuta introduz grandes melhorias e lavra terrenos inacessíveis ou muitíssimo pedregosos; como está desempregado e o valor do foro por terras quase estéreis é bem reduzido, não calcula o trabalho presente de acordo com a esperança de um benefício futuro. O trabalho do camponês muitas vezes é tal que o capital-trabalho empregado pagaria duas ou três vezes o pedaço de terra. Todavia, se por qualquer razão não paga o foro, o *utilista* perde tudo.

Dado o caráter de obrigação perpétua, o contrato deveria ser escrupulosamente observado e o Estado não deveria jamais intervir. No entanto, em 1925, foi concedido aos proprietários o aumento de um quinto do valor dos foros. Em junho de 1929, os senadores Garofalo, Libertini, Marcello, Amero d'Aste tiveram a desfaçatez de apresentar um projeto de lei em que se aumentavam novamente os foros, apesar da valorização da lira: o projeto não foi levado em consideração, mas permanece como sinal dos tempos, como prova da ofensiva geral dos proprietários contra os camponeses.

§ 56. *Massimo D'Azeglio.* Nestes anos, muitas publicações apologéticas sobre Massimo D'Azeglio, especialmente de um certo Marcus De Rubris (ver quantos títulos De Rubris inventou para D'Azeglio: o cavaleiro da nação, o arauto dos grandes acontecimentos, etc., etc.). Recolher material para um capítulo de "reputações imerecidas".

Em 1860, D'Azeglio, governador de Milão, impediu que fossem mandadas armas e munições a Garibaldi para a expedição de Marsala, "parecendo-lhe pouco leal (!) ajudar uma insurreição contra o reino de Nápoles, com o qual se mantinham relações diplomáticas", como escreve o senador Mozziotti (*Nuova Antologia*, 1º de março de 1928, "La spedizione garibaldina del *Utile*". Cf. Luzio, "Il milione di fucili e la spedizione dei Mille", na *Lettura* de abril de 1910, e a literatura sobre Garibaldi em geral: como Garibaldi julgou D'Azeglio? Cf. as *Memorie*). Já que D'Azeglio, em outras ocasiões, não ficou tão preso à "lealdade", sua atitude deve ser explicada com a aversão cega e sectária ao Partido de Ação e a Garibaldi. A atitude de D'Azeglio explica a política tímida e oscilante de Cavour em 1860: D'Azeglio era um Cavour menos inteligente e menos homem de Estado, mas politicamente se assemelhavam: para eles, não se tratava tanto de unificar a Itália quanto de impedir a ação dos democratas.

§ 59. *Tittoni.* Certamente, sempre teve muita importância a opinião de Tittoni na definição da política externa do governo a partir de 1923: seguir a atividade prática e literária de Tittoni nestes anos. Sua coletânea de artigos sobre política externa, de 1928, *Quistioni del giorno,* apresenta um interessante prefácio político do chefe do governo. Passado de Tittoni. Sua atividade. Juízos de diplomatas estrangeiros sobre Tittoni (ver os *Carnets*, de Georges Louis, etc.). Suas relações com Isvolski. (*Livro Negro*, de Marchand [31].)

Tittoni como literato e sua obsessão gramatiqueira, curiosa, porque a *Nuova Antologia* publica coisas erradíssimas do ponto de vista da língua, especialmente traduções, etc. Ver o artigo "Per la verità storica", assinado por "Veracissimus", na *Nuova Antologia* de 16 de março-1º de abril de 1928: nele, o autor (Tittoni) fala de suas relações com Isvolski, de suas relações com a imprensa francesa (num relatório publicado pelo *Livro Negro*, Isvolski menciona as grandes somas que Tittoni distribuiu à imprensa no período da guerra líbia, etc.) e faz referências interessantes ao encontro de Racconigi, em 1909 [32]. Recordar o livro de Alberto Lumbroso sobre as causas econômicas da guerra e suas referências a Tittoni (no episódio do *Carthage* e do *Manouba*, mencionado por Lumbroso, que responsabilidade cabe a Tittoni?) [33]. No artigo, há também uma alusão grosseira (típica de comerciante de província, diria Georges Louis) à atual embaixada russa em Paris e a seus possíveis contatos com o conde Manzoni [34]. (Por que este *animus* particularmente agressivo de Tittoni? Recordar o escândalo provocado em 1925 — me parece — por Tittoni como presidente do Senado, pelo qual o governo teve de pedir desculpas [35]. O episódio mais interessante da vida de Tittoni é sua permanência em Nápoles como administrador da província num período de grandes escândalos: pode-se encontrar o material na imprensa da época; talvez na *Propaganda,* etc.)

§ 64. R. Garofalo, "Criminalità e amnistia in Italia", *Nuova Antologia* de 1º de maio de 1928. Para o perfil de Garofalo.

§ 65. Claudio Faina, "Foreste, combustibili e carburante nazionale", *Nuova Antologia* de 1º de maio de 1928. Interessante. Demonstra que a silvicultura italiana, se cultivada e aproveitada industrialmente, pode aumentar muito seu rendimento e dar inúmeros subprodutos. (Neste artigo de Faina, que é filho do senador Eugenio Faina, relator da comissão de inquérito sobre o *Mezzogiorno*, e que se ocupa assiduamente de atividades organizativas e propagandistas de caráter agrário — escolas rurais instituídas pelo pai na Úmbria, etc. —, menciona-se um desmatamento intensivo e irracional das montanhas da Sardenha meridional, para vender carvão à Espanha. Recordar esta menção à Sardenha.)

§ 66. *A questão agrária.* Na *Nuova Antologia* de 16 de maio de 1928, aparece um artigo de Nello Toscanelli, "Il latifondo", que contém já na primeira página a seguinte pérola: "Desde quando a arte de escrever permitiu aos italianos ter uma história (!), a questão da divisão das terras sempre esteve 'na ordem do dia' dos comícios populares. De fato, num país em que se pode viver bem a maior parte do ano ao ar livre, tornar-se proprietário, ainda que de um pequeno pedaço de terra, representa a aspiração secreta do cidadão (!?), convencido de poder encontrar os prazeres mais fáceis e uma fonte perene de produtos no campo, por ele visto somente na exuberância primaveril das messes ou na época alegre da vindima. E, em grau menor (!?), a doce visão da propriedade fundiária também excita (!) o camponês, apesar de conhecer (!) os ritmos lentos e as desilusões da agricultura." (Este Nello Toscanelli é um tipo excêntrico, como Loria.)

Segundo Toscanelli, a fórmula: "A terra aos camponeses" foi apresentada em 1913 num programa eleitoral do deputado Aurelio Drago. (Retomada durante a guerra, em 1917, por um primeiro-ministro e divulgada no *Resto del Carlino* pelo senador Tanari.) O artigo de Toscanelli é uma verbosa digressão jornalística, sem valor algum. (Contra a reforma agrária, naturalmente.)

Em seu artigo, Toscanelli mencionou, de modo muito cortês, o fato de que em 1917 o Senador Tanari tinha *dignificado* a fórmula "A terra aos camponeses"; isto para dizer que ela não mais metia medo em ninguém, uma vez que fora defendida e dignificada por um conhecido conservador, como Tanari, e por um primeiro-ministro. (Quem foi? Orlando? Ou se refere a Nitti, que se tornaria mais tarde primeiro-ministro e, então, era ministro do Tesouro?) Mas, em 1928, Tanari ficou muito desconfiado e teve medo de que alguém acreditasse ter ele sido, num momento qualquer, um Ravachol (*sic*) da propriedade [36].

A *Nuova Antologia* de 1º de junho de 1928 publica uma "Carta ao diretor da *Nuova Antologia*", na qual Tanari se justifica, buscando explicar e atenuar sua posição de 1917: "Quero declarar que, num artigo: 'A terra aos camponeses?' (com o devido ponto de interrogação) e, depois, num estudo publicado *Sobre a questão agrária*, não pretendi *dignificar* absolutamente nada! Eis a verdade dos fatos. Estava mais ou menos (*sic*) a par *daquilo que se prometia na trincheira aos camponeses* e, quando me dei conta de que a divisão da terra *se tornava programa do pós-guerra* (grifo do autor), pareceu-me chegado o momento de mantê-la sob controle; daí defender, dentro do possível, o princípio de propriedade, que eu considerava..., (*etc., etc.*). De que modo alcançar este intento? Eram tempos em que, nos Conselhos Comunais, com o sufrágio cada vez mais ampliado, com as cidades tomadas de assalto pelo socialismo (em 1917?!!), de cada dez conselheiros havia talvez dois administradores que pagavam impostos (quer dizer, impostos diretos; mas e os indiretos, entre os quais o imposto de importação do trigo, em benefício dos vários Tanaris?), enquanto outros oito, sem bens, os instituíam (isto é, buscavam impedir que as administrações, como queriam os vários Tanaris, vivessem só com os impostos indiretos). Este número exíguo de proprietários, em relação aos não proprietários, estava submetido à teoria social-comunista da chamada 'alcachofra' (a teoria, para dizer a verdade, é muito mais antiga, é precisamente a teoria da política piemontesa na unificação italiana, e Tanari comete um delito de lesa-majestade afirmando que se trata de uma teoria social-comunista, e ainda por cima em 1917); a saber, instituir cada vez mais impostos a cargo daqueles que tinham posses e, pouco a pouco, folha por folha, chegar à expropriação. Em algumas cidades, quase se conseguira isto (!?). O que me veio à cabeça, *então*? [...] Na França, eu pensava, com uma população de 40 milhões de habitantes, havia antes da guerra 4 milhões de proprietários: na Itália, com 35 milhões, éramos apenas um milhão e meio. Evidentemente poucos, para nos defendermos em meio aos ares da época! (A época, afinal, era 1917.) Então, arrisquei esta ideia verdadeiramente 'revolucionária': 'Se aparecesse uma lei que facilitasse, não coercivamente (observem bem), mas livremente, a passagem da média e da grande propriedade *absenteísta* (grifo do autor) para os que trabalhavam diretamente a terra — desde que estes se mostrassem técnica, moral e financeiramente idôneos e *pagassem a terra, observe-se bem* (grifos do autor), com títulos garantidos, em parte, pela renda da nova propriedade e, em parte, pelo Estado —, eu não seria contrário (como, Deus me perdoe, nem mesmo agora o sou) a uma tal lei.' Antes não o tivesse dito! Socialistas mais evoluídos e inteligentes compreenderam muito bem como isto iria enfraquecê-los e me confessaram. Outros, menos honestos, tiraram de meu artigo o ponto de interrogação; de modo que, de uma questão posta como dúvida, na forma interrogativa, passou-se a uma afirmação. No campo oposto dos proprietários, muitos que não me leram, ou que nada compreenderam, consideraram-me como um verdadeiro expropriador; e assim, com a melhor das intenções de defender o princípio de propriedade, alvejado entre os dois fogos de interesses opostos, convenci-me ...*de que tinha razão*!" (grifo do autor).

Esta carta do Senador G. Tanari é notável por sua hipocrisia política e por suas reticências. Deve-se observar: Tanari evita dar as indicações precisas de seus escritos, que datam do fim de 1917 ou início de 1918, mas que ele, muito habilmente e também com desonestidade bastante grosseira, tenta fazer passar como do pós-guerra. O que levou Tanari a se ocupar da divisão da terra e a defendê-la explicitamente (naturalmente, ele tem razão quando sustenta que queria reforçar a classe dos proprietários, mas não é esta a questão) foi o sobressalto que invadiu a classe dirigente em razão das crises militares de 1917 e que a levou a fazer amplas promessas aos soldados-camponeses (isto é, à esmagadora maioria do Exército). Estas promessas não foram mantidas e, hoje, o marquês Tanari "se envergonha" de ter sido fraco, ter se amedrontado, ter feito a demagogia mais infame. Nisto consiste a hipocrisia política de Tanari e daí as reticências e as tentativas de situar sua iniciativa na atmosfera do pós-guerra e não na de 1917-1918. Bolonha era, então, zona de guerra e Tanari escreveu o artigo no *Resto del Carlino*, ou seja, no jornal que era o mais difundido nas trincheiras, depois do *Corriere*. Tanari exagera ao descrever a reação dos proprietários contra ele. De fato, seu primeiro artigo foi discutido muito serenamente pelo senador

Bassini, grande proprietário vêneto, o qual dirigiu a Tanari objeções de caráter técnico ("como podem ser divididas as empresas agrícolas industrializadas"), não de caráter político. O artigo de Tanari, o de Bassini e a resposta de Tanari (me parece que foi uma resposta "dignificante") foram republicados no *Perseveranza*, jornal moderado e ligado aos proprietários rurais lombardos, então dirigido ou pelo conde Arrivabene ou por Attilio Fontana, conhecido proprietário. A recriminação que os proprietários certamente fizeram a Tanari terá sido a de comprometê-los publicamente diante dos soldados-camponeses, de não deixar que só irresponsáveis fizessem promessas que, sabia-se, não seriam mantidas. E é esta a recriminação que ainda hoje continuarão a lhe fazer, porque compreendem que nem todos esqueceram como não foram mantidas as promessas feitas no momento do perigo. O episódio merece ser examinado e estudado, porque muito educativo. (Sobre este episódio, devo ter escrito uma nota em outro lugar, sem ter à mão a carta de Tanari: ver e reunir [37].)

§ 68. E. De Cillis, "Gli aspetti e le soluzioni del problema della colonizzazione agraria in Tripolitania", *Nuova Antologia*, 1º de julho de 1928. Ver a literatura a respeito e seguir as publicações de De Cillis. O artigo é interessante, porque realista.

§ 69. H. Nelson Gay, "Mazzini e Antonio Gallenga apostoli dell'Indipendenza italiana in Inghilterra (con nove lettere inedite di Mazzini)", *Nuova Antologia*, 16 de julho de 1928. Trata especialmente da violação do sigilo de correspondência perpetrada pelo governo inglês contra Mazzini, em 1844, antes da expedição dos irmãos Bandiera, e do serviço prestado pela Inglaterra aos Bourbon, comunicando-lhes os dados da conspiração. Os irmãos Bandiera foram presos por "mérito" do governo inglês ou de um mazziniano traidor (Boccheciampe)? É preciso ver com mais exatidão, porque a captura dos irmãos Bandiera requereu medidas militares e despesas tão consideráveis que só uma alta autoridade, como fonte da informação, podia levar o governo a agir, dado que não deviam faltar informações infundadas, por parte de provocadores e especuladores, sobre conjurações, iniciativas revolucionárias, etc. Por isto, deve-se verificar melhor se a responsabilidade do governo inglês (Lorde Aberdeen) foi apenas moral (porque realmente informou) ou também decisiva e imediata (porque, sem ela, não teria havido a repressão, tal como houve) [38]. O deputado radical Duncombe, que apresentou no Parlamento a petição de Mazzini, afirmou num discurso: "Se um monumento for erguido em memória daqueles que caíram em Cosenza, como espero seja feito, a lápide comemorativa deve recordar que eles caíram pela causa da justiça e da verdade, vítimas da covardia e do embuste de um ministro britânico."

§ 70. *A Revolução Francesa e o Risorgimento.* Um tema muitas vezes recorrente na literatura italiana, histórica e não histórica, é este, expresso por Decio Cortesi num artigo, "Roma centotrent'anni fa" (*Nuova Antologia*, 16 de julho de 1928): "Deve-se deplorar que, na pacífica Itália, que se encaminhava para uma melhoria gradual e sem abalos (!!?), as teorias jacobinas, filhas de um idealismo pedante que jamais medrou em nossos cérebros, dessem ocasião a tantas cenas de violência; e deve-se deplorar tanto mais porque, se estas violências, na França ainda oprimida pelos últimos restos do feudalismo e por um despotismo monárquico, podiam até um certo ponto ser justificadas, na Itália, de costumes simples e, na prática, francamente democráticos (!!?), não tinham igual razão de ser. Os governantes da Itália podiam ser chamados de 'tiranos' nos sonetos dos literatos, mas quem desapaixonadamente considere o bem-estar desfrutado por nosso país, no esplêndido século XVIII, não poderá deixar de pensar com alguma nostalgia em todo aquele conjunto de sentimentos e de tradições que a invasão estrangeira golpeou mortalmente."

A observação poderia ser verdadeira, se a própria restauração acontecida após 1815 não demonstrasse que, também na Itália, a situação do século XVIII era inteiramente diferente da suposta. O erro é considerar a superfície e não as condições reais das grandes massas populares. De todo modo, é verdade que, sem a invasão estrangeira, os "patriotas" não teriam conquistado a importância nem sofrido o processo de desenvolvimento relativamente rápido que tiveram. O elemento revolucionário era insuficiente e passivo.

§ 71. *Sobre os orçamentos do Estado.* Ver os discursos, no Senado, de Sua Exelência, Federico Ricci, ex-prefeito de Gênova. Estes discursos devem ser lidos antes de qualquer trabalho sobre a história destes anos.

No discurso de 16 de dezembro de 1929, sobre o relatório do exercício financeiro de 1927-1928, Ricci observou:

1) A propósito do fundo de amortização da dívida externa, instituído pelo decreto-lei de 3 de março de 1926, depois dos Acordos de Washington (14 de novembro de 1925) e de Londres (27 de janeiro de 1926): que a diferença apurada entre a parcela paga pela Alemanha e a parcela paga pela Itália à América e à Inglaterra é emprestada à Tesouraria, que, num certo ponto, deverá restituir a quantia (será atingida a casa dos bilhões), quando a Itália deverá pagar mais do que recebe. Há o risco de que a Tesouraria não possa pagar. A Itália recebeu da Alemanha pagamentos em mercadorias e em dinheiro. Não mais se publicam relatórios detalhados das vendas feitas pelo Estado das mercadorias recebidas da Alemanha, bem como das quantias apuradas: não se sabe se elas são maiores ou menores do que as quantias creditadas.

2) A propósito do fundo de amortização da dívida interna, instituído pelo decreto-lei de 5 de agosto de 1927, para prover à extinção da dívida consolidada e de outras dívidas do Estado. Devia ser constituído pelos superávits orçamentários, as receitas dos juros de capital, as recuperações de capital e os juros dos empréstimos feitos pelo Estado a certas indústrias privadas, etc. *Um ano depois*, todas as fontes principais não se materializaram, especialmente os superávits orçamentários. Estes valores são simplesmente lançados contabilmente a crédito do fundo, de modo que, nos restos a pagar, seu crédito é de 1,728 bilhão de liras. Segundo o último relatório, até dezembro de 1928, as contribuições do setor privado são de 4,8 milhões de liras, soma muito inferior à publicada nos jornais.

3) Apólices de seguro para os combatentes, instituídas pelo decreto-lei de 10 de dezembro de 1917, no valor de 500 liras para os

soldados, 1.000 liras para os suboficiais e 5.000 liras para os oficiais. (Será exato? Ou não se falava de 1.000 liras para os soldados?) Elas serão resgatadas em 1947 ou 1948, representando um ônus muito grande para o orçamento (naturalmente, os interessados não receberam quase nada e os especuladores é que farão o resgate: eis uma questão interessante). Com o decreto de *10 de maio de 1923*, o governo procedera à constituição de uma reserva na Caixa de Depósitos e Empréstimos, atribuindo uma dotação inicial de 600 milhões e mais de 50 milhões anuais. Mas os 600 milhões jamais foram depositados: foram registrados, na rubrica das receitas previstas, como empréstimo a ser contraído a uma taxa de 3,50% (depois aumentada para 4,75% pelo Decreto nº 852, de 10 de maio de 1925); e, na rubrica dos restos a pagar, como crédito da Caixa de Depósitos. Quanto aos 50 milhões, foram inscritos no orçamento durante alguns anos, até que um decreto ministerial cancelou a dotação para o ano em curso (1927) e para os seguintes (Decreto ministerial nº 116.635, de 6 de outubro de 1927). ("É curioso (!!?) que seja possível mudar radicalmente a fisionomia do orçamento, solenemente (!) aprovado pela Câmara, mediante simples decretos ministeriais, que não aparecem na *Gazzetta Ufficiale* e sobre os quais o próprio chefe de governo poderia não saber nada; e até o próprio ministro competente poderia assiná-los inadvertidamente"; estas palavras de Ricci têm um lado obscuro.)

Uma observação de Ricci: o fundo de amortização da dívida interna contraiu uma "pequena dívida" de 80 milhões para amortizar a dívida pública!!! A Tesouraria, inteiramente perdida, pegou dinheiro emprestado do Alto Comissário da Cidade de Nápoles, do Consórcio do Porto de Gênova, etc. Tomou dinheiro dos fundos de amortização da dívida externa e da dívida interna, dando-lhes um tratamento curioso, isto é, não pagando os juros!, etc.

§ 72. *A propósito dos orçamentos*. Deve-se sempre comparar o orçamento original com os acréscimos, correções e variações que habitualmente se fazem depois de alguns meses; com frequência, nesta suplementação de orçamento se encaixam itens interessantes (por exemplo, no orçamento original, as despesas secretas do Ministério das Relações Exteriores eram de 1,5 milhão de liras; na suplementação, houve um aumento de 10 milhões). O certo é que a suplementação recebe menos atenção do que o orçamento original e, por isto, suscita menos curiosidade e menos investigação: parece matéria de administração ordinária.

§ 79. *Os camponeses italianos.* Problemas camponeses: malária, *brigantaggio*, terras incultas, pelagra, analfabetismo, emigração. (No *Risorgimento*, estes problemas foram tratados? Como? Por quem?) No período do *Risorgimento*, algumas destas desgraças alcançam o grau máximo de gravidade: o *Risorgimento* coincide com um período de grande depressão econômica em amplas regiões italianas, que é aumentada pela agitação política. A pelagra apareceu na Itália no decorrer do século XVIII e se agravou cada vez mais no século seguinte: pesquisas de médicos e economistas sobre a pelagra. (Quais as causas da pelagra e da má nutrição dos camponeses, que está em sua origem?) Verificar o livro de Luigi Messedaglia: *Il Mais e la vita rurale italiana* (Piacenza, Ed. Federazione dei Consorzi agrari, 1927). Este livro de Messedaglia é necessário para o estudo da questão agrária italiana, tal como o livro de Jacini e os de Celso Ulpiani.

§ 80. *Sobre a emigração italiana.* Artigo de Luigi Villari na *Nuova Antologia* de 16 de fevereiro de 1928: "L'emigrazione italiana vista dagli stranieri". Villari escreveu bastante sobre a emigração: ver. (Neste artigo, comenta alguns livros americanos, ingleses e franceses, que falam da emigração italiana.)

§ 81. *Os voluntários no Risorgimento.* Paulo Fambri escreveu um artigo sobre os voluntários na *Nuova Antologia* (ou *Antologia*) de 1867 (?). Na *Nuova Antologia* de 1º de agosto de 1928, "L'Archivio inedito di Paulo Fambri" (de A. F. Guidi), reproduz-se uma carta dirigida a Fambri pelo general C. di Robilant, que era diretor da Escola Superior de Guerra de Turim (a carta é de 31 de janeiro de 1868), em que se aprova a primeira parte do artigo de Fambri. Di Robilant acrescenta que, dos 21 mil voluntários de 1859, só a metade ou pouco mais se fazia presente nas linhas de combate (cf. os juízos de Plon-Plon contra os voluntários nesta mesma guerra de 1859) [39].

§ 82. *Giolitti*. Artigo na *Nuova Antologia* de 1º de agosto de 1928 sobre G. Giolitti, de *Spectator* (que deve ser Mario Missiroli). O artigo é interessante e deve-se recorrer a ele em caso de estudo do mesmo tema. Giolitti e o movimento operário e socialista, Giolitti e o pós-guerra, etc. Muitos aspectos da política de Giolitti são tratados apenas superficialmente: na realidade, não se toca no cerne de sua ação, se bem que existam referências capazes de levar a pensar que Missiroli poderia ter dito mais.

§ 89. "I primordi del movimento unitario a Trieste", de Camillo de Franceschi, *Nuova Antologia*, 1º de outubro de 1928. Artigo incoerente e de fundo retórico. Existem, porém, referências à intervenção do "materialismo histórico" no estudo da questão nacional, tema que será interessante estudar concretamente [40].

De Angelo Vivante: *Socialismo, nazionalismo, irredentismo nelle provincie adriatiche orientali*, Trieste, 1905; *Irredentismo adriatico*, Florença, 1912 (pequenos volumes da *Voce*?). De Vivante, que foi homem muito sério e de muito caráter, foram publicados folhetos pela Editora Avanti!, sob a orientação de Mussolini, que defendeu Vivante dos ferozes ataques dos irredentistas e nacionalistas. À bibliografia sobre esta questão é preciso acrescentar os artigos de Mussolini sobre Trieste, no jornal *Avanti!*, e seu folheto sobre o Trentino publicado pela *Voce*. No *Viandante*, de Monicelli, publicaram-se artigos de autoria de Arturo Labriola, Francesco Ciccotti e, me parece, de outros (o problema nacional foi um dos pontos críticos pelos quais uma parte dos intelectuais sindicalistas passou ao nacionalismo: Monicelli, etc.) [41]. Ver em que medida Vivante seguia o austromarxismo sobre a questão nacional e em que medida se distanciava; ver as críticas dos russos ao austromarxismo sobre a questão nacional [42]. Forma especial que assumia a questão nacional em Trieste e na Dalmácia (para os italianos): artigo de Ludo Hartmann, na *Unità* de 1915, reproduzido no livrinho sobre o *Risorgimento* (Ed. Vallecchi): polêmicas na *Voce* sobre o irredentismo e a questão nacional, com muitos artigos (um de Borgese, me parece) favoráveis à tese "austríaca" (Hartmann) [43].

§ 94. *Sobre as finanças do Estado.* "Le riforme del Tesoro", di "Alacer", na *Nuova Antologia* de 16 de novembro de 1928. Complementa o artigo de Tittoni, de junho de 1927: deve ser levado em conta, para acompanhar todas as várias fases da luta surda que os elementos conservadores conduzem em torno da política financeira [44].

§ 95. *Questões interessantes da história e da política italiana.* Examinar "Il mistero dei *Ricordi diplomatici* di Costantino Nigra", de Delfino Orsi, na *Nuova Antologia* de 16 de novembro de 1928 [45].

Artigo muito importante, se bem que cheio de pequenas bobagens. (Algumas delas demonstram a que ponto de exasperação estupidamente acrítica chegaram muitos membros da burguesia italiana. Na p. 148, Orsi escreve: "Em 19 de outubro de 1904, o conde Nigra chegou a Turim, para dirigir-se no dia seguinte a Racconigi, onde o rei o havia chamado para servir de testemunha, junto com Bianchieri, na cerimônia do registro de nascimento do príncipe herdeiro. Dois dias antes, sob pretexto de natureza econômica, mas, na verdade, com a intenção (!!) de turvar o júbilo da Nação pelo faustíssimo acontecimento da Casa Real, o Partido Socialista, pondo-se covardemente, como de costume, a reboque dos comunistas (em 1904!!!), proclamara a greve geral em toda a Itália." Como as frases feitas substituem toda e qualquer forma responsável de pensamento, até conduzir às bobagens mais divertidas! Isso pode ser posto numa rubrica de *Passado e presente.*) Trata-se de um artigo muito importante, porque se refere a um daqueles fatos que permanecem misteriosos: o desaparecimento dos *Ricordi diplomatici* de Nigra, que Orsi viu em versão final, revisada, pronta, e que seriam preciosíssimos para a história do *Risorgimento.* Relacionar com o caso Bollea, em torno da correspondência de M. D'Azeglio, com os interrogatórios de Confalonieri, etc.

§ 96. *Alfredo Oriani.* É interessante uma nota de Piero Zama, "Alfredo Oriani candidato politico", na *Nuova Antologia* de 16 de novembro de 1928.

§ 98. Nino Cortese, *L'esercito napoletano e le guerre napoleoniche*, Nápoles, Ricciardi, 1928, 199 p., in-8º, 12 liras.

§ 100. Pietro Silva, "Bilanci consuntivi: La Storiografia", na *Italia che scrive* de setembro de 1928. Interessante nota bibliográfica sobre as publicações históricas italianas mais recentes. A considerar. Deve ser interessante, para minhas investigações particulares, o pequeno livro de Arrigo Solmi, *L'unità fondamentale della storia italiana* (Ed. Zanichelli), que procura rastrear e indicar na história da península uma continuidade nacional nunca rompida, desde os tempos de Roma. Concepção interessante, mas certamente indemonstrável e reflexo indiscutível das atuais necessidades de propaganda. (Contra esta tese: Croce e Volpe.)

§ 101. Albano Sorbelli, *Opuscoli, stampe alla macchia e fogli volanti riflettenti il pensiero politico italiano (1830-35). Saggio di bibliografia storica*, Florença, Leo S. Olschki, 1927, LXXXVIII-273 p., 70 liras.

Sorbelli registra quase mil panfletos e folhetos, agrupados em ordem cronológica e com uma referência ao conteúdo. No prefácio, estuda as correntes de pensamento daqueles anos, que mais tarde se reunirão nos partidos.

§ 102. Giuseppe Ferrari, *Corso su gli scrittori politici italiani*. Nova edição completa, com prefácio de A. O. Olivetti. 1928, Milão, Monanni, 700 p., 25 liras.

§ 104. *Resenha* do livro de Bonomi sobre Bissolati, na *Italia che scrive* de maio de 1929, de Giuseppe A. Andriulli [46]. (Seria preciso acompanhar todas estas resenhas de livros desse tipo, especialmente se escritas por ex-socialistas, como Andriulli.)

§ 106. *Risorgimento italiano. Os jacobinos italianos*. Habitualmente, são muito mal estudados nos livros e nos artigos de divulgação; e deles, também, se sabe muito pouco. Nos *Atti del XIV Congresso nazionale per la storia del Risorgimento Italiano (1927)*, está publicado um estudo de Renato Sòriga, "L'idea nazionale e il ceto dei 'patrioti' avanti il maggio 1796", que dá a conhecer alguns documentos extraídos da correspondência de Filippo Buonarroti [47]. Podem-se obter, deste estudo, dados bibliográficos e indicações para estudar este primeiro período do liberalismo italiano.

§ 107. *A "estrela da sorte da Itália."* Como nasceu esta expressão "estrela da sorte", que passou a fazer parte da ideologia patriótica e nacional italiana? Em 27 de novembro de 1871, no dia em que Vítor Emanuel II abriu os trabalhos do Parlamento em Roma, viu-se em pleno dia o planeta Vênus, que, ordinariamente (como a órbita de Vênus está entre o Sol e a Terra), só se vê de manhã, antes de nascer o Sol, ou à tarde, depois do poente. Mas, se certas condições atmosféricas favorecerem a visibilidade do planeta, não é raro que se possa vê-lo mesmo depois que o sol desponte e antes que se ponha, o que aconteceu, precisamente, no dia 27 de novembro de 1871. O fato é recordado de modo preciso por Giuseppe Manfroni, então comissário da cidade, que, em suas *Memorie*, escreve: "O maior acontecimento do mês de novembro foi a abertura da nova legislatura do Parlamento, que aconteceu no dia 27 com um discurso pronunciado pelo rei [...] não faltou o milagre; em pleno dia, via-se brilhar sobre o Quirinale uma estrela de grande brilho: Vênus, dizem os astrônomos; mas o povo dizia que a estrela da Itália iluminava o triunfo das ideias unitárias." A visibilidade de Vênus em pleno dia parece fenômeno raro, mas não raríssimo, já observado pelos antigos e na Idade Média. Em dezembro de 1797, quando Napoleão voltou triunfalmente a Paris depois da guerra italiana, viu-se o planeta de dia e o povo dizia que era a estrela de Napoleão.

§ 111. *Risorgimento. O povo e o Risorgimento.* O *Marzocco* de 30 de setembro de 1928, resume, com o título "La Serenissima meritava di morire?", um pequeno volume miscelâneo de Antonio Pilot (Stabil. Grafico U. Bortoli), em que se extraem, de diários e memórias de venezianos, opiniões sobre a queda da República de Veneza [48].

A responsabilidade do patriciado era ideia fixa das classes populares. O último doge, Lodovico Manin, narra em suas memórias: "A coisa chegou ao ponto em que, passando um dia por um pequeno pátio em

San Marcuola, uma mulher, reconhecendo-me, disse: 'Que pelo menos venha a peste, pois, assim, morreremos nós, mas também morreriam estes ricos que nos venderam e que são a razão de morrermos de frio e de fome.'" O velho desistiu da caminhada e foi embora. Bertucci Balbi-Valier, num soneto intitulado "I nobili veneti del 1797 non tradirono la Repubblica", escreve: "Não, não é verdade que os nobres traíram/ Nossa pátria em noventa e sete" (o que significa quão profunda era a convicção e como se buscava combatê-la).

§ 113. *Risorgimento. O povo e o Risorgimento.* Na *Lettura* de 1928, Pietro Nurra publica o diário inédito de um combatente dos Cinco Dias de Milão, o mantuano Giovanni Romani, que se estabeleceu pela primeira vez em Milão, em 1838, como cozinheiro na Croce d'Oro, no área de Asole; em seguida, depois de ter girado por quase toda a Itália, retornou a Milão às vésperas dos Cinco Dias, como cozinheiro na taberna do Porto di Mare, em Santo Stefano. O diário é uma espécie de caderno de 199 páginas numeradas, das quais 186 escritas com caligrafia grosseira e redação incorretíssima.

Parece-me muito interessante, porque os homens do povo não costumam escrever estes diários, ainda mais há oitenta anos. Por isto, deve ser estudado por seu valor psicológico e histórico; talvez esteja no Museu do *Risorgimento*: ver se a *Lettura* fornece outras informações bibliográficas.

§ 115. *Sobre o Risorgimento e o Mezzogiorno.* Os livros de Marc Monnier, *Notizie storiche sul brigantaggio nelle province napoletane*, desde Fra Diavolo até 1862, e *La Camorra, mystères de Naples* [49].

§ 122. Giuseppe Paratore, "La economia, la finanza, il denaro d'Italia alla fine del 1928", *Nuova Antologia*, 1º de março de 1929 [50].

Artigo interessante, mas muito rápido e muito conformista. Deve-se considerá-lo para reconstruir a situação de 1926 até as leis excepcionais. Paratore faz uma relação das principais contradições do pós-guerra: 1) as divisões territoriais multiplicaram as barreiras alfandegárias; 2) a uma redução geral da capacidade de consumo correspondeu, por toda parte, um aumento das plantas industriais; 3) a uma depressão econômica tendencial, um acentuado espírito de nacionalismo econômico (toda nação quer produzir tudo e quer vender sem comprar); 4) a um empobrecimento geral, uma tendência ao aumento real das despesas estatais; 5) a um desemprego maior, uma menor emigração (antes da guerra, deixavam anualmente a Europa cerca de 1.300.000 trabalhadores, hoje só emigram 600-700 mil homens); 6) a riqueza destruída pela guerra, em parte, foi capitalizada e dá lugar a juros que, por muito tempo, foram pagos com dívidas adicionais; 7) um endividamento com os Estados Unidos da América (por dívidas políticas e comerciais), que, se produzisse transferências reais, colocaria em risco qualquer estabilidade monetária.

Sobre a Itália, Paratore observa estes elementos de sua situação no pós-guerra: 1) considerável redução de seu capital humano; 2) dívida de cerca de 100 bilhões de liras; 3) volume preocupante de dívida flutuante; 4) orçamento estatal desequilibrado; 5) sistema monetário abalado, caracterizado por uma profunda contração e por uma perigosa instabilidade do valor interno e externo da moeda; 6) balança comercial particularmente negativa, agravada por uma desorganização completa das relações comerciais com o exterior; 7) deterioração de muitos sistemas financeiros relativos à economia pública e privada.

§ 124. Giorgio Mortara, "Natalità e urbanesimo in Italia", *Nuova Antologia*, 16 de junho-1º de julho de 1929 [51].

Estuda as questões mais estritamente estatísticas, demonstrando grande cautela em seus juízos, especialmente os de alcance mais imediato. Na Itália, em meio a oscilações, o número anual de recém-nascidos aumentou no primeiro quarto de século seguinte à unidade nacional (máximo de 1.152.906, em 1887); declinou gradualmente até um mínimo de 1.042.090, em 1903; recuperou-se até o segundo maior número de 1.144.410, em 1910; e se manteve nos anos anteriores à guerra em 1.100.000. Em 1920 (muitos casamentos após o armistício), ocorre o máximo absoluto de 1.158.041, que declina rapidamente a 1.054.082, em 1927, e a 1.040.000, em 1928 (território anterior à guerra: nos novos limites, 1.093.054, em 1927, e 1.077.000, em 1928), a mais baixa cifra nos últimos 48 anos. Noutros países, diminuição maior ainda. Diminuição correlativa no número de mortes: de um máximo de 869.992, em 1880, a um mínimo de 635.788, em 1912, diminuição que, depois do período bélico, com 1.240.425 mortes em 1918, recomeçou: em 1927, apenas 611.362 mortes; em 1928, 614 mil (velhas fronteiras; nas novas fronteiras, 635.996 mortes, em 1927, e 639.000, em 1928). Deste modo, em 1928, os nascimentos superam as mortes em cerca de 426.000 (novas fronteiras, 438.000), isto é, uma cifra mais favorável do que a de 1887, de apenas 323.914, devido ao alto percentual de mortes. O maior excedente, cerca de 448 mil, aconteceu no quinquênio 1910-1914. (Em termos gerais, pode-se dizer que, num certo período histórico, o grau de bem-estar de um povo não pode ser deduzido do alto número de nascimentos, mas, antes, do percentual das mortes e do excedente dos nascimentos sobre as mortes: mas, mesmo nesta fase histórica, incidem variáveis que devem ser analisadas; de fato, mais do que de bem-estar popular absoluto, pode-se falar de melhor organização estatal e social da higiene, o que impede uma epidemia, por exemplo, de se difundir e dizimar uma população com baixo padrão de vida, mas não eleva de modo algum este mesmo padrão — se é que não se pode dizer, sem mais nem menos, que o mantenha, evitando o desaparecimento dos mais fracos e improdutivos, que vivem do sacrifício dos outros.)

Os números absolutos de nascimentos e mortes dão apenas o aumento absoluto da população. A intensidade do aumento é dada pela relação deste aumento com o número dos habitantes. De 39,3 por 1.000 habitantes, em 1876, a taxa de nascimentos cai a 26, em 1928, com uma diminuição de 33%; a taxa de mortes, de 34,2 em 1867, cai a 15,6 em 1928, com uma diminuição de 54%. A taxa de mortalidade começa a declinar nitidamente no quinquênio 1876-1880; a taxa de natalidade inicia sua queda no quinquênio 1891-1895.

Nos outros países da Europa, para 1.000 habitantes: Grã-Bretanha, 17 nascimentos — 12,5 mortes; França, 18,2 — 16,6; Alemanha, 18,4 — 12;

Itália, 26,9 — 15,7; Espanha, 28,6 — 18,9; Polônia, 31,6 — 17,4; URSS (europeia), 44,9 — 24,4; Japão, 36,2 — 19,2. (Para a Rússia, os dados se referem a 1925, para o Japão a 1926, para os outros países a 1927.)

Para a diminuição da taxa de mortalidade, Mortara estabelece três causas principais: progresso da higiene, progresso da medicina, progresso do bem-estar, que resumem, de forma esquemática, um grande número de fatores para uma taxa menor de mortalidade (um dos fatores também é a menor taxa de natalidade, porque as crianças estão sujeitas a uma taxa alta de mortalidade). O fator preponderante da baixa taxa de natalidade é a fecundidade decrescente dos casamentos, por causa da limitação voluntária, inicialmente por previdência, depois por egoísmo. Se o movimento ocorresse uniformemente em todo o mundo, não se alterariam as condições relativas das várias nações, mesmo tendo efeitos graves sobre o espírito de iniciativa e podendo ser causa de inércia e de regresso moral e econômico. Mas o movimento não é uniforme: hoje, existem povos que crescem rapidamente, e outros, lentamente; amanhã, haverá povos que crescerão celeremente e outros diminuirão.

Já hoje, na França, o equilíbrio entre nascimentos e mortes é mantido a duras penas com a imigração, que determina outros graves problemas morais e políticos: na França, a situação é agravada pela taxa de mortalidade relativamente alta, em comparação com a Inglaterra e a Alemanha.

Cálculo regional, em 1926: Piemonte (proporção para 1.000 habitantes, nascimentos e mortes), 17,7 — 15,4; Ligúria, 17,1 — 13,8; Lombardia, 25,1 — 17,9; Veneza Tridentina, 25,0 — 17,5; Veneza Euganea, 29,3 — 15,3; Veneza Júlia, 22,8 — 16,1; Emília, 25,0 — 15,3; Toscana, 22,2 — 14,3; Marcas, 28,0 — 15,7; Úmbria, 28,4 — 16,5; Abruzos, 32,1 — 18,9; Campânia, 32,0 — 18,3; Púglia, 34,0 — 20,8; Basilicata, 36,6 — 23,1; Calábria, 32,5 — 17,3; Sicília, 26,7 — 15,7; Sardenha, 31,7 — 18,9. Prevalecem os níveis médios, mas com tendência mais para baixo do que para cima.

Segundo Mortara, a causa da menor taxa de natalidade deve ser buscada na limitação voluntária. Às vezes, outros elementos podem contribuir, mas são secundários (emigração dos homens). Houve um "contágio" da França no Piemonte e na Ligúria, onde o fenômeno é mais grave (a emigração temporária serviu de veículo) e de origem mais distante, mas não se pode falar de contágio "francês" na Sicília, que, no *Mezzogiorno*, lidera a diminuição da natalidade. Não faltam indícios de limitação voluntária em todo o *Mezzogiorno*. Campo e cidade: a cidade tem menos nascimentos do que o campo. Turim, Gênova, Milão, Bolonha, Florença têm (em 1926) uma taxa média de natalidade inferior à de Paris.

§ 129. *Indústrias italianas*. Cf. o artigo "I 'soffioni' della Maremma Toscana", na *Civiltà Cattolica* de 20 de julho de 1929. Como artigo de divulgação científica, está muito bem-feito.

§ 130. *Histórias regionais. A Ligúria e Gênova*. Cf. Carlo Mioli, *La Consulta dei Mercanti genovesi*. Estudo histórico da Câmara de Comércio e Indústria, 1805-1927, Gênova, 1928. Comentado e resumido na *Civiltà Cattolica* de 17 de agosto de 1929. Deve ser muito interessante e importante para a história econômica de Gênova no período do *Risorgimento* e, em seguida, no período da unidade, até a substituição das Câmaras de Comércio pelos Conselhos de Economia. Mioli era o secretário da última Câmara de Comércio. O livro tem um prefácio de Pessagno, um advogado que trabalha no arquivo histórico de Gênova.

§ 140. Giuseppe Frisella Vella, *Temi e problemi sulla cosí detta questione meridionale*, com introdução e bibliografia, in-8º, 56 p., Palermo, La Luce, Ed. Sicula, 6 liras.

§ 141. *Passado e presente*. O consumo do sal. (Cf. Salvatore Majorana, "Il monopolio del sale", *Rivista di Politica Economica*, janeiro de 1931, p. 38.) No exercício de 1928-1929, logo após o aumento do preço do sal, o consumo diminuiu em 1,103 kg em comparação com o exercício anterior, isto é, se reduziu a 7,133 kg *per capita*, enquanto os gastos subiram em 4,80 liras. Além disso, foi suspensa a distribuição gratuita de sal nas comunidades onde existem pelagrosos, com a explicação de que a pelagra quase desapareceu e outras ações gerais do Estado lutam contra a pelagra (em geral). (Mas que fim tiveram os pelagrosos reais, de hoje?)

§ 144. *Passado e presente.* Um artigo interessante para constatar um certo movimento de reabilitação dos Bourbon de Nápoles é o de Giuseppe Nuzzo, "La politica estera della monarchia napoletana alla fine del secolo XVIII", na *Nuova Antologia* de 16 de julho de 1930. Artigo historicamente insípido, porque fala de veleidades burlescas.

§ 147. *Risorgimento italiano.* Na *Nuova Antologia* de 1º de outubro de 1930, Francesco Moroncini, "Lettere inedite di Carlo Poerio e di altri ad Antonio Ranieri (1860-66)". Interessante para o período histórico e a questão política do *Mezzogiorno* [52].

§ 148. *Risorgimento italiano.* No *Corriere della Sera* de 16 de outubro de 1931, ver o artigo de Gioacchino Volpe, "Quattro anni di governo nel Diario autografo del Re" (sobre o livro de Francesco Salata, *Carlo Alberto inedito*). Em seus juízos e em sua exposição, Volpe é inexpressivo e prudente em excesso. Uma pequena seção se intitula: "Contra as ingerências estrangeiras", mas quais são estas ingerências? Carlos Alberto é totalmente favorável à intervenção da Áustria nas províncias do Estado Pontifício; é contra a ingerência (?), nos assuntos internos do Piemonte, do embaixador francês e do ministro inglês, que pretendiam uma conferência em Turim para regulamentar os negócios do Estado e da Igreja: Carlos Alberto preferiu a intervenção armada da Áustria nas províncias do Vaticano à intervenção das próprias tropas, como o papa desejava, porque não queria que os soldados piemonteses se contagiassem de liberalismo ou que, nos romanholos, nascesse o desejo de se unirem ao Piemonte.

CADERNO 3 (1930)

§ 17. *1917.* Sobre as causas que provocaram a terrível crise no abastecimento de Turim, em julho-agosto de 1917, deve-se ver o volume de R. Bachi, *L'alimentazione e la politica annonaria in Italia*, "Pubblicazioni della Fondazione Carnegie", Laterza, Bári, e o volume de Umberto Ricci, *Il fallimento della politica annonaria*, Ed. La Voce, Florença, 1921 [53].

§ 39. *Passado e presente*. O problema da capital: Roma-Milão. Função e posição das maiores cidades: Turim-Trieste-Gênova-Bolonha--Florença-Nápoles-Palermo-Bari-Ancona, etc. Na estatística industrial de 1927 e nas publicações que expuseram seus resultados, existiria uma divisão destes dados por cidades e por centros industriais em geral? (A indústria têxtil apresenta zonas industriais sem grandes cidades, como as de Biella, Como, Vicenza, etc.) Importância social e política da cidade italiana.

Este problema está ligado ao das "cem cidades", isto é, o da aglomeração da burguesia rural em burgos (cidades) e o da aglomeração, em vilarejos, de grandes massas de assalariados agrícolas e de camponeses sem terra, onde existe o latifúndio extensivo (Púglia, Sicília). Também está relacionado ao problema de qual grupo social exerce a direção política e intelectual sobre as grandes massas, direção de primeiro grau e de segundo grau. (Os intelectuais exercem muitas vezes uma direção de segundo grau, uma vez que eles próprios estão sob a influência dos grandes proprietários de terra, e estes, por sua vez, direta e indiretamente, de modo parcial ou de modo total, são dirigidos pela grande burguesia, especialmente financeira.)

§ 40. *Reforma e Renascimento*. As observações, feitas de modo disperso, sobre o diferente alcance histórico da Reforma protestante e do Renascimento italiano, da Revolução Francesa e do *Risorgimento* (a Reforma está para o Renascimento assim como a Revolução Francesa para o *Risorgimento*) podem ser recolhidas num ensaio único, com um título que também poderia ser "Reforma e Renascimento" e que poderia partir das publicações editadas entre 1920 e 1925 justamente em torno desta questão: "a necessidade de que, na Itália, se verifique uma reforma intelectual e moral", ligada à crítica do *Risorgimento* como "conquista régia" e não movimento popular, por obra de Gobetti, Missiroli e Dorso. (Recordar o artigo de Ansaldo no *Lavoro*, de Gênova, contra Dorso e contra mim.) Por que, neste período, surgiu este problema? Ele derivava dos acontecimentos... (Episódio cômico: artigos de Mazzali na *Conscientia*, de Gangale, em que se fazia referência a Engels [54].) Precedente histórico no ensaio de Masaryk sobre a Rússia (em 1925, traduzido para o italiano por Lo Gatto): Masaryk indicava a fraqueza política do povo russo no fato de que, na Rússia, não tinha havido a reforma religiosa.

§ 62. *Passado e presente*. A influência intelectual da França. O incrível sucesso do superficialíssimo livro de Léon Daudet sobre o "estúpido século XIX": a fórmula do "século estúpido" se tornou uma autêntica ladainha que se repete a torto e a direito, sem que se compreenda seu alcance [55]. No sistema ideológico dos monarquistas franceses, esta fórmula é compreensível e justificada: eles criam ou querem criar o mito do *ancien régime* (só no passado está a verdade, só no passado está a beleza) e, programaticamente, desprezam todo o "parêntese" entre 1789 e os resultados da Restauração: entre outras coisas, até mesmo a formação da unidade estatal italiana. Mas, para os italianos, que significado teria esta fórmula? Pretenderiam restaurar as condições anteriores ao *Risorgimento*? O século XIX seria estúpido porque expressou as forças que unificaram a Itália?

Ideologia de subterfúgios: existe uma corrente, muito estúpida em suas manifestações, que realmente busca reabilitar os antigos regimes, especialmente os Bourbon, e isto, precisamente, com espírito apologético (paralelamente aos estudos históricos, que buscam reconstruir objetivamente os fatos). Mas, em todas estas expressões, parece-me encontrar o embaraço de quem gostaria de ter uma tradição e não pode tê-la (uma tradição polêmica, como a francesa de Luís XIV ou de Napoleão), ou é obrigado a recuar muitos séculos e, na real tradição do país, vê embutida uma quantidade excessiva de questões polêmicas e negativas. Justamente por isto, o sucesso da expressão de Daudet é um exemplo típico de subordinação às correntes intelectuais francesas.

Mas a questão tem um aspecto geral muito interessante: qual deve ser a atitude de um grupo político inovador ante o passado, especialmente o passado mais próximo? Naturalmente, deve ser uma atitude essencialmente "política", determinada pelas necessidades práticas, mas a questão consiste, precisamente, na determinação dos "limites" de uma tal atitude. Uma política realista não deve considerar apenas o sucesso imediato (mas, para determinados grupos políticos, o sucesso imediato é tudo: trata-se dos movimentos puramente repressivos, para os quais se trata, especialmente, de golpear duramente os inimigos imediatos, de aterrorizar seus seguidores e, portanto, de obter o fôlego necessário para reorganizar e reforçar, com instituições apropriadas, a máquina repressiva do Estado), mas também salvaguardar e criar as condições necessárias para a atividade futura, e, entre estas condições, está a educação popular. Esta é a questão. A atitude será tanto mais "imparcial", ou seja, historicamente objetiva, quanto mais elevado for o nível cultural e desenvolvido o espírito crítico, o senso das distinções. Condena-se em bloco o passado quando não se consegue diferenciar-se dele ou, pelo menos, as diferenciações são de caráter secundário e, assim, se esgotam no entusiasmo declamatório. Por outro lado, é certo que no passado se pode encontrar tudo o que se quiser, manipulando as perspectivas e as ordens de grandeza e valor.

Na ordem política, o século XIX significou sistema representativo e parlamentar. Será verdade que, na Itália, este sistema foi importado mecanicamente? Ele foi obtido mediante uma luta da qual as grandes massas da população não foram chamadas a participar: adaptou-se a estas condições, assumindo formas bem específicas, italianas, inconfundíveis com as dos outros países. Por isto, a tradição italiana apresenta diversos filões: o da resistência encarniçada, o da luta, o da acomodação e espírito de conciliação (que é a tradição oficial). Todo grupo pode se referir a um destes filões tradicionais, distinguindo entre fatos reais e ideologias, entre lutas efetivas e lutas verbais, etc., etc.; também pode argumentar que inicia uma nova tradição, da qual, no passado, só se encontram elementos moleculares, ainda não organizados, e valorizar estes elementos que, por característica própria, não são comprometedores, isto é, não podem produzir uma elaboração ideológica orgânica que se contraponha à atual, etc.

§ 70. *Frade Veremos*. Esta expressão é usada por Joseph De Maistre num documento de 6 de julho de 1814 (escrito de Petersburgo, onde era embaixador) e publicado nas *Oeuvres complètes*, Lyon, 1886, tomo 1º, *Correspondance diplomatique* [56]. Ele escreve a propósito da política piemontesa: "Nosso sistema, tímido, neutro, reticente, hesitante é mortal neste estado de coisas [...]. Deve-se ter os olhos bem abertos e tomar cuidado com o inimigo das grandes iniciativas, que se chama *Frade Veremos* [57]." (Um parágrafo sobre "Frade Veremos" na rubrica "Passado e Presente".)

§ 110. *Aparelhamento nacional*. Na investigação sobre as condições econômicas e sobre a estrutura da economia italiana, usar como enquadramento o conceito de "aparelhamento nacional". Estabelecer este conceito exatamente, etc.

§ 124. *Emigração*. A viagem de Enrico Ferri à América do Sul ocorreu em 1908-1909 (mas seu discurso no Parlamento me parece ser, precisamente, de 1911). Em 1911, esteve no Brasil uma comissão de representantes das organizações operárias de cooperação e de resistência, para realizar neste país uma investigação sobre as condições econômico-sociais: publicou em Bolonha, em 1912, um relatório (*Emigrazione agricola al Brasile*, Relatório da Comissão, Bolonha, 1912). (Estes dados muito imprecisos estão no artigo de Virgilii citado na nota anterior [58].) Fazia parte da comissão o professor Gaetano Pieraccini, que parece ter sido o redator do relatório.

Sobre as concepções de Enrico Corradini a respeito da nação proletária e da emigração, seria interessante saber se houve influência do livro de Ferruccio Macola, *L'Europa alla conquista dell'America latina*, Veneza, 1894, do qual Virgilii cita o seguinte trecho: "É necessário que a velha Europa compreenda que as colônias fundadas por seu proletariado no novo continente devem ser consideradas não como instrumento de produção em benefício dos predatórios e corruptos descendentes de aventureiros espanhóis e portugueses, mas como a vanguarda de sua ocupação." (O livro de Macola deve ser muito volumoso, já que a citação é extraída da p. 421, e deve ser muito divertido e sintomático do estado de espírito de muitos dos seguidores de Crispi [59].)

§ 143. *1914*. Sobre os acontecimentos de junho de 1914, recordar o interessantíssimo ensaio de Papini na *Lacerba* (este ensaio deve ser recordado também por outras razões) e os escritos de Rerum Scriptor [60].

§ 160. *Estrutura econômica italiana*. Giuseppe Paratore, num artigo da *Nuova Antologia* de 1º de março de 1929, "La economia, la finanza, il denaro d'Italia", escreve que a Itália tem "uma dupla estrutura econômica (industrial-capitalista no Norte, agrário-poupadora, no Sul)" e observa que tal situação tornou difícil a estabilização da lira em 1926-1927. O método mais simples e direto de consolidar rapidamente a desvalorização da moeda, criando imediatamente uma nova paridade — segundo as prescrições de Kemmerer, Keynes, Cassel, etc. —, não era aconselhável, etc.

Seria interessante saber qual setor, em última análise, se mostrou mais bem defendido: se a economia do Norte ou a do Sul, e isto porque, na realidade, a estabilização se consolidou depois de muitas hesitações e sob o pânico de um colapso fulminante (cotação do dólar em 1928: janeiro, 477,93 liras; fevereiro, 479,93; março, 480,03; abril, 479,63; maio, 500,28; junho, 527,72; julho, 575,41); além disso, deve-se levar em conta que, em relação ao Norte, o Sul era mais homogêneo em suas reivindicações e tinha a solidariedade de todos os poupadores nacionais; no Norte, capitalistas divididos, exportadores favoráveis à inflação, por causa do mercado interno, etc., etc. Além disso: a estabilização com o câmbio baixo provocaria uma crise sociopolítica, e não só puramente econômica, porque mudaria a posição social de milhões de cidadãos.

Caderno 4 (1930-1932)

§ 57. *Vincenzo Cuoco e a revolução passiva.* Vincenzo Cuoco chamou de revolução passiva a revolução ocorrida na Itália, como consequência imediata das guerras napoleônicas. O conceito de revolução passiva me parece exato não só para a Itália, mas também para os outros países que modernizaram o Estado através de uma série de reformas ou de guerras nacionais, sem passar pela revolução política de tipo radical-jacobino. Ver como Cuoco desenvolve o conceito para a Itália.

§ 95. *História das classes subalternas.* Pietro Ellero, *La quistione sociale*, Bolonha, 1877 [61].

Caderno 5 (1930-1932)

§ 12. *O Risorgimento. Solaro della Margarita.* O *Memorandum* de Solaro della Margarita deve ser complementado com o artigo "Visita di Solaro della Margarita a Pio IX nel 1846", com documentos inéditos (extraídos dos Arquivos Vaticanos e do Arquivo Solaro), na *Civiltà Cattolica* de 15 de setembro de 1928. O conhecimento da personalidade política de Solaro della Margarita é indispensável para reconstruir o "nó histórico de 1848-1849". É preciso formular bem a questão: Solaro della Margarita era um reacionário piemontês, fortemente ligado à dinastia: a acusação de "filoaustríaco" é puramente arbitrária, no sentido vulgar da palavra. Solaro teria preferido a hegemonia piemontesa na Itália e a expulsão dos austríacos da Itália, mas só com meios diplomáticos normais, sem guerra e, especialmente, sem revolução popular. (Naturalmente, contra os liberais, queria a aliança com a Áustria.) O artigo da *Civiltà Cattolica* também serve para julgar a política de Pio IX até 1848. Neste artigo, existem algumas indicações bibliográficas sobre Solaro.

(É preciso recordar o fato de que o governo piemontês deu armas aos católicos do *Sonderbund* em rebelião, esvaziando os arsenais militares, apesar de que se preparava 1848. Solaro queria que o Piemonte estendesse sua influência à Suíça, isto é, queria deslocar o eixo da política italiana.)

§ 21. *Para a história do movimento operário italiano.* Ver: Agostino Gori, *Ricordo*, com uma nota bibliográfica. Sob os auspícios e o patrocínio da Cidade de Florença. Florença, Tip. M. Ricci, 1927, in-8º, 44 p. Gori, morto em 1926, escreveu alguns ensaios de história do movimento operário. Na bibliografia de seus escritos, organizada nesta publicação comemorativa por Ersilio Michel, podem-se encontrar as indicações.

§ 35. *Risorgimento.* A transferência da capital, de Turim para Florença, e os massacres de setembro [62]. Cf. o volume *Confidenze di Massimo D'Azeglio*, organizado por Marcus De Rubris (Mondadori, Milão, 1930): trata-se da correspondência de Massimo D'Azeglio com Teresa Targioni Tozzetti. O caráter de D'Azeglio aí aparece em relevo, com seus rancores, seu ceticismo, sua posição favorável ao Piemonte. Mas algumas observações que faz sobre os fatos de setembro são úteis e interessantes.

§ 43. *O episódio da prisão dos irmãos La Gala em 1863* [63]. No artigo "Ricordi personali di politica interna" (*Nuova Antologia*, 1º de abril de 1929), Tommaso Tittoni dá alguns detalhes inéditos sobre a detenção dos La Gala em Gênova. Os La Gala, refugiados nos Estados Pontifícios, haviam se estabelecido em Oriolo Romano, pequena aldeia próxima de Manziana, onde nascera Vincenzo Tittoni (pai de Tommaso). Um amigo de Vincenzo, correspondente romano do Comitê Nacional, avisou o próprio Comitê de que os La Gala haviam embarcado em Civitavecchia, no vapor francês *Aunis*, que se dirigia a Marselha, fazendo escala em Livorno e em Gênova [64]. O Comitê avisou, em Livorno, a Vincenzo Tittoni, a quem a notícia chegou enquanto o *Aunis* zarpava para Gênova. Tittoni foi ao administrador da província e o fez telegrafar ao administrador provincial de Gênova, o qual, sem esperar as instruções do ministério, assumiu a responsabilidade de deter os La Gala a bordo do *Aunis*. Sobre o caso La Gala, cf. Isaia Ghiron, "Annali d'Italia in continuazione al Muratori e al Coppi" *(Rassegna storica del Risorgimento*, 1927, n. 1), e cf., especialmente, a *Civiltà Cattolica* de 1863 (os La Gala foram detidos em julho de 1863).

§ 44. T. Tittoni, "Ricordi personali di politica interna", *Nuova Antologia*, 1º de abril-16 de abril de 1929. Tittoni escreveu estas suas memórias logo após a Conciliação, para demonstrar que este evento correspondeu a toda a atividade política de sua carreira de liberal moderado, ou seja, de conservador clerical. O interesse dos "Ricordi", pode-se dizer, reside inteiramente nisso: em tentar reconstruir a história italiana, desde 1870 até hoje, como uma luta entre conservadores clericais e democracia ou demagogia, pelo restabelecimento da influência clerical na vida do país, iluminando, portanto, a atividade da corrente conservadora enquanto representada por Tittoni. Anoto algumas das sugestões oferecidas por Tittoni:

Para a história da Ação Católica. Em novembro de 1871, União Romana para as eleições locais, com a concordância de Pio IX, para quem a participação dos católicos na administração municipal e provincial era compatível com a obediência à Santa Sé. Cf. Paolo Campello della Spina, *Ricordi di più che cinquant'anni*, Roma, Loescher, 1910. Aqui se lê: "Àquele grupo de visitantes que costumava ir a sua audiência matinal e, às vezes, acompanhava-o no passeio pelos jardins, Pio IX disse: 'Mas sim, claro, não compreenderam e eu já disse tantas vezes, aprecio a participação nas eleições locais.'" Informações sobre a tentativa, feita por Roberto Stuart e outros, de criar um partido conservador católico e, portanto, um grupo católico na Câmara, tentativa cortada pelo Vaticano (que, no entanto, deixou as coisas andarem por algum tempo, o que deve ser observado).

Positivismo e reação. Diz Tittoni: "Por muito tempo, o *Cours de philosophie positive*, de Augusto Comte, foi meu breviário filosófico e político. Em minha opinião, ninguém melhor do que Comte resolveu o suposto conflito entre a ciência e a religião, limitando a primeira à razão e a segunda ao sentimento, e separando nitidamente o campo do livre exame do campo reservado à fé. Comte considerava o papado como um grande elemento conservador da sociedade. Ele havia imaginado, nos últimos anos de sua vida, uma liga de defesa religiosa e social presidida pelo pontífice. A esta época pertence o pequeno livro *Catéchisme positiviste*. Num exemplar que comprei, em Roma, de um vendedor ambulante, encontrei a seguinte dedicatória: 'A M. Bex, Geral dos Jesuítas, oferecido pelo autor, Augusto Comte, Paris, 10 de Aristóteles de 69.' Littré, a quem escrevi, enviando-lhe o fac-símile do autógrafo, respondeu-me garantindo sua autenticidade. O padre Bex não tivera nenhuma consideração pelo livrinho, porque as páginas não foram nem mesmo separadas." (Mas podia já tê-lo lido em outro exemplar.)

Sobre os fatos de 1898. Sistemas eleitorais imaginados: a partir de um trecho de memórias do Deputado Gianforte Suardi, transcrito por Tittoni, conclui-se que, quando o Gabinete Rudinì-Pelloux mudou a lei eleitoral, a obrigação de votar na cidade de origem foi imaginada "para impedir o voto de agrupamentos artificiais (!), como os de Turim, onde nas oficinas das ferrovias se concentrava um grande número de ferroviários, capazes de constituir uma maioria artificial e fortuita (!) de operários da Romanha e de outras partes da Itália, fora de Turim". Nas memórias de Tittoni se poderiam coligir vários episódios de fraudes políticas semelhantes, em que os reacionários sempre tiveram primazia incontestável.

Tittoni administrador da província de Nápoles, de 1900 até 1903. Idílio: não fala dos fatos concretos dos quais foi acusado. Cf. os *Atti parlamentari* de 1903: na sessão de 2 de dezembro, Tittoni foi atacado por Barzilai e Bissolati, o qual citou as acusações de *Propaganda*.

Fatos de 1904. Já anotei a ação desenvolvida por Tittoni em 1904, resumindo um artigo de Gianforte Suardi na *Antologia* de 1º de novembro de 1927: Tittoni é mais prolixo [65].

Tittoni e Giolitti. Tittoni não explica com muita clareza suas relações políticas com Giolitti, de quem foi íntimo colaborador: é verdade que tal colaboração também é significativa para julgar a política do próprio Giolitti. Também são confusas e reticentes as referências de Tittoni a Sonnino e a Rudinì.

Onda anticlerical de 1907. Em julho de 1907, escândalo Fumagalli-Dom Riva e fatos de Alassio [66]. Tittoni clericalizante.

Tittoni defensor da guerra civil. Tittoni se surpreendera com o fato de que, para reunir a força pública necessária para enfrentar os tumultos deflagrados numa localidade, era preciso desguarnecer outras regiões: durante a semana vermelha de junho de 1914, para reprimir os movimentos de Ancona se desguarnecera Ravena, onde em seguida o administrador provincial, privado da força pública, teve de se recolher à sede da administração, abandonando a cidade aos revoltosos. "Muitas vezes me perguntei sobre o que poderia fazer o governo, se um movimento de revolta explodisse simultaneamente em toda a península." Tittoni propôs ao governo o alistamento dos "voluntários da ordem", ex-combatentes enquadrados por oficiais da reserva. O projeto de Tittoni pareceu digno de consideração, mas não teve seguimento.

O Partido Popular. Tittoni depositara muitas esperanças no Partido Popular e teria aderido a ele, se não fosse diferente do primeiro movimento católico político. Contra Miglioli, mas também contra Meda e Rodinó [67].

§ 46. Claudio Faina, "Il carburante nazionale", *Nuova Antologia*, 16 de abril de 1929 (continuação do artigo do mesmo Faina, publicado anteriormente pela *Nuova Antologia* e registrado em outra parte) [68].

§ 48. Domenico Spadoni, "Le Società segrete nella Rivoluzione milanese dell'aprile 1814", *Nuova Antologia*, 16 de maio de 1929. Participação da maçonaria naquele movimento (que culmina com o assassinato do ministro Prina), segundo os autos de um processo por complô militar, encontrados por Spadoni [69]. Alguns detalhes novos, mas nada muito importante.

§ 52. Domenico Meneghini, "Industrie chimiche italiane", *Nuova Antologia*, 16 de junho de 1929.

§ 53. *Reforma e Renascimento. Nicolau de Cusa.* A *Nuova Antologia* de 16 de junho de 1929 publica uma nota de L. von Bertalanffy, "Un

Cardinale germanico (Nicolaus Cusanus)", curiosa em si mesma e em razão da breve nota que a redação da *Nuova Antologia* lhe acrescenta. Bertalanffy expõe sobre Nicolau de Cusa a opinião alemã-protestante, sinteticamente, sem aparato crítico-bibliográfico; a *Nuova Antologia* observa, de modo mesquinho, que Bertalanffy não falou dos "inúmeros estudos importantes que, até mesmo na Itália, foram dedicados a Nicolau de Cusa nestes últimos decênios", e desfia um rosário de tais estudos, até Rotta [70]. O único comentário digno de consideração está nas últimas linhas: "Bertalanffy vê em Nicolau de Cusa um precursor do pensamento liberal e científico moderno, mas Rotta opina que o bispo de Brixen, 'dado o espírito, se não a forma, de sua especulação, está inteiramente na órbita do pensamento medieval'. A verdade não está nunca inteiramente de uma parte." O que isto quer dizer?

É certo que Nicolau de Cusa é um reformador do pensamento medieval e um dos iniciadores do pensamento moderno; prova-o o próprio fato de que a Igreja o esqueceu e seu pensamento foi estudado pelos filósofos laicos, que nele encontraram um dos precursores da filosofia clássica moderna.

Importância da ação prática de Nicolau de Cusa para a história da Reforma protestante. No Concílio (de Constança?) esteve contra o papa, pelos direitos do Concílio. Reconciliou-se com o papa. No Concílio de Basileia, defendeu a reforma da Igreja. Tentou conciliar Roma com os hussitas e reunir Oriente e Ocidente; e até pensou em preparar a conversão dos turcos, apontando o núcleo comum no Corão e no Evangelho. *Docta ignorantia e coincidentia oppositorum*. Foi o primeiro a conceber a ideia do infinito, antecipando Giordano Bruno e os astrônomos modernos.

Pode-se dizer que a Reforma luterana eclodiu porque fracassou a atividade reformadora de Nicolau de Cusa, isto é, porque a Igreja não soube se reformar internamente. A favor da tolerância religiosa, etc. (Nascido em 1401 — morto em 1464.)

Michele Losacco, "La dialetica del Cusano", texto de 38 páginas, apresentado em 17 de junho na reunião, presidida por Luigi Credaro, de uma instituição que a *Nuova Antologia* se esquece de indicar (talvez os *Lincei*?).

§ 55. *A Romanha e sua função na história italiana.* Cf. o artigo de Luigi Cavina, "Fiorentini e Veneziani in Romagna", na *Nuova Antologia* de 16 de junho de 1929. Trata da questão especialmente no período imediatamente anterior à Liga de Cambrai contra os venezianos, depois da morte de Alexandre VI Bórgia e da doença de Valentino. A Romanha era elemento essencial do equilíbrio interno italiano, especialmente do equilíbrio entre Veneza e Florença e entre Veneza e o papa: nem Florença nem o papa podiam tolerar uma hegemonia veneziana sobre a Romanha. (Maquiavel e Valentino, durante a campanha deste para a conquista da Romanha; Maquiavel e Valentino, depois da morte de Alexandre VI, durante o Conclave e nos primeiros tempos de Júlio II: vem a faltar a Valentino uma base estatal; entra em colapso toda a sua figura política e mesmo a "capacidade" político-militar; ele se torna um chefe mercenário comum e, ainda por cima, em maus lençóis [71].)

Neste artigo de Cavina, há uma indicação "curiosa". Ele cita o princípio de Maquiavel: "Nenhuma província jamais foi unida e feliz, a não ser que tenha se submetido inteiramente à obediência de uma república ou de um príncipe, como aconteceu na França e na Espanha"; e Cavina continua: "Certamente, o fato de que isto não ocorreu na Itália deve ser imputado, com base num juízo empírico, especialmente à Igreja — que jamais foi tão forte que ocupasse toda a península nem tão fraca que permitisse a um outro ocupá-la, como diz Maquiavel — e também, em parte, aos outros Estados; mas deve ser imputado, sobretudo, ao sistema de equilíbrio das potências italianas. Aqui é que se deve ver a razão histórica e nacional da frustrada união da pátria, uma vez que ela derivava não de um pensamento individual, mas de um efetivo pensamento universal, transmitido de geração em geração, ao longo dos séculos, e correspondente, portanto, ao gênio nacional." O que quer dizer tudo isto? Que o "gênio nacional" consistia em não ser "nacional"? E o "sistema de equilíbrio" das potências italianas não era, em grande parte, determinado pelas necessidades da existência do Estado Pontifício, que era potência mundial e italiana ao mesmo tempo?

Nesta série de problemas, uma grande confusão decorre do fato de que se buscam as causas pelas quais um certo evento histórico (unidade político-territorial da península italiana) não se verificou antes de 1870. Ora, se é difícil buscar e firmar um acordo sobre as causas de um evento determinado, por certo é muito difícil e quase absurdo querer encontrar as causas pelas quais a história se desenvolveu num certo sentido e não num outro. Na realidade, não se trata de um problema histórico, mas de uma necessidade de caráter sentimental e político. Parte-se do pressuposto (de caráter sentimental e prático imediato) de que a nação italiana sempre foi uma nação nos atuais quadros geográficos e, então, pergunta-se por que não conseguiu antes a unidade político-territorial, como a França ou a Espanha, etc.

Todavia, o problema não é completamente absurdo, desde que seja entendido e circunscrito exatamente em seu caráter real, isto é, para explicar certos desdobramentos históricos ligados à vida moderna, ou como elemento para estudar determinados critérios de método. A alusão de Cavina ao "efetivo pensamento universal" é uma indicação interessante, se definida e desenvolvida no sentido que indiquei em outras notas [72]. Ou seja, a Itália, por sua "função cosmopolita", durante o período do Império Romano e durante a Idade Média, sofreu passivamente as relações internacionais; isto é, no desenvolvimento de sua história, as relações internacionais prevaleceram sobre as relações nacionais. Mas o papado, sem dúvida, é a expressão deste fato; dado o caráter duplo do reino papal, ao mesmo tempo sede de uma monarquia espiritual universal e de um principado temporal, é certo que sua potência terrena devia ser limitada. (Maquiavel vê isto muito bem, como se conclui do terceiro capítulo do *Príncipe* e daquilo que ele conta ter dito ao cardeal de Rouen; este, no tempo em que Valentino ocupava a Romanha, lhe dissera que os italianos não entendiam de guerra, e Maquiavel respondeu que os franceses não entendiam de

Estado — de política —, "porque, se entendessem deste assunto, não permitiriam à Igreja adquirir tanta grandeza", etc., etc.) É certo que, se a Igreja tivesse tido como principado terreno de toda a península, a independência dos Estados europeus teria corrido sério perigo: o poder espiritual pode ser respeitado enquanto não representa uma hegemonia política, e toda a Idade Média está repleta de lutas contra o poder político do papa.

É verdade, pois, que, nos italianos, a tradição da universalidade romana e medieval impediu o desenvolvimento das forças nacionais (burguesas) além do campo puramente econômico-municipal, ou seja, as "forças" nacionais só se tornaram "força" nacional após a Revolução Francesa e a nova posição que o papado passou a ocupar na Europa, posição irremediavelmente subordinada, porque limitada e contestada no campo espiritual pelo laicismo triunfante. No entanto, estes elementos internacionais que pressionam "passivamente" a vida italiana continuaram a operar até 1914 e (cada vez menos fortes) até a Conciliação de fevereiro de 1929; e mesmo hoje, numa certa medida, continuam a determinar as relações externas entre Estado italiano e pontífice, obrigando a uma certa linguagem, etc.

(Para compreender exatamente o grau de desenvolvimento alcançado pelas forças nacionais na Itália, no período que vai do nascimento das Comunas até o estabelecimento do domínio estrangeiro, seria preciso fazer uma investigação como a de Groethuysen, nas *Origines de l'esprit bourgeois en France* [73]. Seria preciso buscar estes elementos nas "Crônicas", nos "Epistolários", nos livros de política, na literatura de entretenimento e nos livros dos pedagogos ou dos tratadistas de moral, etc. Um livro muito interessante é o de Leon Battista Alberti, por exemplo [74]. Podem-se ver, para a bibliografia, as histórias da pedagogia na Itália, etc. *O cortesão*, de B. Castiglione, já indica o predomínio de um outro tipo social, como modelo, que não é o burguês das Repúblicas comunais, etc. [75] Num lugar à parte, os grandes escritores de política, como Maquiavel e Guicciardini. Também num lugar à parte, os escritos religiosos, sermões, tratados, etc.)

§ 65. *Risorgimento. O nó histórico 1848-1849.* O último parágrafo de um longo artigo da *Civiltà Cattolica* (2 de março-16 de março de 1929), "Il P. Saverio Bettinelli e l'abate Vincenzo Gioberti", pode ser interessante como ponto de partida. Sempre em polêmica com Gioberti, a *Civiltà Cattolica*, mais uma vez, pretende desmentir a afirmação de que os jesuítas do século XIX foram adversários da Itália e, antes, conspiraram com a Áustria. Segundo a *Civiltà Cattolica*: "Começando por Pio IX e indo até o mais simples pároco de aldeia, a unidade italiana não era combatida por ninguém. Até se poderia demonstrar [...] que, ao convite de Pio IX, em 1848, para uma liga italiana e para a união política da Itália, quem se opôs foi unicamente o governo piemontês. O clero italiano — e isto, para quem não queira negar a luz meridiana, deve ser posto a salvo de toda e qualquer dúvida — não se opôs à unidade, mas queria que fosse realizada de modo diverso. Este era o pensamento de Pio IX, da alta hierarquia dos cardeais e do próprio antigo partido conservador piemontês, capitaneado pelo conde Solaro della Margarita." Defende particularmente os jesuítas da acusação de antiunitarismo e de orientação filoaustríaca, contra um artigo de Antonio Bruers publicado na *Stirpe* de agosto de 1928: Bruers comenta desfavoravelmente o livro do professor U. A. Padovani, da Universidade do Sagrado Coração, *Vincenzo Gioberti e il Cattolicesimo*, Milão, Soc. Ed. "Vita e Pensiero", 1927, que, sem dúvida, deve polemizar com Gioberti por causa de seu antijesuitismo [76]. A *Civiltà Cattolica* escreve: "Num juízo definitivo, afirmamos que os jesuítas, assim como Pio IX e, em geral, o clero italiano e todo o partido conservador laico, que não era insignificante, jamais combateram a unidade em si mesma, mas a unidade violenta, tal como se efetivava, ou seja, o modo de realizar aquela unidade que representava a vontade comum. Oh, será que não se pode amar a pátria senão segundo a medida alheia?" Recorda, em seguida, que "quem mandou pôr no Índex dos livros proibidos as obras de Gioberti foi o próprio rei Carlos Alberto", e observa jesuiticamente: "portanto, o rei Carlos Alberto condenou a política de Gioberti, ou seja, sua própria política!"; mas, provavelmente, no momento em que Carlos Alberto exigia os rigores da Igreja contra Gioberti, sua política era a de Solaro della Margarita. De todo modo, é curiosíssimo o fato paradoxal de que, hoje, os jesuítas possam levar a melhor sobre escribas como este Bruers.

§ 76. *Sobre a crise de 1898.* De Ferraris, cf. "Il rincaro del pane" (16 de agosto de 1897); "L'ora presente" (16 de maio de 1898); "Il nuovo rincaro del pane" (1º de fevereiro de 1898); "Politica di lavoro" (16 de junho de 1898) [77].

§ 77. *A passagem de Garibaldi à Calábria em 1860.* Recordar a questão do comportamento de Vítor Emanuel neste momento e o bilhete reservado que teria mandado a Garibaldi [78]. Na *Nuova Antologia* de 1º de janeiro de 1912, Ferraris escreveu um artigo, "Vittorio Emanuele e Garibaldi ed il passaggio del Faro nel 1860. Da documenti storici."

§ 81. *Passado e presente. Distribuição territorial da população italiana.* Segundo o censo de 1921, em cada mil habitantes, 258 viviam em casas dispersas e 262 em centros com menos de 2 mil habitantes (pode-se considerar toda esta população como rural), 125 nos centros com 2-5 mil habitantes, 134 nos centros com 5-20 mil habitantes (pequenas cidades), 102 nos centros com 20-100 mil (cidades médias), 119 nas grandes cidades com mais de 100 mil habitantes (cf. Giorgio Mortara, "Natalità e urbanesimo in Italia", na *Nuova Antologia* de 1º de julho de 1929). Cf. com a alteração das categorias dos centros habitados pela fusão de várias cidades depois de 1927, o que aumentou o número das cidades grandes e médias, especialmente (mas também das pequenas, talvez até em proporção maior), mas sem mudar sua estrutura social. Segundo (sempre) Mortara, em 1928, a população das vinte cidades com mais de 100 mil habitantes (*cidades*, e não apenas *centros*, porque depois das fusões) está pouco acima dos sete milhões, ou seja, corresponde a 173 por mil, na população nacional; na França, a proporção é 160 por mil, na Alemanha 270 por mil, na Grã-Bretanha cerca de 400 por mil, no Japão 150 por mil. Há cem anos, as cidades com mais de 100 mil habitantes compreendiam 68 por mil habitantes; há cerca de cinquenta anos, 86 por mil; e, hoje, 173 por mil.

§ 88. *Sobre o Risorgimento italiano. Michele Amari e o sicilianismo* [79]. Examinar o artigo "Michele Amari", de Francesco Brandileone, na *Nuova Antologia* de 1º de agosto de 1929, que, afinal, é uma extensa resenha polêmica de *Le più belle pagine di Michele Amari*, selecionadas por V. E. Orlando, com um prefácio muito interessante para compreender até mesmo a origem do "sicilianismo" atual, do qual Orlando é um representante (com uma dupla face: uma, voltada para o continente, velada com os sete véus do unitarismo, e outra, voltada para a Sicília, mais franca: lembrar o discurso de Orlando em Palermo, durante as eleições locais de 1925, e seu elogio indireto da máfia, apresentada em seu aspecto sicilianista de virtude e generosidade popular) [80].

Amari, nascido em 1806, em Palermo, e crescido entre a Constituição de 1812 e a Revolução de 1820, quando a Constituição foi abolida, como tantos outros sicilianos de seu tempo, estava persuadido de que o bem da ilha devia ser buscado no restabelecimento da Constituição, mas, sobretudo, na autonomia e na ruptura com Nápoles [81].

"A aspiração de constituir um Estado separado foi o sentimento dominante entre os insulares, pelo menos até 1848", escreve Brandileone. Amari, como escreveu ele próprio (cf. Alessandro D'Ancona, *Carteggio di M. Amari raccolto e pubblicato coll'elogio di lui letto nell'Accademia della Crusca*, Turim, 1896-1897, em 3 volumes; cf. vol. II, p. 371), sentia-se italiano (em termos de cultura), mas a vida nacional italiana lhe parecia um belo sonho e nada mais. Propôs-se narrar os acontecimentos de 1812-1820, para preparar os espíritos para uma nova revolução, mas a busca dos nexos históricos o levou a remontar ao passado da história constitucional siciliana e, assim, se deteve na Constituição vigente depois das Vésperas, que lhe pareceu "a forma mais nítida", a mais típica. Mas a investigação do passado o levou ainda mais longe, até a fase muçulmana da história da Sicília.

Em sua seleção, Orlando dispôs os trechos em ordem cronológica, propiciando uma narrativa abreviada, mas ininterrupta, dos acontecimentos sicilianos de cinco séculos, a partir de 827, início da conquista árabe, até 1302, Paz de Caltabellotta. No prefácio (p. 23), Orlando afirma que aqueles cinco séculos "parecem constituir um *período monolítico*, durante o qual a história tem esplendores de epopeia", e que eles não devem ser considerados como história *particular* ou, se se quiser, local, mas como *história universal*, porque, "se universal é a história que se refere à humanidade como um todo ideal, embora tenha seu *centro vital* apenas num determinado ponto do espaço, como Atenas, Roma, Jerusalém, etc., não se pode negar que, naqueles cinco séculos, a Sicília foi um *ponto central*, em que se encontraram, chocaram, anularam e recompuseram as forças dominantes do tempo". Para Brandileone, Orlando se deixa "levar de modo um tanto excessivo pelo amor ao lugar de nascimento" (é o modo habitual de mitigar e interpretar canonicamente os sentimentos políticos centrífugos). Orlando divide estes cinco séculos em dois períodos, dos quais o primeiro (domínio muçulmano e normando-suábio) seria "estático", porque nele só "houve a elaboração de uma *civilização específica*, que constituiu uma era e culminou na *criação do Estado* e em *sua potência máxima*"; no segundo, "mais dinâmico", "aconteceu a consagração histórica daquele Estado, ou seja, a paixão para a defesa da independência em seu teste mais formidável".

Brandileone polemiza sutilmente com Orlando e as coisas que diz são muito interessantes para a história siciliana e meridional, mas nesta série de notas sobre o *Risorgimento* interessa o ponto de vista de Orlando em si e por si, como reflexo do sicilianismo na forma intelectual. Realmente, Orlando está de acordo com Amari, sente o mesmo impulso intelectual e moral de valorizar a história siciliana, de afirmar que a Sicília foi um momento da história universal, que o povo siciliano teve uma fase criadora de Estado, que não pode deixar de ser a expressão de uma "nacionalidade siciliana" (mesmo que Orlando não queira chegar até esta afirmação, como não chegava Amari, que dizia ter-se sentido italiano ainda antes de 1848).

Brandileone opõe a Orlando o ponto de vista expresso por Croce na *Storia del Regno di Napoli*, isto é, o de que "aquela história, em sua substância, não é nossa, ou é nossa apenas numa parte pequena e secundária", "história representada em nossa terra e não gerada de suas entranhas"; é verdade que Croce se refere ao período normando-suábio do *Mezzogiorno*, mas, segundo Brandileone, também deve se referir à Sicília. Genericamente, o ponto de vista de Croce é exato, mas, no tempo em que aquela história se desenrolava, era ela sentida pelo povo como própria, e em que medida? E qual era a parte criativa da população? De todo modo, estes acontecimentos imprimiram uma certa diretriz à história do país, criaram certas condições que continuaram e continuam ainda a operar, dentro de certos limites.

§ 95. *O homem do século XV e do século XVI*. Leon Battista Alberti, Baldassarre Castiglione, Maquiavel me parecem os três escritores mais importantes para estudar a vida do Renascimento em seu aspecto "homem" e em suas contradições morais e civis. Alberti representa o burguês (ver também Pandolfini), Castiglione, o nobre cortesão (ver também Della Casa), Maquiavel representa e busca tornar orgânicas as tendências políticas dos burgueses (repúblicas) e dos príncipes, uma vez que querem, uns e outros, fundar Estados ou ampliar seu poder territorial e militar [82].

Segundo Vittorio Cian ("Il conte Baldassar Castiglione, 1529-1929"), *Nuova Antologia*, 16 de agosto-1º de setembro de 1929, Francesco Sansovino, um contemporâneo, ao informar que Carlos V era um leitor bastante limitado, acrescenta: "Vangloriava-se de ler somente três livros, os quais ele havia mandado traduzir para sua própria língua: um, para a instituição da vida civil, e este foi *O cortesão*, do conde Baldesar da Castiglione; o outro, para as coisas de Estado, e este foi *O príncipe*, com os *Discursos*, de Maquiavel; e o terceiro, para a organização militar, e este foi a *História*, com todas as outras coisas de Políbio." Cian escreve: "Não foi suficientemente observado que *O cortesão*, documento histórico de primeiríssima ordem, atesta e ilustra luminosamente a evolução da cavalaria medieval, a qual — enraizada em escassa medida, dizem, na Itália, mas, na realidade, diferente desde a origem daquela de além dos Alpes — torna-se, no clima italiano do

Renascimento, uma nova cavalaria, assume a característica de uma milícia civil, que combate sob o signo de Marte mas também de Apolo, de Vênus e de todas as Musas. Digo evolução e, de modo algum, degeneração ou decadência, como pareceu a De Sanctis."

Mas Cian se baseia apenas no *Cortesão*, que é uma tentativa de organizar uma aristocracia em torno do "príncipe" e diferenciá-la da moral burguesa triunfante: a superficialidade desta cavalaria foi demonstrada por *Orlando Furioso*, que antecede a *Dom Quixote* e o prepara. Em todo caso, deve-se ver de novo o artigo de Cian: ele é um conhecedor filologicamente perfeito do *Cortesão* e será preciso obter sua edição do livro (3ª ed., Ed. Sansoni) [83].

§ 108. *Sicília. O Panteão siciliano de San Domenico.* Está em Palermo, na Igreja de San Domenico. Lá estão os túmulos, entre outros, de Crispi, de Rosolino Pilo, do general Giacinto Carini. Não acredito que haja coisa semelhante nas outras regiões, além do Panteão, em Roma, e da Santa Croce, em Florença. Seria interessante ter a lista completa e documentada de todos os sepultados no Panteão siciliano: é interessante a escolha do nome Panteão, próprio, no uso moderno, de uma capital nacional. (Em Paris, quando se começou a empregar o nome Panteão?) (Depois da Revolução: tratava-se de uma igreja destinada a Santa Genoveva, padroeira de Paris; a Revolução lhe deu o nome de Panteão e destinou-a a receber as cinzas dos grandes franceses; na Restauração, voltou a ser igreja; sob Luís Felipe, templo da Glória; sob Napoleão III, igreja. Com a Terceira República, voltou à função de Panteão nacional.) Portanto, modernamente, o nome Panteão está ligado ao movimento das nacionalidades.

§ 109. *Sicília.* Cf. Romeo Vuoli, "Il generale Giacinto Carini", *Nuova Antologia*, 1º de novembro — 16 de novembro de 1929: "Carini, ainda muito moço, introduziu na Sicília a máquina a vapor para montar (ou mondar?) o sumagre e, por causa deste esforço, conseguiu tanta popularidade entre os camponeses dos campos de Palermo que pôde guiar a insurreição de 1848." (Sobre este ponto, cf. Colonna, *I quattro candidati ai collegi di Palermo*, Ufficio tipografico Lo Bianco, Palermo, 1861.) Na primeira parte do artigo, podem-se encontrar alguns detalhes sobre os acontecimentos da revolução siciliana de 1848, sobre a vida no estrangeiro dos emigrados políticos e sobre a campanha dos Mil, com indicações bibliográficas. A segunda parte é menos interessante, com exceção de alguns episódios.

§ 123. *Renascimento.* Artigo de Vittorio Rossi, "Il Rinascimento", na *Nuova Antologia* de 16 de novembro de 1929 [84]. Muito interessante e abrangente em sua concisão. Para Rossi, corretamente, o reflorescimento dos estudos em torno das literaturas clássicas foi um fator secundário, um indício, um sintoma, e não o mais visível, na formação da essência profunda da época que traz o nome de Renascimento. "O fato central e fundamental, a partir do qual todos os outros germinam, foi o nascimento e o amadurecimento de um novo mundo espiritual, que, a partir da enérgica e coerente virtude criativa que se libera, após o ano Mil, em todos os campos da atividade humana, foi então trazido à cena da história *não somente italiana, mas europeia*." Depois do ano Mil, inicia-se a reação contra o regime feudal, "que deixava sua marca em todos os aspectos da vida" (através da aristocracia fundiária e do clero): nos dois ou três séculos seguintes, transforma-se profundamente a ordem econômica, política e cultural da sociedade: revigora-se a agricultura, reanimam-se, ampliam-se e organizam-se as atividades industriais e comerciais; surge a burguesia, nova classe dirigente (esse ponto deve ser esclarecido, mas Rossi não o faz), ardente de paixão política (Onde? Em toda a Europa ou somente na Itália e em Flandres?) e fortemente unida em corporações financeiras poderosas; constitui-se, com crescente espírito de autonomia, o Estado comunal.

(Também este ponto deve ser esclarecido: é necessário estabelecer que significado teve o "Estado" no Estado comunal: um significado "corporativo" limitado, de modo que não se pôde ir além do feudalismo médio, ou seja, o que sucede ao feudalismo absoluto — sem terceiro estado, por assim dizer — existente até o ano Mil, e que foi seguido pela monarquia absoluta no século XV, até a Revolução Francesa. Uma transição orgânica da comuna a um regime não mais feudal aconteceu nos Países Baixos, e só nos Países Baixos. Na Itália, as Comunas não souberam sair da fase corporativa, a anarquia feudal predominou na forma apropriada à nova situação e, depois, houve a dominação estrangeira. A este propósito, ver algumas notas sobre os "Intelectuais italianos". Sobre todo o desenvolvimento da sociedade europeia após o ano Mil, que Rossi menciona, deve-se levar em conta o livro de Henri Pirenne sobre a origem das cidades [85].)

Movimentos de reforma da Igreja; surgem ordens religiosas novas, que querem restaurar a vida apostólica. (Estes movimentos são sintomas positivos ou negativos do novo mundo que se desenvolve? Certamente, eles se apresentam como reação à nova sociedade econômica, ainda que a exigência de reformar a Igreja seja progressista: mas é verdade que eles indicam um maior interesse do povo pelas questões culturais e um maior interesse pelo povo por parte de grandes personalidades religiosas, ou seja, os intelectuais mais em evidência da época: mas também eles, pelo menos na Itália, são ou sufocados ou domesticados pela Igreja, enquanto em outras partes da Europa se mantêm como fermento, até desembocar na Reforma. Falando das tendências culturais depois do ano Mil, não se deve esquecer a contribuição árabe através da Espanha: cf. os artigos de Ezio Levi no *Marzocco* ou no *Leonardo*; e, além dos árabes, os judeus espanhóis [86].) "Nas escolas filosóficas e teológicas da França, travam-se vivos debates, que assinalam o espírito religioso renascido e, ao mesmo tempo, as exigências maiores da razão." (Estas disputas não se deveram às doutrinas averroístas, que buscam conquistar o mundo europeu, isto é, à pressão da cultura árabe?) "Explode a questão das investiduras, que, suscitada pelo renovado sentido da romanidade imperial (O que quer dizer isto? Pelo renovado sentido do Estado, que quer absorver em si todas as atividades dos cidadãos, como no Império Romano?) e pela consciência de efetivos interesses espirituais, políticos, econômicos, perturba todo o mundo dos príncipes seculares e eclesiásticos, bem como a massa anônima dos monges, dos burgueses, dos camponeses, dos artesãos." Heresias (mas sufocadas a ferro e fogo).

"A cavalaria, enquanto sanciona e consagra no indivíduo a posse de virtudes morais, alimenta um amor à cultura humana e pratica certo refinamento de costumes." (Mas em que sentido se pode ligar a cavalaria ao Renascimento, depois do ano Mil? Rossi não distingue os movimentos contraditórios, porque não leva em conta as diversas formas de feudalismo e de autonomia local no quadro do feudalismo. De resto, não se pode deixar de falar da cavalaria como elemento do Renascimento propriamente dito de 1500, ainda que o *Orlando Furioso* já demonstre, em relação a ela, um sentimento nostálgico em que a simpatia se mistura à caricatura e à ironia, e *O cortesão* seja sua fase presunçosamente vulgar, escolástica, pedante.) As Cruzadas, as guerras dos reis cristãos contra os mouros na Espanha, dos Capeto contra a Inglaterra, das Comunas italianas contra os imperadores suábios, em que amadurece ou desponta o sentimento das unidades nacionais (exagero). Num erudito como Rossi, é estranha esta proposição: "No esforço com que aqueles homens regeneram a si mesmos e constroem as condições de uma nova vida, eles sentem borbulhar de novo os fermentos profundos de sua história e, no mundo românico, tão rico de experiências de livre e plena espiritualidade humana, encontram almas irmãs." Isso me parece toda uma série de afirmações vagas e vazias de sentido: 1) porque sempre houve uma continuidade entre o mundo românico e o período posterior ao ano Mil (latim medieval); 2) porque "almas irmãs" é uma metáfora sem sentido e, em todo caso, o fenômeno aconteceu nos séculos XV e XVI, e não nesta primeira fase; 3) porque, de romano, não teve nada o Renascimento italiano, a não ser o verniz literário, uma vez que faltou, exatamente, o que é específico da civilização romana: a unidade estatal e, portanto, territorial.

A cultura latina floresce nas escolas da França do século XII, com o vigor magnífico dos estudos gramaticais e retóricos, das composições poéticas e dos textos em prosa ordenada e solene, a que, na Itália, corresponde uma produção mais tardia e modesta dos poetas e eruditos vênetos e dos tratadistas de retórica. Esta cultura é uma fase do latim medieval, é um produto nitidamente feudal, no sentido primitivo de antes do ano Mil; o mesmo se deve dizer dos estudos jurídicos, renascidos pela necessidade de dar ordenamento legal às novas e complexas relações políticas e sociais. Tais estudos se voltam, é verdade, para o direito romano, mas rapidamente degeneram na casuística mais minuciosa, precisamente porque o direito romano "puro" não pode ordenar as novas e complexas relações: na realidade, através da casuística dos glosadores e dos pós-glosadores, formam-se jurisprudências locais, em que tem razão o mais forte (ou o nobre ou o burguês) e que são o "único direito" existente: os princípios do direito romano são esquecidos ou submetidos à glosa interpretativa, que, por sua vez, passa por interpretações, dando origem a um produto final em que de romano não havia nada, a não ser o princípio puro e simples de propriedade.

A Escolástica "novamente pensa e sistematiza as verdades intuídas pelo Cristianismo nas formas da filosofia antiga" (que retorna, observe-se, ao círculo da civilização europeia, não por "borbulharem de novo" os fermentos profundos da história, mas porque introduzida pelos árabes e judeus).

A arquitetura românica. Rossi tem muita razão ao afirmar que todas estas manifestações, desde 1000 até 1300, não são fruto de artificiosa vontade imitadora, mas manifestação espontânea de uma energia criativa, que vem de dentro e torna aqueles homens capazes de sentir e de reviver a antiguidade. Esta última proposição, porém, é errônea, porque aqueles homens, na realidade, tornam-se capazes de sentir e de viver intensamente o presente, mas, em seguida, forma-se um estrato de intelectuais que sente e revive a antiguidade e que se afasta cada vez mais da vida popular, porque a burguesia, na Itália, decai ou se degrada até o fim do século XVIII.

É ainda estranho que Rossi não perceba as contradições em que cai, quando afirma: "Contudo, se por Renascimento puro e simples se deve entender, como me parece fora de dúvida, toda a irrupção multiforme da atividade humana desde o século XI até o século XVI, então o indício mais significativo do Renascimento há de ser considerado não o reflorescimento da cultura latina, mas o surgimento da literatura em língua vulgar, a partir da qual se destaca um dos produtos mais notáveis daquela energia, a cisão da unidade medieval em entidades nacionais diferenciadas." Rossi tem uma concepção realista e historicista do Renascimento, mas não sabe abandonar completamente a velha concepção retórica e literária: eis a origem de suas contradições e de seu academicismo; o surgimento do vulgar marca um afastamento da antiguidade, e deve-se explicar como este fenômeno se faz acompanhar de um renascimento do latim literário. Rossi diz, corretamente, que "o uso que um povo faz de uma língua, em vez de outra, para desinteressados fins intelectuais, não é capricho de indivíduos ou de coletividades, mas é espontaneidade de uma peculiar vida interior, que se manifesta na única forma que lhe é adequada", ou seja, que toda língua é uma concepção do mundo integral, e não só uma veste que sirva indiferentemente como forma a qualquer conteúdo. Mas, e então? Não significaria isto que estavam em luta duas concepções do mundo: uma, burguês-popular, que se expressava no vulgar, e outra, aristocrático-feudal, que se expressava em latim e se referia à antiguidade romana? E que esta luta, e não a serena criação de uma cultura triunfante, é que caracterizaria o Renascimento? Rossi não sabe explicar o fato de que a evocação do antigo é um puro elemento instrumental-político e, por si só, não pode criar uma cultura, e que, por isto, o Renascimento devia forçosamente desembocar na Contrarreforma, isto é, na derrota da burguesia nascida com as Comunas e no triunfo da romanidade, mas como poder do papa sobre as consciências e como tentativa de retorno ao Sacro Império Romano: uma farsa depois da tragédia.

Na França, a literatura de língua *d'oc* e de língua *d'oïl* desabrocha entre o fim do primeiro e o princípio do segundo século depois do ano Mil, quando todo o país fermenta em razão dos grandes fatos políticos, econômicos, religiosos, culturais já mencionados. "E se, na Itália, o advento do vulgar às honras da literatura atrasa-se em mais de um século, é porque, entre nós, o grande movimento, que instaura uma nova civilização nacional sobre as ruínas do universalismo medieval, é, pela variedade da história muitas vezes secular de nossas cidades, mais variado e por toda parte autóctone e espontâneo, e falta a força disciplinadora de uma monarquia e de poderosos senhores; por isso, mais lenta e árdua se revela, precisamente, a formação unitária daquele novo mundo espiritual, cujo aspecto mais visível é a nova literatura em vulgar." Outro emaranhado de contradições: na realidade, o movimento inovador, depois do ano Mil, foi mais violento na Itália do que na França, e a classe à frente daquele movimento se desenvolveu economicamente antes e mais poderosamente do que na França e conseguiu derrubar o domínio de seus inimigos, o que não aconteceu na França. Na França, a história se desenrolou diferentemente da Itália; este é o truísmo de Rossi, que não sabe indicar as diferenças reais do desenvolvimento e as situa numa maior ou menor espontaneidade e autoctonismo, muito difícil ou impossível de provar. Mas também na França o movimento não foi unitário, porque entre Norte e Sul houve uma apreciável diferença, que se expressa, literariamente, numa grande literatura épica no Norte e na ausência de épica no Sul. Pode-se encontrar o testemunho da origem da diferenciação histórica entre Itália e França no Juramento de Estrasburgo (cerca de 841), ou seja, no fato de que o povo participa ativamente da história (o povo-exército), tornando-se o fiador da observância dos tratados entre os descendentes de Carlos Magno; o povo-exército dá esta garantia "jurando em vulgar", isto é, introduz na história nacional sua língua, assumindo uma função política de primeiro plano, apresentando-se como vontade coletiva, como elemento de uma democracia nacional. Este fato "demagógico" dos Carolíngios, apelando ao povo em sua política exterior, é muito significativo para compreender o desenvolvimento da história francesa e a função que nela teve a monarquia como fator nacional. Na Itália, os primeiros documentos de vulgar são juramentos individuais, para estabelecer a propriedade sobre certas terras dos conventos, ou têm um caráter antipopular ("Traite, traite, fili di putte") [87]. Nada de espontaneidade e autoctonismo.

O invólucro monárquico, verdadeiro continuador da unidade estatal romana, permitiu à burguesia francesa se desenvolver mais do que a completa autonomia econômica alcançada pela burguesia italiana, que, no entanto, foi incapaz de sair do terreno mesquinhamente corporativo e de criar uma própria civilização estatal integral. (Deve-se ver como as Comunas italianas, reivindicando os direitos feudais do conde sobre o território circunvizinho do condado, e tendo-os incorporado, tornaram-se um elemento feudal, com o poder exercido por um comitê corporativo no lugar do conde.)

Rossi observa que a literatura vulgar se faz acompanhar "das formas comunais do chamado pré-humanismo dos séculos XIII e XIV, coevas e *significativas da mesma atividade interior de nosso povo*", e que essa literatura vulgar e esse pré-humanismo são seguidos pelo humanismo filológico do final do século XIV e do século XV. E conclui: "Três fatos que, para uma consideração puramente extrínseca (!) de contemporâneos e de pósteros, puderam parecer antitéticos entre si, mas que assinalam, na ordem cultural, etapas do desenvolvimento do espírito italiano, progressivas e de todo análogas às que, na ordem política, são a Comuna, à qual correspondem a literatura vulgar e certas formas de pré-humanismo, e a Senhoria, cujo correspondente literário é o humanismo filológico." Assim, tudo está no devido lugar, sob o rótulo genérico do "espírito italiano".

Com Bonifácio VIII, o último dos grandes pontífices medievais, e com Henrique VII, terminaram as lutas épicas entre as duas mais altas autoridades da terra. Decadência da influência política da Igreja: "servidão" de Avinhão e cisma. O império, como autoridade política municipal, morre (tentativas estéreis de Luís, o Bávaro, e de Carlos IV). "A vida estava na jovem e laboriosa burguesia das Comunas, que consolidava seu poder contra os inimigos externos e contra o povo comum, e que, ao seguir seu caminho na história, estava por gerar ou já havia gerado as senhorias nacionais." Mas que senhorias nacionais? Na Itália, a origem das senhorias é bem diferente de outros países: na Itália, nasce da impossibilidade de a burguesia manter o regime corporativo, isto é, governar o povo comum com pura violência. Na França, ao contrário, a origem do absolutismo está nas lutas entre burguesia e classes feudais, lutas nas quais a burguesia está unida ao povo comum e aos camponeses (dentro de certos limites, naturalmente). E será que se pode falar, na Itália, de "senhoria nacional"? O que queria dizer "nação" naquele tempo?

Continua Rossi: "Diante destes grandes fatos, a ideia — que parecia encarnar-se na perpetuidade universal do império, da Igreja e do direito romano, e que é ainda a de Dante — de uma continuação universal, na vida da Idade Média, da vida romana universal, abria espaço para a ideia de *que uma grande revolução* se realizara nos últimos séculos e *uma nova era da história começara*. Nascia o sentimento de um abismo que separava a nova civilização da antiga, de modo que a herança de Roma não mais era percebida como uma força imanente na vida cotidiana; mas os italianos começavam a voltar os olhos à antiguidade como a um próprio passado, admirável pela força, pelo viço, pela beleza, a que devessem retornar com o pensamento, por meio da meditação e do estudo, e para um objetivo de educação humana, como filhos que, depois de uma longa ausência, voltam aos pais, não como velhos que repassam e recordam nostalgicamente a idade juvenil." E isto é um verdadeiro romance histórico: onde se pode encontrar "a ideia de *que uma grande revolução* se realizara", etc.? Rossi transforma em fato histórico episódios de caráter livresco bem como o sentimento de desprezo do humanista pelo latim medieval e a arrogância do senhor refinado diante da "barbárie" medieval; tem razão Antonio Labriola, em seu ensaio "Da un secolo all'altro", ao dizer que só com a Revolução Francesa se sente a ruptura com o passado, com todo o passado, e este sentimento tem sua expressão última na tentativa de renovar a contagem dos anos com o calendário republicano. Se o que Rossi imagina realmente tivesse se manifestado, não teria acontecido tão facilmente a passagem do Renascimento à Contrarreforma. Rossi não consegue se livrar da concepção retórica do Renascimento e, por isto, não consegue avaliar o fato de que existiam duas correntes:

uma progressista e outra retrógrada, e que esta última triunfou em última análise, depois que o fenômeno geral alcançou seu máximo esplendor no século XVI (não como fato nacional e político, mas, de modo predominante, se não exclusivo, como fato cultural), como fenômeno de uma aristocracia separada do povo-nação, enquanto, no povo, se preparava a reação a este esplêndido parasitismo, com a Reforma protestante, o savonarolismo e sua "queima das vaidades", o banditismo popular, como o do rei Marcone na Calábria, e outros movimentos que seria interessante registrar e analisar, pelo menos, como sintomas indiretos [88]. O próprio pensamento político de Maquiavel é uma reação ao Renascimento, é uma referência à necessidade política e nacional de se aproximar do povo, como o fizeram as monarquias absolutas da França e da Espanha, assim como é outro sintoma a popularidade de Valentino na Romanha, ao humilhar os pequenos fidalgos e os *condottieri,* etc.

Segundo Rossi, "a consciência da separação ideal, produzida ao longo dos séculos, entre a antiguidade e a época nova" já está *virtualmente* no espírito de Dante, mas se mostra *efetiva* e se personaliza, quanto à ordem política, em Cola di Rienzo, que, "herdeiro do pensamento de Dante, quer reivindicar a romanidade e, por isto, a italianidade (Por que 'por isto'? Cola di Rienzo só pensava no povo de Roma, materialmente entendido) do Império, e, com o vínculo sagrado da romanidade, reunir em unidade nacional toda a gente italiana; quanto à cultura popular, em Petrarca, que saúda em Cola 'nosso Camilo, nosso Bruto, nosso Rômulo' e, com paciente estudo, reevoca o antigo, enquanto, com alma de poeta, volta a senti-lo e a vivê-lo" [89]. (Continua o romance histórico: qual foi o resultado dos esforços de Cola di Rienzo? Nada, absolutamente; e como se pode fazer a história com veleidades estéreis e desejos piedosos? E os Camilo, os Bruto, os Rômulos, reunidos por Petrarca, não se trata de pura retórica?)

Rossi não consegue diferenciar o latim medieval e o latim humanista ou filológico, como ele o chama; não quer compreender que se trata, na realidade, de duas línguas, porque expressam duas concepções de mundo, num certo sentido antitéticas, ainda que limitadas à categoria dos intelectuais; e, além disso, não quer compreender que o pré-humanismo (Petrarca) também é diferente do humanismo, porque "a quantidade se tornou qualidade". Petrarca, pode-se dizer, é típico desta passagem: ele é um poeta da burguesia como escritor em vulgar, mas já é um intelectual da reação antiburguesa (senhorias, papado) como escritor em latim, como "orador", como personagem político. Isto também explica o fenômeno do "petrarquismo" do século XVI e sua insinceridade: é um fenômeno puramente artificial, porque os sentimentos a partir dos quais nascera a poesia do *dolce stil nuovo* e do próprio Petrarca não mais dominam a vida pública, assim como não mais domina a burguesia comunal, expulsa para suas lojas e manufaturas em decadência. Politicamente, domina uma aristocracia em grande parte de *parvenus*, reunida nas cortes dos senhores e protegida pelas tropas mercenárias: ela produz a cultura do século XVI e ajuda as artes, mas politicamente é limitada e termina sob o domínio estrangeiro.

Assim, Rossi não pode ver as origens de classe da passagem, desde a Sicília até Bolonha e a Toscana, da primeira poesia em vulgar. Ele põe lado a lado a escola poética siciliana e o "pré-humanismo (em seu sentido) imperial e eclesiástico de Pier delle Vigne e de mestre Berardo de Nápoles, tão cordialmente odiado por Petrarca", e que tem "ainda raízes no sentimento da continuidade imperial da vida antiga" (ou seja, é ainda latim medieval, tal como o pré-humanismo comunal dos filólogos e poetas veroneses e paduanos e dos gramáticos e retóricos bolonheses). Rossi diz que um e outro fenômeno teriam sido estéreis, porque ligados, ambos, "a um mundo político e cultural já caduco"; a escola siciliana não foi estéril, porque Bolonha e Toscana deram alma "a seu tecnicismo vazio com o novo espírito cultural democrático". Mas será justo este nexo interpretativo? Na Sicília, a burguesia mercantil se desenvolveu sob o invólucro monárquico e, com Frederico II, se viu envolvida na questão do Sacro Império Romano da nação germânica: Frederico era um monarca absoluto na Sicília e no Sul da

Itália, mas era também o imperador medieval. A burguesia siciliana, como a francesa, se desenvolveu mais rapidamente, do ponto de vista cultural, do que a toscana; o próprio Frederico II e seus filhos fizeram poesias em vulgar e, deste ponto de vista, participaram do novo impulso das atividades humanas depois do ano Mil; mas não só deste ponto de vista: na realidade, a burguesia toscana e a bolonhesa eram mais atrasadas ideologicamente do que Frederico II, o imperador medieval. Paradoxos da história. Mas não se deve falsificar a história, como faz Rossi, invertendo os termos por amor a teses gerais. Frederico II fracassou, mas se tratou de uma tentativa bem diferente daquela de Cola di Rienzo e era um homem inteiramente diferente. Bolonha e Toscana acolheram "o vazio tecnicismo siciliano" com uma percepção histórica bastante diversa da de Rossi: compreenderam que se tratava de "coisa sua", embora não compreendessem que Enzo também lhes pertencia, ainda que portasse a bandeira do Império universal, deixando-o morrer no cárcere [90].

À diferença do "pré-humanismo" imperial e eclesiástico, Rossi pensa que, "na áspera e, às vezes, bizarra latinidade do pré-humanismo florescido à sombra das senhorias comunais, preparavam-se (!), no entanto, uma reação ao universalismo medieval e aspirações indistintas a formas de estilo nacionais (O que significa isto? Que o vulgar estava disfarçado de formas latinas?); daí que os novos estudiosos do mundo clássico deviam observar, nesta latinidade, antecipações daquele imperialismo romano que Cola havia almejado como centro de unificação nacional e que eles percebiam e vaticinavam como forma de domínio cultural da Itália sobre o mundo. A nacionalização (!) do humanismo, que o século XVI verá realizar-se em todos os países civilizados da Europa, nascerá, precisamente, do império universal de uma cultura, a nossa, que brota certamente do estudo do antigo, mas ao mesmo tempo se afirma e se difunde inclusive como literatura vulgar e, portanto, nacional italiana". (Esta é a concepção completamente retórica do Renascimento; o fato de que os humanistas tenham vaticinado o domínio cultural da Itália sobre o mundo constitui, no máximo, o início da "retórica" como forma nacional. Neste ponto se insere a interpretação da "função cosmopolita dos intelectuais italianos", que é coisa inteiramente diferente de "domínio cultural" de caráter nacional: ao contrário, é justamente testemunho da ausência do caráter nacional da cultura.)

A palavra *humanista* só aparece na segunda metade do século XV e, em italiano, só na terceira década do século XVI: a palavra *humanismo* é ainda mais recente. No fim do século XIV, os primeiros humanistas chamaram seus estudos de *studia humanitatis*, isto é, "estudos voltados ao aperfeiçoamento integral do espírito humano e, portanto, os únicos verdadeiramente dignos do homem. Para eles, a cultura não é somente saber, mas é também viver [...] é doutrina, é moralidade, é beleza, espelhadas na unidade da obra literária viva". Rossi, enredado em suas contradições, determinadas pela concepção mecanicamente unitária da história do Renascimento, recorre a imagens para explicar como o latim humanista terminou por desaparecer, até que o vulgar celebrou seu triunfo em cada domínio da literatura "e o humanismo italiano teve, finalmente, sua própria língua, enquanto o latim descia ao sepulcro". (Não completamente, porém, porque permaneceu na Igreja e nas ciências até o século XVIII, demonstrando qual fosse a corrente social que sempre sustentara sua permanência: do campo laico, o latim só foi expulso pela burguesia moderna, deixando o sentimento de sua perda aos diversos reacionários.)

"Humanismo não é latinismo; é afirmação de humanidade plena, e a humanidade dos humanistas italianos era, em sua historicidade, italiana; deste modo, só podia expressar-se no vulgar, que também os humanistas falavam na prática da vida e que, malgrado todo propósito classicizante, forçava galhardamente as barreiras de seu latim. Fazendo abstração da vida, eles podiam sonhar seu sonho e, firmes na ideia de que a literatura digna deste nome só pudesse ser em latim, podiam repudiar a nova língua; outra era a realidade histórica, da qual eles mesmos e aquele seu espírito sonhador eram filhos e na qual viviam sua vida de homens nascidos quase um milênio e meio depois do grande orador romano." Mas o que significa tudo isso? Por que esta distinção entre latim (sonho) e língua vulgar (realidade histórica)? E por que o latim não era uma realidade histórica? Rossi não sabe explicar este bilinguismo dos intelectuais, isto é, não quer admitir que o vulgar, para os humanistas, era como um dialeto, ou seja, não tinha caráter nacional, e que, assim, os humanistas eram os continuadores do universalismo medieval — sob outras formas, naturalmente — e não um elemento nacional; eram uma "casta cosmopolita", para quem a Itália representava, talvez, aquilo que é uma região no contexto nacional moderno, mas nada mais nem nada melhor: eles eram apolíticos e não nacionais.

"Havia no classicismo humanista não mais um fim de moralidade religiosa, mas um fim de educação integral da alma humana; havia, sobretudo, a reabilitação do espírito humano, como criador da vida e da história", etc., etc. Corretíssimo: este é o aspecto mais interessante do humanismo. Mas estaria ele em contradição com aquilo que eu disse antes sobre o espírito não nacional e, portanto, regressivo — para a Itália — do próprio humanismo? Não me parece. Com efeito, o Humanismo não desenvolveu, na Itália, este seu conteúdo mais original e pleno de futuro. Ele teve o caráter de uma restauração, mas, como toda restauração, assimilou e desenvolveu, melhor do que a classe revolucionária que havia sufocado politicamente, os princípios ideológicos da classe vencida, que não soubera sair dos limites corporativos e criar todas as superestruturas de uma sociedade integral. Só que esta elaboração aconteceu "nas nuvens", permaneceu como patrimônio de uma casta intelectual, não teve contatos com o povo-nação. E quando, na Itália, o movimento reacionário, do qual o Humanismo fora uma premissa necessária, se desdobrou na Contrarreforma, a nova ideologia também foi sufocada e os humanistas (salvo poucas exceções) abjuraram diante das fogueiras (cf. o capítulo sobre "Erasmo", publicado pela *Nuova Italia*, do livro de De Ruggiero, *Rinascimento, riforma e controriforma* [91]).

O conteúdo ideológico do Renascimento se desenvolveu fora da Itália, na Alemanha e na França, sob formas políticas e filosóficas: mas o Estado moderno e a filosofia moderna foram importados pela Itália, porque nossos intelectuais eram não nacionais e cosmopolitas, como na Idade Média, sob formas diversas mas nas mesmas relações gerais.

No artigo de Rossi, existem outros elementos interessantes, mas eles são de caráter particular. Será preciso estudar o livro de Rossi, *Il Quattrocento* (Col. Vallardi), o livro de Toffanin, *Cosa fu l'umanesimo* (Ed. Sanzoni), o livro de De Ruggiero anteriormente citado, além das obras clássicas sobre o Renascimento, publicadas por escritores estrangeiros (Burckhardt, Voigt, Symonds, etc.).

§ 135. *Risorgimento italiano. Lamennais* [92]. Lamennais deverá ser estudado em razão da influência que suas ideias tiveram sobre algumas correntes culturais do *Risorgimento*, especialmente para orientar uma parte do clero para as ideias liberais e também como elemento ideológico dos movimentos democrático-sociais antes de 1848. Sobre a luta de Lamennais contra os jesuítas, cf. o artigo "Il padre Roothaan e il La Mennais", na *Civiltà Cattolica* de 3 de agosto de 1929. O padre Roothaan se tornou geral da Companhia de Jesus no fim dos anos 1820 e morreu, parece-me, em 1853; logo, é o geral que dirigiu a ação dos jesuítas antes e depois de 1848. Podem-se ver na *Civiltà Cattolica* outros artigos sobre Lamennais e sobre o padre Roothaan.

§ 142. *Romances filosóficos, utopias, etc.* Nesta série de investigações deverá entrar a questão do governo dos jesuítas no Paraguai e da literatura que suscitou. Muratori escreveu: *Il cristianismo felice nelle Missioni dei Padri della Compagnia di Gesú*. Nas histórias da Companhia de Jesus se poderá encontrar toda a bibliografia a propósito.

A "Colônia de S. Leucio", instituída pelos Bourbon e da qual Colletta fala com tanta simpatia, não seria a última manifestação de popularidade da administração dos jesuítas no Paraguai [93]?

§ 147. *Função cosmopolita dos intelectuais italianos.* Antes de escrever qualquer coisa sobre o fato de que a burguesia comunal não conseguiu superar a fase corporativa e, portanto, não se pode dizer que criou um Estado, porque, antes, a Igreja e o Império é que eram

Estado — isto é, sobre o fato de que as Comunas não superaram o feudalismo —, deve-se ler o livro de Gioacchino Volpe, *Il Medio Evo.* De um artigo de Riccardo Bacchelli, na "Fiera Letteraria" de 1º de julho de 1928 ("Le molte vite"), extraio este trecho: "Mas, para não terminar na pré-história nem ir além deste livro, no *Medio Evo*, de Volpe, lê-se como o povo das Comunas surge e vive na situação de *privilégio pleno de sacrifícios*, que lhe foi preparada pela Igreja Universal e por aquela ideia do Sacro Império imposta (?!) pela Itália à Europa como sinônimo e equivalente de civilização humana, e que a Europa reconheceu e cultivou. Isso impediria (?) à Itália, em seguida, o desenvolvimento histórico mais natural (!) até o estágio de nação moderna [94]." Será preciso ver se Volpe autoriza estas... bizarrias.

§ 150. *Função cosmopolita dos intelectuais italianos. Risorgimento.* No *Risorgimento*, ocorreu o último reflexo da "tendência histórica" da burguesia italiana a se manter nos limites do "corporativismo": não ter resolvido a questão agrária é a prova deste fato. Representantes desta tendência são os moderados, tanto os neoguelfos (neles — Gioberti —, aparece o caráter universalista-papal dos intelectuais italianos, que é posto como premissa do elemento nacional), quanto os cavourianos (ou economistas-práticos, mas à maneira do homem de Guicciardini, ou seja, voltados apenas para seu "particular": daí, o caráter da monarquia italiana) [95]. Mas os vestígios do universalismo medieval também se encontram em Mazzini e determinam seu fracasso político; porque, se, na corrente moderada, o neoguelfismo foi seguido pelo cavourismo, o universalismo mazziniano no Partido de Ação não foi praticamente superado por nenhuma formação política orgânica e, ao contrário, permaneceu como um fermento de sectarismo ideológico e, portanto, de dissolução.

§ 152. *Utopias, romances filosóficos, etc.* O livro de Samuel Butler, *Erewhon*, traduzido por G. Titta Rosa, Casa Ed. Alberto Corticelli, Milão, 1928. *Erewhon* é o anagrama da palavra inglesa *Nowhere*, "em nenhum lugar", utopia. Escrito em 1872, o romance é uma sátira à cultura do tempo: darwinismo, schopenhauerismo, etc. (cf. a resenha de Adolfo Faggi, "Erewhon", no *Marzocco* de 3 de março de 1929) [96].

§ 157. *Sicília.* Na revista *Studi Verghiani*, dirigida por Lina Perrone, publicou-se (nos primeiros números) um ensaio de Giuseppe Bottai sobre o Giovanni Verga político, cujas conclusões gerais me parecem exatas: a saber, a despeito de algumas aparências superficiais, Verga jamais foi socialista ou democrático, mas *crispino* em sentido amplo (o *crispino* sou eu quem escrevo, porque, no trecho de Bottai que li, publicado na *Italia Letteraria* de 13 de outubro de 1929, não há esta referência): na Sicília, os intelectuais se dividem em duas classes gerais: *crispino*-unitaristas e separatista-democráticos — tendencialmente separatistas, como é natural [97]. Durante o processo Nasi, artigo de Verga no jornal *Sicilia*, de 1º de novembro de 1907, "em que se demonstrava a falsidade da tese segundo a qual a revolução siciliana de 1848 foi de independência, não de unidade" (deve-se observar que, em 1907, era necessário combater essa tese) [98]. Em 1920, um certo Enrico Messineo fundou (ou queria fundar?) um jornal, *La Sicilia Nuova*, "que tinha como meta defender a autonomia siciliana"; convidou Verga a colaborar e Verga lhe escreveu: "Antes de mais nada, sou italiano e, por isto, não autonomista." (Este episódio do jornal de Messineo deve ser verificado.)

§ 159. *Risorgimento. Os primeiros jacobinos italianos.* Cf. Giulio Natali, *Cultura e poesia in Italia nell'età napoleonica*. Estudos e ensaios, Turim, Sten, 1930. (Lomonaco, autor do *Rapporto a Carnot*, é objeto de um ensaio específico, muito interessante [99].)

§ 160. *Renascimento.* É muito importante o livro de Giuseppe Toffanin, *Che cosa fu l'umanesimo. Il Risorgimento dell'antichità classica nella coscienza degli italiani fra i tempi di Dante e la Riforma*, Florença, Sansoni (Biblioteca histórica do Renascimento) [100]. Toffanin capta, até um certo ponto, o caráter reacionário e medieval do humanismo: "Aquele estado particular de alma e de cultura, ao qual, na Itália, entre o século XIV e o século XVI, se dá o nome de humanismo foi uma reação e representou, pelo menos por dois séculos, uma barreira contra certa inquietude heterodoxa e romântica, que houve em germe, primeiro, na época das Comunas e, em seguida, predominou nas reformas. Ele foi conciliação espontânea de elementos ideais discordantes e aceitação de limites, antifilosófica por excelência: mas este caráter antifilosófico, uma vez pensado e aceito, também é uma filosofia." Cf. o artigo de Vittorio Rossi já analisado, que, em parte, aceita a tese de Toffanin, mas para combatê-la melhor [101]. Parece-me, sem dúvida, que a questão sobre o que foi o humanismo só pode ser resolvida num quadro mais abrangente da história dos intelectuais italianos e de sua função na Europa. Toffanin também escreveu um livro, *Fine dell'Umanesimo*, e o volume *Cinquecento*, na Coleção Vallardi.

CADERNO 6 (1930-1932)

§ 7. *Função cosmopolita dos intelectuais italianos. A burguesia medieval e sua permanência na fase econômico-corporativa.* Deve-se estabelecer em que consiste concretamente a independência e a autonomia de um Estado e em que consistia no período após o ano Mil. Mesmo hoje, as alianças, com a hegemonia de uma grande potência, tornam problemática a liberdade de ação, mas especialmente a liberdade de determinar a própria linha de conduta, por parte de muitíssimos Estados: este fato devia se manifestar de modo muito mais acentuado depois do ano Mil, dada a função internacional do império e do papado e o monopólio dos exércitos detido pelo império.

§ 13. *As comunas medievais como fase econômico-corporativa do desenvolvimento moderno.* O livro de Bernardino Barbadoro, *Le finanze della Repubblica fiorentina*, Olschki, Florença, 1929, 100 liras. Na resenha do livro de Barbadoro, publicada no *Pègaso* de julho de 1930, Antonio Panella recorda a tentativa (incompleta e falha) feita por Giovanni Canestrini de publicar uma série de volumes sobre a ciência e a arte de Estado a partir dos registros oficiais da República de Florença e dos Médici (em 1862 saiu o primeiro e único volume da série prometida). As finanças da Comuna genovesa foram tratadas por Sieveking, as de Veneza por Besta, por Cessi e por Luzzatto.

Barbadoro, agora, trata das finanças florentinas, chega cronologicamente até a instituição do *Monte*, após a senhoria do duque de Atenas, e, quanto à matéria, abrange os impostos diretos e a dívida pública, isto é, as bases essenciais da estrutura econômica da Comuna [102]. (Parece que Barbadoro deve completar o estudo, ocupando-se dos impostos indiretos.)

Primeira forma de taxação, o "fogal": ela lembra ainda os sistemas tributários feudais e representa o sinal tangível da afirmação da autonomia da Comuna, a qual substitui os direitos do Império; a forma mais evoluída: a "estimativa", baseada na avaliação global da capacidade contributiva do cidadão.

Contra o sistema da tributação direta como fonte principal de receitas reage o interesse da classe dominante, que, como detentora da riqueza, pretende dirigir o ônus fiscal sobre a massa da população com os impostos sobre o consumo; começa, então, a primeira forma da dívida pública, com os empréstimos e antecipações que as camadas possuidoras fazem para cobrir as necessidades do erário, assegurando o reembolso através de tributos. A luta política é caracterizada pela oscilação entre "estimativa" e imposto sobre o consumo: quando a Comuna cai sob uma senhoria de fora (duque de Calábria e duque de Atenas), aparece a "estimativa", ao passo que, às vezes, em certos momentos, chega-se a repudiar a estimativa na cidade (como em 1315). O regime das senhorias, pondo-se acima dos interesses das classes sociais (segundo Panella: mas, realmente, "representando um certo equilíbrio entre as classes sociais, de modo que o povo conseguia limitar o poder excessivo das classes ricas"), pode seguir um princípio de justiça distributiva e também melhorar o sistema da tributação direta, até 1427, até os albores do principado dos Médici e o ocaso da oligarquia, quando foi instituído o Cadastro.

Este livro de Barbadoro é indispensável para ver, precisamente, como a burguesia comunal não conseguiu superar a fase econômico-

-corporativa, isto é, criar um Estado "com o consenso dos governados" e passível de desenvolvimento. O desenvolvimento estatal só podia ocorrer como principado, não como república comunal.

O livro também é interessante para estudar a importância política da dívida pública, que se desenvolveu em razão das guerras de expansão, isto é, para assegurar à burguesia um mercado mais amplo e a liberdade de trânsito. (Deve-se comparar com o que Marx diz no *Capital* a propósito da função e da importância da dívida pública [103].) Também as consequências da dívida pública são interessantes: a classe possuidora, que pensara ter encontrado nos empréstimos um meio de descarregar sobre a massa dos cidadãos a maior parte da carga fiscal, se viu punida pela insolvência da Comuna, que, coincidindo com a crise econômica, contribuiu para piorar o mal e alimentar a desordem do país. Esta situação levou à consolidação da dívida e à impossibilidade de resgatá-la (renda perpétua e redução da taxa de juros), com a instituição do *Monte* após a expulsão do duque de Atenas e o advento ao poder do povo "miúdo".

§ 34. *Georges Renard.* Morto em outubro de 1930. Era professor de História do Trabalho no *Collège de France.* Participou da Comuna. Dirigiu estas coleções: "Le Socialisme à l'oeuvre", "L'Histoire Universelle du Travail", "Bibliothèque Sociale des Métiers". Livro teórico: *Le Régime Socialiste*, no qual defende a tradição do socialismo francês contra Marx. Deve ter escrito um livro, *Les Cités Imaginaires*, sobre a literatura utópica (mas talvez fosse só o tema de seu curso universitário em 1930-1931, não realizado devido à morte); mas, em seus livros, certamente muitas referências. Será útil fazer uma bibliografia completa de Renard, identificando aquelas obras que têm uma importância científica e histórica.

§ 43. *A Comuna como fase corporativa do Estado.* Em 1400, o espírito de iniciativa dos comerciantes italianos havia decaído; preferia-se investir as riquezas adquiridas em bens fundiários e ter uma renda certa da agricultura a arriscá-las novamente em viagens ou em investimentos no estrangeiro. Mas como se deu este declínio? Os elementos que contribuíram para isto são muitos: as ferocíssimas lutas de classe nas comunas, as falências por insolvência de devedores régios (falência dos Bardi e Peruzzi), a ausência de um grande Estado que protegesse seus cidadãos no estrangeiro: isto é, a causa fundamental reside na própria estrutura do Estado comunal, que não pode se desenvolver num grande Estado territorial. Desde então, enraizou-se na Itália o espírito retrógrado pelo qual se acredita que a única riqueza segura é a propriedade fundiária. Será preciso estudar bem esta fase, em que os comerciantes se tornam proprietários fundiários, e ver quais fossem os riscos inerentes à troca e à intermediação bancária.

§ 47. *Passado e presente.* Recordar o pequeno livro de um certo Ghezzi ou Ghersi (Raoul, talvez?), recebido por mim no fim de 1923 ou início de 1924 (publicado em Turim), em que se defendia o comportamento de Agnelli, especialmente, mas também de outros industriais, em 1921-1922, se explicava a organização financeira do *La Stampa* e da *Gazzetta del Popolo,* etc. Muito mal escrito literariamente, mas continha alguns dados interessantes sobre a organização da vida industrial turinense [104].

§ 51. *O cerco de Florença em 1529-1530.* Representa a conclusão da luta entre fase corporativo-econômica da história de Florença e Estado moderno (relativamente). As polêmicas entre os historiadores sobre o significado do cerco (cf. polêmica entre Antonio Panella e Aldo Valori, encerrada com a capitulação científica de Valori, no *Marzocco*, e sua mesquinha "vingança" jornalística na *Critica fascista*: me ocuparei depois da polêmica) decorrem de não saber avaliar estas duas fases, e isto em razão da retórica sobre a Comuna medieval: o fato de Maramaldo poder ter sido representante do progresso histórico e Ferrucci, historicamente, um reacionário pode desagradar moralmente, mas historicamente pode e deve ser defendido [105].

§ 61. *Frederico II.* Cf. Raffaello Morghen, "Il tramonto della potenza sveva e la piú recente storiografia", *Nuova Antologia*, 16 de março de

1930. Traz alguns recentes dados bibliográficos sobre Frederico II. Do ponto de vista do "sentido" da história italiana, exposto nos parágrafos sobre as comunas medievais e sobre a função cosmopolita dos intelectuais italianos, é interessante o pequeno volume de Michelangelo Schipa, *Sicilia e l'Italia sotto Federico II*, Nápoles, Sociedade Napolitana de História Pátria, 1929. (Naturalmente, se é verdade que Schipa "parece se indignar" com as Comunas e o papa, que resistiram a Frederico, isto é anti-histórico, mas fica demonstrado que o papa se opunha à unificação da Itália e as Comunas não escapavam da Idade Média.)

Morghen cai num outro erro quando escreve que, no tempo das lutas entre Frederico e o papado, as Comunas "se projetam ansiosas e impacientes para o futuro", etc.; "é a Itália, a qual se prepara para dar ao mundo uma nova civilização essencialmente *laica e nacional*, assim como a anterior havia sido universalista e eclesiástica".

Seria difícil para Morghen justificar esta afirmação de outro modo a não ser citando livros como *O príncipe*. Mas é preciso muita retórica para sustentar que os livros sejam uma nação e não apenas um elemento de cultura.

Terá sido Frederico II ainda ligado à Idade Média? Certamente. Mas também é verdade que dela se afastava: sua luta contra a Igreja, sua tolerância religiosa, o fato de se ter valido de três civilizações: hebraica, latina e árabe, e buscado amalgamá-las situam-no fora da Idade Média. Era um homem de seu tempo, mas ele verdadeiramente podia fundar uma sociedade laica e nacional e foi mais italiano do que alemão, etc. O problema deve ser visto integralmente e até mesmo este artigo de Morghen pode ser útil.

§ 70. *Risorgimento*. Niccolò Rodolico, "La prima giovinezza di Carlo Alberto", no *Pègaso* de novembro de 1930. (De Rodolico se anuncia, pela Ed. Le Monnier, o livro *Carlo Alberto Principe di Carignano*, do qual o artigo de *Pègaso* talvez seja um resumo.) Deve-se estudar a elaboração, que acontece na classe política piemontesa, durante o império napoleônico, mas especialmente após sua queda, do grupo que se destaca dos conservadores municipalistas para indicar à dinastia uma tarefa de unificação nacional, grupo que terá sua explicitação máxima nos neoguelfos de 1848 [106]. Caráter dinástico e não nacional deste novo grupo (do qual De Maistre é elemento importantíssimo): política mais esperta do que maquiavélica deste grupo, que, no entanto, se tornará a política predominante dos dirigentes até 1870 e mesmo depois: sua fraqueza orgânica, que se mostra especialmente no nó 1848-1849 e está ligada a esta política de esperteza mesquinha e estreita.

§ 72. *Risorgimento.* Sobre Melchiorre Gioia, cf. a bibliografia (dos escritos de Gioia) publicada por Angelo Ottolini nos *Libri del Giorno* de janeiro de 1929 ("Il centenario di Melchiorre Gioia"). O primeiro livro de Gioia é uma dissertação de 1796, apresentada para um concurso promovido pelo Instituto da República Cisalpina sobre a questão: "Qual dos governos livres convém melhor à felicidade da Itália?" Gioia defende "a república una e indivisível"; sua dissertação foi premiada, mas seria preciso ver em que medida ela é só uma elaboração puramente ideológica da fórmula jacobina. Em 1815, publica *Della costituzione di una monarchia nazionale rappresentativa* [107].

§ 78. *O Risorgimento italiano.* Quando se deve assinalar o início do movimento histórico que tomou o nome de *Risorgimento* italiano? As respostas são diversas e contraditórias, mas em geral elas se agrupam em duas séries: 1) a daqueles que pretendem sustentar a origem autônoma do movimento nacional italiano e até mesmo sustentam que a Revolução Francesa falsificou e desviou a tradição italiana; 2) a daqueles que sustentam que o movimento nacional italiano depende estreitamente da Revolução Francesa e de suas guerras.

A questão histórica é perturbada por interferências sentimentais e políticas, bem como por preconceitos de toda espécie. É já difícil fazer o senso comum entender que uma Itália como aquela que se formou em 1870 jamais existira antes e não podia existir: o senso comum é levado a crer que aquilo que hoje existe sempre existiu e que a Itália sempre existiu como nação unitária, mas foi sufocada por forças estrangeiras, etc. Inúmeras ideologias contribuíram para reforçar esta crença, alimentadas pelo desejo de aparecer como herdeiras do mundo antigo, etc.; estas ideologias, de resto, tiveram um papel notável como terreno de organização política e cultural, etc.

Parece-me que seria preciso analisar todo o movimento histórico partindo de diversos pontos de vista, até o momento em que os elementos essenciais da unidade nacional se unificam e se tornam uma força suficiente para alcançar o objetivo, o que me parece acontecer apenas depois de 1848. Estes elementos são negativos (passivos) e positivos (ativos), nacionais e internacionais. Um elemento bastante antigo é a consciência da "unidade cultural", que existiu entre os intelectuais italianos pelo menos a partir de 1200, ou seja, a partir de quando se desenvolveu uma língua literária unificada (o vulgar ilustre de Dante): mas este é um elemento sem eficácia direta sobre os acontecimentos históricos, embora seja o mais explorado pela retórica patriótica, e, de resto, não coincide nem expressa um sentimento nacional concreto e operante. Outro elemento é a consciência da necessidade da independência da península italiana em relação à influência estrangeira, muito menos difundido do que o primeiro, mas, por certo, politicamente mais importante e historicamente mais fecundo em termos de resultados práticos; mas também, deste elemento, não deve ser exagerada a importância e o significado e, especialmente, a difusão e a profundidade. Estes dois elementos são próprios de pequenas minorias de grandes intelectuais e jamais se manifestaram como expressão de uma difusa e compacta consciência nacional unitária.

Condições para a unidade nacional: 1) existência de um certo equilíbrio das forças internacionais que fosse a premissa da unidade italiana. Isto se verificou depois de 1748, ou seja, após a queda da hegemonia francesa e a exclusão absoluta da hegemonia austríaco-espanhola, mas desapareceu novamente depois de 1815: todavia, o período entre 1748 e 1815 teve uma grande importância na preparação da unidade, ou melhor, para o desenvolvimento dos elementos que deviam conduzir à unidade. Entre os elementos internacionais, é preciso considerar a posição do papado, cuja força no âmbito italiano estava ligada à força internacional: o regalismo e o josefismo, isto é, a primeira afirmação liberal e laica do Estado, são elementos essenciais para a preparação da unidade. De elemento negativo e passivo, a situação internacional se torna elemento ativo depois da Revolução Francesa e das guerras napoleônicas, que ampliam o interesse político e nacional à pequena burguesia e aos pequenos intelectuais, que dão uma certa experiência militar e criam um certo número de oficiais italianos. A fórmula "república una e indivisível" adquire uma certa popularidade e, apesar de tudo, o Partido de Ação origina-se da Revolução Francesa e de suas repercussões na Itália; esta fórmula é adaptada para "Estado único e indivisível", monarquia una e indivisível, centralizada, etc.

A unidade nacional teve um certo desenvolvimento e não outro, e deste desenvolvimento foi motor o Estado piemontês e a dinastia Savoia. É preciso, por isto, ver qual foi o desenvolvimento histórico no Piemonte, do ponto de vista nacional. O Piemonte teve interesse, a partir de 1492 (ou seja, no período das dominações estrangeiras), em que existisse um certo equilíbrio interno entre os Estados italianos, como premissa da independência (ou seja, da não ingerência dos grandes Estados estrangeiros): naturalmente, o Estado piemontês queria ser hegemônico na Itália, pelo menos na Itália Setentrional e Central, mas não conseguiu: Veneza era muito forte, etc.

O Estado piemontês se torna motor real da unidade após 1848, ou seja, após a derrota da direita e do centro político piemontês e o advento dos liberais, com Cavour. A direita: Solaro della Margarita, isto é, os "nacionalistas piemonteses exclusivistas" ou municipalistas (a expressão "municipalismo" deriva da concepção de uma unidade italiana latente e real, segundo a retórica patriótica); o centro: Gioberti e os neoguelfos. Mas os liberais de Cavour não são jacobinos nacionais: eles, na realidade, superam a direita de Solaro, mas não qualitativamente, porque concebem a unidade como ampliação do Estado piemontês e do patrimônio da dinastia, não como movimento nacional de baixo para cima, mas como conquista régia. Elemento mais propriamente nacional é o Partido de Ação, etc. (Ver outras notas.)

Seria interessante e necessário recolher todas as afirmações sobre a questão da origem do *Risorgimento* em sentido próprio, ou seja, do movimento que levou à unidade territorial e política da Itália, recordando que muitos também chamam de *Risorgimento* o despertar das forças "nativas" italianas depois do ano Mil, isto é, o movimento que levou às Comunas e ao Renascimento. Todas estas questões sobre as origens têm sua razão no fato de que a economia italiana era muito fraca, e o capitalismo, incipiente: não existia uma forte e difusa classe de burguesia econômica, mas, ao contrário, muitos intelectuais e pequeno-burgueses, etc. O problema não era tanto liberar as forças econômicas dos obstáculos jurídicos e políticos antiquados, quanto criar as condições gerais para que estas forças econômicas pudessem nascer e se desenvolver segundo o modelo dos outros países. A história contemporânea oferece um modelo para compreender o passado italiano: existe, hoje, uma consciência cultural europeia e existe uma série de manifestações de intelectuais e políticos que sustentam a necessidade de uma união europeia: até se pode dizer que o processo histórico tende para esta união e que existem muitas forças materiais que só com esta união poderão se desenvolver: se em *x* anos esta união se realizar, a palavra "nacionalismo" terá o mesmo valor arqueológico da atual "municipalismo".

Outro fato contemporâneo que explica o passado é a "não resistência e não cooperação", defendidas por Gandhi: elas podem fazer compreender as origens do cristianismo e as razões de seu desenvolvimento no Império Romano. O tolstoísmo tinha as mesmas origens na Rússia czarista, mas não se tornou uma "crença popular", como o gandhismo: através de Tolstoi, também Gandhi se liga novamente ao cristianismo primitivo, revive em toda a Índia uma forma de cristianismo primitivo, que o mundo católico e protestante não consegue mais nem mesmo compreender. A relação entre gandhismo e Império Inglês é semelhante àquela entre cristianismo—helenismo e Império Romano. Países de antiga civilização, desarmados e tecnicamente (militarmente) inferiores, dominados por países tecnicamente desenvolvidos (os romanos haviam desenvolvido a técnica governativa e a militar), ainda que desimportantes como número de habitantes. Que muitos homens que se creem civilizados sejam dominados por poucos homens considerados menos civilizados, mas materialmente invencíveis — eis o que determina a relação cristianismo primitivo-gandhismo. A consciência da impotência material de uma grande massa contra poucos opressores leva à exaltação dos valores puramente espirituais, etc., à passividade, à não resistência, à cooperação, que, no entanto, constitui efetivamente uma resistência diluída e penosa, o colchão contra a bala de revólver.

Também os movimentos religiosos populares da Idade Média, franciscanismo, etc., inserem-se numa mesma relação de impotência política das grandes massas diante de opressores pouco numerosos, mas aguerridos e centralizados: os "humilhados e ofendidos" se entrincheiram no pacifismo evangélico primitivo, na "exposição" nua de sua "natureza humana" ignorada e pisoteada, a despeito das afirmações de fraternidade em Deus-Pai e de igualdade, etc. Na história das heresias medievais, Francisco tem uma posição individual bem distinta: ele não quer lutar, isto é, ele não pensa em nenhuma forma de luta, à diferença dos outros inovadores (Valdo, etc., e os próprios franciscanos). Sua posição é retratada num episódio narrado pelos antigos textos franciscanos. "A um teólogo dominicano, que lhe perguntou como se devia entender a expressão de Ezequiel: 'Se não revelardes ao ímpio sua iniquidade, eu vos pedirei conta de sua alma', assim responde Francisco: 'O servo de Deus deve comportar-se em sua vida e em seu amor à virtude de modo que, *com a luz do bom exemplo e a unção da palavra, sirva de censura a todos os ímpios*; e assim sucederá, creio, que o esplendor de sua vida e o sinal de sua boa fama anunciarão aos maus a iniquidade deles...'" (Cf. Antonio Viscardi, "Francesco d'Assisi e la legge della povertà evangelica", na *Nuova Italia* de janeiro de 1931.)

§ 85. *A comuna medieval como fase econômico-corporativa do Estado moderno. Dante e Maquiavel.* É preciso libertar a doutrina política de Dante de todas as superestruturas posteriores, reduzindo-a a sua precisa significação histórica. Uma questão é que, pela importância de Dante como elemento da cultura italiana, suas ideias e suas doutrinas tiveram poder de sugestão para estimular e incitar o pensamento político nacional: mas se deve excluir que tais doutrinas tenham tido um valor genético próprio, em sentido orgânico. As soluções passadas de determinados problemas ajudam a encontrar a solução de problemas atuais semelhantes, em razão do hábito crítico cultural que se cria na disciplina do estudo, mas nunca se pode dizer que a solução atual decorra geneticamente das soluções passadas: sua gênese está na situação atual e só nesta. Este critério não é absoluto, isto é, não deve ser levado ao absurdo: neste caso se cairia no empirismo: máximo realismo, máximo empirismo. É preciso saber estabelecer as grandes fases históricas, que, em seu conjunto, apresentaram determinados problemas e, desde o início, esboçaram seus elementos de solução. Assim, diria que Dante fecha a Idade Média (uma fase da Idade Média), enquanto Maquiavel indica que uma fase do mundo moderno já conseguiu elaborar suas questões e as respectivas soluções de um modo muito claro e profundo. Pensar que Maquiavel geneticamente derive de, ou esteja ligado a, Dante é um despropósito histórico enorme. Assim, é puro romance intelectual a construção atual das relações entre Estado e Igreja (veja-se F. Coppola), com base no esquema de Dante "da Cruz e da Águia". Entre o Príncipe de Maquiavel e o Imperador de Dante não há conexão genética, e muito menos entre o Estado moderno e o Império medieval. A tentativa de encontrar uma conexão genética entre as manifestações intelectuais das classes cultas italianas das várias épocas constitui, justamente, a "retórica" nacional: a história real é confundida com os espectros da história. (Com isto não se quer dizer que o fato não tem significado; não tem significado científico, eis tudo. É um elemento político; menos ainda, é um elemento secundário e subordinado de organização política e ideológica de pequenos grupos que lutam pela hegemonia cultural e política.)

Parece-me que a doutrina política de Dante se reduz a mero elemento da biografia de Dante (o que de modo algum se poderia dizer de Maquiavel), não no sentido genérico de que, em toda biografia, a atividade intelectual do protagonista é essencial e que importa não só aquilo que o biografado faz, mas também aquilo que pensa e fantasia. Mas no sentido de que tal doutrina não teve nem podia ter nenhuma eficácia e fecundidade histórico-cultural, e só é importante como elemento do desenvolvimento pessoal de Dante, depois da derrota de sua facção e seu exílio de Florença. Dante sofre um processo radical de transformação de suas convicções político-comunais, de seus sentimentos, de suas paixões, de seu modo geral de pensar. Este processo tem como consequência seu isolamento de todos. É verdade que sua nova orientação só pode se chamar "gibelinismo" como maneira de dizer: em todo caso, seria um "novo gibelinismo", superior ao velho gibelinismo mas também superior ao guelfismo: na realidade, trata-se não de uma doutrina política mas de uma utopia política, que se tinge de reflexos do passado; e, acima de tudo, trata-se da tentativa de organizar como doutrina aquilo que era só material poético em formação, em ebulição, fantasia poética incipiente, que terá sua perfeição na *Divina Comédia*, seja na "estrutura", como continuação da tentativa (agora versificada) de organizar em doutrina os sentimentos, seja na "poesia", como invectiva apaixonada e drama em ato [108]. Acima das lutas internas comunais, que eram uma sequência de destruições e extermínios, Dante sonha uma sociedade superior à Comuna, superior seja à Igreja, que apoia os Negros, seja ao velho império, que apoiava os gibelinos, sonha uma forma que imponha uma lei superior às facções, etc. É um vencido da guerra de classes, que sonha com a abolição desta guerra sob o signo de um poder arbitral. Mas o vencido, com todos os rancores, as paixões, os sentimentos do vencido, também é um "douto" que conhece as doutrinas e a história do passado. O passado lhe oferece o esquema romano de Augusto e seu reflexo medieval, o Império Romano da nação germânica. Ele quer superar o presente, mas com os olhos voltados para o passado. Também Maquiavel tinha os olhos para o passado, mas de um modo bem diferente de Dante, etc.

§ 89. *Política e diplomacia*. Cavour. (Cf. nota sobre Maquiavel e Guicciardini [109].) Observação publicada por Ferdinando Martini nas *Confessioni e Ricordi, 1859-1892* (Ed. Treves, 1928), p. 150-151: para Crispi, Cavour não devia ser considerado como um elemento de primeira linha na história do *Risorgimento*, mas só Vítor Emanuel, Garibaldi e Mazzini [110]. "Cavour? O que fez Cavour? Nada além de *tratar diplomaticamente* a revolução..." Martini comenta: "Não ousei dizê-lo, mas cheguei a pensar: e queira desculpar, se for pouco!" Parece-me que Crispi e Martini seguem duas ordens diversas de pensamento. Crispi pretende se referir aos elementos ativos, aos "criadores" da revolução como movimento nacional, ou seja, aos políticos propriamente ditos. Portanto, para ele, a diplomacia é atividade subalterna e subordinada: o diplomata não cria novos nexos históricos, mas trabalha para ratificar os que o político criou: Talleyrand não pode ser comparado com Napoleão [111].

Na realidade, Crispi está errado, mas não pelo que pensa Martini. Cavour não foi apenas um diplomata, mas, antes, essencialmente um político "criador", só que seu modo de "criar" não era como revolucionário, mas como conservador: e, em última análise, triunfou não o programa de Mazzini e de Garibaldi, mas sim o de Cavour. E não se compreende como Crispi ponha Vítor Emanuel ao lado de Mazzini e Garibaldi; Vítor Emanuel está com Cavour e é através de Vítor Emanuel que Cavour domina Garibaldi e também Mazzini. É certo que Crispi não poderia reconhecer como justa esta análise em razão do "afeto que subjuga o intelecto"; sua paixão sectária ainda estava viva, como viva nele continuou sempre, apesar das mutações radicais de suas posições políticas. De resto, nem Martini jamais admitiria (pelo menos em público) que Cavour foi essencialmente um "apagador de incêndio" ou, como se poderia dizer, "um termidoriano preventivo", uma vez que, nem em Mazzini nem em Garibaldi nem no próprio Crispi, havia o estofo dos jacobinos do Comitê de Salvação Pública. Como observei noutro lugar, Crispi era um temperamento jacobino, não um "jacobino político-econômico", ou seja, não tinha um programa cujo conteúdo pudesse ser comparado ao dos jacobinos nem sequer sua feroz intransigência [112]. Por outra parte: havia, na

Itália, algumas das condições necessárias para um movimento como o dos jacobinos franceses? Há muitos séculos a França era uma nação hegemônica: sua autonomia internacional era muito ampla. Quanto à Itália, nada parecido: ela não tinha nenhuma autonomia internacional. Nestas condições especiais, compreende-se que a diplomacia fosse concretamente superior à política criativa, fosse "a única política criativa". O problema não era suscitar uma nação que tivesse a primazia na Europa e no mundo, ou um Estado unitário que arrancasse à França a iniciativa civilizatória, mas montar as peças de um Estado unitário, fosse como fosse. Os grandes programas de Gioberti e de Mazzini deviam ceder ao realismo político e ao empirismo de Cavour. Esta ausência de "autonomia internacional" é a razão que explica grande parte da história italiana, e não só das classes burguesas. Assim também se explica a razão de muitas vitórias diplomáticas italianas, apesar da relativa fraqueza político-militar: não é a diplomacia italiana que vence como tal, mas se trata de habilidade para saber tirar partido do equilíbrio das forças internacionais: é uma habilidade subalterna, embora proveitosa. Não se é forte por si, mas nenhum sistema internacional seria o mais forte sem a Itália.

Sobre o jacobinismo de Crispi, também é interessante o capítulo "Guerra di successione" do mesmo livro de Martini (p. 209-24, especialmente p. 224). Depois da morte de Depretis, os nortistas não queriam a designação de Crispi, um siciliano. Já presidente do Conselho, Crispi desafoga com Martini, proclama seu unitarismo, etc., afirma que não existem mais regionalismos, etc. Isto passa por um traço positivo de Crispi: mas me parece verdadeiro o juízo contrário. A fraqueza de Crispi esteve precisamente em ligar-se estreitamente ao grupo setentrional, aceitando suas chantagens, e em sacrificar sistematicamente o Sul, ou seja, os camponeses; noutros termos, em não ter ousado, como os jacobinos ousaram, antepor aos interesses corporativos do pequeno grupo dirigente imediato os interesses históricos da classe futura, despertando-lhe as energias latentes com uma reforma agrária. Também Crispi é um termidoriano preventivo, isto é, não um termidoriano que toma o poder depois que as forças latentes se puseram em movimento, mas toma o poder para impedir que tais forças se desencadeiem: na Revolução Francesa, um monarquista constitucional era um termidoriano por antecipação, etc.

Deverá ser investigado atentamente se, no período do *Risorgimento*, surgiram pelo menos alguns pontos de um programa em que a unidade da estrutura econômico-social italiana fosse vista deste modo concreto: tenho a impressão de que, no fim das contas, só Cavour teve uma concepção deste tipo, ou seja, no quadro da política nacional, pôs as classes agrárias meridionais como fator primário, as classes agrárias e não, naturalmente, as camponesas, ou seja, bloco agrário dirigido por grandes proprietários e grandes intelectuais. Será interessante estudar, por isto, o volume especial da correspondência cavouriana dedicado à "Questão Meridional". (Outro que deve ser estudado a este respeito: Giuseppe Ferrari, antes e depois de 1860; depois de 1860, os discursos parlamentares sobre os fatos do *Mezzogiorno*.)

§ 92. *Passado e presente.* Em *19*, revista fascista dirigida em Milão por Mario Giampaoli, publicou-se em 1927 (ou antes ou depois; li o artigo no cárcere de Milão) um breve artigo de Antonio Aniante, do qual se deduzia que Aniante e alguns outros sicilianos levaram a sério o programa, nascido no cérebro de alguns intelectuais sardos (Camillo Bellieni e alguns outros: recordo que Emilio Lussu tentava fazer esquecer o episódio, rindo-se dele), de criar um Estado federal mediterrâneo, que deveria abranger a Catalunha, as Baleares, Córsega e Sardenha, a Sicília e Creta [113]. Aniante escreve sobre o assunto em tom de fanfarronada e é preciso dar o devido desconto a sua narrativa: por exemplo, será plausível que ele tenha sido mandado ao exterior (a Paris, me parece) para se encontrar com outros "conjurados"? E quem o teria enviado? E quem teria dado o dinheiro?

§ 100. *Passado e presente.* Industriais e proprietários de terra. Toda a história passada, a partir do nascimento de uma certa indústria, é caracterizada por um esforço difícil e complicado de dividir a renda nacional entre industriais e proprietários de terra, esforço complicado pela existência de uma categoria relativamente ampla de médios e pequenos proprietários de terra não agricultores, mas habitantes das cidades (as cem cidades), devoradores parasitários de renda agrária. Como o sistema assim construído (protecionismo industrial e protecionismo agrícola) só pode ser insuficiente, ele se baseia no baixo padrão de vida das grandes massas, pela falta de matérias-primas (que não permite um grande desenvolvimento industrial) e pela impossibilidade de poupança considerável, porque as margens são devoradas pelas camadas parasitárias e falta a acumulação (apesar do baixo padrão de vida das grandes massas). Assim também se explica a dificuldade em que vivem certas indústrias exportadoras, como a da seda, que se beneficiaria enormemente com o baixo preço dos alimentos e poderia entrar em concorrência vitoriosa com a França, à qual a Itália cede a matéria-prima (os casulos). Calcular quantos casulos são vendidos ao exterior e quantos transformados na Itália, e calcular a diferença que existe entre a exportação da seda trabalhada e a dos casulos não elaborados. Outro cálculo para o açúcar, que é mais protegido do que o trigo, etc. Análise das indústrias de exportação, que poderiam nascer ou se desenvolver, tanto nas cidades quanto na agricultura, sem o sistema alfandegário vigente. Quando a ausência de matérias-primas desponta como motivo de política militarista e nacionalista (não, certamente, imperialista, que é grau mais adiantado do mesmo processo), é natural perguntar se as matérias-primas existentes são bem exploradas, porque, de outro modo, não se trata de política nacional (ou seja, de toda uma classe), mas de uma oligarquia parasitária e privilegiada, ou seja, não se trata de política exterior, mas de política interna de corrupção e de esgotamento das forças nacionais.

§ 102. *Passado e presente:* Camponeses e vida do campo. Elementos orientadores para uma investigação: condições materiais de vida: habitação, alimentação, alcoolismo, práticas higiênicas, vestuário, movimento demográfico (taxas de mortalidade, natalidade, mortalidade infantil, casamentos, nascimentos ilegítimos, mudança para as cidades, frequência dos crimes de sangue e outros crimes não econômicos, litígios judiciais por questões de propriedade, hipotecas, leilões por não pagamento de impostos, movimento da propriedade fundiária, inventário agrícola, construção de casas rurais, crimes de caráter econômico, fraudes, furtos, ilícitos, etc., mudança das mulheres para os serviços domésticos urbanos, emigração, população passiva familiar). Orientação da psicologia popular nos problemas de religião e de política, frequência escolar das crianças, analfabetismo dos recrutas e das mulheres.

§ 103. *Risorgimento.* Quando começa o *Risorgimento*? Cf. Arrigo Solmi, *L'unità fondamentale della storia italiana*, Bolonha, Zanichelli, 1927, 58 p., 6 liras. Sobre este texto, cf. Francesco Collotti, "Pretesti oratori", no *Leonardo* de 20 de maio de 1927, a resposta de Solmi, no *Leonardo* do subsequente 20 de agosto, e a nota de L. Russo, acrescentada à resposta. Solmi encontra na "cidade" essa unidade fundamental, e certamente é notável o fato de que, em muitas cidades autônomas, se verifiquem simultaneamente as mesmas reformas (não conheço o pequeno livro de Solmi e, portanto, não sei como ele explica este fato precisamente). Deve-se ver a este propósito o pequeno volume de Carlo Cattaneo, *La Città considerata come principio ideale delle istorie italiane*, organizado por G. A. Belloni, 140 p., 8 liras, Vallecchi, Florença: Solmi terá buscado seu princípio em Cattaneo? Por outro lado, o que significa "cidade"? Não significará, talvez, "burguesia", etc.?

§ 113. *Risorgimento. Campo e cidade.* Parece que, deste ponto de vista, é interessante o ensaio de Carlo Cattaneo, *La Città considerata come principio ideale delle istorie italiane*, publicado por G. A. Belloni pela Ed. Vallecchi (1930 ou 1931). O ensaio apareceu por partes no *Crepusculo*, em 1858, e nunca foi recolhido nas obras de Cattaneo organizadas por Bertani, Gabriele Rosa e Mario. Segundo Belloni, o conceito exposto por Cattaneo, acerca da necessidade de união entre cidade e campo no *Risorgimento* italiano, já fora afirmado por Romagnosi [114]. Cattaneo também pode tê-lo retomado da literatura francesa democrática do tempo, que seguia a tradição jacobina (cf., por exemplo, *Os mistérios do povo*, de Sue, que tiveram tanta difusão, inclusive na Itália). Em todo caso, o fato importante teria sido não expressar aquele conceito, mas dar-lhe uma expressão política italiana imediata, o que indiscutivelmente faltou e, antes, foi sistematicamente evitado pelos partidos democráticos do *Risorgimento*.

§ 114. *Risorgimento*. Cf., sobre alguns episódios, o livro de F. Martini, *Confessioni e ricordi (1859-1892)*, Treves, Milão, 1928. São interessantes alguns capítulos do livro: o primeiro, "Per cominciare e per finire", é interessante em relação ao comportamento político dos moderados toscanos em 1859, que não foi apenas um mero fato de psicologia a ser descrito com indulgência, como faz Martini, mas um claro comportamento político, ligado a convicções e a uma linha precisa, como demonstram os documentos recentemente publicados (cf. o artigo de Panella no *Marzocco* e a polêmica com Puccioni) [115]. Os moderados toscanos não queriam o fim do grão-ducado, eram federalistas reacionários. Os episódios de abulia militar na Toscana em 1859 não se devem relacionar apenas à "psicologia" do povo toscano, como faz Martini: tratou-se de uma sabotagem da guerra nacional ou, pelo menos, uma forma de "neutralidade" sabotadora. O pequeno número dos "voluntários" foi uma consequência da má vontade dos moderados.

Mesmo a importância da intervenção francesa, em 1859, fica mais acentuada por estes fatos: do mesmo modo, a partir das palavras textuais de Martini, acentua-se a ausência completa de consciência e orgulho nacional nos moderados, os quais diziam que "o imperador é que deve fazer a guerra", ou seja, não era a Itália que devia se libertar por si mesma, mas a França é que devia libertar a Itália. Compreende-se por que, na tradição burocrática francesa de política exterior, se formaram certas convicções e se constituiu uma linha no tocante à avaliação do pessoal dirigente italiano.

Outro capítulo interessante é "*Parlamentum indoctum*", em que se podem encontrar indicações sobre a preparação intelectual de muitos políticos do tempo. De modo benevolente, Martini justifica a crassa ignorância de homens como Nicotera, afirmando que as conjurações e a prisão perpétua não lhes haviam deixado tempo para estudar. Certamente, a vida de Nicotera não permitia estudos "regulares"; mas Settembrini também foi condenado à prisão perpétua e não perdeu tempo [116]. Alguns meridionais, cansados da literatura retórica contra os Bourbon (já antes da guerra, lembro um artigo de Oreste Mosca na *Vela latina*, de F. Russo), escreveram que, no Piemonte (com 5 milhões de habitantes), havia cinco presídios para condenados à prisão perpétua, tal como em Nápoles, com 10 milhões de habitantes, de modo que ou no Piemonte havia mais reação, ou havia mais delinquência; em todo caso, Nápoles, afinal, não fazia má figura. Paradoxalmente, o fato é verdadeiro: nas prisões napolitanas, os patriotas estavam relativamente melhor do que nas piemontesas, nas quais dominaram por muito tempo os jesuítas e uma burocracia militar e civil bem mais severa e "regulamentadora" do que a napolitana. Os condenados à prisão perpétua não estavam acorrentados pelos pés e ficavam juntos: sua condenação era "psicológica e moralmente" mais grave do que a de trabalhos forçados temporários, mas não "materialmente": a gravidade consistia em que muitos prisioneiros foram condenados à morte, acreditaram "realmente" que estavam prestes a ser executados e depois, no último momento, foram indultados: de resto, a prisão perpétua não podia ser considerada verdadeiramente como tal por políticos que não podiam julgar que o regime dos Bourbon duraria tanto quanto sua vida. Deve-se dizer isto sem desmerecer em nada seus sofrimentos. De fato, eles "podiam estudar", mas alguns o fizeram (por exemplo, Settembrini), outros, não (por exemplo, Nicotera), e, assim, a razão aduzida por Martini, não sendo universal, não é válida. A razão deve ser buscada noutro ponto, a saber, na pouca consciência de classe revolucionária de muitos daqueles homens, bem como dos deveres que cabiam a cada elemento de tal classe; ou seja, escassa paixão política, que não deve ser confundida com fanatismo e sectarismo, os quais, ao contrário, abundavam.

Sobre Vítor Emanuel II, Martini narra nas p. 152-153 este episódio, que lhe foi contado por Quintino Sella: em outubro de 1870, Vítor Emanuel recebeu no Palácio Pitti a delegação romana, que lhe levava o resultado do plebiscito de Roma. Presentes Lanza e Sella. Sella lhe disse: "Vossa Majestade deve estar hoje muito feliz." Vítor Emanuel respondeu: "Mas não diga nada; só resta dar-me um tiro de revólver; pelo tempo de vida que me resta, não haverá mais nada para conquistar [117]." Por isto, Sella chamava Vítor Emanuel de "o último dos conquistadores".

§ 116. *O Renascimento* (Fase econômico-corporativa da história italiana). *Origens da literatura e da poesia vulgar.* Ver o estudo de Ezio Levi, *Uguccione da Lodi e i primordi della poesia italiana,* e outros estudos posteriores (1921) sobre os antigos poetas lombardos, com a edição dos versos, comentário e curtas biografias. Levi afirma que se trata de um "fenômeno literário", "acompanhado por um movimento de ideias", que representa "a primeira afirmação da nova consciência italiana, em contraposição à idade medieval, preguiçosa e sonolenta" (cf. S. Battaglia, "Gli studi sul nostro duecento letterario", no *Leonardo* de fevereiro de 1927). A tese de Levi é interessante e deve ser aprofundada. Naturalmente, como tese de história da cultura e não de história da arte. Battaglia escreve que "Levi confunde esta modesta produção rimada, que guarda as características e as atitudes de evidente natureza popular, com um fenômeno literário", e é possível que Levi, como muitas vezes ocorre em tais casos, exagere a importância artística destes escritores; mas o que significa isto? E o que significa a "natureza popular" contraposta à "literária"? Quando uma nova civilização surge, não é natural que ela assuma formas "populares" e primitivas, que sejam homens "modestos" seus portadores? E isto não seria ainda mais natural quando a cultura e a literatura eram monopólio de castas fechadas? De resto, no tempo de Uguccione da Lodi, etc., mesmo na camada culta, existiam grandes artistas e literatos? O problema proposto por Levi é interessante, porque suas investigações pretendem demonstrar que os primeiros elementos do Renascimento não foram de origem áulica ou escolástica, mas popular, e foram expressão de um movimento geral cultural religioso (paterino) de rebelião contra os institutos medievais, Igreja e Império [118]. Mesmo não sendo muito alta a estatura poética destes escritores lombardos, sua importância histórico-cultural não é por isto diminuída.

Outro preconceito, seja de Battaglia, seja de Levi, é que no século XIII deva ser buscada e encontrada a origem de uma "nova civilização italiana"; uma investigação desse tipo é puramente retórica e segue interesses práticos modernos. A nova civilização não é "nacional", mas de classe, e assumirá forma "comunal" e local não unitária, não só "politicamente" mas também "culturalmente". Portanto, nasce "dialetal" e deverá esperar o maior florescimento do século XIV toscano para se unificar linguisticamente, até um certo ponto. A unidade cultural não era um dado existente de antemão, de modo algum; existia uma "universalidade católico-europeia" cultural e a nova civilização reage a este universalismo, cuja base era a Itália, com os dialetos locais e com a elevação a primeiro plano dos interesses práticos dos grupos burgueses municipais. Encontramo-nos, assim, num período de dissolução e desagregação do mundo cultural existente, uma vez que as forças novas não se inserem neste mundo, mas contra ele reagem, ainda que inconscientemente, e representam elementos embrionários de uma nova cultura. O estudo das heresias medievais se torna necessário (Tocco, Volpe, etc.) [119]. O escrito de Battaglia, "Gli studi sul nostro duecento letterario", *Leonardo*, janeiro-fevereiro-março de 1927, é útil para as referências bibliográficas, etc.

§ 118. *O Renascimento.* Origens (cf., supra, § 116). Confundem-se dois momentos da história: 1) a ruptura com a civilização medieval, cujo documento mais importante foi o aparecimento dos vulgares; 2) a elaboração de um "vulgar ilustre", ou seja, o fato de que se alcançou uma certa centralização entre os grupos intelectuais, ou melhor, entre os literatos de profissão. Na realidade, os dois momentos, mesmo sendo relacionados, não se uniram completamente. Os vulgares começam a aparecer por razões religiosas (juramentos militares, testemunhos de caráter jurídico para estabelecer direitos de propriedade, prestados por camponeses que não conheciam o latim), fragmentariamente, casualmente: que no vulgar se escrevam obras literárias, seja qual for seu valor, é outro fato novo, é o fato realmente importante. Que, entre os vulgares locais, um, o toscano, alcance uma hegemonia, é também outro fato, que, porém, é preciso delimitar: ele não é acompanhado por uma hegemonia político-social e, por isto, permanece limitado como um puro fato literário. Que o vulgar escrito apareça na Lombardia, como primeira manifestação de um certo alcance, é fato que deve ser bem destacado; e que se ligue ao paterinismo é fato também muito importante. Na realidade, a burguesia nascente impõe os próprios dialetos, mas não consegue criar uma língua nacional: se esta nasce, fica limitada aos literatos, e estes são absorvidos pelas classes reacionárias, pelas cortes, não são "literatos burgueses", mas áulicos. E esta absorção não se dá sem conflitos. O Humanismo demonstra que o "latim" é muito forte, etc. Um compromisso cultural, não uma revolução, etc.

§ 119. *Risorgimento.* Tradições militares do Piemonte. Não existiam no Piemonte fábricas de armas: as armas deviam todas ser compradas no estrangeiro. Como "tradição" militar, nada mal. Será preciso pesquisar esta questão. As armas que Carlos Alberto mandou ao *Sonderbund* suíço, e que desguarneceram o Piemonte antes de 1848, foram vendidas, e por que preço, ou dadas? O Piemonte foi prejudicado? Quando foi implantada a primeira fábrica de armas?

No discurso de Cavour ao Senado, em 23 de maio de 1851, diz-se, precisamente, que não existem fábricas e que se espera — depois da queda do preço do ferro, que será determinada pela política livre-cambista (tratado com a Inglaterra) — o surgimento de fábricas de armas.

§ 132. *História das classes subalternas.* Sobre alguns aspectos do movimento de 1848, na Itália, na medida em que refletem as teorias dos utopistas franceses, cf. Petruccelli della Gattina, *La rivoluzione di Napoli nel 1848*, 2ª ed., 1912, organizada por Francesco Torraca;

Mondaini, *I moti politici del 48*; G. De Ruggiero, *Il pensiero politico meridionale.*

§ 142. *Passado e presente. A Córsega.* A *Italia Letteraria* de 9 de agosto de 1931 publica um artigo de Augusto Garsia, "Canti d'amore e di morte nella terra dei Corsi". Garsia parece ter estado recentemente na Córsega com Umberto Biscottini, que notoriamente organiza, em Livorno, toda a atividade irredentista na Córsega (edição corsa do *Telegrafo*, do *Giornale di Letteratura e di Politica*, livros, coletâneas, etc.). Segundo o artigo de Garsia, publica-se há pouco tempo uma revista, *31-47*, "que transcreve muitos artigos da edição especial, feita para os corsos, do jornal *Il Telegrafo*, e que se introduz clandestinamente na ilha". Raffaello Giusti, de Livorno, agora também edita o *Archivio storico di Corsica*, que surgiu em 1925, em Milão, e cuja direção mais tarde foi assumida por Gioacchino Volpe. O *Giornale di Politica e di Letteratura* não pode entrar na França (e, portanto, na Córsega).

O irredentismo italiano, na Itália, é suficientemente difundido; não sei se o é na Córsega. Existe na Córsega o movimento da *Muvra* e do Partido Corso de Ação, mas eles não querem sair dos quadros franceses e muito menos se unirem à Itália; querem, no máximo, uma ampla autonomia e participam do movimento autonomista francês (Bretanha, Alsácia, Lorena, etc.). Recordar o advogadozinho vêneto que encontrei num trem em 1914: assinava a *Muvra*, o *Archivio storico di Corsica*, lia romances de autores corsos (por exemplo, Pierre Dominique, que, para ele, era um renegado). Defendia a reivindicação não só da Córsega, mas também de Nice e de Savoia.

Também o Comendador Belloni, vice-comissário da polícia de Roma, quando, em setembro de 1925, me fez uma busca domiciliar de quatro horas, me falou longamente destas reivindicações. O veterinário de Ghilarza, antes da guerra, Doutor Nessi, de Brianza, também reivindicava o Delfinado, inclusive Lyon, e encontrava audiência entre os pequenos intelectuais sardos, que são francófobos extremistas por razões econômicas (a guerra de tarifas com a França, depois de 1889) e por razões nacionalistas (os sardos afirmam que nem Napoleão pôde conquistar a Sardenha, e a festa de Santo Efísio, em Cagliari, é tão somente a reprodução da vitória dos sardos sobre os franceses em 1794, com a destruição de toda a frota francesa — quarenta fragatas — e de um corpo de desembarque de quatro mil homens).

§ 144. *G. Pascoli e Davide Lazzaretti.* Na "Nota per gli alunni", que introduz a antologia *Sul limitare*, Pascoli, aludindo à obra de Giacomo Barzellotti sobre Lazzaretti, assim escreve: "Senti, com a leitura do livro, elevar-se meu pensamento ao futuro tão *incerto* de nossa civilização. O século acabou: o que nos trará o século XX? A paz entre os povos, a paz entre as classes, a paz na consciência? Ou a luta e a guerra? Pois bem, este carroceiro, *abalado por um novo impulso de fé viva*, que tomba em sangue, e este pensador (Barzellotti), *consciência e espírito de nossos tempos*, que o estuda, narra, chora, me parecem um símbolo: a humanidade sapiente que chora e adverte — com o peito erguido e a cabeça inclinada, entre a segurança de seu pensamento e a piedade de seu sentimento — a respeito da outra humanidade, a humanidade que delira e morre."

Este trecho interessa: 1) pelo pensamento político de Pascoli em 1899-1900; 2) para mostrar a eficácia ideológica da morte de Lazzaretti; 3) para ver que relações Pascoli queria entre os intelectuais e o povo.

§ 150. *Passado e presente.* Acerca da Marcha sobre Roma, ver o número da *Gioventù Fascista* publicado por ocasião do nono aniversário (1931), com artigos muito interessantes de De Bono e Balbo [120]. Entre outras coisas, Balbo escreve: "Mussolini agiu. Se não o tivesse feito, o movimento fascista teria perpetuado por decênios a guerrilha civil, e não se pode excluir que outras forças, militando fora da lei do Estado, como as nossas, mas com finalidades anárquicas e destrutivas, terminariam por se aproveitar da neutralidade e da impotência estatal, para realizar mais tarde o gesto de revolta por nós tentado em outubro de 1922. De qualquer modo, é certo que, sem a Marcha sobre Roma, isto é, sem a solução revolucionária, nosso movimento se encaminharia para uma daquelas fatais crises de cansaço, de tendências e de indisciplina, que foram os túmulos dos velhos partidos." Há algumas inexatidões: o Estado não era "neutro e impotente", como se costuma dizer, precisamente porque o movimento fascista era seu principal suporte naquele período; nem podia haver "guerra civil" entre o Estado e o movimento fascista, mas só uma esporádica ação violenta para mudar a direção do Estado e reformar seu aparelho administrativo. Na guerrilha civil, o movimento fascista esteve alinhado com o Estado, não contra o Estado, a não ser por metáfora e segundo a forma externa da lei.

§ 157. *Romances filosóficos, utopias, etc.* Contrarreforma e utopias: desejo de reconstruir a civilização europeia segundo um plano racional. Outra origem e, talvez, a mais frequente: modo de expor um pensamento heterodoxo, não conformista, e isto especialmente antes da Revolução Francesa. Das utopias, portanto, iria derivar a moda de atribuir a povos estrangeiros as instituições que se desejariam no próprio país ou de fazer a crítica das supostas instituições de um povo estrangeiro, para criticar as do próprio país. Do mesmo modo, das utopias nasceria também a moda de exaltar os povos primitivos, selvagens (o bom selvagem), supostamente mais próximos da natureza. (Isto se repetiria na exaltação do "camponês", idealizado por parte dos movimentos populistas.) Toda esta literatura teve importância não desprezível na história da difusão das opiniões político-sociais entre determinadas massas e, portanto, na história da cultura.

Seria possível observar que esta literatura política "romanceada" reage à literatura "cavaleiresca" em decadência (*Dom Quixote*, *Orlando Furioso*, a *Utopia*, de Tomás Morus, *Cidade do Sol*) e indica, assim, a passagem da exaltação de um tipo social feudal à exaltação das massas populares, genericamente, com todas as suas exigências elementares (nutrir-se, vestir-se, abrigar-se, reproduzir-se), às quais se busca dar racionalmente uma satisfação. No estudo destes textos, não se leva na devida conta a impressão profunda que deviam deixar, frequentemente por gerações, as grandes carestias e os grandes surtos de peste, que dizimavam e esgotavam as grandes massas populares: estes desastres elementares, ao lado dos fenômenos de patologia religiosa, isto é, de passividade resignada, suscitavam também sentimentos críticos "elementares", portanto, impulsos para uma certa atividade, que encontravam sua expressão, precisamente, nesta literatura utópica, mesmo muitas gerações depois que os desastres tinham acontecido, etc.

§ 158. *História das classes subalternas*. Cf. o artigo de Armando Cavalli, "Correnti messianiche dopo il '70", *Nuova Antologia* de 16 de novembro de 1930. Cavalli também se ocupou outras vezes de temas análogos (ver seus artigos nas revistas de Gobetti, *Rivoluzione Liberale* e *Baretti*, e outros lugares), se bem que com muita superficialidade. Neste artigo, menciona Davide Lazzaretti, os bandos de Benevento, os movimentos republicanos (Barsanti) e internacionalistas na Romanha e no *Mezzogiorno*. Chamar de "correntes messiânicas" é exagerado, porque se trata de fatos singulares e isolados que demonstram mais a "passividade" das grandes massas rurais do que alguma vibração por se sentirem atravessadas por "correntes". Assim, Cavalli exagera a importância de certas afirmações "protestantes" ou "reformadoras em geral" da religião, que se verificam não só depois de 1870 mas também antes, por parte de R. Bonghi e outros liberais (sabe-se que a *Perseveranza*, antes de 1870, acreditava fazer pressão sobre o papado com estas ameaças de uma adesão italiana ao protestantismo), e seu erro é completo quando parece querer situar no mesmo plano estas afirmações reformadoras e Davide Lazzaretti. A conclusão é formalmente correta: ditadura da direita, exclusão dos partidos republicano e clerical da vida política, indiferença do governo pela miséria das massas agrícolas.

O conceito de "ideal", que se forma nas massas da esquerda, em sua vacuidade formal, serve bem para caracterizar a situação: não objetivos e programas políticos concretos e definidos, mas um estado de espírito vago e oscilante, que encontrava sua realização numa fórmula vazia e, porque vazia, capaz de conter as coisas mais díspares. A palavra "ideal" é complementar à palavra "subversivo": é a fórmula útil para que fizessem frases os pequenos intelectuais que formavam a organização de esquerda. O "ideal" é um resíduo do mazzinismo popular, em que se enxerta o bukuninismo e que se arrastou até os tempos modernos, mostrando, assim, que não se havia formado uma verdadeira direção política das massas.

§ 159. *Risorgimento.* Cf. Emanuele Librino, "Agostino Depretis prodittatore in Sicilia" (Documentos inéditos sobre a Expedição dos Mil: cartas de Garibaldi, Cavour, Farini, Crispi, Bixio e Bertani), *Nuova Antologia* de 16 de dezembro de 1930. Questão da anexação imediata: lutas entre Partido de Ação e moderados. Diante do Partido de Ação, que não quis apelar aos camponeses, vitória da política de Cavour, que encontrou seus aliados nos latifundiários, adeptos da anexação imediata. Encontram-se referências interessantes sobre convocações de carabineiros sardos, etc. Os latifundiários não queriam permanecer sob a ameaça de um movimento popular por terras e se tornaram unitários apaixonados. (O artigo deve ser considerado com o livro de Crispi sobre os Mil [121].)

§ 161. *Risorgimento. Garibaldi.* Cf. Emanuele Librino, "L'attività politica di Garibaldi nel 1861", *Nuova Antologia*, 16 de fevereiro de 1931. Publica uma pequena nota de Garibaldi para o general Médici, na qual se diz que a razão principal do conflito com Cavour é esta: Cavour quer um governo constitucional do tipo francês, com um Exército permanente que poderá ser empregado contra o povo; Garibaldi quer um governo à inglesa, sem Exército permanente, mas com a nação armada. Apenas este o conflito Cavour-Garibaldi? Pode-se ver a pouca capacidade política de Garibaldi e o caráter assistemático de suas opiniões.

§ 162. *Passado e presente. Características italianas.* Observa-se, por parte de alguns com complacência, por parte de outros com desconfiança e pessimismo, que o povo italiano é "individualista": alguns dizem "desgraçadamente", outros, "felizmente", etc. Este "individualismo", para ser avaliado exatamente, deveria ser analisado, porque existem diferentes formas de "individualismo", mais progressistas, menos progressistas, correspondentes a diferentes tipos de civilização e de vida cultural. Individualismo atrasado, relativo a uma forma de "apoliticismo", que corresponde, hoje, ao antigo "não nacionalismo": dizia-se antigamente: "Venha a Espanha, venha a França, desde que se encha a pança", assim como hoje se é indiferente à vida estatal, à vida política dos partidos, etc.

Mas este "individualismo" é mesmo individualismo? Não participar ativamente da vida coletiva, isto é, da vida estatal (e isso significa apenas não participar desta vida através da adesão aos partidos políticos "regulares"), significará, talvez, não ser "partidário", não pertencer a nenhum grupo constituído? Significará o "esplêndido isolamento" do indivíduo, que conta apenas consigo mesmo para criar sua vida econômica e moral? De modo algum. Significa que, ao partido político e ao sindicato econômico "modernos", ou seja, assim como foram elaborados pelo desenvolvimento das forças produtivas mais progressistas, "preferem-se" formas organizativas de outro tipo — precisamente do tipo "associação de delinquentes", portanto, as camarilhas, as camorras, as máfias, seja populares, seja ligadas às classes altas. Todo nível ou tipo de civilização tem um "individualismo" próprio, isto é, tem uma peculiar posição e atividade do indivíduo em seus quadros gerais. Este "individualismo" italiano (de resto, mais ou menos acentuado e dominante, segundo os setores econômico-sociais do território) é próprio de uma fase em que as exigências econômicas mais imediatas não podem encontrar satisfação regular permanentemente (desemprego endêmico entre os trabalhadores rurais e entre as camadas intelectuais pequenas e médias). A razão deste estado de coisas tem origens históricas distantes e o grupo dirigente nacional é responsável por persistir tal situação.

Apresenta-se o problema histórico-político: uma tal situação pode ser superada com os métodos da centralização estatal (escola, legislação, tribunais, polícia), que tenha como objetivo nivelar a vida segundo um padrão nacional? Noutras palavras, com uma ação que venha de cima para baixo e que seja resoluta e enérgica? Mas aí se apresenta a questão de como formar o grupo dirigente que desenvolva uma tal ação: através da concorrência dos partidos e de seus programas econômicos e políticos? Através da ação de um grupo que exerça o poder de modo monopolista? Num caso e noutro, é difícil superar o próprio ambiente, que se refletirá no pessoal dos partidos ou na burocracia a serviço do grupo monopolista, uma vez que, se se pode pensar na seleção padronizada de uns poucos dirigentes, é impossível uma tal seleção "prévia" das grandes massas de indivíduos que constituem todo o aparelho organizativo (estatal e hegemônico) de um grande país. Método da liberdade, mas não entendido em sentido "liberal": a nova construção só pode surgir de baixo para cima, na medida em que todo um estrato nacional, o mais baixo econômica e culturalmente, participe de um fato histórico radical que envolva toda a vida do povo e ponha cada qual, brutalmente, diante das próprias responsabilidades inderrogáveis.

O erro histórico da classe dirigente foi ter impedido, sistematicamente, que um tal fenômeno ocorresse no período do *Risorgimento* e ter transformado em razão de ser de sua continuidade histórica a manutenção de uma tal situação cristalizada, a partir do *Risorgimento*.

§ 166. *Passado e presente. Apoliticismo.* Aldo Valori, no *Corriere della Sera* de 17 de novembro de 1931, publica um artigo ("L'esercito di una volta") sobre o livro de Emilio De Bono, *Nell'esercito italiano prima della guerra* (Mondadori, 1931), que deve ser interessante, e cita este trecho: "Lia-se pouco, poucos jornais, poucos romances, lia-se pouco o *Giornale Ufficiale* e as ordens de serviço [...]. Ninguém se ocupava de política. Eu, por exemplo, me lembro de jamais ter prestado atenção nas crises ministeriais, de ter sabido por puro acaso o nome do primeiro-ministro [...]. A temporada eleitoral nos interessava por dar direito a doze dias de licença para votar. Oitenta por cento, no entanto, gozavam a licença e não olhavam as urnas nem em fotografia." Valori observa: "Pode parecer um exagero, mas não é. Abster-se de política não significava alhear-se da vida nacional, mas dos aspectos mais baixos da luta entre partidos. Comportando-se assim, o Exército ficou imune à degeneração de muitas outras instituições públicas e constituiu a grande reserva das forças da ordem; o que era o modo mais seguro de servir, até mesmo politicamente, à nação."

Para ser avaliada, esta situação deve ser comparada com as aspirações do *Risorgimento* no tocante ao Exército, das quais se pode ver uma expressão no livro de Giuseppe Cesare Abba dedicado aos soldados, livro que se tornou oficial, premiado, etc., etc. [122] Com sua corrente, Abba pensava no Exército como uma instituição que devia inserir as forças populares na vida nacional e estatal, dado que o Exército representava a nação em armas, a força material sobre que se apoiava o constitucionalismo e a representação parlamentar, a força que devia impedir os golpes de Estado e as aventuras reacionárias: o soldado devia se tornar o soldado-cidadão e o serviço militar obrigatório não devia ser concebido como serviço, mas, ativamente, como o exercício de um direito, da liberdade popular armada. Utopia, evidentemente, porque, como se depreende do livro de De Bono, incorreu-se no apoliticismo e, portanto, o Exército foi apenas um novo tipo de exército profissional e não de exército nacional, uma vez que o apoliticismo significa isto, nada mais que isto. Para as "forças da ordem", este estado de coisas era o ideal: quanto menos o povo participava da vida política estatal, tanto mais estas forças se afirmavam como tais. Mas que juízo dar dos partidos que continuavam o Partido da Ação? E o que se diz do Exército pode ser estendido a todo o pessoal empregado no aparelho estatal, burocracia, magistratura, polícia, etc. Uma educação "constitucional" do povo não podia ser feita pelas forças da ordem; era tarefa do Partido da Ação, que nisto fracassou completamente; antes, foi um elemento que reforçou o comportamento das forças da ordem.

Quanto a De Bono, deve-se observar que, por volta de 1918-1919, suas opiniões a propósito das relações entre política, e Exército não eram precisamente as mesmas de agora: seria o caso de ver de novo suas notas militares no *Mondo* e uma publicação sua daquele tempo, em que estava viva a memória dos ensinamentos trazidos pela catástrofe de Caporetto [123].

§ 171. *Risorgimento.* Um centro de propaganda intelectual para a organização e a "condensação" do grupo intelectual dirigente da burguesia italiana do *Risorgimento* é aquele constituído por Vieusseux em Florença, com o Gabinete Literário e as publicações periódicas: a *Antologia*, o *Archivio storico italiano*, o *Giornale agrario*, a *Guida dell'Educatore* [124]. Falta uma publicação *técnico-industrial* como o *Politecnico*, de Carlo Cattaneo (que nascerá, não casualmente, em Milão). As iniciativas de Vieusseux indicam quais fossem os problemas mais importantes que interessavam aos elementos mais progressistas do tempo: a escola e a instrução pública, a indústria agrícola, a cultura literária e histórica. É verdade que a *Antologia* resumia todas estas atividades, mas será o caso de ver se, nela, teve muita importância (ou qual) a tecnologia industrial. Falta também uma atividade especializada de "economia política". (É preciso ver se, naquela época, existiam revistas especializadas em economia política e tecnologia nos outros países, especialmente Inglaterra e França, ou se elas eram tratadas e divulgadas apenas em livros. O *ensaio* de economia política e de tecnologia talvez seja mais tardio também nesses países.) Cf. sobre o movimento de Vieusseux: Francesco Baldasseroni, *Il Rinnovamento civile in Toscana*, Florença, Olschki, 1931.

§ 176. *Passado e presente.* O *Memorandum storico-politico*, de Clemente Solaro della Margarita, foi reeditado em 1930 (Bocca, Turim, XX-488 p., 20 liras), através do *Centro di studi monarchici*, de Turim. Por quem será constituído este centro? Será, talvez, uma continuação da *Associazione monarchica*, de Giuseppe Brunati & Cia.? Recordar que esta associação tinha por órgão o semanário *Il Sovrano*, que se publicava em Milão; por volta de 1925, houve uma cisão e Brunati publicou em Turim um semanário, *Il Sabaudo*, que trazia artigos muito curiosos para os operários (chegou-se a publicar que só o soberano podia realizar o comunismo, ou alguma coisa desse tipo) [125].

§ 184. *Noções enciclopédicas.* Sobrevivências da organização corporativa medieval: 1) a *Compagnia della Caravana*, em Gênova, entre os trabalhadores do porto; sobre ela deve existir uma certa literatura; 2) em Ravena, ainda existe a chamada *Casa Matha*, sobrevivência de uma *Schola piscatoria* que remontaria a antes do ano Mil. *Matha* derivaria do grego *matheis,* "esteira", e evocaria as cabanas de esteira de junco em que se abrigavam os primeiros pescadores da Ravena bizantina. Da "Sociedade dos Homens da *Casa Matha*" iria tratar um historiador, Bard; Agnello, responsável pelos Anais em Ravena, recordaria a *schola piscatoria* em 733 (mas será a mesma?); L.A. Muratori a mencionaria em 943 (mas será a mesma coisa?). A Sociedade dos Homens da *Casa Matha* tem estatutos que remontam a 1304: o presidente se chama "primeiro ecônomo". Em 1887 se renovaram os estatutos, que aboliram as cerimônias religiosas com que se abriam as reuniões. Uma norma estatutária estabelece que, logo que se abra a reunião, se fechem as portas para impedir os retardatários (que são multados) de se juntarem às pressas e os presentes de se afastarem antes do fim dos trabalhos. Hoje, os sócios se dividem em "ordinários" e de "avental" (vendedores de peixe e pescadores) e são 150 ao todo. Hoje, a Sociedade administra uma escola náutica que absorve a maior parte das receitas da associação, mas continua a obra de assistência.

Uma pesquisa sobre a língua das organizações operárias antes da constituição da Confederação Geral do Trabalho: o termo "cônsul", por exemplo, que se mantinha nos primeiros *fasci* operários do Partido Operário, etc.

§ 199. *Risorgimento. A Constituição espanhola de 1812.* Por que os primeiros liberais italianos (em 1821 e depois) escolheram a Constituição espanhola como sua reivindicação? Tratou-se apenas de um fenômeno de mimetismo e, portanto, de primitivismo político? Ou de um fenômeno de preguiça mental? Sem desprezar completamente a influência destes elementos, expressão da imaturidade política e intelectual e, portanto, do caráter abstrato das camadas dirigentes da burguesia italiana, não se deve cair no juízo superficial segundo o qual todas as instituições italianas são mecanicamente importadas do exterior e superpostas a um conteúdo nacional refratário. Na verdade, é preciso distinguir entre a Itália Meridional e o restante da Itália: a reivindicação da Carta espanhola nasce na Itália Meridional e é retomada em outras partes da Itália por causa da função que tiveram os refugiados napolitanos no resto da Itália, após a queda da República Partenopeia. Ora, as necessidades político-sociais da Itália Meridional seriam verdadeiramente muito diferentes da Espanha? A penetrante análise feita por Marx da Carta espanhola (cf. o texto sobre o general Espartero nas obras políticas) e a demonstração clara de que aquela Carta é a expressão exata de necessidades históricas da sociedade espanhola, e não uma aplicação mecânica dos princípios da Revolução Francesa, levam a crer que a reivindicação napolitana fosse mais "historicista" do que parece [126]. Assim, seria preciso retomar a análise de Marx, comparar com a Constituição siciliana de 1812 e com as necessidades meridionais: a comparação poderia continuar com o Estatuto albertino.

CADERNO 7 (1930-1931)

§ 51. *História das classes subalternas.* O elemento de luta de raças, inserido na luta de classes na França por Thierry, terá tido importância, e qual, na França, para determinar o matiz nacionalista dos movimentos das classes subalternas [127]? O espírito "galicista" operário de Proudhon deveria ser estudado como expressão mais acabada da tendência democrático-galicista, representada pelos romances populares de Eugène Sue.

§ 54. *Passado e presente. A questão da terra.* Aparente fracionamento da terra na Itália: mas a terra não é dos camponeses cultivadores e, sim, da burguesia rural, que muitas vezes é mais feroz e usurária do que o grande proprietário. Ao lado deste fenômeno, existe um outro, a pulverização da pouca terra possuída pelos camponeses trabalhadores (que, na verdade, estão em geral em terras altas e regiões de montanha). Esta pulverização tem diferentes causas: 1) a pobreza do camponês, que é obrigado a vender uma parte de sua pouca terra; 2) a tendência a ter muitas parcelas mínimas nas diferentes zonas agrícolas da cidade ou de uma série de cidades, como seguro contra a monocultura, exposta a total destruição em caso de um ano ruim; 3) o princípio de herança da terra entre os filhos, cada um dos quais quer uma parcela de cada campo herdado (este parcelamento não aparece no cadastro porque não se faz a divisão legalmente, mas *bona fide*). Parece que o novo Código Civil também introduz na Itália o princípio do *homestead*, ou bem de família, que tem precisamente como objetivo, em muitos países, evitar a fragmentação excessiva da terra por causa de herança.

§ 55. *Passado e presente*. Ver, na coleção da *Gerarchia*, as fases relevantes do período 1920 e anos seguintes, bem como, especialmente, a série de estudos sobre as novas instituições criadas pelo regime fascista.

§ 56. *O deputado De Vecchi*. Cf., na *Gerarchia* de outubro de 1928, o artigo de Umberto Zamboni, "La marcia su Roma. Appunti inediti. L'azione della colonna Zamboni", em que se diz que De Vecchi foi o único dos quadrúnviros que permaneceu em Roma "para fazer ainda a tentativa extrema de uma solução pacífica". A afirmação deve ser cotejada com o artigo de M. Bianchi no número especial da *Gerarchia* dedicado à Marcha sobre Roma, no qual se fala de De Vecchi de forma bastante estranha. Zamboni foi a Perugia com Bianchi e terá ouvido dele esta versão dos contatos havidos entre De Vecchi e Bianchi em 27 de outubro [128].

§ 57. *Passado e presente*. A alimentação do povo italiano. Na *Gerarchia* de fevereiro de 1929, p. 158, o professor Carlo Foà anota as cifras fundamentais da alimentação italiana em comparação com outros países: a Itália tem 909.750 calorias disponíveis por habitante, a França, 1.358.300, a Inglaterra, 1.380.000, a Bélgica, 1.432.500, os Estados Unidos, 1.866.250. A comissão científica interaliada para o abastecimento estabeleceu que o mínimo de consumo alimentar para o homem médio é de 1 milhão de calorias por ano. A Itália, em termos nacionais, está aquém desta disponibilidade média. Mas, quando se considera que a disponibilidade não se distribui entre os homens médios, mas, antes de tudo, por grupos sociais, pode-se ver que certos grupos sociais, como os assalariados rurais meridionais (camponeses sem terra), só a duras penas devem alcançar 400 mil calorias anuais, ou seja, 2/5 da média estabelecida pelos cientistas.

§ 65. *Feminismo.* Cf. o artigo de Vittorio Cian, "Femminismo patriottico del Risorgimento", na *Nuova Antologia* de 1º de junho de 1930. Tipo retórico, mas interessante pelas indicações objetivas sobre a participação das mulheres na vida política, no *Risorgimento.*

Numa nota, cita-se este trecho de Gioberti, extraído da *Apologia del libro intitolato "Il Gesuita Moderno"*, etc., cap. III da parte I: "A participação da mulher na causa nacional é um fato quase novo na Itália e, verificando-se em todas as suas províncias, requer consideração especial, porque é, em minha opinião, um dos sintomas mais capazes de demonstrar que chegamos à maturidade civil e à plenitude de consciência como nação." A observação de Gioberti não é válida apenas para a vida nacional: todo movimento histórico inovador só é maduro se dele participam não só os velhos, mas os jovens, os adultos e as mulheres, de modo que até mesmo deixa um reflexo na infância.

§ 70. *História das classes subalternas. Intelectuais italianos.* De um artigo de Alfredo Panzini ("Biancofiore", no *Corriere della Sera* de 2 de dezembro de 1931) sobre Severino Ferrari e seu poemeto "Il Mago": "Tal como muitos filhos da pequena burguesia, especialmente os que frequentavam a universidade, se aproximara sentimentalmente da pia batismal de Bakunin, talvez mais do que da de Karl Marx. Ao entrar na vida, os jovens requerem um batismo; e, de Giuseppe Mazzini, restava a tumba e o grande fulgor da tumba; mas a palavra do grande apóstolo não mais bastava às novas gerações." De onde é que Panzini deduz que os jovens, etc., se aproximaram mais de Bakunin, etc.? Talvez, simplesmente, de recordações pessoais da universidade (Severino Ferrari nasceu em 1856; "Il Mago" foi publicado em 1884), embora Panzini tenha frequentado a Universidade de Bolonha muitos anos depois de Ferrari [129].

§ 72. *Passado e presente. A burguesia rural.* Artigo de Alfredo Rocco, "La Francia risparmiatrice e banchiera", na *Gerarchia* de outubro de 1931. Artigo que se deve retificar em muitos detalhes; mas o ponto principal a ser observado é este: por que, na França, se acumula tanta poupança? Será somente porque os franceses são mesquinhos e avaros, como Rocco parece sustentar? Seria difícil demonstrar isso, pelo menos em sentido absoluto. Os italianos são "sóbrios, trabalhadores, econômicos": por que não se acumula poupança na Itália? O padrão de vida médio francês é superior, de modo considerável, ao italiano (cf. estudo de Camis sobre a alimentação na Itália), logo os italianos deveriam poupar mais do que os franceses. Na Itália, não ocorre o que ocorre na França porque existem classes absolutamente parasitárias que não existem na França; e, mais importante do que todas, a burguesia rural (cf. o livro de Serpieri sobre as classes rurais na Itália durante a guerra e determinar quanto "custa" uma tal classe aos camponeses italianos) [130].

§ 82. *Os filhotes de padre Bresciani. Enrico Corradini.* Deverão ser examinados os jornais que trazem seu necrológio (Corradini morreu em 10 de dezembro de 1931). De Corradini deve-se ver sua teoria da "nação proletária" em luta com as nações plutocratas e capitalistas, teoria que serviu de ponte aos sindicalistas para passarem ao nacionalismo, antes e depois da guerra líbia. Teoria ligada ao fato da emigração de grandes massas de camponeses para a América e, portanto, à questão meridional. Os romances e os dramas de Corradini sob a categoria do brescianismo.

§ 92. *Risorgimento. A Itália Meridional.* Estudar as origens e as causas da convicção, existente em Mazzini, de que a insurreição nacional devia começar ou era mais fácil fazer começar na Itália Meridional (irmãos Bandiera, Pisacane). Parece que tal convicção existia até mesmo em Pisacane, que também, como escreve Mazzini (*Opere*, vol. LVIII, *Epistolario*, XXXIV, 1931), tinha um "conceito estratégico da guerra de insurreição". Tratou-se de um desejo (contrapor a iniciativa popular meridional à monárquico-piemontesa?), transformado em convicção, ou tinha origens racionais e positivas? E quais podiam ser?

Relacionar esta convicção à de Bakunin e dos primeiros internacionalistas, já antes de 1870: mas, em Bakunin, correspondia a uma concepção política da eficiência subversiva de certas classes sociais. Onde se deveria buscar este conceito estratégico da guerra de insurreição nacional de Pisacane? Em seus ensaios político-militares, em todos os escritos que nos restam dele, e mais: nos escritos de Mazzini (em todos os escritos, mas especialmente no *Epistolario*; seria possível escrever um ensaio sobre Pisacane e Mazzini) e nas várias posições práticas de Pisacane. Parece-me que um dos momentos mais importantes deve ser a oposição de Pisacane a Garibaldi durante a República Romana. Por que tal oposição? Seria Pisacane hostil, em princípio, à ditadura militar? Ou a oposição seria de caráter político-ideológico, isto é, seria contra o fato de ser tal ditadura meramente militar, com um vago conteúdo nacional, enquanto Pisacane queria dar à guerra de insurreição, além do conteúdo nacional, antes e especialmente um conteúdo social? Em todo caso, a oposição de Pisacane foi um erro no caso específico, porque não se tratava de uma ditadura vaga e indeterminada, mas de uma ditadura em regime de república já instaurada, com um governo mazziniano em funcionamento (seria um governo de salvação pública, de caráter mais estritamente militar, mas, talvez, os preconceitos ideológicos de objeção às experiências da Revolução Francesa é que determinaram em grande parte tal oposição).

§ 100. *Passado e presente*. Recordar a publicação de B. Croce sobre as relações entre Maria Sofia e Malatesta (e a publicação anterior na *Unità* de Florença, em 1914 ou 1915) [131]. Num artigo de Alberto Consiglio, "Giro per l'Aspromonte", no *Corriere della Sera* de 24 de dezembro de 1931, diz-se: "A iniciativa de Fabrizio Ruffo, que havia reunido estes montanheses e os havia conduzido a 'arrancar o coração' dos jacobinos napolitanos, criou no reino uma fama de lealdade bourbonista, que os calabreses dividiam em igual medida com os pescadores de Santa Lúcia e os *lazzaroni* dos arrabaldes napolitanos. Este mito (!) produziu e alimentou boa parte do banditismo político do primeiro decênio unitário e, no princípio do século, ainda estava vivo entre os últimos e esquálidos bourbonistas. Com efeito, dizem que, de Paris, onde estava no exílio, a rainha Maria Sofia enviou a Musolino um pouco de dinheiro para que o bandido mantivesse viva a rebelião na Calábria [132].” (Um pequeno jornal bourbonizante saiu em Nápoles até 1907 ou 1908: Eugenio Guarino publicou no *Viandante*, de Monicelli, um artigo por ocasião de seu fechamento.)

§ 108. *Risorgimento. Iniciativas populares.* Cf., na revista *Irpinia* (de Avelino) de julho de 1931 (está resumida no *Marzocco* de 26 de julho de 1931), a conferência de Nicola Valdimiro Testa sobre os acontecimentos que se desenrolaram na província de Avelino nos anos 1848-1849. A narrativa parece muito interessante para entender os sentimentos populares e as correntes de paixão que atravessavam as grandes massas, as quais, no entanto, não tinham uma orientação e um programa e se esgotavam em tumultos e atos brutais de violência desordenada. Participação de alguns elementos do clero nestas paixões de massa, o que explica o comportamento de alguns padres em relação aos chamados “bandos de Benevento” [133]. Verifica-se a confusão habitual entre “comunismo” e “reforma agrária”, que Testa (pelo que se conclui do resumo no *Marzocco*) não sabe apresentar criticamente (como, de resto, não o sabe fazer a maior parte dos investigadores de arquivo e dos historiadores). Seria interessante reunir a bibliografia de todas as publicações como esta sobre os anos do *Risorgimento.*

CADERNO 8 (1931-1932)

§ 5. *Risorgimento. O Partido de Ação.* Sobre a história do Partido de Ação e do “transformismo” italiano em geral, é muito interessante uma carta de Francesco De Sanctis a Giuseppe Civinini, publicada no *Bullettino Storico Pistoiese* por Filippo Civinini e resumida no *Marzocco* de 4 de outubro de 1931 [134]. A carta não tem data, mas parece ter sido escrita entre o segundo semestre de 1866 e o início de 1868. Entre outras coisas, escreve De Sanctis: “A transformação dos partidos, a constituição de um partido progressista em oposição a um partido conservador, é uma velha ideia minha, pela qual combato há três anos e que é a bandeira de meu jornal." "Para mim, Partido Moderado e Partido de Ação deixaram de existir desde a catástrofe de Aspromonte [135]. A antiga Esquerda morreu no dia em que Mordini e Crispi não quiseram se demitir, como muitos de seus companheiros, em razão das coisas da Sicília [136]. A partir daquele tempo, a Esquerda entrou numa via de transformação e se tornou uma oposição constitucional progressista. O programa de Mordini e o outro, de Crispi, no tempo das eleições gerais, confirmaram esta orientação. E foi este o partido que saiu muito reforçado das urnas e ao qual se juntaram em grande número os recém-chegados ao Parlamento, para constituir a *consorteria*. Nos programas daquele tempo, não mais sinal de ódio napoleônico, de agitações de rua, de insurreições, sem e contra o governo, de veleidades republicanas", etc. A datação me parece errada, porque De Sanctis escreve ter uma cadeira na esquerda, "na nova esquerda", e me parece que a passagem de De Sanctis à esquerda aconteceu mais tarde.

§ 6. *Jacobinismo.* Para ter uma indicação do modo de considerar os franceses no período jacobino e napoleônico, podem-se buscar referências no livro de Alexandre Andryane (*Memorie di un prigioniero di Stato*, trechos escolhidos por Rosolino Guastalla, Barbèra, Florença, p. 214): o oficial de Justiça Schiller, quando Andryane consegue que lhe tirem as cadeias dos pés por causa de uma torção, diz: "Franceses do diabo! *Havia* mesmo motivo para chamá-los de *senhores tudo-se-pode-quando-se-quer.*" Esta fama dos franceses como "pessoas de vontade", ou seja, *voluntaristas*, no período da grande Revolução, junto aos outros povos, tem um certo significado histórico.

§ 10. *Risorgimento. O realismo de Cavour.* O peso relativamente preponderante que os fatores internacionais tiveram no desenvolvimento do *Risorgimento* decorre do realismo particular de Cavour, que consistia em valorizar a atividade diplomática numa medida que parecia absurda ao Partido de Ação. Quando Crispi, acreditando diminuir a importância de Cavour, disse a Ferdinando Martini que Cavour havia apenas "tratado diplomaticamente a revolução", na realidade ele, sem querer, reconhecia o caráter indispensável de Cavour. Mas, para Crispi, admitir que organizar as relações internacionais tivesse sido mais importante e essencial do que organizar as relações internas seria impossível: significaria admitir que as forças internas nacionais eram por demais fracas em relação às tarefas a serem resolvidas e que, especialmente, elas se mostraram aquém de sua missão e politicamente despreparadas e abúlicas (abúlicas, no terreno da vontade política concreta e não do jacobinismo formal). Por isto, o "realismo de Cavour" é um tema ainda a ser examinado, sem preconceitos e sem retórica.

§ 11. *Risorgimento. 1848-1849.* Parece-me que os acontecimentos dos anos 1848-1849, dada a sua espontaneidade, podem ser considerados como típicos para o estudo das forças sociais e políticas da nação italiana. Encontramos naqueles anos algumas formações fundamentais: os reacionários moderados, municipalistas; os neoguelfos, democracia católica; e o Partido de Ação, democracia liberal de esquerda burguesa nacional. As três forças estão em luta entre si e todas as três são sucessivamente derrotadas no decorrer dos dois anos. Com a derrota, ocorre uma reorganização das forças no sentido da direita, após um processo interno de esclarecimento e cisão em cada um dos grupos. A derrota mais grave é a dos neoguelfos, que morrem como democracia católica e se reorganizam como elementos sociais burgueses do campo e da cidade, ao lado dos reacionários, constituindo a nova força de direita liberal conservadora. Pode-se estabelecer um paralelo entre os neoguelfos e o Partido Popular, nova tentativa de criar uma democracia católica, fracassada do mesmo modo e por razões parecidas. Da mesma forma, o fracasso do Partido de Ação se assemelha ao do "subversivismo" dos anos 1919-1920 [137].

§ 20. *Risorgimento. Os moderados toscanos.* Cf. a conferência de Mario Puccioni, "Uomini del Risorgimento in Toscana", publicada na *Miscellanza storica della Valdelsa* e resumida no *Marzocco* de 15 de novembro de 1931. A atividade apologética de Puccioni em favor dos moderados toscanos é um aspecto interessante da cultura toscana moderna: demonstra como ainda é instável a consciência nacional da camada dirigente toscana e discutíveis sua "dignidade e prestígio". Os moderados toscanos encontraram ajuda e adesão apenas na burguesia culta, na pequena propriedade e no povo da cidade: a aristocracia e a classe agrícola representaram o absenteísmo e a apatia. "Deflagrada (!) a revolução, foi providencial que, na noite de 27 de abril, Ubaldino Peruzzi aceitasse tomar parte no triunvirato, assegurando aos temerosos do grão-ducado e ao corpo diplomático, todo hostil ao movimento, que, com ele, não se repetiriam os excessos de 1849." O que existe de "nacional" em tudo isto? Os moderados, assim, eram a expressão dos "temores" da aristocracia e das pessoas de bem, que temiam os "excessos", bem como da diplomacia; o que há de "nacional" nesta expressão? E por que as classes agrícolas estavam ausentes? Elas não eram a maioria do povo toscano, isto é, a "força nacional"? O medo dos "excessos" não seria o medo de que tais classes se pusessem em movimento, em luta por suas reivindicações progressistas? E os "medrosos" não seriam os retrógrados conservadores de um *status quo* antinacional, uma vez que se tratava do antigo regime? Trata-se, assim, de uma repetição do velho princípio: Espanha ou França, desde que cheia a pança. Grão-ducado ou Itália unida, desde que as coisas permaneçam como estão: o fato político e nacional é indiferente, o que conta é a ordem econômico-social, que deve ser conservada contra as forças nacionais progressistas. O mesmo vale para o medo do corpo diplomático. Como pode uma revolução ter medo do corpo diplomático? Este medo não significaria a consciência de estar subordinado ao estrangeiro e ter de deixar de lado as exigências nacionais em favor das pretensões estrangeiras? A apologia de Puccioni parte de concepções bem mesquinhas e baixas: mas por que chamar de "nacional" aquilo que é só servil e subalterno? "Quanto mais tardaram os moderados a compreender a ideia que inspirou os revolucionários e a sentir a necessidade de adesão ao Piemonte, tanto mais decididos (?), depois de um trabalho de reconstrução, foram em sustentá-la, pregá-la, realizá-la, a despeito (!) do corpo diplomático hostil, em contraste com as indevidas (!) ingerências dos sequazes do soberano fugido. Não é o caso de preocupar-nos (!) se os moderados aderiram à revolução depois de tudo terminado (ou não foram precursores): constatemos, antes, quão útil e indispensável foi seu apoio, pelo menos (!) para mostrar (!) ao exterior que os terríveis revolucionários eram representados por homens da melhor sociedade, os quais teriam *tudo a perder e nada a ganhar* de uma revolução se ela não se mostrasse *séria* nem carregasse promessas de um futuro melhor." Melhor para quem? E como? Puccioni se torna divertido, mas é divertido que ele seja convidado a dizer tais coisas e que suas proposições e seu modo de pensar sejam aplaudidos.

§ 23. *Federico Confalonieri*. Do pequeno livro: A. F. Andryane, *Memorie di un prigioniero di Stato allo Spielberg*, capítulos escolhidos e anotados por Rosolino Guastalla, Florença, Barbèra, 1916, extraio algumas indicações bibliográficas sobre Federico Confalonieri: Rosolino Guastalla, "Letteratura spielberghese", em *Le mie prigioni*, edição comentada, Livorno, Giusti, 1912; Giorgio Pallavicino, *Spilbergo e Gradisca* (1856), republicado nas *Memorie* (Loescher, 1892); Federico Confalonieri, *Memorie e Lettere* (Milão, Hoepli, 1890); Alessandro Luzio, *Antonio Salvotti e i processi del Ventuno*, Roma, 1901; Domenico Chiattone, comentário sobre as *Mie Prigioni*, de Pellico. As *Mémoires* de Andryane foram traduzidas em italiano por F. Regonati (quatro volumes, 1861, Milão), com aparato de documentos.

Posição de Luzio contra Andryane, enquanto justifica Salvotti (!); cf. outras observações de Luzio e o caráter tendencioso e acrimonioso de seus escritos sobre o *Risorgimento*. Cf. G. Trombadori, "Il giudizio del De Sanctis sul Guicciardini", na *Nuova Italia* de 20 de novembro de 1931; escreve Trombadori: "A legítima admiração que todos tributamos a Luzio, sobretudo pela obra por ele desenvolvida no campo dos estudos sobre nosso *Risorgimento*, não deve ser separada do conhecimento dos limites em que se encerra sua visão da história, que são um moralismo bastante exclusivista e aquela mentalidade tão puramente jurídica (mas será exato dizer "jurídica"? Ou não será, antes, "judiciária"?), que o tornou incomparável investigador de documentos processuais", etc., etc. (ver o texto em caso de necessidade). Mas não se trata só de temperamento, trata-se, especialmente, de tendenciosidade política. Luzio poderia ser chamado de Cesare Cantù do moderantismo conservador (cf. Croce sobre Cantù, na *Storia della storiografia italiana nel secolo XIX*). Retomo a citação de Trombadori sobre Luzio: "São dois comportamentos que se integram e se completam mutuamente, de modo que, às vezes, parece que sua portentosa perícia em submeter a análise depoimentos, testemunhos e 'interrogatórios' tem o único fim de livrar alguém da imputação de covarde e traidor, ou de reforçá-la, de condenar ou de absolver. Assim, sucede que raramente ele se esquiva do gosto de fazer acompanhar os nomes dos homens que tiveram na história seu papel, grande ou pequeno, de adjetivos como: covarde, generoso, nobre, indigno e assim por diante." Por isto, Luzio participou na polêmica que se desenrolou nos últimos anos sobre Guicciardini, contra o juízo de De Sanctis, naturalmente para *defender* Guicciardini, imaginando haver necessidade de defendê-lo, como se De Sanctis tivesse feito um requisitório de procurador contra ele e não representado, ao contrário, um período da cultura italiana, o do "Homem *de* Guicciardini"; a intervenção de Luzio, também neste caso, não é um dado de "temperamento" de estudioso, mas de tendência política: na realidade, "o homem de Guicciardini" é o representante ideal do "moderado italiano", seja ele lombardo, toscano ou piemontês, entre 1848 e 1870, e do moderno clerical moderado, do qual Luzio é o aspecto "historiográfico".

Deve-se observar que Croce não cita, nem incidentalmente, o nome de Luzio em sua *Storia della storiografia italiana nel secolo XIX*, edição de 1921, ainda que uma parte da obra de Luzio remonte aos anos anteriores a 1900: mas me parece que fala dele no apêndice publicado recentemente na *Critica* e, depois, incorporado à nova edição do livro.

§ 26. *Passado e presente. A política de Luigi Cadorna.* No artigo de Fermi, "La Spagna cattolica", na *Gerarchia* de dezembro de 1931, menciona-se a Constituição espanhola de 1812 e se diz: "De 1808 até 1813, a resistência indômita oposta aos franceses por todas, ou quase todas, as classes da nação, guiadas pelo clero, também rebelado, marcou uma página gloriosa. Fernando VII e as Cortes de 1812 se encarregaram de anular seus resultados. Estes, com a Constituição modelada segundo o figurino francês de 1791, infligiram ao país uma ficção: cópia ruim de uma cópia ruim, como dizia L. Cadorna de uma ficção análoga." Onde e quando Cadorna se expressou em tais termos? O juízo de Fermi sobre a Constituição espanhola de 1812 é o juízo costumeiro e superficial da demagogia reacionária.

§ 31. *Risorgimento. O Carbonarismo e a Maçonaria.* Artigo de A. Luzio, "Le origini della Carboneria", no *Corriere della Sera* de 7 de fevereiro de 1932. Luzio fala de dois livros de Eugen Lennhoff, fr.:, hierarca da Maçonaria austríaca (sobre Lennhoff, falou muitas vezes o especialista em Maçonaria da *Civiltà Cattolica*): *Die Freimaurer* [O maçom] e *Politische Geheimbünde* [Ligas políticas secretas] (Ed. Amalthea, Viena). Luzio começa por apontar os erros de língua italiana contidos nas citações políticas de Lennhoff e outros erros mais graves (Mazzini confundido com o grão-mestre Mazzoni, p. 204 de *Die Freimaurer*, e assim transformado em grão-mestre; mas se trata de erro histórico ou de erro de impressão?). Como resenha de Lennhoff, o artigo de Luzio não vale nada. Sobre as origens do Carbonarismo: obras de Alberti sobre as assembleias constitucionais italianas e sobre a revolução napolitana de 1820, editadas pelos *Lincei*; estudos de Sòriga sobre o "Risorgimento italiano", janeiro-março de 1928, e sobre o Carbonarismo na Enciclopédia Treccani (vol. VIII), livro de Luzio sobre a Maçonaria. Neste artigo, Luzio cita, das memórias inéditas do general Rossetti (das quais fala Guido Bustico na *Nuova Antologia* de 1927), um relatório do próprio Rossetti a Joachim Murat (de junho de 1814), em que se fala dos primeiros tempos do Carbonarismo, que seria conhecidíssimo na França, sobretudo no Franco-Condado, e ao qual Rossetti teria se filiado em 1802, ao residir em Gray [138]. (Mas são coisas vagas e que se perdem na noite dos tempos, entre os fundadores do Carbonarismo estaria Francisco I, etc.). Segundo Rossetti, no reino de Nápoles, o Carbonarismo teria começado a se propagar na província de Avelino em 1811, estendendo-se apenas por volta da metade de 1812.

§ 33. *Nexo histórico 1848-1849. O federalismo de Ferrari-Cattaneo.* Foi a formulação político-histórica das contradições existentes entre o Piemonte e a Lombardia. A Lombardia não queria ser anexada, como uma província, ao Piemonte: era mais avançada, intelectual, política e economicamente, do que o Piemonte. Com forças e meios próprios, fizera sua revolução democrática com os Cinco Dias: talvez fosse mais italiana do que o Piemonte, no sentido de que representava a Itália melhor do que o Piemonte [139]. Que Cattaneo apresentasse o federalismo como imanente em toda a história italiana era apenas elemento ideológico, mítico, para reforçar o programa político atual. Por que *acusar* o federalismo de haver retardado o movimento nacional e unitário? É preciso insistir ainda no critério metodológico de que uma coisa é a história do *Risorgimento*; outra coisa, a hagiografia das forças patrióticas e, aliás, de uma fração destas, as unitárias. O *Risorgimento* é um desenvolvimento histórico complexo e contraditório, que se torna um todo a partir de todos os seus elementos antitéticos, de seus protagonistas e de seus antagonistas, de suas lutas, das modificações recíprocas que as próprias lutas determinam e até mesmo da função das forças passivas e latentes, como as grandes massas agrícolas, além, naturalmente, da função eminente das relações internacionais.

§ 35. *Risorgimento. Giuseppe Ferrari.* Como o jacobinismo histórico (união da cidade e do campo) se diluiu e tornou abstrato em Giuseppe Ferrari. A "lei agrária", de ponto programático concreto e atual, bem circunscrito no espaço e no tempo, tornou-se uma vaga ideologia, um princípio de filosofia da história. Deve-se observar que, nos jacobinos franceses, a política camponesa foi apenas uma intuição política imediata (arma de luta contra a aristocracia fundiária e contra o federalismo girondino) e que eles se opuseram a todo "exagero" utópico dos "agraristas" abstratos. A formulação da "reforma agrária", em Ferrari, explica o fato da relativa popularidade que ele teve e continua a ter entre os libertários: muitos pontos de contato entre Ferrari e Bakunin e, em geral, os *narodniks* russos; os destituídos do campo são mitificados em função da "pandestruição". Mas em Ferrari, à diferença de Bakunin, ainda está viva a consciência de que se trata de uma reforma liberalizante. Seria preciso comparar as ideias de Ferrari sobre a reforma agrária, como ponto de inserção das massas agrícolas na revolução nacional, com as ideias de Carlo Pisacane. Pisacane está mais próximo de Maquiavel; conceito mais limitado e concretamente político. (Ferrari contra o princípio de herança na posse da terra, contra resíduos de feudalismo, mas não contra a herança na forma capitalista: cf. com as ideias de Eugenio Rignano [140].)

§ 36. *Risorgimento. O transformismo.* O transformismo como uma das formas históricas daquilo que já foi observado sobre a "revolução-restauração" ou "revolução passiva", a propósito do processo de formação do Estado moderno na Itália. O transformismo como "documento histórico real" da real natureza dos partidos que se apresentavam como extremistas no período da ação militante (Partido de Ação). Dois períodos de transformismo: 1) de 1860 até 1900, transformismo "molecular", isto é, as personalidades políticas elaboradas pelos partidos democráticos de oposição se incorporam individualmente à "classe política" conservadora e moderada (caracterizada pela hostilidade a toda intervenção das massas populares na vida estatal, a toda reforma orgânica que substituísse o rígido "domínio" ditatorial por uma "hegemonia"); 2) a partir de 1900, o transformismo de grupos radicais inteiros, que passam ao campo moderado (o primeiro episódio é a formação do Partido Nacionalista, com os grupos ex-sindicalistas e anarquistas, que culmina na guerra líbia, num primeiro momento, e no intervencionismo, num segundo). Entre os dois períodos, deve-se situar o período intermediário — 1890-1900 —, no qual uma massa de intelectuais passa para os partidos de esquerda, chamados de socialistas, mas, na realidade, puramente democráticos. Guglielmo

Ferrero, em seu opúsculo *Reazione* (Turim, Ed. Roux, 1895), assim representa o movimento dos intelectuais italianos dos anos noventa (retiro o trecho dos *Elementi de scienza politica*, de G. Mosca, 2ª ed., 1923): "Sempre existe um certo número de indivíduos que precisam apaixonar-se por algo não imediato, não pessoal e distante, para os quais o círculo dos próprios negócios, da ciência, da arte não basta para esgotar toda a atividade do espírito. O que lhes restava na Itália a não ser a ideia socialista? Vinha de longe, o que sempre seduz; era bastante complexa e bastante vaga, pelo menos em certas partes, para satisfazer as exigências morais tão diferentes dos muitos prosélitos; por um lado, trazia um espírito amplo de fraternidade e de internacionalismo, que corresponde a uma real necessidade moderna; por outro, tinha a marca de um método científico, que tranquilizava os espíritos educados nas escolas experimentais. Isto posto, nenhuma surpresa que um grande número de jovens tenha se inscrito num partido no qual, embora houvesse o perigo de encontrar algum humilde saído do cárcere ou algum modesto *repris de justice*, pelo menos não se podia encontrar nenhum negocista, nenhum especulador da política, nenhum empreiteiro de patriotismo, nenhum membro daquele bando de aventureiros sem consciência e sem pudor, que, depois de fazerem a Itália, devoraram-na. A observação mais superficial demonstra logo que, na Itália, não existem quase em nenhum lugar as condições econômicas e sociais para a formação de um grande e verdadeiro partido socialista; além disto, um partido socialista deve logicamente encontrar o núcleo de seus filiados nas classes operárias, não na burguesia, como acontecera na Itália. Ora, se um partido socialista se desenvolvia na Itália em condições tão desfavoráveis e de um modo tão ilógico, certamente era porque correspondia, antes de tudo, a uma exigência moral de um certo número de jovens, nauseados de tanta corrupção, baixeza e covardia; e que se entregariam ao diabo, desde que fugissem dos velhos partidos apodrecidos até a medula [141]."

Um ponto a ser verificado é a função que desempenhou o Senado, na Itália, como terreno para o transformismo "molecular". Apesar de seu republicanismo federalista, etc., Ferrari entra para o senado, assim como tantos outros até 1914; recordar as afirmações cômicas do senador Pullé, que entra para o Senado com Gerolamo Gatti e outros bissolatianos [142].

§ 40. *Renascimento. As estátuas vivas de Cuneo.* Um dos episódios mais pitorescos de Cuneo: por ocasião da visita de Vítor Emanuel II, a administração da cidade selecionou nos arredores os jovens fisicamente mais vigorosos, que, devidamente recobertos de gesso, foram colocados sobre pedestais, antes do desfile real, em poses de estátuas antigas. Ao mesmo tempo, todas as vítimas de bócio foram metidas nos porões. Na passagem do rei, as "estátuas" se dispuseram em ordem, dando a impressão de um grande espetáculo de beleza e arte, mas, dos porões, as vozes rascantes dos enfermos entoaram uma nota dissonante: "Somos nós os cuneenses, Cuneo somos nós", etc. As aldeias de Potemkin não são apenas, portanto, uma exclusividade da velha Rússia feudal e burocrática — períodos históricos inteiros podem ser chamados de aldeias de Potemkin [143].

§ 42. *França-Itália.* Terá existido alguma vez, realmente, uma francofilia na Itália? E eram realmente francófilos os radicais-maçons do *Secolo*, que, de hábito, são apontados como despudoradamente francófilos [144]? Numa análise mais profunda, penso que se pode dizer que nem mesmo aquela corrente foi francófila em sentido próprio. A França representou um mito para a democracia italiana, a transfiguração num modelo estrangeiro daquilo que a democracia italiana jamais tinha conseguido nem se propunha fazer concretamente, o sentimento da própria impotência e incapacidade em seu âmbito nacional. A França era a Revolução Francesa, não o regime efetivo, era a participação das massas populares na vida política e estatal, era a existência de fortes correntes de opinião, a desprovincianização dos partidos, o decoro da atividade parlamentar, etc., coisas que não existiam na Itália, que se ambicionavam, mas para cuja consecução não se sabia e não se queria fazer nada preciso, coordenado, contínuo: mostrava-se ao povo italiano o modelo francês, quase como a esperar que o povo italiano fizesse por conta própria, ou seja, por iniciativa espontânea de massa, aquilo que os franceses haviam alcançado através de uma série de revoluções e de guerras, à custa de torrentes de sangue. Mas não se tratava de francofilia no sentido técnico e político: havia, antes, precisamente nestes democratas, muita inveja da França e um ódio surdo. Francófilos foram os moderados, que consideravam um dever da França ajudar sempre a Itália como a uma pupila e que se teriam subordinado à política francesa: por desilusão, lançaram-se nos braços da Alemanha.

§ 49. *Passado e presente.* A frase segundo a qual "não se fica em Roma sem ideias", que se encontra citada em outra nota e se atribui a Mommsen, foi pronunciada em 26 de março de 1861 (no Parlamento) por Giuseppe Ferrari, o qual afirmava que se devia ir a Roma "com as ideias proclamadas pela Revolução Francesa", que "nos podem redimir do Pontífice, porque resgatam a razão" [145]. Em 1872 (16 de dezembro, no Parlamento), Ferrari observava que, assim como tantas outras coisas italianas se fizeram "pouco a pouco, lentamente, por uma série de *quases*", "até se encontrara o meio de ir a Roma pouco a pouco"; e acrescentava: não gostaria "que pouco a pouco se desnaturassem nossas instituições e nós nos encontrássemos num outro mundo: por exemplo, na Idade Média". Recordar que, entre os moderados, Quintino Sella achava que "era preciso ir a Roma" com uma ideia universal, e via esta ideia na "ciência".

Cf. B. Croce, *Storia d'Italia*, p. 4 (3ª ed.) e nota relativa à página 4, na p. 305. Num artigo de 22 de dezembro de 1864, por ocasião do anúncio da votação que decide a transferência da capital de Turim para Florença, Francesco De Sanctis (na *Italia* de Nápoles ou no *Diritto*? Procurar) escreve: "Vamos a Roma para edificar, nela, a terceira civilização, para dela fazer, pela terceira vez, a rainha do mundo civilizado. A capital do mundo pagão e do mundo católico bem merece ser a capital do espírito moderno. Portanto, para nós, Roma não é o passado, mas o futuro."

§ 51. *Risorgimento.* Ao lado dos conceitos de revolução passiva, de revolução-restauração, etc., pôr esta afirmação de Giuseppe Ferrari (10 de novembro de 1864, no Parlamento): "Somos o governo mais livre que a Itália jamais teve em quinhentos anos; se eu sair deste Parlamento, deixarei de pertencer à revolução ordenada, legal, oficial."

§ 54. *Passado e presente. A Sardenha.* No *Corriere della Sera*, três artigos de Francesco Coletti, com o título geral "La Sardegna che risorge", enumeram alguns dos mais importantes problemas sardos e dão um panorama sumário das providências governamentais. O terceiro artigo é de 20 de fevereiro de 1932; os outros dois, de algumas semanas antes. Coletti sempre se ocupou da Sardenha, mesmo nos anos antes da guerra, e seus escritos são sempre úteis, porque abrangem e ordenam muitos fatos. Não sei se recolheu velhos textos em volumes. Ver [146].

§ 66. *História das classes subalternas. Bibliografia.* Na Ed. Remo Sandron, muitos livros para esta seção. Duas direções. Sandron teve um momento de caráter "nacional": publicou muitos livros que dizem respeito à cultura nacional e internacional (edições originais de obras de Sorel); e é editor "siciliano", ou seja, publicou livros sobre as questões sicilianas, especialmente ligadas aos acontecimentos de 1893-1894. Caráter positivista, de uma parte, e, de outra, sindicalista, das publicações de Sandron. Muitas edições esgotadíssimas, a serem buscadas nos sebos. Parece que a coleção dos escritos de Marx-Engels-Lassalle, dirigida por Ettore Ciccotti, foi iniciada por Sandron (com o *Capital*), antes de Luigi Mongini (ver este detalhe de história da cultura). O livro de I. Bonomi, *Vie nuove del socialismo*, de A. Zerboglio, *Il socialismo e le obbiezioni più comuni*, de Enrico Ferri, *Discordie positiviste del socialismo*, de Gerolamo Gatti, *Agricoltura e socialismo* (edição francesa com prefácio de Sorel), de G. E. Modigliani, *La fine della lotta per la vita fra gli uomini*, de A. Loria, *Marx e la sua dottrina*, de E. Leone, *Sindicalismo*, de Arturo Labriola, *La teoria del valore di Carlo Marx* (sobre o livro III do *Capital*), de E. Bruni, *Socialismo e diritto privato*, de Carlo F. Ferraris, *Il materialismo storico e lo Stato*, etc. Livros sobre a questão meridional. Do capitão Francesco Piccoli, *Difesa del Dr. Nicola Barbato innanzi al Tribunale di Guerra*, pronunciada em Palermo, maio de 1894.

§ 68. *Reforma e Renascimento.* Será preciso ver o livro, muito elogiado e apreciado, de Domenico Guerri, *La corrente popolare nel Rinascimento* [147]. Um modo falso de formular a questão é o de Giulio Augusto Levi, que, na resenha do livro de Louis Ponnelle e Louis Bordet, *San Filippo Neri e la società del suo tempo (1515-1595)*, tradução de Tito Casini, prefácio de Giovanni Papini, Ed. Cardinal Ferrari (na *Nuova Italia* de janeiro de 1932), escreve: "Vulgarmente, pensa-se que o Humanismo nasceu e cresceu sempre no gabinete dos doutos; mas Guerri recordou a viva participação que, nele, teve a rua; de minha parte, eu já tinha destacado o espírito popular daquele movimento em minha *Breve storia dell'estetica e del gusto* (2ª ed., 1925, p. 17-18). Também se pensa, e até mais frequentemente, que a Contrarreforma católica foi obra de prelados e de príncipes, imposta com o rigor de leis e de tribunais; grande, mas odiosa (assim parece à maioria), é respeitada mas não amada. Mas, se aquele renovamento religioso tivesse operado apenas por meio de coerção, como teria nascido, precisamente naquele tempo, em terra católica — aliás, na Itália — a grande música sacra? Com o terror dos castigos, dobram-se as vontades, mas não se fazem crescer obras de arte. Quem quiser ver quanta graça, vivacidade, pureza, sublimidade de inspiração, quanto amor de povo houve naquele movimento, leia a história deste santo", etc., etc. O estranho é que ele faz assim o paralelo entre Santo Inácio e Filipe: "Um pensava na conquista cristã do mundo inteiro, o outro não via *além do círculo até onde podia se estender sua ação pessoal, e a contragosto permitiu o surgimento de uma filial em Nápoles.*" E ainda: "A obra dos Jesuítas teve efeitos mais amplos e mais duradouros: a de Filipe, *entregue às inspirações do coração*, dependia excessivamente de sua pessoa: o que a inspiração faz não pode ser *continuado nem repetido*; só pode ser refeito com uma inspiração nova, a qual é sempre diversa [148]." Parece, portanto, que Filipe não faz parte da Contrarreforma, mas floresceu apesar da Contrarreforma, embora não se deva dizer contra ela.

§ 70. *História das classes subalternas. Bibliografia.* No Catálogo Sandron, existe também um livro de Filippo Lo Vetere sobre a agricultura siciliana. Lo Vetere (cf. *Problemi del Lavoro*, 1º de fevereiro de 1932) pertencia à geração dos *Fasci* sicilianos. Dirigia uma revista, *Problemi siciliani*, que será interessante pesquisar e ver. Morreu em setembro de 1931. Era do grupo Rigola [149].

§ 72. *Passado e presente. O erro dos antiprotecionistas de esquerda* (colaboradores da *Voce*, *Unità*, sindicalistas, etc.). Eles formulavam as questões como questões de princípio (científico), como escolha de uma orientação geral da política estatal e até mesmo nacional dos governos. Dividiam os industriais em livre-cambistas e protecionistas, etc., convidando a escolher entre estas duas categorias. Mas será que elas podiam ser divididas ou seus interesses já não estavam estreitamente ligados através dos bancos e tendiam a se ligar, cada vez mais, através dos grupos financeiros e dos cartéis industriais? Portanto, era preciso, se se quisesse criar uma força política "livre-cambista" eficiente, não se propor fins inalcançáveis, como este de dividir o campo industrial e dar a uma parte dele a hegemonia sobre as massas populares (especialmente sobre os camponeses), mas ter como objetivo criar um bloco entre as classes populares, com a hegemonia da classe mais avançada historicamente. (O livro de Rerum Scriptor, *Tendenze vecchie e necessità nuove del movimento operaio italiano*, poderia ser examinado neste sentido.) Com efeito, Rerum Scriptor e consortes alcançaram o objetivo mesquinho de desviar o rancor camponês contra grupos sociais relativamente "inocentes", etc. [150]

§ 83. *Passado e presente. Acontecimentos de 1917.* O governo Salandra cai em 10 de junho de 1916, consequência imediata da declaração de guerra à Alemanha, enquanto permanecia a ameaça do Exército austríaco no Trentino. Boselli forma o governo de união nacional (ver posição dos giolittianos a este propósito). Em *12 de junho de*

1917, crise do ministério: os ministros põem os cargos à disposição de Boselli, para lhe dar a possibilidade de organizar melhor a ação de governo. Divergências na política externa e na interna: Bissolati e outros se opunham à política de Sonnino, ou seja, queriam que fossem definidos e mudados os fins da guerra, se opunham à política militar de Cadorna (relatório Douhet dirigido a Bissolati), se opunham à política interna, excessivamente liberal em relação aos adversários do governo (socialistas, giolittianos e católicos). Por sua vez, Cadorna opunha-se à política interna do governo, etc. Deve-se observar que, em Turim, começa a faltar pão justamente na segunda metade de junho (cf. os artigos *publicados* da *Gazzetta del Popolo*, mas seria preciso saber se, já antes, a *Gazzetta del Popolo* queria intervir e foi impedida pela censura, sem que no jornal aparecesse sinal destas tentativas: no Arquivo de Estado, talvez elementos mais concretos. Cf., também, a autodefesa do administrador provincial Verdinois, que, no entanto, é anódina e imprecisa). O Gabinete Boselli cai em 16 de outubro de 1917, nas vésperas de Caporetto [151].

(Podia ser chamado de união nacional um governo do qual estivesse ausente Giolitti? Em 1917, exatamente, colhem-se os frutos da política Salandra-Sonnino, que quiseram monopolizar para si e seu partido a glória da entrada na guerra e, não impedindo a perseguição a Giolitti, determinaram sua posição subsequente.)

Os relatórios do então coronel Douhet estão publicados no volume: Giulio Douhet, *Le profezie di Cassandra*, organizado pelo general Gherardo Pàntano, Gênova, Ed. Tirrena, 1931, in-8º, 443 p. Sobre este volume, cf. a espantosa resenha de Giacomo Devoto no *Leonardo* de fevereiro de 1932. Devoto pergunta: "Mas por que, afinal, críticas tão fundamentadas, vindas de um homem de primeiro plano, tal como era, sem dúvida, Douhet, não tiveram o resultado que por si mesmas mereciam?" E responde: "Não pela malvadeza dos homens, não pelo caráter rígido do autor, nem mesmo por um destino cruelmente adverso. As perdas morais e materiais que o comando deficiente ocasionou eram necessárias à Itália. A Itália, que, por um longo costume, ao primeiro sinal de derrota ou de incerteza numa batalha colonial, perdia a calma, devia aprender a suportar pacientemente provas francamente duras. Uma boa metade de nossos soldados foi sacrificada inutilmente, do ponto de vista militar. Mas, assim como, para aprender a operar bem, é fatal que antes se erre, para aprender a sacrificar utilmente um país, também é preciso se fortalecer em sacrifícios desproporcionais. Nenhuma apologia nos poderá fazer crer que o velho Comando Supremo conduziu bem o Exército. Mas, para chegar a comandar bem, deve-se querer comandar." Seria o caso de saber quem é este senhor Giacomo Devoto, se é um militar (um G. Devoto é professor de Glotologia na Universidade de Pádua). Sua argumentação lembra a do deputado Giuseppe Canepa, comissário de abastecimento em 1917, que, depois dos acontecimentos de Turim, justificou a desorganização de seu serviço recordando o "experimentar" e o "experimentar de novo" da *Accademia del Cimento*. Mas esta é a filosofia de monsenhor Perrelli para a criação de cavalos [152]. E não se considera que a massa do Exército não é um corpo miserável e passivo em que se fazem tais experiências, mas reage, exatamente, desintegrando-se: por isto, é útil saber quem é Devoto, se pertence aos círculos militares e se suas opiniões são pura idiossincracia ou concepção difundida.

Paolo Boselli poderia ser chamado de a "cigarra nacional". Sua indicação para a direção do governo de união nacional, em junho de 1916, é o sinal da fraqueza da aliança, que se constitui num terreno de retórica vazia e não de realismo político: sob o disfarce de unidade dado pelos discursos de Boselli, o governo estava despedaçado por divergências insanáveis, as quais, de resto, não se queria sanar mas apenas encobrir.

Política dos giolittianos no pós-guerra: discurso de Giolitti em Dronero, no qual se formula a questão da supressão do art. 5º do Estatuto, ou seja, da ampliação dos poderes parlamentares contra o Poder Executivo. A característica da política giolittiana é não ter confiança em si mesma (mas, afinal, o que queria Giolitti? E não se contentava ele em obter exatamente apenas aquilo que obteve efetivamente, ou seja, a dispersão do partido salandrino?): os giolittianos querem uma Constituinte sem Constituinte, ou seja, sem a agitação política popular que está ligada à convocação de uma Constituinte; querem que o Parlamento normal funcione como uma Constituinte reduzida aos mínimos termos, edulcorada, domesticada. É preciso investigar a função desempenhada por Nitti para retirar até o resíduo de veneno da palavra de ordem lançada por Giolitti, para diluí-la, afogá-la no marasmo parlamentar: o certo é que a questão da supressão do art. 5º faz seu aparecimento oficial no Parlamento para ser esquecida. Os giolittianos, antes do retorno de Giolitti ao governo, lançam a palavra de ordem de uma "investigação política sobre a guerra". O que significa, precisamente, esta fórmula é difícil compreender: mas ela, sem dúvida, é só um pseudônimo da Constituinte reduzida pretendida por Giolitti como arma para intimidar os adversários. Deve-se recordar que os giolittianos depositavam toda a sua esperança política no Partido Popular, como partido de massa centrista que deveria servir (e, na realidade, serviu) como instrumento para a manobra giolittiana. Artigos de Luigi Ambrosini no *La Stampa*, entrada de Ambrosini no Partido Popular (cf. alguns destes artigos recolhidos no pequeno volume *Fra Galdino alla cerca*) [153]. É todo um período da história política e dos partidos italianos que deve ser estudado e aprofundado.

§ 85. *Passado e presente. Questões agrárias.* "O agricultor é poupador: ele sabe que a preparação do terreno, as instalações, as construções são coisas perecíveis e sabe que fatores adversos, que ele não pode dominar, podem fazer com que perca a colheita; não calcula parcelas de amortização, de integralização e de risco, mas acumula poupança e, nos momentos difíceis, tem uma resistência econômica que surpreende quem examina as situações contingentes." (Antonio Marozzi, "La razionalizzazione della produzione", *Nuova Antologia*, 16 de fevereiro de 1932.) É verdade que o camponês, de modo genérico, é um poupador e que isto, em circunstâncias muito determinadas, é uma força; mas seria preciso observar a que preço é possível esta poupança "genérica", tornada necessária pela impossibilidade de cálculos econômicos precisos, e como esta poupança é corroída pelas manobras da finança e da especulação.

§ 91. *Confalonieri*. Silvio D'Amico, num capítulo de seu livro, *Certezze* (Treves-Treccani-Tumminelli, de próxima publicação; o capítulo é publicado pelos jornais de 16 de março de 1932, *Resto del Carlino*), escreve que, no acervo do Museu de Spielberg, conserva-se "a súplica dirigida a Francisco I pelo conde Confalonieri, de Milão, posto no cárcere, como se sabe, na flor de uma vigorosíssima juventude: ele escreve ao imperador como um homem alquebrado, pedindo anistia e piedade. Digo que é um documento espantoso, porque, mesmo desconsiderando, como é devido, as formas servis do tempo (por parte de Confalonieri?), com efeito, aqui as palavras implorantes denunciam uma violação espiritual cem vezes mais torpe do que uma condenação à morte, ecoam a derrota de uma têmpera partida ao meio: não é mais o destemido patrício que fala, é a criança que um gigante obrigou a escrever segundo sua própria vontade, esmagando-lhe a débil mão sob o punho de aço, é o miserável que foi atordoado e embriagado até delirar". Escreve D'Amico que este Museu de Spielberg foi organizado, com a permissão do governo tcheco, pelo doutor Aldo Zaniboni, um médico italiano que vivia ou ainda vive em Brno. Terá feito alguma publicação a propósito? E esta súplica de Confalonieri terá sido publicada [154]?

§ 93. *Risorgimento italiano. Nexo 1848-1849*. Sobre Carlos Alberto e as tentativas feitas, em 1931, para modificar o juízo tradicional (desfavorável), cf. o estudo de Pietro Silva, na *Cultura* de agosto-setembro de 1931.

§ 96. *Passado e presente. Giolitti*. No necrológio de Giolitti (morto em 17 de julho de 1928) escrito para o *Journal des Débats*, Maurice Pernot diz: "Ele tomou como ponto de partida uma ideia original e talvez justa: no momento em que na Itália se delineavam duas forças novas, isto é, uma burguesia empreendedora e uma classe operária organizada, era preciso substituir os velhos governos de partido por um governo de opinião pública e fazer participar estas duas forças na vida política do país." A afirmação não é exata nem em geral nem em alguns particulares. O que significa "substituir os velhos governos de partido por um governo de opinião pública"? Significa substituir o governo de "certos" partidos pelo governo de "outros" partidos. No caso concreto, na Itália, significava destruir as velhas *consorterie* e grupelhos particularistas, que viviam parasitariamente protegidos pela polícia de Estado, que defendia seus privilégios e seu parasitismo, e determinar uma participação mais ampla de "certas" massas na vida estatal através do Parlamento. Era preciso, para Giolitti, que representava o Norte e a indústria do Norte, destruir a força retrógrada e asfixiante dos proprietários de terra, para dar à nova burguesia um espaço mais amplo no Estado e até mesmo pô-la na direção do Estado. Giolitti conseguiu isto com as leis liberais sobre a liberdade de associação e de greve, e deve-se observar que, em suas *Memorie*, ele insiste especialmente na miséria dos camponeses e na estreiteza dos proprietários. Mas Giolitti não criou nada: ele "compreendeu" que era preciso fazer concessões, a tempo de evitar danos maiores e controlar o desenvolvimento político do país, e foi o que fez. Na realidade, Giolitti foi um grande conservador e um hábil reacionário, que impediu a formação de uma Itália democrática, consolidou a monarquia com todas as suas prerrogativas e ligou a monarquia mais estreitamente à burguesia através do Poder Executivo reforçado, o qual permitia pôr a serviço dos industriais todas as forças econômicas do país. Assim, foi Giolitti quem criou a estrutura contemporânea do Estado italiano e todos os seus sucessores apenas continuaram sua obra, acentuando este ou aquele elemento subordinado.

É verdade que Giolitti desacreditou o parlamentarismo, mas não exatamente no sentido que muitos críticos afirmam: Giolitti foi antiparlamentarista e tentou sistematicamente evitar que o governo se tornasse, de fato e de direito, uma expressão da assembleia nacional (que, aliás, na Itália era impotente por causa da existência do Senado, tal como se organizou); assim se explica que Giolitti fosse o homem das "crises extraparlamentares". Era inevitável que a discrepância entre o Parlamento como se pretendia que fosse e como era realmente, ou seja, pouco menos do que nada, desacreditasse o parlamentarismo: mas foi a luta contra o parlamentarismo por parte de Giolitti, e não o fato de ele ser parlamentarista, que desacreditou o parlamentarismo. (Um gesto "parlamentarista" de Giolitti foi aquele realizado com o discurso de Dronero sobre o art. 5º do Estatuto, mas se tratou de uma manobra para confundir os adversários políticos: com efeito, Giolitti nada fez a respeito quando chegou ao poder.)

§ 101. *Passado e presente. Parlamento italiano.* Ver o preciso movimento político pelo qual se interpretou o Estatuto de modo a ampliar a função e as atribuições do Parlamento. Na realidade, a formação de um governo que emanava do Parlamento, se constituía em Gabinete com um próprio primeiro-ministro, etc., é prática que se inicia desde os primeiros momentos da era constitucional, é o modo "autêntico" de interpretar o Estatuto. Só mais tarde, para dar uma satisfação aos democratas, deu-se a esta interpretação uma inflexão de esquerda (talvez as discussões políticas na época da Proclamação de Moncalieri possam servir para provar a correção desta análise). Por iniciativa da Direita, chega-se a uma contraposição entre a letra do Estatuto e aquilo que sempre fora sua prática normal e inquestionável (artigo de Sonnino, "Torniamo allo Statuto!", na *Nuova Antologia* de 1º de janeiro de 1897, e a data deve ser guardada porque prenuncia a tentativa reacionária de 1898); esta iniciativa constitui um marco porque representa o manifesto da formação clientelista que se organiza, que por cerca de vinte anos não consegue nunca tomar e manter o poder estavelmente, mas tem um papel fundamental no governo "real" do país [155]. Pode-se dizer que, à medida que se enfraquece a tendência para requerer uma Constituinte democrática, uma revisão do Estatuto em sentido radical, reforça-se a tendência "constituinte" às avessas, a qual, dando uma interpretação restritiva do Estatuto, ameaça um golpe de Estado reacionário.

§ 118. *Risorgimento italiano.* Antonio Lucarelli, *La Puglia nel Risorgimento*, história documentada, vol. 1, Bari, Commissão Provincial de Arqueologia e História Pátria, 1931, 455 p., 30 liras. Neste primeiro volume, chega-se até a famosa conspiração jacobina de 1793-1794, depois de se dar um quadro da vida na Púglia no século XVIII. Volume necessário para compreender a questão meridional. Parece que o autor consegue dar um quadro impressionante das condições terríveis do povo na Púglia. Os fatos de 1793-1794, em si mesmos não graves, adquiriram importância devido à feroz reação que se desencadeou: primeira emigração política para o Norte, preparação da revolução napolitana de 1799.

§ 119. *Passado e presente. Acontecimentos de junho de 1914.* Recordar o artigo de Rerum Scriptor sobre a ausência de programa de tais acontecimentos [156]. É estranho que Rerum Scriptor não se tenha dado conta de que aqueles acontecimentos tinham um grande valor, porque renovavam as relações entre Norte e Sul, entre as classes urbanas setentrionais e as classes rurais meridionais. Embora o fato na origem dos acontecimentos se registrasse em Ancona, é preciso recordar que a origem real foi o massacre de Roccagorga, tipicamente "meridional", e que se tratava de fazer oposição à política tradicional de Giolitti, mas também dos Governos de todos os outros partidos, de reprimir imediatamente pelas armas os camponeses meridionais que protestassem, ainda que pacificamente, contra o desgoverno e as más administrações dos amigos de todos os Governos [157]. Também se deve recordar o adjetivo "ignóbil" empregado por Adolfo Omodeo para qualificar aqueles acontecimentos (cf. a *Critica* de 20 de janeiro de 1932, "Momenti della vita di guerra", p. 29-30). Omodeo fala de "Ignazio di Trabia (o segundo filho do Príncipe Pedro)", que, como oficial de cavalaria, em junho de 1914, "teve de fazer carga contra a multidão pelas ruas de Roma durante a ignóbil semana vermelha. Daí lhe adveio um desgosto profundo. Escrevia: 'Foi um momento ruim para toda a Itália e todos devemos nos amargurar por isto. O país deu um espetáculo decididamente incivilizado. Não foi...', etc." Seria preciso comparar estas palavras do principezinho de Trabia com os depoimentos dos camponeses de Roccagorga, no processo feito em Milão contra Mussolini e Scalarini. Mas deve-se observar que Adolfo Omodeo, liberal clássico, comenta os acontecimentos originados da defesa dos camponeses meridionais com as palavras de um latifundiário siciliano, que é um dos organizadores das condições de embrutecimento dos camponeses meridionais. E, quanto à superficialidade de historiador e à incoerência política de Omodeo, deve-se comparar esta atitude com a que se deduz do livro *L'età del Risorgimento italiano*, no qual Omodeo ressalta as condições aviltantes do campesinato meridional como causa de atraso do *Risorgimento* italiano.

§ 120. *Passado e presente. 1915.* Quanto à relação de forças no momento da entrada da Itália na guerra, e para julgar a capacidade política de Salandra-Sonnino, não se deve considerar a situação tal como era em 24 de maio, mas, sim, quando foi fixada a data de 24 de maio para o início das hostilidades. É evidente que, uma vez fixada esta data, por tratado, não mais era possível mudá-la por ter mudado, neste meio-tempo, a situação na frente leste. A questão que se apresenta é se conviria, ou não, que a entrada da Itália na guerra viesse a coincidir com o início da ofensiva russa, e não contar "absolutamente" com o êxito da própria ofensiva. Que Salandra chame a atenção e insista sobre o fato de que a entrada na guerra coincidiu com a derrota russa, como a afirmar que não se ia em socorro do vencedor, não é prova de muita seriedade política e de responsabilidade histórica [158].

Questão da dissolução do Império Austro-Húngaro. Das *Memorie* do conde Czernin se pode deduzir que, para Czernin, a existência do Pacto de Londres significava a destruição da monarquia dos Habsburgos, porque, sem Trieste, a monarquia não existiria mais. As tentativas de paz em separado por parte da Áustria (iniciativa de Sisto de Bourbon; polêmica Clemenceau-Czernin nos primeiros meses de 1918; demissão de Czernin) teriam fracassado devido à oposição da Itália e ao Pacto de Londres, apesar da austrofilia latente na França e na Inglaterra (a ponto de Czernin escrever que a Itália "tinha a direção diplomática da guerra") [159]. Mas estas afirmações de Czernin não mudam o juízo sobre a conduta de Sonnino ante o problema da Áustria, uma vez que não se trata de saber se o Império habsbúrgico morreria "automaticamente" com a amputação de Trieste, mas se Sonnino queria o fim do Império habsbúrgico. Na verdade, deve-se duvidar de que o Império entrasse em colapso sem Trieste; também podia ter uma onda de energia que levasse a uma nova guerra com a Itália. Deve-se ver a posição de Sonnino em conexão com as questões nacionais existentes na Áustria e, portanto, como problema político-militar imediato, como elemento da guerra em curso: uma política de nacionalidades (como queria também o general Cadorna) teria acelerado a vitória italiana, determinando a dissolução interna do Exército austro-húngaro? Este é o problema e em torno dele devem ser discutidas as responsabilidades de Salandra-Sonnino e, especialmente, de Sonnino.

§ 121. *Bibliografias. A "Rivista Militare Italiana"*. Fundada em março de 1856, em Turim, por Carlo e Luigi Mezzacapo, exilados napolitanos que se refugiaram em Turim depois de tomarem parte nos cercos de Roma e de Veneza. (Deve-se observar também este detalhe a propósito das chamadas "tradições militares" do Piemonte: a maior revista italiana de caráter militar foi fundada em Turim por dois napolitanos. A tradição técnico-científica militar de Nápoles, que se forma com os acontecimentos subsequentes à Revolução Francesa, é o fator principal que veio a constituir a estrutura do moderno Exército nacional.) Em 1859, diretor Mariano D'Ayala, etc. Em 1918 a publicação da revista é suspensa e, em 1927, é retomada por vontade do general Badoglio, que estabeleceu suas diretrizes [160]. Em 1906 (cinquentenário da fundação) publicou uma edição especial em que havia um resumo da atividade anterior.

§ 124. *Fase econômico-corporativa na história italiana. A Batalha de Lepanto* [161]. A. Salimei, *Gli italiani a Lepanto* (Roma, sob patrocínio da Liga Naval). Salimei recolheu, diligentemente, todos os dados que se referem à organização das forças que participaram na Batalha de

Lepanto e demonstrou que, dos navios aos homens, elas foram em sua maioria italianas. Nos arquivos vaticanos, existem os documentos com os cálculos para a repartição, entre o rei da Espanha e a República de Veneza, das despesas com a liga cristã de 1571, repassados ao sucessor de Pio V para que decidisse sobre as controvérsias surgidas ao estabelecer o montante do respectivo crédito e débito. Com tais documentos, é possível precisar o número e o nome das galés, dos navios, das fragatas, etc., e o número dos regimentos e das respectivas companhias, com os nomes dos coronéis e dos capitães, tanto para a frota e as tropas de infantaria que se encontraram na Batalha de Lepanto, quanto para as que nela não estiveram mas foram igualmente mobilizadas para a expedição no mesmo ano de 1571.

Das mais de duzentas embarcações participantes da batalha, só 14 eram espanholas, todas as outras, italianas; dos 34 mil homens armados, só 5 mil soldados de infantaria "vieram da Espanha" e 6 mil eram alemães (mas, destes, mil não participaram dos combates), todos os outros eram de "nacionalidade" italiana. Da relação dos "oficiais, mercenários e soldados", discriminados segundo as nacionalidades e, "no tocante à Itália", também segundo as regiões e as cidades de origem, Salimei deduz que não há parte da península e das ilhas, dos Alpes à Calábria, inclusive a Dalmácia e as ilhas de domínio vêneto, da Sicília à Sardenha, de Córsega a Malta, que não tenha estado presente. Esta investigação é muito interessante e poderia ser analisada oportunamente. Salimei enquadra-a num contexto retórico, porque se serve de conceitos modernos para fatos não homogêneos. Reivindica o caráter "nacional" de Lepanto, que é atribuído habitualmente à cristandade (isto é, ao papa), com predominância para a Espanha, e afirma que, em Lepanto, pela última vez os italianos, aliás, todos os italianos, "combateram por uma causa que não era a dos estrangeiros" e que, "com Lepanto, encerra-se a era de nossa eficiência naval e militar como povo italiano, até 1848". Seria o caso de ver, a este propósito, por que nasceram as controvérsias entre Veneza e Espanha quanto à divisão das despesas e sob quais bandeiras estavam alistados os soldados que se originavam das regiões italianas.

Sobre a Liga de Lepanto, cf. A. Dragonetti de Torres, *La lega di Lepanto nel carteggio diplomatico di don Luys de Torres nunzio straordinario di SS. Pio V a Filippo II*, Turim, Bocca, 1931. A partir da preparação diplomática da Liga, deve ficar claro, mais concretamente, o caráter da iniciativa.

§ 126. *Noções enciclopédicas e temas de cultura. A Idade Média.* Cf. Luigi Sorrento, *Medioevo, il termine e il concetto* (Milão, Ed. "Vita e Pensiero", 1931, 54 p., in-8º). Sorrento é professor na Universidade do Sagrado Coração (e a publicação é justamente uma conferência realizada nesta universidade), e deve-se imaginar que estuda o tema não só de um ponto de vista católico e apologético, mas também dentro de limites histórico-literários, isto é, sem se ocupar do conteúdo econômico-social do conceito de Idade Média. Mas seria preciso estudar o tema de modo completo para obter a distinção entre Idade Média e era do mercantilismo e das monarquias absolutas, que popularmente são incluídas na Idade Média. (O *Ancien Régime* popularmente se confunde com a Idade Média, mas se trata, exatamente, da era do mercantilismo e das monarquias absolutas, encerrada pela Revolução Francesa.) O pequeno livro de Sorrento será mais útil para a indicação das fontes literárias.

Um parágrafo poderia ser dedicado a resumir o que significou o termo "Itália" nas várias épocas, partindo do estudo do professor Carlo Cipolla a este propósito, publicado nos Anais da Academia de Ciências de Turim.

§ 134. *Passado e presente. Um juízo sobre Paolo Boselli.* No necrológio de Paolo Boselli publicado na *Gerarchia* (março de 1932) por Filippo Caparelli, aparece esta observação: "Talvez pareça um pouco estranho que, naqueles anos (do *Risorgimento*), tão plenos de admiráveis acontecimentos, ele não pensasse em buscar este generoso entusiasmo em outras fontes, que também se apresentavam abundantes e digníssimas, ou seja, no contato direto com a vida. No entanto, não devemos nos alarmar (*sic*), porque este era seu temperamento (!); sua inclinação (!) o levava a cultivar os entusiásticos enlevos patrióticos mais nas tranquilas veredas literárias do que nos campos sumamente (!) árduos da ação."

§ 139. *Risorgimento. Garibaldi e a frase "metro cúbico de estrume"*. No artigo "Garibaldi e Pio IX" (*Corriere della Sera*, 15 de abril de 1932), A. Luzio escreve que "deve ser excluído, absolutamente, que fosse sua (de Garibaldi) uma carta em que o velho pontífice era ultrajado com o epíteto vulgar de 'metro cúbico de estrume'". Luzio recorda já ter escrito a este propósito (*Profili*, I, 485). G. C. Abba teria dito a Luzio que ouviu de Garibaldi "os protestos mais indignados pelo inqualificável abuso do próprio nome".

A questão não está clara, porque se trataria do fato de que alguém teria escrito "toda uma carta" com o nome de Garibaldi, sem que este protestasse imediatamente pelo abuso, só expressando a Abba, privadamente, "protestos indignados", numa conversa privada da qual Abba só deixaria como rastro a conversa privada com Luzio.

Como o artigo de Luzio é uma tentativa de reabilitação popular de Pio IX, não muito de acordo com outras reconstruções do caráter de Pio IX, deve-se pensar que Luzio, mesmo sem inventar completamente, "exagerou" um pouco algumas expressões de Garibaldi que atenuavam sua frase drástica.

Luzio escreve sobre Pio IX: "Documentos diplomáticos insuspeitos confirmam, de todo modo, alguma coisa além da 'deserta vontade de amar', cantada por Carducci, em Pio IX: a realidade talvez fosse até mais poética (*sic*!) e dramática. Com efeito, mostra-nos o papa, envolvido pelo cardeal Antonelli e por outros intransigentes, a perguntar-lhes angustiadamente (!!), com mal reprimida (!!) rebelião (!): 'Mas, se a Providência decretou a Unidade italiana, será que eu devo me opor e perturbar (!) as decisões divinas, mostrando-me inconciliável?' [162]."

Contudo, segundo outros documentos, parece que a influência de Antonelli era muito pequena, etc. De todo modo, o caráter de "romance", e romance de folhetim, da reconstrução de Luzio está demasiado evidente, a ponto de não respeitar a personalidade do papa, que não podia apresentar daquele modo a questão de um possível decreto da Providência e falar de "perturbação" das divinas decisões.

§ 140. *Passado e Presente. Malta.* Verificar se o deputado Enrico Mizzi, um dos líderes do Partido Nacionalista de Malta, está entre os fundadores do Partido Nacionalista Italiano. Provavelmente, a observação feita por alguns jornais ingleses se refere ao fato de que Mizzi terá enviado sua adesão ao comitê organizador ou a algumas personalidades, como Corradini, Federzoni ou Coppola [163].

CADERNO 9 (1932)

§ 1. *Noções enciclopédicas. O pequeno galo vermelho.* Do francês *le coq rouge*, termo que deve ser de origem camponesa e indica o incêndio ateado por razões políticas nas lutas de facção e nas *jacqueries*. Seria possível lembrar a chamada tática do pau de fósforo, pregada por Michelino Bianchi e Umberto Pasella nas áreas rurais emilianas durante o predomínio sindicalista, por volta de 1906 [164].

§ 4. *História das classes subalternas. De Amicis.* De Edmondo De Amicis devem-se ver a coletânea de discursos *Speranze e glorie* e o volume *Lotte civili*. Sua atividade literária e de orador, neste sentido, vai de 1890 até 1900 e deve ser considerada para investigar o comportamento de certas correntes intelectuais do tempo em relação à política estatal. Pode-se ver quais eram os temas dominantes, as preocupações morais e os interesses destas correntes. De resto, não se trata de uma corrente única. Se bem que se deva falar de um social-nacionalismo ou social-patriotismo em De Amicis, é evidente sua diferença em face de Pascoli, por exemplo: De Amicis era contra a política africanista e Pascoli, ao contrário, era um colonialista programático.

§ 9. *Passado e presente. As prisões do Estado Pontifício.* No número de abril-setembro de 1931 da *Rassegna Storica del Risorgimento*, Giovanni Maioli publica um capítulo de uma autobiografia inédita de Bartolo Talentoni, patriota de Forlì. O capítulo se refere aos procedimentos judiciários e à prisão sofrida por Talentoni, ao ser detido, em 1855, como conspirador e fomentador de seitas na Romanha. Cárcere de Bolonha. Entre outras coisas, pode-se citar: "Tudo ali era calculado, jamais nos deixavam por um momento tranquilos..." Para que um sono reparador não reforçasse o espírito e o corpo dos prisioneiros, recorria-se aos meios mais inesperados. A sentinela fazia tremer o cárcere com urros, mexia-se nos ferrolhos, durante a noite, com a violência mais rumorosa, etc. (Estes dados foram extraídos do *Marzocco* de 25 de outubro de 1931.)

§ 17. *Passado e presente. Bibliografia.* No *Corriere della Sera* de 12 de maio de 1932, Arturo Marescalchi ("Come vivono i rurali") fala de dois livros, sem dar as indicações bibliográficas: um, do doutor Guido Mario Tosi, estuda o orçamento de uma família de pequenos proprietários da província de Bérgamo (o orçamento é deficitário); o outro estudo, dirigido pelo professor Ciro Papi e realizado pelos doutores Filippo Scarponi e Achille Grimaldi, trata do orçamento de uma família de meeiros na província de Perúgia, no vale médio do Tibre. A família do meeiro está em melhores condições do que a do pequeno proprietário, mas também seu orçamento está longe de ser confortável. Trata-se de duas publicações do Instituto Nacional de Economia Agrária, que também publicou uma investigação sobre a nova formação de pequena propriedade agrícola no pós-guerra. Os livros estão à venda pela Ed. Treves-Treccani-Tumminelli.

§ 35. *Passado e presente.* O *Corriere della Sera* de 1º de junho resume, a partir da publicação oficial, as novas normas para o emprego das tropas regulares em serviços de segurança pública [165]. Algumas medidas inovadoras são de grande importância, como aquela pela qual a autoridade militar pode decidir por iniciativa própria sobre sua intervenção, sem ser chamada pela autoridade política. Do mesmo modo, a outra medida pela qual a tropa só intervém com as armas embaladas, para agir, e por isso, ao que parece, não pode ser empregada para a formação de cordões de isolamento, etc.

§ 36. *Passado e presente. Sobre o apoliticismo do povo italiano.* Entre os vários elementos que mostram abertamente este apoliticismo, devem-se recordar os resíduos tenazes de paroquialismo e outras tendências que, habitualmente, são catalogadas como manifestações de um suposto "espírito desordeiro e faccioso" (brigas locais para impedir que as moças se enamorem dos jovens "de fora", isto é, até mesmo de localidades vizinhas, etc.). Quando se diz que este primitivismo foi superado pelo progresso da civilização, seria preciso indicar que isto aconteceu porque se difundiu uma certa vida política de partido, que ampliava os interesses intelectuais e morais do povo. Ao desaparecer esta vida, os paroquialismos renasceram, por exemplo, através do esporte e das rivalidades esportivas, sob formas muitas vezes selvagens e sangrentas. Ao lado da "torcida" esportiva, existe a "torcida bairrista" esportiva.

§ 46. *Ricciotti Garibaldi.* Não apareceu nas cerimônias comemorativas de 1932 (pelo menos, seu nome não se encontra no *Corriere* daqueles dias). Mas está na Itália. Num texto de Luciano Ramo, no *Secolo Illustrato* de 11 de junho de 1932, "Garibaldi fra le quinte..." (em que se descrevem os ensaios de um drama, *Garibaldi*, de Italo Sulliotti), menciona-se a presença de Ricciotti (os ensaios aconteciam em Milão) [166].

§ 55. *Renascimento e Reforma.* Cf. A. Oriani, *La lotta politica* (p. 128, edição milanesa). "A variedade do talento italiano, que, na ciência, podia ir do sublime bom senso de Galileu às fascinantes e bizarras intuições de Cardano, de modo algum se envergonha diante da Reforma; e, naquela variedade, logo se divisam Marco Antonio Flaminio, poeta latino, Jacopo Nardi, historiador, Renata d'Este, mulher do duque Ercole II; Lelio Socini, talento superior a Lutero e a Calvino, que se eleva bem alto ao fundar a seita dos unitários; Bernardo Ochino e Pietro Martire Vermiglio, teólogo, que irão, este à Universidade de Oxford, aquele ao capítulo de Canterbury; Francesco Burlamacchi, que voltará a tentar o impossível empreendimento de Stefano Porcari e, nesta tentativa, morrerá como mártir-herói; Pietro Carnesecchi e Antonio Palcario, que, ambos, aí perderão nobremente a vida [167]. Mas este movimento, que não se comunica ao povo, é mais uma crise do pensamento filosófico e científico, naturalmente ritmada segundo a grande revolução germânica, do que um processo de purificação e de elevação religiosa. Com efeito, Giordano Bruno e Tommaso Campanella, resumindo-o, apesar de terem vivido e morrido na órbita de uma ordem monástica, são dois filósofos arrastados pela especulação além dos limites não só da Reforma mas do próprio Cristianismo. Por isso, o povo permanece tão insensível à tragédia de ambos que parece quase ignorá-la."

Mas o que significa tudo isto? Não seria também a Reforma, talvez, uma crise do pensamento filosófico e científico, ou seja, do comportamento em relação ao mundo, da concepção de mundo? Assim, deve-se dizer que, à diferença dos outros países, nem mesmo a religião, na Itália, era elemento de coesão entre o povo e os intelectuais e, exatamente por isto, a crise filosófica dos intelectuais não se prolongava no povo, porque não tinha origem no povo, porque não existia um "bloco nacional-popular" no campo religioso. Na Itália, não existia "igreja nacional", mas cosmopolitismo religioso, porque os intelectuais italianos estavam imediatamente ligados a toda a cristandade, como dirigentes não nacionais. Separação entre ciência e vida, entre religião e vida popular, entre filosofia e religião; os dramas individuais de Giordano Bruno, etc. pertencem ao pensamento europeu e não ao italiano.

§ 75. *Bibliografias.* No XII Congresso Internacional de Ciências Históricas, que acontecerá em Varsóvia de 21 a 28 de agosto de 1933, serão apresentados por estudiosos italianos estes textos, que são de interesse para algumas rubricas tratadas nestes cadernos:

1) Piero Pieri, "La scienza militare italiana nel Rinascimento" (para as notas sobre Maquiavel).

2) F. Chabod, "Il Rinascimento nelle più recenti interpretazioni" (para as notas sobre "Reforma e Renascimento" e o caráter cosmopolita dos intelectuais italianos).

3) Aldo Ferrabino, "La Storia come scienza della politica".

§ 98. *Mazzini e Garibaldi.* Cf. o artigo de A. Luzio, no *Corriere della Sera* de 31 de maio de 1932, "Garibaldi e Mazzini".

§ 125. *Passado e presente.* De Virgilio Brocchi, "Il Volo Nuziale" (cf. no *Secolo Illustrato*, 1º de outubro de 1932): "O governo parecia hesitante e negociava a neutralidade e a guerra: mas, para que as negociações fossem realmente eficazes, devia dar ao mundo e, sobretudo, aos antigos aliados a sensação ou a prova de que ele já não podia conter a vontade exasperada da nação, que explodia em mil incêndios, do burgo mais humilde até a capital, e se alastrava até pelos ministérios. Todos os jornais — mesmo aqueles que, até a véspera, haviam exaltado a magnífica violência dos impérios centrais — lançavam nas chamas combustível e pólvora explosiva: contra todos lutava só um jornal; mas quem o dirigia, embora fosse homem de fé inquebrantável e de firme coragem, carecia da virtude da simpatia e de percepção suficiente, de modo que parecia defender, mais do que um supremo ideal humano e o instinto da civilização ameaçada, o egoísmo medroso de proletários, para os quais a pátria é só a pátria dos senhores, e a guerra, uma especulação infame de banqueiros [168]."

CADERNO 14 (1932-1935)

§ 8. *Risorgimento.* Na formação do Estado unitário italiano houve a "transmissão" de todas as funções político-culturais desempenhadas por cada um dos pequenos Estados anteriores, ou, deste ponto de vista, houve alguma perda? Isto é, a posição internacional que veio a ocupar o novo Estado retomava as posições particulares dos Estados regionais precedentes, ou, ao lado daquilo que se ganhou, também se perdeu alguma coisa? E as perdas tiveram consequência nos anos de vida unitária desde 1861 até 1914? A questão não parece ociosa. É evidente, por exemplo, que uma coisa era a relação com a França do Piemonte mais a Savoia, outra, a da Itália sem a Savoia e Nice; o mesmo também deve ser dito sobre a Suíça e a posição de Genebra. Da mesma forma, o reino de Nápoles: sua influência no Mediterrâneo Oriental, as relações com a Rússia e com a Inglaterra não podiam ser as da Itália. O que se podia permitir a um Estado, como o dos Bourbon, de escasso poderio militar e relativamente pequeno, não se podia permitir ao novo Estado italiano. Mas parece que se exagera muito, nestes últimos anos, a influência napolitana no Oriente, por razões diversas (para encontrar antecedentes históricos da política atual, mas também reabilitar os Bourbon de Nápoles). Quanto ao Estado da Igreja, a questão é mais complexa. Mas também a Veneza italiana herdou a função que tinha a Veneza austríaca ou esta função passou completamente a Trieste? Em que medida a atitude dos Governos ingleses diante do problema da unificação italiana foi determinada não só pela função da Áustria na Europa (equilíbrio em relação à França e à Rússia), mas também pelas relações entre Nápoles e a Rússia no Mediterrâneo? E em que medida a oposição da Rússia à política colonial italiana (em relação à Abissínia) foi determinada pela formação do novo Estado italiano e por sua dependência da Inglaterra?

§ 10. *Passado e presente*. Cf. as observações dispersas sobre aquela característica do povo italiano que se pode chamar de "apoliticismo" [169]. Esta característica, naturalmente, é das massas populares, isto é, das classes subalternas. Nos estratos superiores e dominantes, a ela corresponde um modo de pensar que se pode chamar de "corporativo", econômico, de categoria, e que, de resto, foi registrado na nomenclatura política italiana com o termo *consorteria*, uma variante italiana da *clique* francesa e da *camarilla* espanhola, que indicam algo diverso, certamente particularista, mas no sentido pessoal ou de grupo estritamente político-sectário (ligado à atividade política de grupos militares ou de cortesãos), enquanto, na Itália, o termo indica algo mais ligado a interesses econômicos (especialmente agrários e regionais). Uma variedade deste "apoliticismo" popular é o "mais ou menos" da fisionomia dos partidos tradicionais, o mais ou menos dos programas e das ideologias. Por isto, também na Itália houve um "sectarismo" específico, não de tipo jacobino à francesa ou à russa (isto é, fanática intransigência por princípios gerais, de modo que o partido político se torna o centro de todos os interesses da vida individual); nos elementos populares, o sectarismo corresponde ao espírito de *consorteria* nas classes dominantes, não se baseia em princípios mas em paixões, inclusive baixas e ignóbeis, e termina por se aproximar da "questão de honra" da criminalidade e da lei do silêncio da máfia e da camorra.

Esse apoliticismo, unido às formas representativas (especialmente as representações eletivas locais), explica a deterioração dos partidos políticos, que nasceram, todos, no terreno eleitoral (no Congresso de Gênova a questão fundamental foi a eleitoral); isto é, os partidos não foram uma fração orgânica das classes populares (uma vanguarda, uma elite), mas um conjunto de manipuladores e cabos eleitorais, um ajuntamento de pequenos intelectuais de província que representavam uma seleção pelo avesso [170]. Dada a miséria geral do país e o desemprego crônico destes estratos, as possibilidades econômicas que os partidos ofereciam estavam longe de ser desprezíveis. Sabe-se que, em algumas localidades, cerca de um décimo dos inscritos nos partidos de esquerda amealhava uma parte dos meios de vida junto à polícia, que dava pouco dinheiro aos informantes, devido à abundância deles, ou lhes pagava com a permissão para atividades marginais, típicas de quase vagabundos, ou com a impunidade para ganhos equívocos.

Na realidade, para ser de um partido, bastavam poucas ideias vagas, imprecisas, indeterminadas, nebulosas: nenhuma seleção era possível, não havia qualquer mecanismo de seleção e as massas deviam seguir esses partidos porque não havia outros.

§ 12. *Temas de cultura.* Muitas vezes, nestas notas, fez-se referência à *Scoperta dell'America* de Pascarella, como documento de uma determinada corrente de cultura folclórico-popular [171]. Sem dúvida, seria possível estudar não só a *Scoperta* mas também os outros textos de Pascarella a partir deste ponto de vista, isto é, do modo pelo qual a gente comum de Roma havia assimilado e expressava a cultura liberal-democrática, que se desenvolve na Itália durante o *Risorgi-*

mento. É inútil recordar que, em Roma, esta assimilação e expressão tiveram características peculiares, não só pela vivacidade do povo romano mas, especialmente, porque a cultura liberal-democrática tinha particularmente um conteúdo anticlerical; e, em Roma, pela proximidade do Vaticano e por toda a tradição passada, esta cultura não podia deixar de ter uma expressão típica. (Será o caso de ver a literatura jornalística sobre os acontecimentos romanos no período 1870-1880, que são ricos de episódios populares; ver, por exemplo, os *Annali*, de Pietro Vigo; a polêmica Cavallotti-Chauvet; ver também o *Libro di Don Chisciotte*, de Scarfoglio, e o restante da literatura da época, especialmente jornalística [172].)

§ 16. *Risorgimento italiano*. Uma decorrência das diversas "doutrinas" sobre o *Risorgimento* italiano é um certo sectarismo particular que caracteriza a mentalidade italiana e que se manifesta numa certa mania de perseguição, em se julgar sempre injustiçado e insatisfeito, em se julgar vítima de conjurações internacionais, em achar que se tem específicos direitos históricos ignorados e pisoteados, etc. Esta mentalidade está difundida, seja nas correntes democráticas de origem mazziniana, seja nas conservadoras de origem neoguelfa e giobertiana, e está ligada à ideia de uma "missão" nacional, nebulosamente entendida e misticamente intuída; em todo caso, cristaliza-se em francofobia, porque parece ter sido a França que surrupiou à Itália a primogenitura civil da herança de Roma. No período do *Risorgimento*, a luta contra a Áustria atenuou este sentimento, mas hoje, depois do desaparecimento do Império Austríaco, ele se reavivou e acirrou ainda mais devido às questões balcânicas, que são vistas como um reflexo da animosidade francesa.

§ 40. *Passado e presente*. Recordar o ensaio publicado por Gino Doria (na *Nuova Italia* de 1930 ou 1931), no qual se argumenta que a moral e o comportamento dos reis se relacionam unicamente com os interesses da dinastia e, em função desta, devem ser julgados. Doria é napolitano e deve-se observar que os teóricos mais ortodoxos da monarquia foram sempre napolitanos (De Meis, por exemplo) [173]. Doria escreveu o ensaio por ocasião do chamado ano de Carlos Alberto, quando se rediscutiu a figura de Carlos Alberto, etc., mas talvez suas intenções fossem mais amplas e abrangentes. Mas o que significa a fórmula de Doria? Não será, afinal, uma generalidade vazia? E corresponde à propaganda que foi feita para reforçar a instituição monárquica e que criou a "ortodoxia"? A tese de Doria é um reflexo da tese de Maurras, que, de resto, deriva da concepção do "Estado patrimonial" [174].

§ 47. *Características da cultura italiana.* Seria possível recolher, num mesmo ensaio, diferentes séries de notas, escritas a partir de interesses intelectuais variados, mas que, na realidade, são a expressão de um mesmo problema fundamental. É o caso das notas sobre as questões: da língua, do romantismo italiano (se é que existiu), da causa pela qual a literatura italiana não é popular, da existência ou não de um teatro italiano, etc., mais as notas sobre as várias interpretações que foram dadas do movimento do *Risorgimento*, até as discussões mais recentes sobre a "racionalidade" e o significado do presente regime (psicose de guerra, etc.). Todos estes temas estão estreitamente ligados e devem ser relacionados, como bloco, às discussões e às interpretações que se registraram, em todo o século XIX, sobre a história que se desenvolveu na península italiana, e das quais uma parte, pelo menos, está documentada no livro de Croce, *Storia della Storiografia italiana nel secolo XIX* (cuja última edição será preciso ver, especialmente a parte que diz respeito a Volpe e sua *Italia in cammino*, assim como será preciso ver o prefácio de Volpe para a terceira edição deste seu livro, em que se polemiza com Croce. De Volpe, aliás, devem ser vistos todos os escritos de história e de teoria ou história da história) [175]. O fato de que tais polêmicas e tanta variedade de interpretação dos acontecimentos tenham sido e sejam ainda possíveis é, por si só, muito importante e característico de uma determinada situação político-cultural. Não parece que tal coisa tenha ocorrido em nenhum outro país, pelo menos com tal frequência, abundância e obstinação. (Talvez se pudesse lembrar, na França, a obra de Jullian sobre o elemento céltico na história francesa, seu antirromanismo, etc., mas deve-se notar que, na própria França, Jullian soou como uma nota estranha, apesar de seus dotes de erudito e de escritor [176]. Talvez algo semelhante haja na Espanha, com as discussões se a Espanha é Europa ou África, etc.; deve-se ver este lado da cultura espanhola.)

Neste fenômeno característico italiano, devem-se distinguir vários aspectos: 1) o fato de que os intelectuais são desagregados, sem hierarquia, sem um ponto de unificação e centralização ideológica e intelectual, o que é resultado de uma escassa homogeneidade, coesão e "nacionalidade" da classe dirigente; 2) o fato de que estas discussões são, na realidade, a perspectiva e o fundamento histórico de programas políticos implícitos, que permanecem implícitos, retóricos, porque a análise do passado não é feita objetivamente, mas segundo preconceitos literários ou de nacionalismo literário (e mesmo de antinacionalismo literário, como no caso de Montefredini) [177].

Acrescentar à série de questões: a questão meridional (na formulação de Fortunato, por exemplo, ou de Salvemini, com o respectivo conceito de "unidade"), a questão siciliana (deve-se ver *Le più belle pagine*, de Michele Amari, recolhidas por V. E. Orlando de um modo que faz surgir a Sicília como um "momento" da história mundial); a questão sarda (as *Carte di Arborea*, que devem ser comparadas com análoga tentativa boêmia por volta de 1848, isto é, na mesma época) [178].

O fato de que a política nacional é "teorizada", em formas tão abstratas, pelos literatos, sem que a estes teóricos corresponda um grupo adequado de técnicos da política, que saibam apresentar as questões em termos de "efetividade", é a característica mais saliente da situação política italiana; os problemas reais estão nas mãos dos funcionários especializados, homens indiscutivelmente de valor e de capacidade do ponto de vista técnico-profissional burocrático, mas sem ligações permanentes com a "opinião pública", isto é, com a vida nacional. Ocorreu na Itália algo análogo ao que ocorria na Alemanha guilhermina, com esta diferença: na Alemanha, por trás da burocracia, estavam os *Junker*, uma classe social ainda que mumificada e mutilada, enquanto, na Itália, uma força desse tipo não existia: a burocracia italiana pode ser comparada à burocracia papal ou, melhor ainda, à burocracia chinesa dos mandarins. Ela, certamente, servia aos interesses de grupos bem determinados (em primeiro lugar, os proprietários de terra, em seguida, a indústria protegida, etc.), mas sem plano e sistema, sem continuidade, com base, para usar termos sumários, no "espírito de conciliação" que era necessário para "harmonizar" as muitas contradições da vida nacional, que nunca se tentou resolver organicamente e segundo uma orientação consequente. Esta burocracia não podia deixar de ser especialmente "monárquica"; deste modo, pode-se dizer que a monarquia italiana foi, essencialmente, uma "monarquia burocrática" e o rei, o primeiro dos funcionários, no sentido de que a burocracia era a única força "unitária" do país, permanentemente "unitária".

Outro problema típico italiano: o papado, que também deu origem a interpretações dinâmicas do *Risorgimento*, que não foram destituídas de efeito na cultura nacional e ainda não o são: basta recordar o giobertismo e a teoria do *Primato*, que entra, até mesmo hoje, na sopa ideológica da moda. Deve-se recordar a atitude dos católicos na política, o *non expedit* e o fato de que, no pós-guerra, o Partido Popular era um partido que obedecia a interesses não nacionais, uma forma paradoxal de ultramontanismo, porque o papado estava na Itália e não podia aparecer politicamente como aparecia na França e na Alemanha, isto é, claramente fora do Estado.

Todos estes elementos contraditórios se sintetizam na posição internacional do país, extremamente fraca e precária, sem possibilidade de uma linha com perspectiva duradoura, situação que teve sua expressão na guerra de 1914 e no fato de que a Itália combateu no campo oposto ao de suas alianças tradicionais.

Outro documento de interpretação da história italiana, o volume de Nello Quilici, *Origine, sviluppo e insufficienza della borghesia italiana* (Ed. Nuovi Problemi, Ferrara).

CADERNO 15 (1933)

§ 1. *Passado e presente. Estudos sobre a estrutura econômica nacional.* Significado exato das três iniciativas sobre as quais tanto se discutiu: 1) associações obrigatórias; 2) Instituto Mobiliário italiano; 3) poder estatal de proibir a criação de novas indústrias e a ampliação das existentes (ou seja, necessidade da autorização estatal para a iniciativa industrial, *a partir de um determinado dia*); 4) Instituto para a Reconstrução Industrial (dividido em duas áreas juridicamente autônomas: *a)* área de financiamento industrial; *b)* área de desmobilização industrial).

Na verdade, sobre cada instituto, é preciso uma "história" exata das fases legais por que passou e a identificação das causas imediatas que provocaram sua fundação. Sobre as perspectivas gerais destes institutos, antes de mais nada, deve-se levar em conta a função particular sempre desempenhada pelo Estado italiano na economia, em substituição à chamada iniciativa privada, ausente ou "sem credibilidade" junto aos poupadores. A questão "econômica" poderia ser esta: se tais institutos representam, ou não, uma despesa onerosa, em comparação com o que aconteceria se sua função fosse desempenhada pela iniciativa privada. Este parece um falso problema e não é: por certo, se falta o ator privado de uma certa função e esta é necessária para renovar a vida nacional, é melhor que o Estado assuma a função. Mas convém dizê-lo abertamente, ou seja, dizer que não se trata da realização de um progresso efetivo, mas da constatação de um atraso que se deve remediar "a todo custo" e cujo preço se paga. Nem sequer é verdade que se paga este preço de uma vez por todas: o preço que se paga hoje não evitará que se pague outro, quando se passar da nacionalização para remediar um certo atraso à nacionalização como fase histórica orgânica e necessária no desenvolvimento da economia, no sentido de uma construção programática. Num certo sentido, a fase atual corresponde às monarquias iluminadas do século XVIII. De moderno, tem a terminologia exterior e mecânica, tomada de outros países nos quais esta fase é realmente moderna e progressista.

§ 11. *Maquiavel.* O conceito de "revolução passiva" no sentido de Vincenzo Cuoco, atribuída ao primeiro período do *Risorgimento* italiano, pode ser relacionado com o conceito de "guerra de posição", comparada com a guerra manobrada? Isto é, estes conceitos surgiram depois da Revolução Francesa, e o binômio Proudhon-Gioberti poderia ser justificado com o pânico criado pelo terror de 1793, assim como o sorelismo, com o pânico que se seguiu aos massacres parisienses de 1871 [179]? Ou seja: existe uma identidade absoluta entre guerra de posição e revolução passiva? Ou, pelo menos, existe ou pode ser concebido todo um período histórico no qual os dois conceitos devem se identificar, até o ponto em que a guerra de posição volte a se transformar em guerra manobrada? Deve-se formular um juízo "dinâmico" sobre as "Restaurações", que seriam uma "astúcia da providência" no sentido de Vico. Um problema é este: na luta Cavour-Mazzini, em que Cavour é o expoente da revolução passiva-guerra de posição e Mazzini, da iniciativa popular-guerra manobrada, não serão ambos indispensáveis na mesma e precisa medida? Todavia, deve-se considerar que, enquanto Cavour tinha consciência de sua missão (pelo menos, em certa medida), já que compreendia a missão de Mazzini, este parece que não tinha consciência nem de sua própria missão nem da missão de Cavour; se, ao contrário, Mazzini tivesse tido tal consciência, isto é, se tivesse sido um político realista e não um apóstolo iluminado (ou seja, se não tivesse sido Mazzini), o equilíbrio resultante da confluência das duas atividades teria sido diferente, mais favorável ao mazzinismo: isto é, o Estado italiano teria se constituído em bases menos atrasadas e mais modernas. E, já que em todo acontecimento histórico se verificam quase sempre situações semelhantes, deve-se ver se é possível extrair daí alguns princípios gerais de ciência e de arte políticas. Pode-se aplicar ao conceito de revolução passiva (e pode-se documentar no *Risorgimento* italiano) o critério interpretativo das modificações moleculares, que, na realidade, modificam progressivamente a composição anterior das forças e, portanto, transformam-se em matriz de novas modificações. Assim, no *Risorgimento* italiano, viu-se que a passagem para o cavourismo, depois de 1848, de sempre novos elementos do Partido de Ação modificou progressivamente a composição das forças moderadas, liquidando o neoguelfismo, por um lado, e, por outro, empobrecendo o movimento mazziniano (pertencem a este processo até mesmo as oscilações de Garibaldi, etc.). Este elemento, portanto, é a fase original daquele fenômeno que se chamou mais tarde de "transformismo", cuja importância não foi até agora, ao que parece, devidamente esclarecida como forma de desenvolvimento histórico.

Insistir no aprofundamento do conceito de que, enquanto Cavour tinha consciência de sua missão, uma vez que estava criticamente consciente da missão de Mazzini, Mazzini, pela pouca ou nenhuma consciência da missão de Cavour, estava também, na realidade, pouco consciente de sua própria missão, e daí suas hesitações (em Milão, no período posterior aos cinco dias, e em outras ocasiões) e suas iniciativas intempestivas, que, por isso, se tornavam elementos úteis apenas à política piemontesa. Esta é uma exemplificação do problema teórico de como devia ser compreendida a dialética, problema apresentado na *Miséria da Filosofia:* nem Proudhon nem Mazzini compreenderam que cada membro da oposição dialética deve procurar ser integralmente ele mesmo e lançar na luta todos os seus "recursos" políticos e morais, e que só assim se consegue uma superação real [180]. Dir-se-á que não compreenderam isso nem Gioberti nem os teóricos da revolução passiva e da "revolução-restauração", mas a questão se modifica: neles, a "incompreensão" teórica era a expressão prática das necessidades da "tese" de se desenvolver integralmente, até o ponto de conseguir incorporar uma parte da própria antítese, para não se deixar "superar", isto é, na oposição dialética somente a tese desenvolve, na realidade, todas as suas possibilidades de luta, até capturar os supostos representantes da antítese: exatamente nisso consiste a revolução passiva ou revolução-restauração. Neste ponto, deve-se por certo considerar a questão da passagem da luta política de "guerra manobrada" para "guerra de posição", o que, na Europa, ocorreu depois de 1848 e não foi compreendido por Mazzini e pelos mazzinianos, como, ao contrário, o foi por alguns outros; a mesma passagem verificou-se depois de 1871, etc. Homens como Mazzini tinham, então, dificuldades para compreender a questão, dado que as guerras militares não haviam fornecido o modelo e, pelo contrário, as doutrinas militares desenvolviam-se no sentido da guerra de movimento: será preciso ver se em Pisacane, que foi o teórico militar do mazzinismo, existem referências neste sentido. (Deverá ser vista a literatura política sobre 1848 devida a estudiosos da filosofia da práxis; mas parece que não se pode esperar muito neste sentido. Os acontecimentos italianos, por exemplo, só foram examinados sob a orientação dos livros de Bolton King, etc. [181]) No entanto, Pisacane deve ser examinado porque foi o único que tentou dar ao Partido de Ação um conteúdo não só formal, mas substancial, de antítese superadora das posições tradicionais. E não se deve dizer que, para obter estes resultados históricos, fosse peremptoriamente necessária a insurreição popular armada, como acreditava Mazzini até a obsessão, isto é, não realisticamente, mas como um missionário religioso. A intervenção popular, que não foi possível na forma concentrada e simultânea da insurreição, não se verificou nem mesmo na forma "difusa" e capilar da pressão indireta, o que, no entanto, era possível e talvez tivesse sido a premissa indispensável da primeira forma. A forma concentrada ou simultânea tornara-se impossível por causa da técnica militar da época, mas só em parte, isto é, a impossibilidade existiu porque a forma concentrada e simultânea não foi antecedida por uma preparação política e ideológica de largo fôlego, organicamente predisposta para despertar as paixões populares e tornar possível sua concentração e explosão simultânea.

Depois de 1848, só os moderados fizeram a crítica dos métodos que precederam o fracasso e, de fato, todo o movimento moderado se renovou, o neoguelfismo foi liquidado, homens novos ocuparam os primeiros postos de direção. Nenhuma autocrítica, porém, por parte do mazzinismo, ou então autocrítica liquidacionista, no sentido de que muitos elementos abandonaram Mazzini e formaram a ala esquerda do partido piemontês; única tentativa "ortodoxa", isto é, interna, foram os ensaios de Pisacane, que, no entanto, jamais se tornaram a plataforma de uma nova política orgânica, e isto apesar de o próprio Mazzini reconhecer que Pisacane tinha uma "concepção estratégica" da revolução nacional italiana.

§ 15. *Maquiavel.* A relação "revolução passiva — guerra de posição", no *Risorgimento* italiano, também pode ser estudada sob outros aspectos. Importantíssimo aquele que se pode chamar do "pessoal" e o outro, o da "concentração revolucionária". O do "pessoal" pode ser comparado, sem dúvida, com o que se verificou na guerra mundial, na relação entre oficiais de carreira e oficiais da reserva, por um lado, e entre soldados regulares e voluntários-*arditi*, por outro. Os oficiais de carreira corresponderam, no *Risorgimento,* aos partidos políticos regulares, orgânicos, tradicionais, etc., que no momento da ação (1848) se revelaram incapazes, ou quase, e foram, em 1848-1849, suplantados pela onda popular-mazziniano-democrática, onda caótica, desordenada, "extemporânea", por assim dizer, mas que, seguindo líderes improvisados ou quase (de qualquer modo, não pertencentes a formações preconstituídas, como era o partido moderado), obteve sucessos indubitavelmente maiores do que os obtidos pelos moderados: a República Romana e Veneza revelaram uma força de resistência muito considerável. No período posterior a 1848, a relação entre as duas forças, a regular e a "carismática", organizou-se em torno de Cavour e de Garibaldi, e deu o máximo resultado, a despeito de tal resultado ter sido, afinal, apropriado por Cavour.

Este aspecto está ligado ao outro, o da "concentração". Deve-se observar que a dificuldade técnica contra a qual sempre se chocaram as iniciativas mazzinianas foi, exatamente, a da "concentração revolucionária". Seria interessante, deste ponto de vista, estudar a tentativa de invasão da Savoia efetuada por Ramorino, depois a dos irmãos Bandiera, de Pisacane, etc., comparadas com a situação que se ofereceu a Mazzini em 1848, em Milão, e em 1849, em Roma, e que ele não teve capacidade de organizar [182]. Essas tentativas de uns poucos não podiam deixar de ser esmagadas no nascedouro, já que seria surpreendente se as forças reacionárias, que estavam concentradas e podiam operar livremente (isto é, não encontravam nenhuma oposição em amplos movimentos da população), não esmagassem iniciativas como as de Ramorino, Pisacane, Bandiera, mesmo que elas tivessem sido mais bem preparadas do que o foram na realidade. No segundo período (1859-1860), a concentração revolucionária, como a dos Mil de Garibaldi, tornou-se possível porque inicialmente Garibaldi se insere nas forças estatais piemontesas e, em seguida, a frota inglesa protege de fato o desembarque em Marsala, a tomada de Palermo, e esteriliza a frota bourbonista. Em Milão, depois dos cinco dias, e na Roma republicana, Mazzini teria podido constituir praças de armas para concentrações orgânicas, mas não se propôs fazê-lo; daí seu conflito com Garibaldi em Roma e sua esterilidade em Milão, diante de Cattaneo e do grupo democrático milanês.

De qualquer modo, o decorrer do processo do *Risorgimento,* ainda que tenha iluminado a importância enorme do movimento "demagógico" de massa, com líderes surgidos ao acaso, improvisados, etc., na realidade foi retomado pelas forças tradicionais orgânicas, isto é, pelos partidos formados há mais tempo, com elaboração racional dos líderes, etc. Em todos os acontecimentos políticos desse mesmo tipo, houve sempre o mesmo resultado (foi assim em 1830, na França, com a predominância dos orleanistas sobre as forças populares radicais democráticas, e também foi assim, no fundo, na Revolução Francesa de 1789, em que Napoleão representa, em última análise, o triunfo das forças burguesas orgânicas contra as forças pequeno-burguesas jacobinas). Da mesma forma, na guerra mundial, o predomínio dos velhos oficiais de carreira sobre os oficiais da reserva, etc. (Sobre este assunto, cf. notas em outros cadernos [183].) Em cada caso, a ausência, entre as forças radicais populares, de uma consciência da missão da outra parte as impediu de ter plena consciência da própria missão e, portanto, de pesar no equilíbrio final das forças conforme seu efetivo poder de intervenção e, finalmente, de determinar um resultado mais avançado, num sentido de maior progresso e modernidade.

§ 17. *Maquiavel.* O conceito de "revolução passiva" deve ser deduzido rigorosamente dos dois princípios fundamentais de ciência política: 1) nenhuma formação social desaparece enquanto as forças produtivas que nela se desenvolveram ainda encontrarem lugar para um novo movimento progressista; 2) a sociedade não se põe tarefas para cuja solução ainda não tenham germinado as condições necessárias, etc. Naturalmente, estes princípios devem ser, primeiro, desdobrados criticamente em toda a sua dimensão e depurados de todo resíduo de mecanicismo e fatalismo. Assim, devem ser referidos à descrição dos três momentos fundamentais em que se pode distinguir uma "situação" ou um equilíbrio de forças, com o máximo de valorização do segundo momento, ou equilíbrio das forças políticas, e especialmente do terceiro momento, ou equilíbrio político-militar [184]. Pode-se observar que Pisacane, em seus *Saggi,* preocupa-se precisamente com este terceiro momento: ele compreende, diferentemente de Mazzini, toda a importância que tem a presença, na Itália, de um aguerrido Exército austríaco, sempre pronto a intervir em cada parte da península, e que, além disso, tem atrás de si todo o poderio militar do império dos Habsburgos, isto é, uma matriz sempre pronta a formar novos exércitos de reforço.

Outro elemento histórico a ser lembrado é o desenvolvimento do Cristianismo no seio do Império Romano, assim como o fenômeno atual do gandhismo na Índia e a teoria da não resistência ao mal de Tolstoi, que tanto se aproximam da primeira fase do Cristianismo (antes do Edito de Milão). O gandhismo e o tolstoísmo são teorizações ingênuas e com tintura religiosa da "revolução passiva". Também devem ser lembrados alguns movimentos ditos "liquidacionistas" e as reações que suscitaram, em relação aos tempos e às formas determinadas das situações (especialmente do terceiro momento).

O ponto de partida deste estudo será o trabalho de Vincenzo Cuoco, mas é evidente que a expressão de Cuoco a respeito da Revolução

Napolitana de 1799 não passa de uma sugestão, porque o conceito foi completamente modificado e enriquecido.

§ 25. *Maquiavel.* Sempre a propósito do conceito de revolução passiva ou de revolução-restauração no *Risorgimento* italiano, deve-se notar que é preciso formular com exatidão o problema que, em algumas tendências historiográficas, é chamado de relação entre condições objetivas e condições subjetivas do evento histórico. Parece evidente que jamais podem faltar as chamadas condições subjetivas quando existem as condições objetivas, dado que se trata de simples distinção de caráter didático: portanto, pode haver discussão sobre o grau e a intensidade das forças subjetivas, ou seja, sobre a relação dialética entre as forças subjetivas conflitantes. É preciso evitar que a questão seja formulada em termos "intelectualistas" e não histórico-políticos. É fato pacífico que a "clareza" intelectual dos termos da luta é indispensável, mas esta clareza é um valor político quando se torna paixão difundida e é a premissa de uma forte vontade. Nos últimos tempos, em muitas publicações sobre *o Risorgimento,* "revelou-se" que existiam personalidades que viam claro, etc. (lembrar a valorização de Ornato feita por Piero Gobetti), mas estas "revelações" destroem-se por si mesmas exatamente por serem revelações; elas demonstram que se tratava de elucubrações individuais, que hoje representam uma forma de "juízo retrospectivo" [185]. Na verdade, jamais se puseram à prova na realidade efetiva, jamais se tornaram consciência popular-nacional difusa e atuante. Entre o Partido de Ação e o Partido Moderado, qual dos dois representou as "forças subjetivas" efetivas do *Risorgimento*? Por certo, o Partido Moderado, e precisamente porque também teve consciência da missão do Partido de Ação: por causa desta consciência, sua "subjetividade" era de uma qualidade superior e mais decisiva. Na expressão, ainda que grosseira, de Vítor Emanuel II: "Temos no bolso o Partido de Ação", há mais sentido histórico-político do que em todo o Mazzini.

§ 32. *História do Risorgimento.* Polêmica entre B. Spaventa e o padre Taparelli, da *Civiltà Cattolica*, sobre as relações entre Estado e Igreja

[186]. Deve-se verificar a coletânea de escritos de Spaventa feita por G. Gentile: *La politica dei Gesuiti nel secolo XVI e nel XIX*, Ed. Albrighi e Segati, 1911. Também se deve observar o prefácio de Gentile, a ser relacionado com as atitudes do próprio Gentile sobre a Concordata.

A propósito das relações entre Estado e Igreja, deve-se ver a atitude do grupo do *Saggiatore* (em fevereiro de 1933, um artigo a este respeito, mencionado na *Critica Fascista* de 1º de maio). A fórmula da religião como "assunto privado" é de origem liberal e não algo próprio da filosofia da práxis, como acredita o colaborador da *Critica* [187]. Evidentemente, é uma fórmula política imediata, que pode ser adotada como fórmula de compromisso, uma vez que não se queira desencadear uma guerra religiosa nem recorrer à força material, etc. Da polêmica de Spaventa se evidencia que nem para os liberais a religião é um assunto privado em sentido absoluto, mas liberalismo cada vez mais tem significado um método de governo e cada vez menos uma concepção do mundo; daí, portanto, nasceu a fórmula como fórmula "permanente".

§ 41. *Risorgimento italiano.* Numa resenha (*Nuova Italia*, 20 de abril de 1933) do livro de Cecil Roth (*Gli Ebrei in Venezia*, tradução Dante Lattes, Ed. Cremonese, Roma, 1933, VII-446 p., 20 liras), Arnaldo Momigliano faz algumas observações corretas sobre o judaísmo na Itália [188]. "A história dos judeus de Veneza, assim como a história dos judeus de qualquer cidade italiana em geral, é essencialmente, sem dúvida, a história da formação de sua consciência nacional italiana. E, deve-se observar, esta formação não é posterior à formação da consciência nacional italiana em geral, de modo que os judeus teriam se inserido numa consciência nacional já preconstituída. A formação da consciência nacional italiana, nos judeus, é paralela à formação da consciência nacional nos piemonteses, nos napolitanos ou nos sicilianos: é um momento do mesmo processo e serve para caracterizá-lo. Assim como, entre os séculos XVII e XIX, sem considerar os sinais anteriores, os piemonteses ou os napolitanos se tornaram italianos, no mesmo período os judeus habitantes da Itália se tornaram italianos.

O que, naturalmente, não impediu que eles, em sua fundamental italianidade, conservassem em medida maior ou menor peculiaridades hebraicas, assim como, aos piemonteses ou aos napolitanos, o fato de se tornarem italianos não impediu que conservassem características regionais." Esta tese, historicamente exata em sua essência, deve ser comparada com a de outro judeu, Giacomo Lumbroso, no livro *I movimenti popolari contro i francesi alla fine del secolo XVIII, 1796-1800*, Florença, Le Monnier, 1932, in-8º, VIII-228 p. (a propósito, veja-se a *Critica* de 20 de março de 1933, p. 140 e ss.). É uma balela que, nos movimentos populares registrados por Lumbroso, houvesse qualquer indício de espírito nacional, mesmo que tais movimentos sejam dignos de estudo e de interpretação. Na realidade, eles foram populares na maneira de dizer, e só por um aspecto muito secundário e mesquinho: o misoneísmo e a passividade conservadora das massas atrasadas e embrutecidas. Seu significado foi dado pelas forças que os instigavam e os dirigiam mais ou menos abertamente, e estas forças eram nitidamente reacionárias e antinacionais ou não nacionais. Só recentemente, os jesuítas começaram a defender a tese do italianismo dos *sanfedistas*, que apenas "queriam unificar a Itália a seu modo".

Uma outra observação digna de nota aparece na resenha de Momigliano: a de que, no tormento e nos desequilíbrios de Leão Hebreu, havia um complicado mal-estar, tanto da cultura hebraica quanto da profana, mal-estar que figura "entre os mais importantes indícios que o século XVII nos oferece da transformação que se dava nas consciências judias" [189].

Na Itália, não existe antissemitismo exatamente pelas razões mencionadas por Momigliano, no sentido de que a consciência nacional se constituiu e tinha de se constituir através da superação de duas formas culturais: o particularismo municipal e o cosmopolitismo católico, que estavam em estreita conexão entre si e constituíam a forma italiana mais característica de resíduo medieval e feudal. Parece claro e pacífico que a superação do cosmopolitismo católico e, portanto, na realidade, o nascimento de um espírito laico, não só distinto mas em luta contra o catolicismo, deviam se manifestar nos judeus como nacionalização, como "desjudaizamento". Eis por que pode ser correto o que escreve Momigliano, que a formação da consciência nacional italiana nos judeus serve para caracterizar todo o processo de formação da consciência nacional italiana, tanto como dissolução do cosmopolitismo religioso quanto do particularismo, porque, nos judeus, o cosmopolitismo religioso se torna particularismo no círculo dos Estados nacionais.

§ 44. *Risorgimento italiano.* Cf. artigo de Salvatore Valitutti, "La grande industria in Italia", na *Educazione Fascista* de fevereiro de 1933, escrito por alusões e rápidas referências, mas bastante interessante e a ser oportunamente reexaminado.

Mas não é exato formular a questão assim: "Era verdade [...] que a economia da Itália Meridional era agrícola, feudal, e a do resto da Itália mais industrial e moderna." Na Itália Meridional, havia e há uma determinada atividade agrícola, mas o protecionismo agrário beneficiou mais o Norte do que o Sul, porque foi proteção para os cereais, cujo grande produtor era o Norte (relativamente mais do que o Sul). A diferença entre Norte e Sul estava também, e especialmente, na composição social, na posição diferente das massas camponesas, que, no Sul, deviam manter com seu trabalho uma quantidade excessivamente grande de população economicamente passiva, de rentistas, etc. E não se pode dizer que "a prática de comedimento e de modéstia", nos primeiros trinta anos do reino — uma prática mais modesta do que a realmente ocorrida —, "teria sustado o progresso das atividades econômicas mais necessitadas de movimento e riqueza, e, exercida no interesse do meridional, teria conseguido o efeito de recompor e reorganizar a vida italiana com base no reino de Nápoles". Mas por que exercida no interesse do meridional? No interesse de todas as novas forças nacionais combinadas, e não hierarquizadas pelos privilégios. Em vez disso, a atrasada estrutura meridional foi explorada, tornada permanente e até acentuada, para drenar a poupança de suas classes parasitárias em direção ao Norte.

Também a função do movimento socialista na formação da Itália moderna é apresentada de modo inexato sob muitos aspectos, embora seja exaltada e elogiada. A posição de Bonomi foi uma caricatura daquela formulada por Engels, na *Critica sociale* (em seus primeiros anos), e, neste sentido, era natural a reação sindicalista, que se inspirou em parte nas indicações de Engels e, com efeito, foi bastante meridionalista, etc. [190] (Valitutti deve se referir a meu artigo sobre a questão meridional [191].) Sobre as posições de Bonomi, será preciso ver seu livro *Vie nuove*, no qual toda a questão deve estar exposta mais organicamente [192].

§ 52. *Risorgimento italiano*. Série de interpretações. A propósito do livro de Rosselli sobre Pisacane [193]. As interpretações do passado, quando se buscam as deficiências e os erros (de certos partidos ou correntes) do próprio passado, não são "história", mas política atual *in nuce*. Eis por que também os "se" muitas vezes não causam tédio. Deve-se dizer que as "interpretações" do *Risorgimento*, na Itália, estão ligadas a uma série de fatos: 1) explicar por que ocorreu o chamado "milagre" do *Risorgimento*: isto é, reconhece-se que as forças ativas em favor da unidade e da independência eram poucas e que o evento não pode ser explicado apenas com tais forças, mas, por outro lado, não se quer reconhecê-lo abertamente por motivos de política nacional e se constroem romances históricos; 2) não atingir o Vaticano; 3) não explicar racionalmente o *brigantaggio* meridional; 4) mais tarde, explicar a fraqueza estatal durante as guerras da África (daí, especificamente, partiu Oriani e, portanto, os orianistas), explicar Caporetto e o subversivismo elementar do pós-guerra, com suas consequências diretas e indiretas.

A fraqueza de tal tendência "interpretativa" consiste no fato de que permaneceu puro fato intelectual, não se tornou a premissa de um movimento político nacional. Só com Piero Gobetti isto começava a se delinear, o que seria preciso lembrar numa biografia de Gobetti; por isto, Gobetti se destaca do orianismo e de Missiroli. Ao lado de Gobetti, deve-se pôr Dorso e, como um espectro, Giovanni Ansaldo, que é mais intelectual do que Missiroli. (Ansaldo é o "homem de Guicciardini" transformado em esteta e literato, e que leu as páginas de De Sanctis sobre o homem de Guicciardini. De Ansaldo se poderia dizer: "Um dia, o homem de Guicciardini leu as páginas de De Sanctis sobre si mesmo e se disfarçou de G. Ansaldo, primeiro, e de 'Estrela Negra', mais tarde: mas, sua 'particularidade', ele não conseguiu dissimular..." [194].)

Uma questão que Rosselli não formula bem no *Pisacane* é esta: como uma classe dirigente pode dirigir as massas populares, isto é, ser "dirigente"; Rosselli não estudou o que foi o "jacobinismo" francês e como, precisamente, o medo do jacobinismo paralisou a atividade nacional. Não explica ainda por que se formou o mito "*Mezzogiorno* barril de pólvora da Itália" em Pisacane e, depois, em Mazzini. Mas este ponto é fundamental para compreender Pisacane e a origem de suas ideias, que são as mesmas de Bakunin, etc. Assim, não se pode ver em Pisacane um "precursor" em ato de Sorel, mas, simplesmente, um exemplar do "niilismo" de origem russa e da teoria da "pandestruição" criadora (inclusive, com os criminosos). De Mazzini a Pisacane, a "iniciativa popular" se tinge com as tendências "populistas" extremas. (Talvez o filão Herzen, indicado por Ginzburg na *Cultura* de 1932, deva ser aprofundado [195].) Até mesmo a carta aos pais, depois da fuga com uma mulher casada, poderia ser assinada pelo Bazárov de *Pais e filhos* (a carta foi publicada integralmente na *Nuova Antologia* de 1932): nela, toda a moral está deduzida da natureza, tal como a representa a ciência natural e o materialismo filosófico. Deve ser quase impossível reconstruir a "cultura livresca" de Pisacane e estabelecer as "fontes" de seus conceitos: o único modo de proceder é reconstruir um certo ambiente intelectual de uma certa emigração política do pós-1848, na França e na Inglaterra, de uma "cultura falada" de comunicações ideológicas ocorridas através de discussões e conversas.

§ 56. *Risorgimento italiano*. Sobre a revolução passiva. Protagonistas os "fatos", por assim dizer, e não os "homens individuais". Como, sob um determinado invólucro político, necessariamente se modificam as relações sociais fundamentais e novas forças políticas efetivas surgem e se desenvolvem, as quais influenciam indiretamente, com pressão lenta mas incoercível, as forças oficiais, que, elas próprias, se modificam sem se dar conta, ou quase.

§ 59. *Risorgimento italiano.* (I.) A função do Piemonte no *Risorgimento* italiano é a de uma "classe dirigente". Na realidade, não se trata do fato de que, em todo o território da península, existissem núcleos de classe dirigente homogênea, cuja irresistível tendência à unificação tenha determinado a formação do novo Estado nacional italiano. Estes núcleos existiam, indubitavelmente, mas sua tendência à união era muito problemática e, o que mais conta, nenhum deles, cada qual em seu âmbito, era "dirigente". O dirigente pressupõe o "dirigido", e quem era dirigido por estes núcleos? Estes núcleos não queriam "dirigir" ninguém, isto é, não queriam harmonizar seus interesses e aspirações com os interesses e aspirações de outros grupos. Queriam "dominar", não "dirigir", e mais ainda: queriam que fossem dominantes seus interesses, não suas pessoas, isto é, queriam que uma força nova, independente de qualquer compromisso e condição, se tornasse o árbitro da nação: esta força foi o Piemonte e, daí, a função da monarquia. O Piemonte, portanto, teve uma função que, sob certos aspectos, pode ser comparada à do partido, isto é, do pessoal dirigente de um grupo social (e, com efeito, sempre se falou de "partido piemontês"); com a particularidade de que se tratava de um Estado, com um exército, uma diplomacia, etc.

Este fato é de máxima importância para o conceito de "revolução passiva": isto é, que não seja um grupo social o dirigente de outros grupos, mas que um Estado, mesmo limitado como potência, seja o "dirigente" do grupo que deveria ser dirigente e possa pôr à disposição deste último um exército e uma força político-diplomática. Pode-se fazer referência àquilo que foi chamado de função do "Piemonte" na linguagem político-histórica internacional. Antes da guerra, a Sérvia fazia as vezes de "Piemonte" dos Bálcãs. (Nesse sentido, de resto, a França, depois de 1789 e por muitos anos, até o golpe de Estado de Luís

Napoleão, foi o Piemonte da Europa.) Que a Sérvia não tenha tido êxito como o Piemonte se deveu ao fato de que, no pós-guerra, ocorreu um despertar político dos camponeses, tal como não houvera depois de 1848. Ao se estudar de perto o que acontece no reino iugoslavo, vê-se que, nele, as forças "pró-Sérvia" ou favoráveis à hegemonia sérvia são as forças contrárias à reforma agrária. Encontramos um bloco rural--intelectual antissérvio e forças conservadoras favoráveis à Sérvia, seja na Croácia, seja nas outras regiões não sérvias [196]. Também neste caso, não existem núcleos locais "dirigentes", mas dirigidos pela força sérvia, enquanto as forças subversoras não têm uma grande importância como função social. Para quem observa superficialmente as coisas sérvias, seria o caso de perguntar o que teria acontecido se o chamado *brigantaggio*, registrado na região de Nápoles e na Sicília de 1860 a 1870, se registrasse depois de 1919. Indiscutivelmente, o fenômeno é o mesmo, mas o peso social e a experiência política das massas camponesas são bem diferentes depois de 1919, em relação ao pós-1848.

O importante é aprofundar o significado que tem uma função como a do "Piemonte" nas revoluções passivas, isto é, o fato de que um Estado substitui os grupos sociais locais, ao dirigir uma luta de renovação. É um dos casos em que estes grupos têm a função de "domínio", e não de "direção": ditadura sem hegemonia. A hegemonia será de uma parte do grupo social sobre todo o grupo, não deste sobre outras forças para fortalecer o movimento, radicalizá-lo, etc., segundo o modelo "jacobino".

II. Estudos voltados para apreender as analogias entre o período subsequente à queda de Napoleão e o subsequente à guerra de 1914-1918 [197]. As analogias são vistas apenas de dois pontos de vista: o da divisão territorial e o daquele, mais visível e superficial, da tentativa de dar uma organização jurídica estável às relações internacionais (Santa Aliança e Sociedade das Nações). No entanto, parece que o aspecto mais importante a ser estudado seja este que se chamou "revolução passiva", problema que não aparece nitidamente porque falta um paralelo à França de 1789-1815. E, no entanto, todos reconhecem que a guerra de 1914-1918 representa uma ruptura histórica, no sentido de que toda uma série de questões que se acumulavam molecularmente, antes de 1914, "se sobrepuseram umas às outras", modificando a estrutura geral do processo anterior: basta pensar na importância que assumiu o fenômeno sindical, termo geral sob o qual vêm à tona diferentes problemas e processos de desenvolvimento de importância e significação variada (parlamentarismo, organização industrial, democracia, liberalismo, etc.), mas que, objetivamente, reflete o fato de que uma nova força social se constituiu, tem um peso não desprezível, etc.

§ 60. *Risorgimento italiano. Cavour.* O que significa, no livro de Alberto Cappa sobre Cavour, a continuada insistência em afirmar que a política de Cavour representa o "justo meio" [198]? Por que "justo"? Talvez porque tenha triunfado? A "justeza" da política de Cavour não pode ser teorizada *a priori*; não pode se tratar de uma "justeza" racional, absoluta, etc. Na realidade, não se pode falar de uma função de Cavour como intermediário, o que diminuiria sua figura e seu significado. Cavour seguiu uma linha própria, que triunfou não porque mediasse extremos opostos, mas porque representava a única política justa da época, exatamente devido à ausência de competidores (politicamente) válidos e inteligentes. Em Cappa, o "justo meio" assemelha-se muito ao "justo preço", ao "governo ideal", etc. Na realidade, o que acontece é que Cappa não capta a política cavouriana real, a política independente, original, etc., qualquer que seja o juízo que dela se possa dar pelos resultados que teve na época subsequente, isto é, mesmo que se deva dizer que ela foi muito menos "nacional" do que Cappa, segundo os figurinos oficiais, pretende fazer crer, mesmo que ela tenha sido uma luta vitoriosa contra as forças populares (sem "justo meio"), o que contribuiu para construir um Estado estreito, sectário, sem possibilidade de ação internacional, porque sempre ameaçado pela irrupção de forças subversivas elementares, que Cavour, precisamente, não quis "nacionalizar". O fato de que Cavour, como método de propaganda, assumiu uma posição de "justo meio" tem apenas um significado secundário. Na realidade, as forças históricas chocam-se entre si por seu programa "extremo". Que, entre estas forças, uma assuma a função de "síntese" superadora dos extremos opostos, é uma necessidade dialética, não um método apriorista. E saber encontrar, em cada oportunidade, o ponto de equilíbrio progressista (no sentido do próprio programa) é a arte do político: não do político do justo meio, mas, exatamente, do político que tem uma linha muito precisa e de ampla perspectiva para o futuro. Cappa pode ser dado como exemplo, na exposição da forma italiana do "proudhonismo" giobertiano, da antidialética do oportunismo empírico e de visão estreita.

§ 62. *Passado e presente. Primeiro epílogo.* O tema da "revolução passiva" como interpretação da Era do *Risorgimento* e de qualquer época complexa de transformações históricas. Utilidade e perigos de tal tema. Perigo de derrotismo histórico, ou seja, de indiferentismo, porque a formulação geral do problema pode fazer crer num fatalismo, etc.; mas a concepção permanece dialética, isto é, pressupõe e até postula como necessária uma antítese vigorosa e que ponha intransigentemente em campo todas as suas possibilidades de explicitação. Portanto, não teoria da "revolução passiva" como programa, como foi nos liberais italianos do *Risorgimento*, mas como critério de interpretação, na ausência de outros elementos ativos de modo dominante. (Portanto, luta contra o morfinismo político que exala de Croce e de seu historicismo.) (Parece que a teoria da revolução passiva é um corolário crítico necessário do "Prefácio" à *Contribuição à crítica da economia política*.) Revisão de alguns conceitos sectários sobre a teoria dos partidos, que representam, exatamente, uma forma de fatalismo do tipo "direito divino". Elaboração dos conceitos do partido de massas e do pequeno partido de elite, e mediação entre os dois. (Mediação teórica e prática: teoricamente, será que pode existir um grupo relativamente pequeno, mas sempre considerável, por exemplo, de alguns milhares de pessoas, homogêneo social e ideologicamente, sem que sua própria existência demonstre uma ampla situação de coisas e estados de espírito correspondentes, que só não podem se expressar por causas mecânicas externas e, por isso, transitórias?)

§ 63. *Risorgimento italiano.* Cf. Attilio Monaco, *I galeotti politici napolitani dopo il Quarantotto*, Roma, Livraria Internacional Treves-Treccani-Tumminelli, 1933, 873 p., 2 vols., 50 liras. Quando, em 1849, começou a reação dos Bourbon na região de Nápoles, os inscritos nas listas dos "suspeitos", isto é, atingidos pela vigilância policial, foram 31.062 e alcançaram até o fim a cifra dos 100 mil. A maior parte incorreu nas penas menores de prisão domiciliar, do exílio, da detenção, da reclusão, ou simplesmente sofreu prisão preventiva por meses e até anos.

Monaco tentou reconstruir a lista destes combatentes, mas teve de se limitar aos condenados às penas mais graves e, especificamente, aos condenados pelas Grandes Cortes especiais e que passaram longos anos no cárcere. Estes foram cerca de mil, de variada origem social: proprietários e comerciantes, médicos e advogados, alfaiates e marceneiros, camponeses e assalariados rurais... O livro de Monaco deve ser muito interessante por várias razões: 1) porque mostra que, na região de Nápoles, os elementos políticos ativos foram mais numerosos do que se podia pensar (100 mil suspeitos e submetidos a medidas policiais é um número considerável, num tempo em que os partidos eram embrionários); 2) porque dá informações sobre o regime carcerário dos Bourbon para os presos políticos e os comuns (que se encontravam juntos): 157 presos políticos morreram na prisão, pelo menos dez enlouqueceram; 3) a partir do livro, pode-se ver a participação que tiveram na atividade política as diversas categorias sociais. Procida foi o cárcere mais povoado de presos políticos: em 1854, havia 398.

§ 64. *Tradutibilidade das diversas culturas nacionais* [199]. Paralelo entre a civilização grega e a latina, e importância que tiveram, respectivamente, o mundo grego e o latino no período do Humanismo e do Renascimento. (Publicações atuais sobre a velha questão da "superioridade" e "originalidade" da arte grega em comparação com a latina: ver o estudo de Augusto Rostagni, "Autonomia della letteratura latina", na *Italia Letteraria* de 21 de maio de 1933 e números seguintes [200].) No tocante ao Humanismo e ao Renascimento, Rostagni não distingue os diferentes aspectos da cultura italiana: 1) O estudo erudito-humanista do classicismo greco-romano, que se torna exemplar, modelo de vida, etc. 2) O fato de que tal referência ao mundo clássico é tão somente o invólucro cultural em que se desenvolve a nova concepção da vida e do mundo, em concorrência e, muitas vezes (e cada vez mais), em oposição à concepção religiosa medieval. 3) O movimento original que o "homem novo" realiza como tal, e que é novo e original apesar do invólucro humanista, modelado segundo o mundo antigo. A este respeito, deve-se observar que há espontaneidade e vigor da arte antes que o humanismo "se sistematize"; daí a proposição formulada em outro ponto de que o humanismo seja um fenômeno em grande parte reacionário, isto é, represente a separação entre os intelectuais e as massas que se nacionalizavam e, portanto, uma interrupção da formação político-nacional italiana, para retornar à posição (sob outra forma) do cosmopolitismo imperial e medieval [201].

O paralelo entre gregos e romanos é um problema falso e inútil, de origem e caráter político. Tiveram os romanos uma filosofia? Eles tiveram um "modo de pensar" e de conceber o homem e a vida, e esta foi sua "filosofia" real, incorporada nas doutrinas jurídicas e na prática política. Pode-se dizer (num certo sentido), sobre os romanos e os gregos, o que Hegel diz a propósito da política francesa e da filosofia alemã.

§ 67. *Questão agrária.* O que se deve entender por "empresa agrícola"? Uma organização industrial para a produção agrícola que tenha características permanentes de continuidade orgânica. Diferença entre empresa e negócio. O negócio pode ser para fins imediatos, variáveis a cada ano ou conjunto de anos, etc., sem investimentos fundiários, etc., com capital "de risco". A questão tem importância, porque a existência da empresa ou do sistema empresarial indica o grau de industrialização alcançado e tem repercussão sobre a mentalidade da massa camponesa. Arrigo Serpieri: "A estabilização espacial do negócio se realiza quando ele coincide com uma *empresa*, unidade técnico-econômica que coordena, estavelmente, terra, capitais e força de trabalho necessários à produção." (Sobre alguns destes problemas, cf. o artigo de Serpieri, "Il momento attuale della bonifica", na *Gerarchia* de julho de 1933.)

§ 70. *Renascimento.* Sobre a figura e a importância de Lourenço, o Magnífico, devem-se ver os estudos de Edmondo Rho. Anunciam-se estudos de R. Palmarocchi, que não parece ter a capacidade de interpretar a função do Magnífico. Do ponto de vista histórico-político, Rho afirma que o Magnífico foi um medíocre, destituído de capacidade criativa. Diplomata, não político. O Magnífico teria simplesmente seguido o programa de Cosme [202]. Como política exterior (italiana, abrangendo toda a península), Lourenço teria tido a ideia genial de organizar uma liga itálica, que, no entanto, não foi efetivada, etc. (Palmarocchi recolheu *Le più belle pagine* de Lourenço na ed. Ojetti e, na introdução, buscou apresentar a figura de Lourenço.)

A função de Lourenço é importante para reconstruir o nó histórico italiano, representado pela passagem de um período de desenvolvimento imponente das forças burguesas para sua decadência rápida, etc. O próprio Lourenço pode ser considerado como "modelo" da incapacidade burguesa daquela época para se constituir como classe independente e autônoma, devido à incapacidade de subordinar os interesses pessoais e imediatos a programas de amplo alcance. Neste caso, deverão ser examinadas as relações com a Igreja de Lourenço e dos Médici que o antecederam e lhe sucederam. Quem afirma que Savonarola foi "homem da Idade Média" não leva na devida conta sua luta com o poder eclesiástico, luta que, no fundo, visava a tornar Florença independente do sistema feudal eclesiástico. (Sobre Savonarola, faz-se a confusão habitual entre a ideologia, que se baseia em mitos do passado, e a função real, que deve prescindir destes mitos, etc.)

§ 71. *Passado e presente.* Cf. artigo de Crispolto Crispolti, na *Gerarchia* de julho de 1933, "Leone XIII e l'Italia" (sobre o livro de Eduardo Soderini, *Il pontificato di Leone XIII*, vol. II, *Rapporti con l'Italia e con la Francia*, Ed. Mondadori). Crispolti escreve que o anticlericalismo italiano (e, portanto, o desenvolvimento da Maçonaria), entre 1878 e 1903 (pontificado de Leão XIII), foi uma consequência da política anti-italiana do Vaticano. Também Crispolti não se satisfez com os livros de Soderini. Referência ao volume de Salata e ao "Arquivo Galimberti". Livros de Soderini "áulicos, oficiais" do Vaticano. O artigo de Crispolti é interessante [203].

§ 73. *Risorgimento italiano.* Cf. A. Rossi, *Le cause storico-politiche della tardiva unificazione e indipendenza d'Italia*, Roma, Cremonese, 1933, 112 p., 8 liras. (O próprio título é curioso e mostra como está difundida a concepção mitológico-fatalista no estudo do *Risorgimento.*)

§ 76. *Risorgimento italiano.* Resenha do livro *Pisacane*, de Nello Rosselli, publicada na *Nuova Rivista Storica* de 1933 (p. 156 e ss.). Pertence à série das "interpretações" do *Risorgimento*, tal como o livro de Rosselli. O autor da resenha (como Rosselli) também não entende que faltou ao *Risorgimento* um fermento "jacobino", no sentido clássico da palavra, e que Pisacane é uma figura altamente interessante, por ser dos poucos que entenderam tal ausência, embora ele próprio não tenha sido "jacobino" tal como era necessário na Itália. Pode-se ainda observar que o espantalho que dominou a Itália, antes de 1859, não foi o comunismo, mas a Revolução Francesa e o Terror, não foi "pânico" de burgueses, mas pânico de "proprietários da terra"; e, de resto, na propaganda de Metternich, comunismo era simplesmente a questão e a reforma agrária.

CADERNO 17 (1933-1935)

§ 1. *Humanismo e Renascimento.* O que significa ter o Renascimento descoberto "o homem", ter feito do homem o centro do universo, etc., etc.? Talvez, antes do Renascimento, não fosse o "homem" o centro do universo, etc.? Pode-se dizer que o Renascimento criou uma nova cultura ou civilização, em oposição às anteriores ou que desenvolvem as anteriores, mas se deve "limitar", ou seja, "precisar" em que consiste esta cultura, etc. Será mesmo que, antes do Renascimento, o "homem" não era nada e se tornou tudo? Ou será que se desenvolveu um processo de formação cultural, em que o homem tende a se tornar tudo? Parece que se deve dizer que, antes do Renascimento, o transcendente formava a base da cultura medieval, mas aqueles que representavam esta cultura seriam talvez "nada" ou, para eles, aquela cultura não seria o modo de ser "tudo"? Se o Renascimento é uma grande revolução cultural, não é porque a partir do "nada" os homens começaram a pensar que eram "tudo", mas porque este modo de pensar se difundiu, se tornou um fermento universal, etc. Não se "descobriu" o homem, mas se iniciou uma nova forma de cultura, isto é, de esforço para criar um novo tipo de homem nas classes dominantes.

§ 3. *Humanismo e Renascimento.* De uma resenha (*Nuova Antologia*, 1º de agosto de 1933) de Arminio Janner sobre o livro: Ernst Walser, *Gesammelte Studien zur Geistesgeschichte der Renaissance* [Estudos reunidos sobre a história espiritual do Renascimento] (Ed. Benno Schwabe, Basileia, 1932) [204]. Segundo Janner, a ideia que fazemos do Renascimento está determinada, sobretudo, por duas obras capitais: *A civilização do Renascimento*, de Jacob Burckhardt, e a *História da literatura italiana*, de De Sanctis. O livro de Burckhardt foi interpretado diferentemente na Itália e fora da Itália. Publicado em 1860, teve ressonância europeia, influenciou as ideias de Nietzsche sobre o super-homem e, deste modo, suscitou toda uma literatura, especialmente nos países do Norte, sobre artistas e *condottieri* do Renascimento, literatura em que se proclama o direito à vida bela e heroica, à livre expansão da personalidade, sem atenção a vínculos morais. O Renascimento se resume, assim, a Sigismondo Malatesta, César Bórgia, Leão X, Aretino, a Maquiavel como teórico, e à parte, solitário, Michelangelo. Na Itália, D'Annunzio representa esta interpretação do Renascimento. O livro de Burckhardt (traduzido por Valbusa em 1877) teve na Itália uma influência diversa: a tradução italiana destacava mais as tendências anticlericais que Burckhardt viu no Renascimento e que coincidiam com as tendências da política e da cultura italiana do *Risorgimento*. Também o outro elemento ressaltado por Burckhardt no Renascimento, o individualismo e a formação da mentalidade moderna, foi visto, na Itália, como oposição ao mundo medieval representado pelo papado. Na Itália, foi menos notada a admiração por uma vida enérgica e de pura beleza; os *condottieri*, os aventureiros, os imoralistas tiveram menos atenção na Itália. (Parece que estas observações devem ser levadas em conta: existe uma interpretação do Renascimento e da vida moderna que é atribuída à Itália, como se fosse nascida original e factualmente na Itália, mas é só a interpretação de um livro alemão sobre a Itália, etc.)

De Sanctis acentua, no Renascimento, as cores sombrias das corrupções política e moral; apesar de todos os méritos que se possam reconhecer ao Renascimento, ele desmanchou a Itália e a deixou como serva do estrangeiro.

Em resumo, Burckhardt vê o Renascimento como ponto de partida de uma nova época da civilização europeia, progressista, berço do homem moderno; De Sanctis, do ponto de vista da história italiana, e o Renascimento foi, para a Itália, o ponto de partida de um regresso, etc. Mas Burckhardt e De Sanctis coincidem nas particularidades da análise do Renascimento, concordam em destacar como elementos característicos a formação da nova mentalidade, a ruptura com todos os laços medievais, no tocante à religião, à autoridade, à pátria, à família. (Estas observações de Janner sobre Burckhardt e De Sanctis devem ser novamente vistas.) Segundo Janner, "nos últimos dez ou quinze anos, porém, formou-se progressivamente uma contracorrente de estudiosos, em geral católicos, que contestam a realidade destas características do Renascimento (destacadas por Burckhardt e por De Sanctis) e tentam ressaltar outras, em grande parte opostas. Na Itália, Olgiati, Zabughin, Toffanin; nos países de língua alemã, Pastor, nos primeiros volumes da *História dos papas*, e Walser". De Walser é um estudo sobre a religiosidade de Pulci ("Lebens und Glaubensprobleme aus dem Zeitalter der Renaissance" [Problemas de vida e de crença da época do Renascimento], *Die Neuren Sprachen*, 10º Beiheft). Ele (retomando os estudos de Volpi e outros) analisa o tipo de heresia de Pulci e as vicissitudes da abjuração que mais tarde teve de fazer; mostra, "de modo bastante convincente", sua origem (averroísmo e seitas místicas judaicas) e mostra que, em Pulci, não se trata apenas de afastamento em relação aos sentimentos religiosos ortodoxos, mas de uma nova fé (entremeada de magia e de espiritismo), que, mais tarde, se transforma numa ampla compreensão e tolerância de todas as fés [205]. (Deve-se ver se o espiritismo e a magia não são, necessariamente, a forma que devia tomar o naturalismo e o materialismo daquela época, isto é, a reação ao transcendente católico ou a primeira forma de imanência primitiva e grosseira.) No livro que Janner comenta, parece que três estudos interessam especialmente, por ilustrar a nova interpretação: "O Cristianismo e a antiguidade na concepção do primeiro Renascimento italiano", "Estudos sobre o pensamento do Renascimento" e "Problemas humanos e artísticos do Renascimento italiano".

Segundo Walser, a afirmação de Burckhardt segundo a qual o Renascimento foi paganizante, crítico, anticlerical e irreligioso não é exata. Em relação à Igreja, os humanistas da primeira geração, como Petrarca, Boccaccio, Salutati, não se afastam do comportamento dos estudiosos medievais. Os humanistas do século XV, Poggio, Valla, Beccadelli, são mais críticos e independentes, mas, diante da verdade revelada, também se calam e aceitam. Nesta afirmação, Walser está de acordo com Toffanin, que, em seu livro *Che cosa fu l'umanesimo*, afirma que o Humanismo, com seu culto da latinidade e da romanidade, foi muito mais ortodoxo do que a literatura culta, em língua vulgar, dos séculos XIII e XIV. (Afirmação que pode ser aceita, se se distingue, no movimento do Renascimento, a separação ocorrida entre o Humanismo e a vida nacional que se forma a partir do ano Mil, se se considera o Humanismo como um processo progressista para as classes cultas "cosmopolitas", mas retrógrado do ponto de vista da história italiana.)

(O Renascimento pode ser considerado como a expressão cultural de um processo histórico no qual se constitui, na Itália, uma nova classe intelectual de alcance europeu, classe que se dividiu em dois ramos: um exerceu na Itália uma função cosmopolita, ligada ao papado e de caráter reacionário, o outro se formou no estrangeiro, com os expatriados políticos e religiosos, e exerceu uma função cosmopolita progressista nos diversos países onde se estabeleceu ou participou da organização dos Estados modernos, como elemento técnico na milícia, na política, na engenharia, etc.)

§ 4. *Passado e presente.* Seria interessante uma comparação entre as concepções monárquicas militantes próprias da Itália Meridional e as do Norte. Quanto ao *Mezzogiorno*, pode-se considerar desde o texto de C. De Meis, *Il Sovrano*, até o de Gino Doria, publicado na *Nuova Italia* há alguns anos. Quanto ao Norte, as teorias de Giuseppe Brunati, dos jornais *Il Sabaudo* e *La Monarchia*. É certo que, só no caso da Itália Meridional, é que se pode falar de uma ortodoxia absoluta e consequente. No Norte, a instituição da monarquia sempre esteve ligada a uma ideologia geral, cujo instrumento deveria ser a monarquia. Nesse sentido, pode-se relacionar o monarquismo setentrional a Gioberti.

§ 5. *Temas de cultura. Risorgimento e Renovamento em Gioberti.* Deve-se ver a distinção que Gioberti faz entre *Risorgimento* e Renovamento, entre a situação antes de 1848 e depois de 1848, seja interna — relações entre os vários Estados italianos e as classes sociais italianas —, seja internacional, referente à posição da Itália no conjunto das relações entre os Estados europeus e as forças políticas destes Estados [206].

§ 8. *Humanismo e Renascimento.* (Continuação do resumo que se inicia, supra, no § 3.) (Em todo caso, é preciso distinguir entre as zombarias contra o clero, que são tradicionais desde o século XIV, e as opiniões mais ou menos ortodoxas sobre a concepção religiosa da vida [207].)

Walser, que viveu muito tempo na Itália, observa que, para compreender o caráter do Renascimento italiano, é útil, dentro de certos limites, conhecer a psicologia dos italianos modernos. Observação que me parece muito penetrante, especialmente quanto ao comportamento diante da religião, e que põe o problema sobre o que é, modernamente, o espírito religioso na Itália e se ele pode ser comparado, não digo ao espírito religioso dos protestantes, mas também ao de outros países católicos, especialmente a França. É inegável que a religiosidade dos italianos é muito superficial, assim como é inegável que ela tem um caráter estritamente político, de hegemonia internacional. A esta forma de religiosidade está ligado o *Primato* de Gioberti, que, por sua vez, contribuiu para consolidar e sistematizar aquilo que já existia antes em estado difuso. Não se deve esquecer que, a partir do século XVI, a Itália contribuiu para a história mundial especialmente porque sede do papado e que o catolicismo italiano era percebido não só como um sucedâneo do espírito de nacionalidade e estatal, mas diretamente como uma função hegemônica mundial, isto é, como espírito imperialista. Assim, é correta a observação de que o espírito anticlerical é uma forma de luta contra camadas privilegiadas; e não se pode negar que, na Itália, as camadas religiosas tivessem uma função (posição) econômica e política muito mais radical do que nos outros países, em que a formação nacional limitava a função eclesiástica. O anticlericalismo dos intelectuais laicos, as "zombarias" anticlericais, etc., também são uma forma de luta entre intelectuais laicos e intelectuais religiosos, dado o predomínio que estes últimos tinham.

Se o ceticismo e o paganismo dos intelectuais são, em grande parte, meras aparências superficiais e podem se ligar a um certo espírito religioso, também no povo (cf. o livro de Domenico Guerri, *Correnti popolari nel Rinascimento*) as manifestações licenciosas (carros e cantos carnavalescos), que Walser considera mais graves, podem ser explicadas do mesmo modo.

Como os italianos de hoje, diz Walser, os do Renascimento sabiam "desenvolver, separada e simultaneamente, os dois fatores da capacidade humana de compreensão, o racional e o místico, e de modo que o racionalismo conduzido até o absoluto ceticismo, por um laço invisível, inconcebível para o homem do Norte, se liga novamente, de modo firme, ao misticismo mais primitivo, ao fatalismo mais cego, ao fetichismo e à superstição crassa". Estas seriam as correções mais importantes que Walser traz à concepção do Renascimento própria de Burckhardt e de De Sanctis. Janner escreve que Walser não consegue distinguir o Humanismo do Renascimento e que, se, sem o Humanismo, talvez não tivesse havido o Renascimento, este, no entanto, supera o Humanismo em importância e pelas consequências.

Mesmo esta distinção deve ser mais sutil e profunda: parece correta a opinião de que o Renascimento é um movimento de grande alcance, que se inicia depois do ano Mil, do qual o Humanismo e o Renascimento (em sentido estrito) são dois momentos conclusivos, que tiveram na Itália o foco principal, embora o processo histórico mais geral seja europeu e não só italiano. (O Humanismo e o Renascimento, como expressão literária deste movimento histórico europeu, tiveram na Itália o foco principal, mas o movimento progressista após o ano Mil, embora tivesse na Itália um grande papel com as Comunas, entrou em declínio precisamente na Itália; e isto exatamente com o Humanismo e o Renascimento, que, na Itália, foram retrógrados, enquanto no resto da Europa o movimento geral culminou nos Estados nacionais e, em seguida, na expansão mundial da Espanha, da França, da Inglaterra, de Portugal. Na Itália, correspondeu aos Estados nacionais destes países a organização do papado como Estado absoluto — iniciado por Alexandre VI —, organização que desagregou o resto da Itália, etc.) Maquiavel é o representante, na Itália, da compreensão de que não pode haver Renascimento sem a fundação de um Estado nacional, mas, como homem, ele é o teórico do que ocorre fora da Itália, não de eventos italianos.

§ 9. *Temas de cultura. Gioberti e o jacobinismo.* Atitude de Gioberti diante do jacobinismo, antes e depois de 1848. Depois de 1848, no *Rinnovamento*, não só não há alusão ao pânico que o ano de 1793 havia difundido na primeira metade do século, mas, ao contrário, Gioberti mostra claramente ter simpatia pelos jacobinos (ele justifica o extermínio dos girondinos e a luta dos jacobinos em duas frentes: contra os estrangeiros invasores e contra os reacionários internos, ainda que, muito moderadamente, mencione os métodos jacobinos, que podiam ser mais suaves, etc.). Esta atitude de Gioberti em relação ao jacobinismo francês, depois de 1848, deve ser observada como um fato cultural muito importante: justifica-se com os excessos da reação depois de 1848, que levavam a compreender melhor e a justificar a selvagem energia do jacobinismo francês.

Mas, além deste aspecto, deve-se observar que, no *Rinnovamento*, Gioberti se revela um autêntico jacobino, pelo menos teoricamente e na situação italiana dada. Os elementos deste jacobinismo podem ser assim resumidos em suas grandes linhas: 1) Na afirmação da hegemonia política e militar do Piemonte, que devia, como região, ser o que Paris foi para a França: este ponto é muito interessante e deve ser estudado em Gioberti ainda antes de 1848. Gioberti sentiu a ausência, na Itália, de um centro popular de movimento nacional revolucionário, como foi Paris para a França, e esta compreensão mostra o realismo político de Gioberti. Antes de 1848, Piemonte-Roma deviam ser os centros propulsores, para a política-força militar o primeiro, para a ideologia-religião a segunda. Depois de 1848, Roma não tem a mesma importância; ao contrário, Gioberti diz que o movimento deve ser contra o papado. 2) Ainda que vagamente, Gioberti tem o conceito jacobino de "nacional-popular", de hegemonia política, isto é, da aliança entre burgueses-intelectuais (talento) e o povo; isto, na economia (e as ideias de Gioberti na economia são vagas, mas interessantes) e na literatura (cultura), em que as ideias são mais distintas e concretas porque neste campo há menos comprometimento. No *Rinnovamento* (Parte II, capítulo "Degli scritori"), escreve: "[...] Uma literatura não pode ser nacional se não for popular; porque, se bem seja de poucos sua criação, universal deve ser sua fruição e uso. Ademais, devendo ela expressar as ideias e os afetos comuns e trazer à luz aqueles significados que jazem ocultos e confusos no coração das multidões, seus cultores devem não apenas visar ao bem do povo, mas retratar-lhe o espírito; tanto que este vem a ser não só o fim, mas também, de um certo modo, o princípio das letras pátrias. O que se vê com o fato de que elas não ascendem ao cume da perfeição e da eficácia, a não ser quando incorporam e se identificam, por assim dizer, com a nação", etc.

De todo modo, deduz-se a partir de Gioberti que se sentia a ausência de um "jacobinismo italiano". E Gioberti deve ser estudado deste ponto de vista. E mais: deve-se observar que Gioberti, seja no *Primato*, seja no *Rinnovamento*, se mostra um *estrategista* do movimento nacional, e não somente um tático. Seu realismo o leva a compromissos, mas sempre no âmbito do plano estratégico geral. O ponto fraco de Gioberti, como homem de Estado, deve ser buscado no fato de que foi sempre um exilado, logo não conhecia os homens que devia manobrar e dirigir nem tinha amigos fiéis (ou seja, um partido): quanto mais era um estrategista, tanto mais devia se apoiar em forças reais, que não conhecia nem podia dominar e dirigir. (Para o conceito de literatura nacional-popular, é preciso estudar Gioberti e seu romantismo moderado.) Assim, é preciso estudar Gioberti para analisar o que, em outras notas, está indicado como "nó histórico de 1848-1849" e o *Risorgimento* em geral, mas o ponto cultural mais importante me parece ser o "Gioberti jacobino", jacobino teórico, naturalmente, porque, na prática, ele não pôde aplicar suas doutrinas [208].

§ 11. *Risorgimento italiano*. Cf. o ensaio de Gioacchino Volpe, "Italia ed Europa durante il Risorgimento", na *Nuova Antologia* de 16 de agosto de 1933. É um esboço muito "descritivo" da política internacional europeia e seus reflexos na situação italiana. Útil como catálogo de fatos, mas sem estudo e aprofundamento dos nexos históricos. História do tipo Rinaudo [209]. Apenas se menciona o fato de o equilíbrio europeu ter sido um elemento do processo histórico italiano e vice-versa, mas qual nexo geral entre as duas séries de eventos, entre os dois processos? E se tratou de "dois" processos ou de um só? E, se se tratou de um só processo histórico, qual peso dar à iniciativa ou à passividade italiana, etc.? (Deve-se recordar o livro de Omodeo, *L'età del Risorgimento*, que, desde o título, ou pelo menos no título, falsifica o juízo histórico e a obra de Croce, *Storia d'Europa*, que, apresentando um só processo histórico europeu, destaca e leva em conta apenas a passividade, uma vez que deixa de lado o período histórico "militante", etc.) De todo modo, o estudo de Volpe é útil, porque resume, ainda que "descritivamente", a situação política internacional que condicionou o *Risorgimento* italiano.

§ 15. *Humanismo e Renascimento.* As obras completas de Maquiavel foram impressas pela última vez na Itália em 1554 e, em 1557, a versão integral do *Decamerão*: o editor Giolito, depois de 1560, também parou de imprimir Petrarca. A partir de então, começam as edições castradas dos poetas, dos novelistas, dos romancistas. A censura eclesiástica importuna também os pintores.

Pastor, na *História dos papas*, escreve: "Pode ser que, nos países católicos, a proibição geral de escritos em defesa do novo sistema terrestre (copernicano) extinguisse o pendor para a astronomia; mas, na França, os galicanos, referindo-se à liberdade da igreja francesa, não consideraram como obrigatórios os decretos do *Índex* e da Inquisição, e, se na Itália não surgiu um segundo Galileu, um Newton ou um Bradley, dificilmente a culpa deve ser atribuída ao decreto contra Copérnico." Mas Bruers observa que os rigores do *Índex* suscitaram entre os cientistas um pânico espantoso e que o próprio Galileu, nos vinte e seis anos decorridos entre o primeiro processo e sua morte, não pôde livremente aprofundar e fazer com que os discípulos estudassem a questão copernicana.

A partir do próprio Pastor fica claro que, especialmente na Itália, a reação cultural foi eficiente. Os grandes editores definham na Itália: Veneza resiste mais, mas, por fim, os autores italianos e as obras italianas (de Bruno, de Campanella, de Vanini, de Galileu) são impressos integralmente apenas na Alemanha, na França, na Holanda. Com a reação eclesiástica, que culmina na condenação de Galileu, termina na Itália o Renascimento até mesmo entre os intelectuais [210].

§ 28. *Risorgimento italiano.* Cf. a resenha de A. Omodeo (na *Critica* de 20 de julho de 1933) do livro de N. Rosselli, *Carlo Pisacane*, que é interessante sob muitos aspectos. Omodeo tem um olho certeiro para acentuar não só as deficiências orgânicas do livro, mas também as deficiências orgânicas da formulação que Pisacane dava para o problema do *Risorgimento.* Mas esta visão certeira lhe advém do fato de se pôr do ponto de vista "conservador e atrasado". Não parece correta a afirmação de Omodeo pela qual Pisacane foi "um fragmento do 1848 francês inserido na história da Itália", assim como não é correta a aproximação feita por Rosselli entre Pisacane e os sindicalistas modernos (Sorel, etc., em ação). Pisacane deve ser aproximado dos revolucionários russos, dos *narodniks,* e por isto é interessante a menção feita por Ginzburg à influência de Herzen sobre os emigrados italianos. O fato de que Bakunin, mais tarde, teve tanta fortuna no *Mezzogiorno* e na Romanha não é destituído de significado para compreender o que Pisacane a seu tempo expressou, e parece estranho que Rosselli, precisamente, não tenha visto o nexo.

A relação entre Pisacane e as massas plebeias não deve ser vista em termos socialistas nem sindicalistas, mas, antes, como de tipo jacobino, ainda que em última instância. A crítica de Omodeo à formulação do problema do *Risorgimento* em bases plebeu-socialistas é demasiado fácil, mas não seria tão fácil uma crítica à formulação em termos "jacobinos-reforma agrária" nem seria fácil desmentir o egoísmo estreito, mesquinho, antinacional das classes dirigentes, que, na realidade, eram representadas neste caso pelos nobres latifundiários e pela burguesia rural absenteísta, e não pela burguesia urbana de tipo industrial e pelos intelectuais "ideólogos", cujos interesses não estavam "fatalmente" ligados aos dos proprietários de terra, mas deveriam estar ligados aos dos camponeses; ou seja, foram pouco nacionais.

Assim, não é propriamente verdadeira a observação de Omodeo segundo a qual ter programas definidos era uma fraqueza no período do *Risorgimento,* porque não havia se elaborado a "técnica" para realizar os próprios programas. À parte o fato de que, em Pisacane, não houve programas definidos, mas só uma "tendência geral" mais definida do que em Mazzini (e, na realidade, mais nacional do que em Mazzini), a *teoria* contra os programas definidos é de caráter nitidamente retrógrado e conservador. É certo que os programas definidos devem ser elaborados tecnicamente para ser aplicáveis, assim como é certo que os programas definidos sem uma elaboração do processo técnico pelo qual eles se realizarão são uma vacuidade; mas também é certo que os políticos, como Mazzini, que não têm "programas definidos", terminam apenas por realizar o programa alheio, são fermentos de uma rebelião que, com certeza, será monopolizada pelos elementos mais retrógrados, os quais, através da técnica, terminarão por prevalecer sobre todos. Em conclusão, até sobre Pisacane se deve dizer que não representava uma tendência "realista" no *Risorgimento*, porque isolado, sem partido, sem quadros preparados para o futuro Estado, etc. Mas a questão não é tanto de história do *Risorgimento* quanto de história do passado vista com interesses contemporâneos muito imediatos e, deste ponto de vista, a resenha de Omodeo, como outros escritos do mesmo autor, é tendenciosa em sentido conservador e retrógrado. De resto, esta resenha é interessante pelo tema das "ideologias" modernas suscitadas pela revisão da história do *Risorgimento*, que tanta importância têm para compreender a cultura italiana das últimas décadas.

Uma questão interessante, que foi mencionada por Gioberti (no *Rinnovamento*, por exemplo), é a das possibilidades técnicas da revolução nacional na Itália durante o *Risorgimento*: questão da capital revolucionária (como Paris, no caso da França), da disposição regional das forças insurrecionais, etc. Omodeo critica Rosselli por não ter investigado a organização meridional, que não devia ser tão ineficiente em 1857, se, em 1860, foi suficiente para imobilizar a força dos Bourbon, mas a crítica não parece muito fundamentada. Em 1860, a situação estava completamente mudada e bastou a passividade para imobilizar os Bourbon, mas em 1857 a passividade e os quadros presumíveis eram ineficientes. Não se trata, portanto, de cotejar a organização de 1860 com a de 1857, mas as diferentes situações, especialmente "internacionais". Aliás, em razão da reação ocorrida, é provável que, em termos de organização, em 1860 se estivesse pior do que em 1857.

É oportuno citar este trecho da resenha de Omodeo: "Rosselli se entusiasma com a maior riqueza dos programas. Mas o programa, referido a uma hipotética situação futura, muitas vezes é um peso inútil e incômodo: o que importa, sobretudo, é a direção, não a especificação material das ações. Todos vimos o que valiam os programas para o pós-guerra, formulados quando ainda não se sabia como sairíamos da provação, com qual estado de ânimo, com quais demandas urgentes! Falsa concretude, portanto, aquém da indeterminação tão censurada a Mazzini. Além disto, não poucos pontos das reivindicações socialistas eram (e são) postulados sem a determinação do processo técnico para obtê-los, provocavam e provocam não só, ou nem tanto, a reação das classes prejudicadas quanto a repugnância de quem, livre dos interesses (!) de classe, sente que não é madura nem uma nova ordem moral nem uma nova ordem jurídica: situação nitidamente antitética à da Revolução Francesa, que os diferentes socialismos pretendem tomar como modelo: porque a nova ordem jurídico-moral em 1789 estava viva na consciência de todos e se apresentava como passível de clara efetivação" (*Critica*, 20 de julho de 1933, p. 283-284). Omodeo é muito superficial e leviano: suas observações devem ser confrontadas com o ensaio de Croce, "Partito come giudizio e come pregiudizio", publicado em 1911 [211]. A verdade é que o programa de Pisacane era tão indeterminado quanto o de Mazzini e também assinalava apenas uma tendência geral, que, como tendência, era um pouco mais precisa do que a de Mazzini. Toda especificação "concreta" de programa e toda determinação do processo técnico para realizar seus pontos pressupõem um partido, e um partido muito selecionado e homogêneo: e faltava partido seja a Mazzini, seja a Pisacane. A ausência de programa concreto, somada a uma tendência geral, é uma forma de "mercenarismo" fluido, cujos elementos terminam por se alinhar com o mais forte, com quem paga mais, etc. O exemplo do pós-guerra, em vez de dar razão, desmente Omodeo: 1) porque, na realidade, nunca existiram programas concretos naqueles anos, mas apenas, precisamente, tendências gerais mais ou menos vagas e flutuantes; 2) porque, exatamente naquele período, não existiram partidos selecionados e homogêneos, mas só bandos ciganos flutuantes e incertos, que eram indiscutivelmente símbolo da indeterminação dos programas, e não o contrário. E a comparação com a Revolução Francesa de 1789 não é oportuna, porque, então, Paris desempenhou um papel que, na Itália do pós-48, nenhuma cidade podia desempenhar com qualquer programa. A questão deve ser formulada nos termos de "guerra de movimento-guerra de assédio", isto é, para expulsar os austríacos e seus auxiliares italianos era necessário: 1) um forte partido italiano homogêneo e coerente; 2) que este partido tivesse um programa concreto e específico; 3) que tal programa fosse compartilhado pelas grandes massas populares (que, então, só podiam ser rurais) e as educasse para se insurgirem "simultaneamente" em todo o país. Só a profundidade popular do movimento e a simultaneidade podiam tornar possível a derrota do Exército austríaco e de seus auxiliares. Deste ponto de vista, é menos útil contrapor Pisacane a Mazzini do que Pisacane a Gioberti, o qual tinha uma visão estratégica da revolução italiana; estratégica não no sentido estritamente militar (como Mazzini atribuía a Pisacane), mas político-militar [212]. Mas também a Gioberti faltava um partido, e não só no sentido moderno da palavra, mas também no sentido que então tinha a palavra, isto é, no sentido próprio da Revolução Francesa de movimento dos "espíritos". De resto, politicamente, o programa de Mazzini era, para a época, demasiadamente "determinado" e concreto no sentido republicano e unitário, à diferença do de Gioberti, que mais se aproxima do tipo jacobino tal como era necessário à Itália de então. Também Omodeo, no fundo (e nisso consiste seu anti-historicismo), se situa implicitamente do ponto de vista de uma Itália preexistente a sua formação, tal como existe hoje e na forma em que se constituiu em 1870. (Apesar de sua aversão à tendência econômico-jurídica, Omodeo se põe do ponto de vista que é o de Salvemini em seu pequeno livro sobre Mazzini: a pregação genericamente unitária de Mazzini é o núcleo sólido do mazzinismo, sua contribuição real ao *Risorgimento* [213].) No tocante ao comportamento dos que são "livres dos interesses de classe", eles se comportaram no pós-guerra tal como no *Risorgimento*: jamais souberam se decidir e aderiram ao vencedor, ao qual, de resto, ao não se decidirem, tinham ajudado a vencer, porque se tratava de quem representava sua classe no sentido estreito e mesquinho.

§ 33. *Humanismo. Renascimento.* Pode ser verdade que o Humanismo nasceu na Itália como estudo da romanidade, e não do mundo clássico em geral (Atenas e Roma): mas, então, é preciso distinguir. O Humanismo foi "político-ético", não artístico, foi a busca das bases de um "Estado italiano" que deveria ter nascido junto e paralelamente à França, à Espanha, à Inglaterra: neste sentido, o Humanismo e o Renascimento têm como expoente mais expressivo Maquiavel. Foi "ciceroniano", como afirma Toffanin, isto é, buscou suas bases no período que antecedeu o Império, a cosmópolis imperial (e, neste sentido, Cícero pode ser um bom ponto de referência, por sua oposição a Catilina, primeiro, e a César, depois, ou seja, à emergência das novas forças anti-itálicas, de tipo cosmopolita). O Renascimento espontâneo italiano, que se inicia depois do ano Mil e floresce artisticamente na Toscana, foi sufocado pelo Humanismo e pelo Renascimento em sentido cultural, pelo renascimento do latim como língua dos intelectuais, contra a língua vulgar, etc. É inegável que este Renascimento espontâneo (especialmente do século XIII) só pode ser comparado ao florescimento da literatura grega, enquanto o "politicismo" dos séculos XV-XVI é o Renascimento que pode ser referido ao Romanismo.

Atenas e Roma têm sua continuação na Igreja Ortodoxa e na Católica: também aqui, deve-se sustentar que Roma foi continuada mais pela França do que pela Itália, e Atenas-Bizâncio, pela Rússia czarista. Civilização ocidental e oriental. Isto, até a Revolução Francesa e, talvez, a Guerra de 1914.

No ensaio de Rostagni, muitas observações particulares penetrantes, mas perspectiva errada. Na verdade, Rostagni confunde a cultura livresca com a espontânea. Pode ser verdade que a desvalorização dos romanos se deva ao Romantismo, especialmente alemão (no campo artístico); e também pode ser verdade que tenha tido motivos práticos imediatos, etc. Mas Rostagni deveria ter investigado se, apesar disto, não existia neste unilateralismo alguma verdade, ainda que unilateral. Verdade de cultura, não estética, porque a "autonomia" estética, entre outras coisas, é dos artistas individuais, e não dos grupos culturais; e, ainda que só "autonomia de cultura", ela certamente deve existir, como o demonstra precisamente o fato da cisão cultural entre Oriente e Ocidente, entre Igreja Católica e ortodoxia bizantina, etc. Mas, então, seriam necessárias não motivações superficiais, mas investigações mais profundas não só em literatura mas na cultura geral.

§ 45. *Passado e presente.* O redator dos boletins de guerra do Comando Supremo italiano, de maio de 1917 até novembro de 1918, incluindo o último e mais famoso, foi o atual general Domenico Siciliani [214].

§ 47. *Passado e presente.* No Congresso Geográfico realizado em Varsóvia, em agosto de 1934, o professor Ferdinando Milone, da Universidade de Bari, apresentou um estudo das causas e dos efeitos da variada distribuição da indústria em cada parte da Itália [215].

NOTAS AO TEXTO

1. Caderno 19

1. Esquematicamente, o *Risorgimento* italiano — o movimento de constituição da Itália moderna — pode ser dividido em quatro momentos: a) 1815-1847, a preparação intelectual e moral, sob a influência da ideologia liberal-nacionalista posta em circulação pela Revolução Francesa; b) 1848-1849, a eclosão de vários movimentos republicanos de curta duração e o abandono da hipótese "neoguelfa" de unificação, sob a direção de um papado liberal; c) 1850-1861, a afirmação progressiva da política "moderada" de Camillo Benso di Cavour e da Casa de Savoia, do Reino do Piemonte-Sardenha, com a libertação do Sul por obra de Garibaldi e sua "Expedição dos Mil"; d) 1861-1870, a fase de unificação e consolidação estatal, com a anexação de Veneza em 1866 e a ocupação de Roma em 1870. Sobre essa periodização, cf. Richard Bellamy, Modern Italian Social Theory. Ideology and Politics from Pareto to the Present, California, Stanford University Press, 1987, p. 171.

2. Sobre Carlo Cipolla e sua conferência "Intorno alla costituzione etnografica della nazione italiana", cf. o vol. 3 da presente edição, p. 387. Gramsci também cita esta conferência neste volume, p. 302.

3. Em 1925, Adolfo Omodeo publica *L'Età moderna e contemporanea*, um manual que não pôde ser adotado nas escolas devido à legislação fascista. *L'Età del Risorgimento italiano*, uma reelaboração desse manual surgida em 1931, constitui, essencialmente, uma defesa do liberalismo *risorgimentale* contra a historiografia nacionalista e fascista. Sobre A. Omodeo, cf. vol. 2, p. 302.

4. Sobre Pietro Giannone e o regalismo, cf. vol. 2, p. 146 e 295, e vol. 4, p. 384.

5. Referência ao livro de Croce, *Storia d'Europa nel secolo decimonono*, Bari, Laterza, 1932. Sobre este livro e, em geral, o conceito de história ético-política de Croce, cf., *inter alia*, vol. 1, p. 288 e 299-301.

6. A Paz de Aachen (Aquisgrana), em 1748, conclui meio século de conflitos europeus, em cuja origem imediata está a sucessão espanhola: em 1700, Carlos II, um Habsburgo, morre sem herdeiro direto e, numa Espanha tomada pela ruína, deixa o trono para Filipe de Bourbon, neto do soberano francês Luís XIV. O ramo austríaco dos Habsburgo insurge-se contra esta solução.

7. Sobre o cardeal Roberto Bellarmino, cf. vol. 4, p. 355.

8. Outras referências à polêmica posição dos nacionalistas monárquicos franceses, quanto à unidade italiana, encontram-se neste volume, p. 79 e 127-128. Sobre Jacques Bainville, cf., em particular, vol. 3, p. 106.

9. Giuseppe Ferrari inaugura a interpretação francófila, com seu livro *I partiti politici italiani dal 1789 al 1848*, originalmente publicado em 1852. Sobre G. Ferrari, cf., neste volume, p. 365. A corrente "jesuítica" aparece em publicistas, como Giacinto De Sivo, e até em historiadores católicos moderados, como Cesare Cantù (1804-1895). A versão moderada tem como patrono o escritor Alessandro Manzoni, com seu *Saggio comparativo su la rivoluzione francese del 1789 e la rivoluzione italiana del 1859*. Sobre os *sanfedistas* — e sua origem no contexto da luta contra a República Napolitana (Partenopeia) de 1799 —, cf. vol. 2, p. 295.

10. Sobre G. Volpe, cf. vol. 2, p. 296, e neste volume, *inter alia*, p. 238 e 343-344.

11. Como o texto indica logo a seguir, a este conjunto de problemas está dedicado o caderno 20, "Ação católica, católicos integrais, jesuítas, modernistas", no vol. 4.

12. Sobre Vincenzo Gioberti e o programa neoguelfo, cf., em particular, vol. 2, p. 299. Sobre o diferente sentido político de duas das obras de V. Gioberti — o *Primato morale e civile degli italiani*, de 1843, e o *Rinnovamento civile d'Italia*, de 1851 —, cf. vol. 3, p. 405. Giuseppe Mazzini (1805-1872), fundador, já em 1831, de uma sociedade secreta, a *Jovem Itália*, tem intensa atividade revolucionária baseada na ideia republicana e num patriotismo de fundo religioso, atividade que o projeta, inclusive, como personalidade europeia. Em 1848-1849, na sequência das revoltas em Milão, nos Estados Papais e no Reino das Duas Sicílias (Nápoles e Sicília), Mazzini é um dos líderes da breve República Romana. Torna-se depois de 1853 o principal animador do Partido de Ação, que propugna

uma solução republicana unitária, contra a estratégia monarquista de Camillo Benso di Cavour (1810-1861), o primeiro-ministro do Reino do Piemonte-Sardenha e principal líder do Partido Moderado. O Partido de Ação, cujo lema é "Deus e povo", constitui o cerne da chamada "Esquerda" no período posterior à unidade.

13. Albert Pingaud, nascido em 1869, diplomata e diretor dos Arquivos do Ministério das Relações Exteriores da França, é autor de várias contribuições sobre a história italiana anterior e posterior à unificação, bem como sobre as políticas francesa e italiana durante a Primeira Guerra Mundial.

14. A Companhia de Jesus, ordem religiosa nascida em 1534, no contexto da Contrarreforma, choca-se com as políticas do despotismo iluminado a ponto de ser dissolvida pelo papa Clemente XIV em 1773, sob intensa pressão de vários governos. A ordem é reconstituída em 1814.

15. Sobre o peculiar uso gramsciano do termo "malthusiano" (ou "neomalthusiano"), cf. vol. 1, p. 472-473, e vol. 3, p. 357-358.

16. Entre os livros do político e historiador sardo Giuseppe Manno (1786-1868), destaca-se uma *Storia moderna di Sardegna*, editada em 1842. Nela, a posição conservadora do autor — destacado membro da elite do velho Estado absolutista dos Savoia, no Reino do Piemonte-Sardenha — não impede uma poderosa descrição dos eventos políticos do final do século XVIII, com base em cuidadosa pesquisa nos arquivos turinenses. Sobre o "caso Bollea", cf. vol. 3, p. 392, e, neste volume, p. 195.

17. Os ataques de dois intelectuais católicos, Giovanni Papini e Aldo Ferrabino, à *Storia d'Europa* crociana, estão registrados no vol. 1, p. 292. Gramsci possui na prisão um exemplar do livro de Francesco Salata, *Per la storia diplomatica della questione romana*, vol. 1, *Da Cavour alla Triplice Alleanza*, publicado em 1929. Neste livro, F. Salata (1876-1944) analisa o estatuto da cidade de Roma à luz das relações diplomáticas, desde Cavour até a entrada da Itália, em 1882, na chamada Tríplice Aliança, ao lado da Alemanha e da Áustria-Hungria.

18. O Tratado de Aranjuez garante o direito sucessório de Carlos de Bourbon, de Nápoles, ao trono da Espanha, reforçando a dependência do reino das Duas Sicílias em relação à Espanha. O reino das Duas Sicílias,

ao Sul, e o Reino do Piemonte-Sardenha, ao Norte, constituem os dois organismos estatais peninsulares no século XVIII, mencionados na argumentação de Pietro Silva. Pietro Silva (1887-1954), aluno de G. Salvemini e, em seguida, historiador na Universidade de Roma, é um analista das relações diplomáticas na época do *Risorgimento*. Defensor de posições nacionalistas, P. Silva publica inúmeros manuais escolares sob o fascismo e, depois de 1945, defende a preservação da monarquia.

19. Giacomo Lumbroso é aqui citado de modo indireto, tal como aparece no mencionado artigo de Gioacchino Volpe, "Storici del *Risorgimento* a Congresso". Sobre G. Lumbroso, cf. vol. 2, p. 257-258 e 269, e, neste volume, p. 324.

20. A República Partenopeia se constitui em Nápoles em 23 de janeiro de 1799, com a fuga de Fernando de Bourbon (1751-1825) e a chegada de tropas francesas. A derrota acontece em 25 de junho do mesmo ano, depois da retirada dos franceses e o assalto dos *sanfedistas*, comandados pelo cardeal Fabrizio Ruffo (1744-1827) e compostos por militares bourbonistas, camponeses, *lazzaroni* (isto é, indivíduos das classes populares de Nápoles) e bandidos (entre os quais, Michele Pezza, chamado "Fra Diavolo"). Na reação feroz que se segue, apoiada pela Inglaterra, são enforcados e decapitados centenas de republicanos, entre eles Francesco Caracciolo e Domenico Cirillo.

21. Um outro livro do historiador R. Ciasca (1888-1974), *L'origine del "Programma per l'opinione nazionale italiana" del 1847-48*, publicado em 1916, aparece como uma das fontes básicas para o estudo do que Gramsci chama de "concepção do Estado segundo a função produtiva das classes sociais". Segundo R. Ciasca, no *Risorgimento*, só os moderados possuem consciência desta relação entre economia e política; daí, precisamente, sua capacidade hegemônica. Sobre o tratamento gramsciano deste tema, cf. vol. 1, p. 428-432.

22. Outros dados sobre o XII Congresso Internacional de Ciências Históricas, retirados da *Nuova Rivista Storica* de março-junho de 1932, aparecem neste volume, p. 307-308.

23. Alfredo Oriani (1852-1909), romancista de inclinação romântica e escritor político, publica em 1892 seu livro mais conhecido, *La lotta politica in Italia: Origini della lotta attuale*, no qual ataca a cultura

positivista, que teria traído os ideais nacionalistas do *Risorgimento*. Depois de sua morte, nacionalistas e fascistas passam a considerá-lo como um precursor: sua obra volta a ser publicada entre 1923 e 1933, sob a inspiração direta de Mussolini. Particularmente importante para os fascistas é o ensaio *La rivolta ideale*, de 1908, em que A. Oriani prega, em tons nietzschianos, a necessidade de um líder carismático na Itália. Sobre A. Oriani, cf., *inter alia*, vol. 1, p. 339, e, neste volume, p. 306. Sobre M. Missiroli, cf. vol. 1, p. 475-476. Gramsci menciona Piero Gobetti (em particular, como autor de *Risorgimento senza eroi*, de 1924) e o escritor meridional Guido Dorso. Sobre P. Gobetti, cf. vol. 2, p. 285. Guido Dorso (1892-1947) pertence ao mesmo círculo político-cultural de P. Gobetti. Em *La Rivoluzione Liberale*, de 1925, advoga uma aliança anticonservadora entre burgueses liberais do Norte e massas de trabalhadores e camponeses do Sul. Também para G. Dorso, a questão meridional aparece como a grande questão nacional não resolvida. A referência crítica a Gobetti e a Dorso deve ser entendida como dirigida especificamente a seus livros sobre o *Risorgimento*; para uma avaliação mais compreensiva, cf. "Alguns temas da questão meridional", in A. Gramsci, *A questão meridional*, Rio de Janeiro/São Paulo, Paz e Terra, 1987, p. 162-165. Em 1925, Curzio Malaparte publica *L'Italia barbara*, uma celebração da "italianidade" da Contrarreforma, em polêmica com a tese de M. Missiroli sobre as consequências negativas da ausência da Reforma protestante. Sobre C. Malaparte, cf., também, vol. 2, p. 294, e vol. 6, caderno 23, §§ 14 e 22.

24. Sobre Giorgio Sonnino e seu artigo-manifesto "Torniamo allo Statuto!", cf., em particular, neste volume, p. 297.

25. Cf. Luigi Anelli, *I sedici anni del governo dei moderati (1860-1876)*, Como, 1929. Sobre Arcangelo Ghisleri, cf. vol. 2, p. 246.

26. Sobre a *Consorteria*, cf. vol. 3, p. 397, e, neste volume, p. 309-310.

27. Cf., neste volume, p. 205. Ainda sobre a Reforma protestante e as teses de Thomas G. Masaryk acerca da história russa, cf., particularmente, vol. 2, p. 178.

28. Sobre Gaetano Mosca, cf., *inter alia*, vol. 2, p. 159, e vol. 3, p. 22-23 e 65. Pasquale Turiello (1836-1902) pertence à ala conservadora dos estudiosos meridionais; em *Governo e governati in Italia*, de 1882, P.

Turiello defende um governo nas mãos de restrito grupo de cidadãos de espírito público, como meio de impedir o retorno à barbárie política. Sobre a revista *Voce* — e o qualificativo *vociano*, usado mais adiante neste mesmo parágrafo —, cf., em particular, vol. 2, p. 290.

29. Gramsci divide o primeiro pós-guerra em dois períodos: 1919-1922 e 1922-1925. O advento do fascismo, em 1922, justifica a cesura entre os períodos.

30. Em francês no original. Sobre Louis-Hubert-Gonzalve Lyautey, cf., também, vol. 3, p. 257. O sobrinho do conde de Chambord é Roberto de Bourbon, ex-duque de Parma, cidade controlada pelos Bourbon na Itália anterior à unidade.

31. Os pelasgos são um povo pré-histórico que teria habitado a Itália Meridional e a Etrúria antes dos gregos. A eles se refere miticamente Vincenzo Gioberti, em *Del primato morale e civile degli italiani*, com o objetivo de reivindicar antiquíssimas origens itálicas, independentes de influência estrangeira. Sobre esta reconstrução giobertiana da história, cf. também caderno 14, § 72, no vol. 6.

32. Antonio Labriola (1843-1904), filósofo marxista, estuda em Nápoles sob a influência política e filosófica dos irmãos Bertrando e Silvio Spaventa, neo-hegelianos. Sua original interpretação do marxismo distingue-se das concepções economicistas e positivistas de Achille Loria e Enrico Ferri, então amplamente difundidas, ainda que também carregue contradições do marxismo da II Internacional (cf., a propósito, vol. 1, p. 85-87 e 89). A influência de Labriola explica, pelo menos em parte, os elementos de teoria marxiana presentes na geração seguinte de hegelianos, a de Croce e Gentile. O livro mais conhecido de Labriola chama-se *Saggi sulla concezione materialistica della storia* e reúne três ensaios originalmente publicados em separado: "In memoria del Manifesto dei Comunisti", "Del materialismo storico" e "Discorrendo di socialismo e filosofia". O quarto ensaio, "Da un secolo all'altro. Considerazioni retrospettive e pressagi", apesar de incompleto, conhece uma edição póstuma. Gramsci refere-se com frequência a Labriola: cf., *inter alia*, vol. 1, p. 225-227 e 252.

33. Gaetano Salvemini, *La Rivoluzione francese (1788-1792)*, 3ª ed., Milão, 1913. Sobre G. Salvemini ("Rerum Scriptor"), muitas outras vezes citado ao longo deste volume, cf. vol. 1, p. 456.

34. Este comentário sobre Paolo (não Piero) Marconi está num dos artigos que A. Omodeo publica entre 1929 e 1933, na revista *Critica*, e depois reúne em livro, sob o título *Momenti della vita di guerra. Dai diari e dalle lettere dei caduti* (Bári, 1935). Gramsci volta a se referir a este livro na p. 298, neste volume, e no caderno 23, § 25, no vol. 6.

35. Esta referência ao juízo de Luigi Salvatorelli é imprecisa. No artigo "Il pensiero di Bismarck", publicado na *Cultura* de abril-junho de 1932, L. Salvatorelli opõe não Croce a Omodeo, mas ambos a Johannes Ziekursch, estudioso alemão de Bismarck. De todo modo, Luigi Salvatorelli (1886-1974) — jornalista e historiador liberal-democrata, autor do clássico *Il pensiero politico italiano dal 1700 al 1870*, publicado em 1935 — compartilha com Croce e Omodeo uma visão substancialmente positiva do *Risorgimento*, sublinhando seu caráter liberal e moderno.

36. Sobre Filippo Naldi, cf., em particular, vol. 4, p. 371.

37. A crítica de A. Labriola sobre *As bases filosóficas e sociológicas do marxismo*, de T.G. Masaryk (Viena, 1899), está no artigo "A proposito della crisi del marxismo", também de 1899, escrito como tomada de posição contra o "revisionismo" (ou seja, Croce, Sorel, Bernstein e o próprio Masaryk). Este artigo aparece, em 1902, como apêndice ao segundo dos famosos *Saggi* de A. Labriola.

38. Gramsci refere-se, primeiramente, a Dom Enrico Tazzoli, revolucionário mazziniano enforcado pelos austríacos em 1852; e, em seguida, à conduta submissa de uma parte da nobreza depois da insurreição mazziniana de fevereiro de 1853, em Milão, também seguida de nova e intensa onda repressiva. A propósito, cf., neste volume, p. 79 e 98. Logo a seguir, no texto, há menção ao livro de Piero Gobetti, *Risorgimento senza eroi*, publicado em 1924.

39. Inevitável a perda da assonância original: "Missiroli il misirizzi". A palavra *misirizzi*, além de denotar o brinquedo infantil, também indica pejorativamente os indivíduos que mudam muitas vezes de opinião, em geral por razões pouco nobres.

40. Quintino Sella (1827-1884), um dos líderes da "Direita histórica", desempenha a função de ministro das Finanças do novo Estado unificado em três períodos distintos, entre 1862 e 1873. Sua severa política de

austeridade fiscal, baseada em cortes de gastos e impostos indiretos, acarreta perturbações sociais, em 1865 e em 1872, e lhe vale uma dura oposição da "Esquerda". Em 1870, Q. Sella tem um papel fundamental ao persuadir Vítor Emanuel II a ocupar Roma, depois que as tropas francesas se retiram da cidade devido à Guerra Franco-Prussiana. Sobre Q. Sella, cf., ainda, p. 175-178. Enrico Corradini (1865-1931), um dos mais influentes ideólogos do movimento nacionalista na Itália, organiza a Associação Nacionalista Italiana, em 1910. Em 1923, ingressa no Grande Conselho Fascista, sendo nomeado senador em 1928. Sobre Gabriele D'Annunzio, cf. vol. 2, p. 297.

41. Em novembro de 1911, G. Pascoli publica em *La Tribuna* um discurso em favor da guerra italiana na Líbia, sob o título de "La grande proletaria si è mossa". Giovanni Pascoli (1855-1912), próximo dos ambientes socialistas e anarquistas na juventude, torna-se poeta de versos ora bucólicos e pastoris, ora místicos, ora de celebração das glórias nacionais. Este último aspecto lhe vale o epíteto, dado por G. D'Annunzio, de "o último filho de Virgílio". Sobre o nacionalismo e o socialismo de G. Pascoli, cf., em particular, p. 178-183.

42. Dino Grandi (1895-1988), ministro das Relações Exteriores entre 1929 e 1932, desempenha importante papel diplomático, nos anos 1930, como embaixador na Inglaterra. Em 1939, é nomeado ministro da Justiça. Em 1943, na reunião do Grande Conselho Fascista, uma moção apresentada por Dino Grandi provoca a queda de Mussolini. Condenado pelo Tribunal de Verona, uma instância fascista da "República Social Italiana" que resiste no norte da Itália com apoio alemão, D. Grandi parte para Portugal e, em seguida, para o Brasil, retornando depois da guerra a seu país e se recolhendo à vida privada.

43. Antonio De Viti De Marco (1858-1943) — assim como o economista Attilio Cabiati (1872-1950), citado mais adiante no mesmo parágrafo — pertence ao círculo de defensores do livre-cambismo que se forma em torno da *Riforma Sociale*, a revista turinense de Luigi Einaudi. Rodolfo Morandi (1901-1955), político e economista historicamente ligado ao Partido Socialista, tem destacada participação na luta antifascista e na vida política após 1945. Em grande parte, este parágrafo resume o severo comentário, atribuído a De Viti De Marco, sobre o livro de R. Morandi. As observações de Gramsci aparecem entre parênteses.

44. O siciliano Francesco Crispi (1818-1901) participa da insurreição de 1848 contra os Bourbon e, abandonando cedo as posições autonomistas, adere ao republicanismo de orientação mazziniana. Um dos organizadores da garibaldina "Expedição dos Mil" para a libertação do Sul, F. Crispi torna-se paulatinamente monarquista, em nome da unidade do país. Primeiro-ministro (1887-1891 e 1893-1896), defende uma política de expansão colonial, com a criação da colônia da Eritreia em 1890. O governo Crispi termina com a grave derrota de Ádua, na Etiópia, em 1896. Sobre F. Crispi, cf., em particular, neste volume, p. 69-71.

45. A antologia de escritos de Carlo Bini aparece em 1931. Sobre C. Bini, cf. vol. 4, p. 367. Sobre Giuseppe Giusti, cf. vol. 2, p. 290-291. Gramsci também menciona, de passagem, Giuseppe Montanelli (1813-1862), líder da revolução de 1848-1849 na Toscana. Sobre G. Montanelli e os acontecimentos em Florença, cf., neste volume, p. 55.

46. O jesuíta Carlo Maria Curci (1810-1891) é o idealizador e fundador da revista *Civiltà Cattolica*, em 1850. Sobre o Partido Popular, cf. vol. 1, p. 475, e vol. 3, p. 376.

47. Sobre o tema do voluntariado, cf., *inter alia*, vol. 3, p. 81-82, 93-109 e 303. Sobre o *arditismo* de guerra, cf. vol. 3, p. 374.

48. Sobre o conde Clemente Solaro della Margarita e seu descendente, Carlo Lovera di Castiglione, cf., em particular, vol. 2, p. 101, e, neste volume, p. 209-210. Lovera di Castiglione e o jesuíta Ilario Rinieri assinam em 1930 uma obra em três volumes sobre Solaro della Margarita. De autoria deste último é o *Memorandum storico politico*, uma defesa de sua ação governamental no Piemonte, ainda na Itália anterior à unidade, publicada originalmente em 1851 e republicada em 1930, tal como Gramsci comenta neste volume, p. 271. Sobre Joseph De Maistre, cf., em particular, vol. 4, p. 376-377, e, neste volume, p. 207.

49. Vítor Emanuel I (1759-1824), soberano do Piemonte-Sardenha entre 1802 e 1821, abdica em favor do irmão Carlos Félix, depois de agitações liberais entre a própria nobreza e oficiais do Exército piemontês. Carlos Félix (1765-1831) pede a intervenção da Santa Aliança para sufocar o movimento liberal e nacionalista; mais tarde, sem filhos homens, tenta excluir de sua sucessão o sobrinho Carlos Alberto (1798-1849), que pertence ao ramo colateral Savoia de Carignano, suspeito de conivência com o regime napoleônico na Itália.

50. Sob o impacto da revolução liberal de 1830 na França, Ciro Menotti (1798-1831) tenta obter o apoio de Francisco IV, governante de Módena, para um movimento monárquico-constitucional que também prevê a ocupação de territórios papais e austríacos. C. Menotti seria preso à traição e enforcado a mando de Francisco IV. Mesmo assim, a rebelião que se segue, em fevereiro de 1831, envolve Módena, Reggio, Parma e Bolonha, e só seria derrotada com a intervenção austríaca. Arrigo Solmi (1873-1944), jurista, historiador e político, entra para o Parlamento em 1924 e mais tarde se torna ministro da Justiça e senador. Em 1931, publica o livro *Ciro Menotti e l'idea unitaria nell'insurrezione del 1831*. Sobre sua posição como intérprete do *Risorgimento*, ao lado de B. Croce e L. Salvatorelli, cf., neste volume, p. 29.

51. O escritor francês Prosper Mérimée (1803-1870), frequentador da corte de Napoleão III e senador, torna-se célebre como autor de *Colomba* (1840) e *Cármen* (1845), esta última musicada por Bizet. A correspondência de Mérimée tem grande importância documental: suas *Lettres à M. Panizzi: 1850-70*, publicadas postumamente, costumam ser descritas como uma "história do Segundo Império".

52. Martino Beltrani Scalia (1829-1909), um dos mais estreitos colaboradores e conselheiros de Francesco Crispi, é uma figura representativa da administração pública italiana pós-unidade, especialmente no setor penitenciário. Entre suas obras, citam-se *Sul governo e sulla riforma delle carceri in Italia* (1867), *Stato attuale della riforma penitenziaria in Europa e America* (1874) e *Rivoluzione di Sicilia: memorie storiche*, publicada postumamente. Giuseppe La Farina (1815-1863), nacionalista e republicano, é um dos líderes do breve Parlamento eleito após a revolução contra os Bourbon na Sicília. Com a derrota do movimento, vai para Turim e termina por aderir à solução monárquica para o problema da unidade.

53. Com a fuga do grão-duque Leopoldo II, em fevereiro de 1849, forma-se na Toscana um governo provisório de curta duração composto por Giuseppe Montanelli, Francesco Domenico Guerrazzi e Giuseppe Mazzoni. Já a partir de abril do mesmo ano, depois de desavenças sobre a proclamação da república e a união da Toscana com a República Romana, ocorre a restauração de Leopoldo II, sob a proteção de tropas da Áustria.Silvio Spaventa (1822-1893), irmão do filósofo

neo-hegeliano Bertrando — sobre quem, cf. vol. 1, p. 455 —, preso em 1849 por conspiração contra os Bourbon, sofre condenação à morte, depois comutada para prisão perpétua. Banido em 1859, retorna a Nápoles no ano seguinte, já adepto da estratégia cavouriana. Após a unidade, torna-se ministro de Obras Públicas no último governo da Direita histórica (1873-1876).

54. O termo *bresciano*, aqui aplicado ao estilo de R. Bonghi, deriva do escritor e jesuíta Antonio Bresciani (1798-1862) e serve para caracterizar grupos intelectuais marcados pela literatice e o reacionarismo religioso. Cf. o conjunto de parágrafos reunidos sob o título "Os filhotes de Padre Bresciani", no vol. 6, *passim*. O trecho de R. Bonghi alude à "árvore da liberdade" da Revolução Francesa, levantada na praça principal das cidades republicanas e depois por toda parte onde surgiram movimentos inspirados em 1789; menciona, de passagem, Cesare De Laugier (1789-1871), militar com participação nas lutas contra a Áustria, em 1848, mas que, nos meses subsequentes, se tornaria protagonista de uma tentativa de restauração do grão-duque e seria banido como traidor; e alude, por fim, ao papel de destaque que, nos acontecimentos da Toscana, coube à cidade portuária de Livorno, porta de entrada para as ideias radicais da época. Sobre R. Bonghi, cf. vol. 4, p. 363.

55. Os termos *rizzare* e *rizzamento*, que, segundo Gramsci, têm a marca napolitana das origens de R. Bonghi, foram aqui traduzidos por "içar" e "içamento", para sugerir o "estranhamento" gerado pelo uso dialetal.

56. As datas mencionadas assinalam os seguintes acontecimentos: as agitações liberais e carbonárias no reino das Duas Sicílias e no Piemonte (1821), em Módena e outras cidades da Emília (1831); as revoluções liberais e democrático-populares por toda a península (1848-1849); as tentativas insurrecionais que culminam com a expedição garibaldina dos "Mil" (1860); os *fasci* sicilianos, o primeiro movimento operário autêntico da Itália unida, segundo Antonio Labriola (1893-1894); as agitações sociais generalizadas em várias áreas rurais e urbanas, culminando com uma repressão particularmente sangrenta em Milão (1898); a primeira greve geral, deflagrada no rastro de um massacre contra os mineiros da Sardenha (1904); a "semana vermelha" anarquista (1914); as greves e ocupações de fábricas no "biênio vermelho" (1919-1920); e as agitações geradas pelo assassinato do deputado socialista Giacomo Matteotti, que por alguns meses abalam o regime fascista (1924).

57. O conde Vincenzo Ottorino Gentiloni (1865-1916), presidente (por indicação de Pio X) da União Eleitoral Católica a partir de 1909, tem um papel central na organização política dos católicos, mesmo antes de ser suspenso o *non expedit* do Vaticano, ou seja, a proibição de votar e participar da vida política do Estado unitário. O "pacto", na verdade, é um acordo privado entre V. Gentiloni, em nome de sua União, e os liberais giolittianos, tendo em vista as eleições de 1913, as primeiras a transcorrerem mediante sufrágio universal masculino.

58. No curso da campanha eleitoral, em 12 de outubro de 1919, Giolitti defende, em sua cidade natal, Dronero, no Piemonte, a reforma do art. 5º do Estatuto albertino, que deixava o Parlamento praticamente sem poderes para intervir na política externa, ainda conduzida, como no século XIX, com base em tratados secretos. Sobre o mesmo tema, cf., neste volume, p. 293-294 e 297. Sobre o próprio G. Giolitti, cf. vol. 1, p. 480. Luigi Ambrosini (1883-1929), autor de uma importante coletânea de artigos, *Cronache del Risorgimento e scritti letterari*, publicada em 1931, é um ardoroso giolittiano, que, nesse período, entra para o Partido Popular. Nas eleições políticas de 16 de novembro de 1919, afirmam-se dois grandes partidos de massa: o PSI, que se torna o primeiro partido italiano (32,4% dos votos, 156 deputados), e o Partido Popular, de dom Luigi Sturzo (20,6% dos votos, 100 deputados). A coalizão liberal-democrata, embora dividida internamente e com 179 deputados, em vez dos 310 anteriores, mantém a capacidade de formar governos, equilibrando-se entre socialistas e populares, enquanto os fascistas saem fragorosamente derrotados. Forma-se, inicialmente, um gabinete presidido por Francesco Saverio Nitti, substituído alguns meses depois pelo próprio Giovanni Giolitti, em sua quinta passagem pela chefia do governo.

59. Mencionado neste parágrafo, Cesare Balbo (1789-1853) — historiador e político de orientação católico-conservadora, responsável pelo primeiro governo constitucional do Piemonte, após a concessão do Estatuto por parte do rei Carlos Alberto — é também autor do influente livro *Delle speranze d'Italia*, publicado em 1844. Neste livro, C. Balbo explicita uma estratégia corrente entre as elites piemontesas, pela qual, na previsão do colapso do Império otomano, a Áustria devia transformar em províncias ou protetorados algumas partes europeias deste Império e abandonar suas áreas no Norte da península italiana. Sobre C. Balbo,

cf., também, neste volume, p. 113. No fim do parágrafo, menciona-se o livro de Pietro Silva, *Il Mediterraneo dall'unità di Roma all'unità di Italia*, Milão, Mondadori, 1927.

60. Arturo Linacher, *La vita e i tempi di E. Mayer*, Florença, 1898. O método do ensino mútuo foi desenvolvido por Joseph Lancaster e Andrew Bell no fim do século XVIII. Já no início do século XIX aparece em várias partes da Europa, nos Estados Unidos e no Canadá. Trata-se de um sistema que pretende garantir educação fundamental de massa, com poucos professores e recursos limitados. Segundo um método altamente formalizado e estruturado, o professor instrui os melhores alunos para ajudar e monitorar os outros. Sobre o "ensino mútuo" ou "ensino recíproco", cf., também, neste volume, p. 99. Sobre Giovan Pietro Vieusseux, cf., neste volume, p. 270.

61. Sobre Nicola Valdimiro Testa, cf., neste volume, p. 277.

62. Giuseppe Cesare Abba (1838-1910), voluntário da garibaldina "Expedição dos Mil", escreve, a partir de seu diário de campanha, um importante livro de memórias, as *Noterelle di uno dei Mille*. Na p. 269, neste volume, Gramsci comenta outro de seus livros, *Uomini e soldati*, de 1890. Sobre G.C. Abba, cf., também, caderno 23, § 8, no vol. 6. Sobre Edmondo De Amicis, cf. vol. 2, p. 302-303.

63. Em 1866, na guerra entre a Prússia e a Áustria, a Itália coloca-se ao lado da primeira e, com a vitória prussiana, termina por incorporar Veneza. No contexto da guerra, contudo, registra-se uma epidemia de cólera e o agravamento das condições de vida da população, já cronicamente precárias, especialmente no Sul. A rebelião de Palermo — expressão de mal-estar social, mas também marcada por algumas manifestações equívocas de nostalgia pelos Bourbon — explode em 15-22 de setembro e é duramente reprimida pelo governo central.

64. Luigi Torelli (1810-1887), participante dos Cinco Dias de Milão, em março de 1848, emigra para o Piemonte após a derrota. Ministro da Agricultura por breve tempo e deputado até 1859, em 1860 aparece nomeado como administrador da província de Palermo e depois de Veneza. No Parlamento, seria um dos principais representantes da Direita histórica.

65. Sobre o "transformismo", cf. vol. 3, p. 388-389, e, neste volume, em particular, p. 285-287.

66. Vincenzo Cuoco (1770-1823) participa da revolução napolitana de 1799, depois da qual sofre o cárcere e o exílio. Em sua obra principal, *Saggio storico sulla rivoluzione napoletana* (1801), aparece o conceito de "revolução passiva" para indicar que a revolução napolitana, suscitada pelo impacto de acontecimentos externos, como a Revolução Francesa e as guerras napoleônicas, se restringiu a um grupo relativamente exíguo de intelectuais e não soube se ligar às concretas necessidades do povo. Ao contrário, os franceses haviam realizado uma verdadeira "revolução ativa", capaz de se defender de seus inimigos e até partir para a ofensiva com grande consenso popular. No caderno 4, § 57, na p. 209 deste volume, Gramsci se ocupa pela primeira vez de V. Cuoco e da revolução passiva, talvez recorrendo a uma fonte indireta, o prefácio de B. Croce para *La rivoluzione napoletana del 1799*, 4ª ed., Bari, Laterza, 1926. Ainda sobre revolução passiva, cf., *inter alia*, vol. 1, p. 301 e 431, bem como, neste volume, §§ 11, 15, 17, 25, 56, 59 e 62 do caderno 15.

67. Com o neologismo *popularismo*, Gramsci não se refere apenas ao Partido Popular, mas a toda a política do chamado catolicismo social, que visa a assegurar uma nova vinculação entre Igreja e massas populares. Neste quadro, insere-se também a reorganização da Ação Católica, nos anos 1920, por obra de Pio XI. Sobre a Ação Católica, cf. vol. 4, p. 155-255.

68. Felice Orsini (1819-1858), mazziniano dissidente, realiza um atentado contra Napoleão III, em 14 de janeiro de 1858, por considerá-lo não só o responsável pelo fim da República Romana em 1849, como também o campeão do reacionarismo europeu. Morre guilhotinado.

69. Carlo Pisacane (1818-1857), napolitano de origem aristocrática, distingue-se como homem de ação e teórico militar. Defende a arregimentação dos camponeses para uma guerra de insurreição nacional e responde, por algum tempo, pela defesa da República Romana, em 1849. Entre seus livros, destacam-se *Saggio sulla rivoluzione* e *La guerra combattuta in Italia negli anni 1849-49*; neste último, critica a concepção garibaldina de ditadura revolucionária como puramente militar e não democrática, por não envolver as massas.

70. Sobre Edouard Herriot, cf. vol. 3, p. 376. Edouard Daladier (1884-1975) é, ao lado de E. Herriot, o líder de maior prestígio do Partido Radical-Socialista. Este partido, a formação política francesa mais importante entre a Primeira e a Segunda Guerras, alia-se, em 1936, aos socialistas de Léon Blum e aos comunistas de Maurice Thorez na experiência de governo da Frente Popular.

71. Sobre Antonio Fogazzaro, cf. vol. 4, p. 380. Seu romance mais conhecido, *Piccolo mondo antico*, de 1895, tem como pano de fundo os acontecimentos entre 1849 (derrota para os austríacos em Novara) e 1859 (preparação de uma nova guerra contra a Áustria).

72. José Bonaparte (1768-1844), irmão de Napoleão, é rei de Nápoles entre 1806 e 1808, antes de se tornar rei da Espanha; Joachim Murat (1767-1815), marechal francês, sucede a José Bonaparte em Nápoles. Sobre J. Murat, cf., ainda, neste volume, p. 172-173. O artigo de Mario Missiroli ("Spectator"), "Luigi Cadorna", aparece na *Nuova Antologia* de 1º de março de 1929. Gramsci também menciona este artigo no vol. 3, p. 177. Sobre Luigi Cadorna, cf., ibid., p. 370. Giuseppe Salvatore Pianell (1818-1892), militar do Reino de Nápoles de origem palermitana, participa das forças que reprimem a revolta na Sicília, em 1848. Em 1860, é nomeado ministro da Guerra do reino bourbonista, então em luta contra Garibaldi. Depois de um período de exílio em Paris, volta a Turim, sendo admitido como general no Exército italiano.

73. Giuseppe Ferrari (1812-1876), político e filósofo, impõe-se um autoexílio na França entre 1837 e 1859. Em *La filosofia della rivoluzione* (1851) e *Histoire des révolutions* (1858), busca encorajar a ação dos liberais e dos radicais italianos. Em *La federazione repubblicana* (1851), opõe-se à estratégia monárquica e unitária de Cavour. Por defender um Estado separado da religião, também critica os elementos religiosos presentes em Mazzini. A partir de 1859, na Câmara dos Deputados e depois no Senado, G. Ferrari representa com muita autoridade, mas solitariamente, uma posição liberal radicalizada, vagamente aberta a motivos socialistas.

74. Durante o movimento dos *Fasci* — organizações populares dirigidas por socialistas, nascidas em 1891 e sangrentamente reprimidas em 1893-1894 —, denuncia-se um falso acordo secessionista entre os representantes dos trabalhadores sicilianos e a Inglaterra (ou a França e

a Rússia, segundo outras versões), que teria sido estipulado na pequena localidade de Bisacquino. Sobre estes fatos, a fonte de Gramsci é um livro de 1895, *Gli avvenimenti di Sicilia e le loro cause*, de Napoleone Colajanni (1847-1921), professor de Estatística e deputado republicano desde 1890, citado mais adiante, neste mesmo parágrafo, como defensor da causa meridional.

75. Por "socialismo nacional", deve-se entender não uma particular via nacional ao socialismo, mas, pelo contrário, o amplo movimento político e intelectual que prepara o fascismo, com sua ideologia corporativa e demagogicamente "anticapitalista" e com o deslocamento do conceito de luta de classes, agora aplicado aos conflitos entre as nações (a Itália como "nação proletária").

76. O episódio do duque de Bivona, Grande de Espanha e proprietário de terras na Sicília, deve ser situado no contexto do movimento siciliano de ocupação de terras em 1920. No *Avanti!* de 11 de fevereiro de 1920, há o registro de gestões diplomáticas da Espanha, requeridas pelo duque de Bivona, no sentido de que o governo italiano reprimisse agitações camponesas na província de Agrigento. Este mesmo movimento camponês, acompanhado no continente pelas agitações operárias do "biênio vermelho", é que explica a ameaça de separatismo feita pelos grandes proprietários.

77. Devido às iniciativas do regime fascista para controlar toda a imprensa, os irmãos Scarfoglio (Paolo, Carlo, Michele, Salvatore) são praticamente excluídos da redação do jornal napolitano *Il Mattino* em 1926 e, dois anos mais tarde, do próprio controle acionário da empresa.

78. Na edição de 21-22 de janeiro de 1925, *Il Mattino* publica ampla cobertura sobre a morte de Maria Sofia da Baviera (1841-1925). Francisco II, marido de Maria Sofia, último Bourbon a governar Nápoles, foge com a família real em 1861. No exílio, até o fim da vida, Maria Sofia parece ter mantido a esperança de restaurar o reino das Duas Sicílias.

79. Na revista *Unità*, de Gaetano Salvemini, aparecem em 1917, e não em 1914-1915, insinuações pouco claras acerca de relações tanto do próprio Estado-Maior italiano quanto de Errico Malatesta com o Estado-Maior austríaco. No caso do anarquista, diz-se: "Errico Malatesta, o *condottiero* da semana vermelha [de junho de 1914], também era amigo de Maria

Sofia da Baviera, ex-rainha de Nápoles. Começamos, pois, a entender as origens da semana vermelha." Zita de Bourbon-Parma (1892-1989), a suposta intermediária entre o inimigo austríaco e Malatesta, casada com Carlos I, é a última imperatriz da Áustria e também rainha da Hungria. Em artigo publicado em 1926, num jornal editado em Genebra, Malatesta rebate as suposições crocianas sobre um entendimento entre bourbonistas e anarquistas para libertar o anarquista Gaetano Bresci, assassino de Humberto de Savoia. Gramsci, porém, não tem notícia deste desmentido. Errico Malatesta (1853-1932), membro da Internacional Socialista em 1872, ao lado de Bakunin, e infatigável promotor das táticas de "ação direta" e "greve geral", desenvolve ampla atividade de agitação e propaganda anarquista por toda a Europa. Preso em vários países e exilado inúmeras vezes, Malatesta morre na Itália fascista, confinado em prisão domiciliar.

80. Sobre o *lazzaronismo* napolitano, cf. vol. 4, p. 365. Sobre Alfredo Niceforo e Giuseppe Sergi, cf. vol. 1, p. 481. Sobre Enrico Ferri, cf. vol. 2, p. 310. Sobre Paolo Orano, cf. vol. 2., p. 305.

81. A revista *Unità* aparece em 1911 e, desde o princípio, concede amplo espaço às questões que dificultavam a obtenção plena da unidade nacional: em primeiro lugar, a questão do *Mezzogiorno*. Trata-se, na verdade, de uma nova vertente do reformismo italiano: o "socialismo camponês", de Gaetano Salvemini, fortemente crítico da orientação "corporativa" e "obreirista" do Partido Socialista e do sindicalismo reformista do Norte industrializado, que os levam a uma aliança com os setores protecionistas da burguesia e do Estado, em detrimento das massas rurais do Sul. O número especial da revista *Voce*, publicado em 16 de março de 1911, contém artigos de importantes personalidades, como G. Fortunato ("Le due Italie"), F.S. Nitti ("La finanza italiana e l'Italia meridionale"), G. Salvemini ("La piccola borghesia intellettuale"), L. Einaudi ("Le speranze del Mezzogiorno"). Sobre G. Prezzolini, o fundador da revista, cf. vol. 2, p. 285-286.

82. Com toda a probabilidade, a mencionada "interpretação tendenciosa" aparece num artigo de G. Prezzolini, originalmente publicado no *Lavoro fascista*, em fevereiro de 1929, no qual o ex-diretor da *Voce* reivindica para sua revista um lugar de pleno direito "na preparação da Itália contemporânea" (fascista). Sobre este artigo, cf. vol. 2, p. 61. As "omis-

sões" de Prezzolini dizem respeito, entre outros fatos, ao movimento de *L'Ordine Nuovo*, em 1919-1920: é que a primeira edição de *Cultura italiana*, embora publicada em 1923, fora escrita antes da chegada dos fascistas ao poder e continha referências positivas ao movimento liderado por Gramsci. Estas e outras referências são omitidas a partir da segunda edição (1930), para evitar problemas com o regime.

83. No *Lavoro*, de Gênova, em 1º de outubro de 1925, Giovanni Ansaldo, representante do "unitarismo obsessivo", polemiza contra Guido Dorso, que acabara de lançar *La rivoluzione meridionale*, e também contra Gramsci, de quem o livro de Dorso se ocupa em termos positivos. O argumento de Ansaldo é que, por trás de expressões que considera vagas, como "revolução meridional", também poderiam despontar reivindicações de separatismo por parte dos italianos do Sul. Sobre Ansaldo, cf., *inter alia*, vol. 2, p. 183-184, e caderno 23, § 23, no vol. 6. Também no *Lavoro*, Francesco Ciccotti retoma o mesmo argumento, no artigo "Discussioni. La Rivoluzione Meridionale", publicado em 13 de outubro de 1925. Sobre Francesco Ciccotti-Scozzese, cf. vol. 2, p. 217-220.

84. Na p. 284-285 deste volume, Gramsci retorna ao tema da fortuna de G. Ferrari entre os anarquistas. Luigi Fabbri (1877-1935), editor da revista anarquista *Il Pensiero*, entre 1903 e 1911, é autor, entre muitos outros, de livros sobre Carlo Pisacane e Errico Malatesta. Opositor do fascismo, morre exilado no Uruguai. Sobre o editor Giuseppe Monanni, cf. vol. 4, p. 357.

85. Sobre esta polêmica entre os senadores Giuseppe Tanari e Edoardo Bassini, que, na verdade, acontece entre abril e maio de 1917, cf., neste volume, p. 189.

86. Tullio Martello (1841-1918), participante da Expedição garibaldina dos Mil, estuda economia em Genebra, onde funda a *Revue d'Économie, d'Histoire et de Statistique*, de orientação liberal e antissocialista.

87. Cf. P. J. Proudhon, *La Fédération et l'unitè d'Italie*, Paris, 1862. Sobre a tendência "democrático-galicista" de Proudhon, cf., neste volume, p. 272.

88. Sobre Francesco Domenico Guerrazzi, cf., neste volume, p. 55.

89. Cf., em particular, vol. 1, p. 189.

90. Por instigação do clero e dos proprietários de terra, a Vendeia, região agrícola da França Ocidental, insurge-se contra o governo republicano, entre 1793 e 1796; em regiões vizinhas (sobretudo a Bretanha) e sob outras formas, a insurreição monárquica subsiste, de forma endêmica, no movimento dos *chouans*.

91. Votada pela Assembleia Constituinte em 14 de junho de 1791, ou seja, antes da chegada dos jacobinos ao poder, a Lei Le Chapelier tem originalmente como primeiro objetivo a proibição das velhas corporações feudais, mas acaba por se voltar também contra as associações operárias. Em abril-maio de 1793, os jacobinos promulgam a lei do *maximum*, que tabela o preço do trigo, mas, ao mesmo tempo, indica um "máximo" para os salários.

92. Cf. "Rerum Scriptor" (Gaetano Salvemini), "Moderati e democratici milanesi dal 1848 al 1859", *Critica Sociale*, 16 de novembro e 1º de dezembro de 1899. Nestes artigos, G. Salvemini polemiza com R. Bonfadini, que — em *Mezzo secolo di patriotismo*, Milão, 1886 — defende os moderados, até mesmo em suas fraquezas políticas. Alvo específico de "Rerum Scriptor" é a atitude dos nobres milaneses, que, em 2 de março de 1853, no auge da repressão austríaca motivada pela recentíssima rebelião mazziniana de fevereiro e por um atentado frustrado contra o imperador, enviam ao próprio Francisco José uma mensagem de reverência e apoio incondicional. Romualdo Bonfadini (1831-1899), político e historiador, passa dos ideais democráticos iniciais para uma posição monarquista, que defende em inúmeros artigos e livros.

93. O Conde Federico Confalonieri (1785-1846) opõe-se, sucessivamente, à dominação francesa (Napoleão) e à austríaca, na Lombardia e na Itália. Líder dos *Federati*, sociedade secreta antiaustríaca que defende um governo constitucional, é preso em 1821, submetido a longo julgamento e condenado à morte dois anos depois, pena transformada em prisão perpétua. Mais tarde, os austríacos permitem sua ida para o exílio, de onde não mais retornaria. Os "interrogatórios" de F. Confalonieri datam da época do julgamento; conservados nos Arquivos de Estado em Viena, são localizados por F. Salata em 1924 e publicados entre 1940 e 1956, quando Gramsci, portanto, já havia morrido. F. Confalonieri também é lembrado pelas iniciativas para melhorar a educação na Lombardia.

94. Sobre o livro de Alexandre Philippe Andryane, *Memorie di un prigioniero di Stato allo Spielberg* — edição de 1916, organizada por Rosolino

Guastalla —, cf., neste volume, p. 278 e 281-282. O marquês Giorgio Pallavicino-Trivulzio (1794-1878), de origem lombarda, passa 14 anos na prisão de Spielberg, na Morávia, então parte do Império austríaco. Republicano em 1848, converte-se em adepto da unificação, segundo a política piemontesa, e influencia no mesmo sentido a evolução de V. Gioberti, que abandona o neoguelfismo. Em 1857, com Daniele Manin, funda a importante Sociedade Nacional, para a defesa do programa de independência e unidade sob a Casa de Savoia. Sobre G. Pallavicino, cf., em particular, §§ 33 e 53, neste caderno.

95. Cf. Alessandro Luzio, *Antonio Salvotti e i processi del '21*, Roma, 1901. A. Luzio, historiador moderado-clerical que adere ao fascismo até seus momentos finais, defende a atuação do Barão Antonio Salvotti di Trento, conselheiro do Tribunal milanês que, em 1821-1823, instrui zelosamente o processo contra F. Confalonieri, A. Andryane e G. Pallavicino. Sobre A. Luzio, cf. vol. 3, p. 392, e também, *inter alia*, § 53 neste caderno.

96. Em sua *Vita di Cavour*, A. Panzini opõe a atitude de Cavour, o primeiro-ministro piemontês, que se recusa a saudar o imperador austríaco por ocasião de uma visita a seus territórios italianos, à atitude passiva da aristocracia lombarda; para tanto, menciona — numa passagem embebida de retórica — o episódio da pele de tigre posta na janela por uma senhora de Milão para homenagear o imperador. Em 1929, Gramsci acompanha a publicação dos diferentes capítulos da *Vita di Cavour* na *Italia letteraria*. Alfredo Panzini (1863-1939), discípulo de Giosuè Carducci e professor de escola primária na maior parte de sua vida, é um romancista de orientação conservadora. Pertence à Academia da Itália desde o começo, em 1929. Sobre A. Panzini, cf., *inter alia*, caderno 23, §§ 9, 12, 32 e 50, no vol. 6.

97. Em 1864, uma coalizão entre Áustria e Prússia enfrenta a Dinamarca pelos ducados de Schleswig-Holstein; em 1866, a guerra entre Áustria e Prússia determina a retirada da Áustria da Confederação Germânica; em 1870, a guerra franco-prussiana assinala a constituição do Império alemão.

98. F. Engels, Prefácio à edição inglesa (1892), *Do socialismo utópico ao socialismo científico*, in Marx-Engels, *Obras escolhidas*, Rio de Janeiro, Vitória, 1961, vol. 3, p. 285-304.

99. Em 1860, a expedição garibaldina dos "Mil" em direção a Marsala, na Sicília, parte de Quarto al Mare, antiga cidade italiana perto de Gênova.

100. Parvus (1869-1924), pseudônimo de Alexandre Helphand, é um judeu russo que, na social-democracia alemã, colabora com Rosa Luxemburg e outros na crítica ao "revisionismo". Em 1905, de volta à Rússia, aproxima-se de Trotski (Bronstein), com quem edita *Russkoye Slovo* e *Nachalo*. No prefácio a um folheto de Trotski, *Antes do 9 de janeiro* (1905), Parvus expõe a tese da revolução permanente, que voltaria ao centro do debate soviético entre 1924 e 1926, contraposta à ideia, afinal vitoriosa, do socialismo num só país, defendida, entre outros, por Stalin e Bukharin. Entre as variadas implicações desse debate, estão questões básicas de política econômica, como, por exemplo, a relação do poder soviético com a economia camponesa. Como Gramsci menciona, os partidários da orientação predominante defendem, na conjuntura examinada, a aliança entre o "grupo social" urbano (a classe operária) e os camponeses. Trotski e a oposição de esquerda, ao defenderem a industrialização acelerada para impedir o retorno ao capitalismo, propõem que os custos deste processo recaiam, essencialmente, sobre a propriedade camponesa. Sobre o tema da revolução permanente, cf., *inter alia*, vol. 3, p. 24.

101. Este livro de 1921 reproduz os "Almanaques" de 1912-1914 da revista *Coenobium*, de orientação modernista e, por isto, posta pela Igreja no *Índex* das publicações proibidas. Trata-se de uma sondagem, de âmbito internacional, sobre o sentimento religioso. Sobre as personalidades que respondem ao questionário proposto, cf. vol. 4, p. 76-78.

102. Angelo Brofferio, *Storia del Piemonte dal 1814 ai giorni nostri*, Turim, 1850.

103. Trata-se de um caso de "oblação", com ampla repercussão na segunda metade do século XIX. "Oblatas" se chamavam as crianças de famílias "infiéis", que, sem capacidade de escolha e contra a vontade dos pais, eram "oferecidas" à Igreja. Em 1858, em Bolonha, Edgardo Mortara, um menino judeu de sete anos, batizado em segredo pela empregada, é subtraído à força pelos gendarmes pontifícios, e inúteis se revelam todos os esforços dos pais para obter a restituição e até apenas rever a criança. Em 1860, depois da libertação de Bolonha do domínio papal, o ex-inquisidor, padre Pier Gaetano Feletti, é detido e processado em

razão do "caso Mortara", mas absolvido sob a alegação de agir por ordem superior. Edgardo Mortara, levado a Roma e rebatizado com o nome de Pio, é encaminhado ao sacerdócio; depois de 1870, feito cônego lateranense, transfere-se ao exterior. O Cônego Mortara sobrevive a Gramsci e morre na Bélgica, em 1940.

104. Sobre as expressões "cem cidades" e "cidades do silêncio", cf., em particular, vol. 3, p. 357, e, neste volume, p. 204.

105. Sobre a função político-cultural de B. Croce e G. Fortunato, cf., supra, § 24, neste caderno. Mas Gramsci, aqui, parece remeter especificamente a seu ensaio de 1926, "Alguns temas da questão meridional", cit., p. 154-162.

106. Referência aos sindicatos obrigatórios impostos pelo fascismo.

107. O artigo de Mario Missiroli (Spectator), por ocasião da morte de G. Giolitti, aparece na *Nuova Antologia* de 1º de agosto de 1928. Sobre o mesmo artigo, cf., neste volume, p. 194.

108. Em seu livro de 1923, G. Prezzolini sublinha ter sido o título da revista de G. Salvemini — *L'Unità* — sugerido por Giustino Fortunato, "preocupado com aquela 'unidade da Itália' que, a seus olhos de historiador, nunca pareceu inteira e solidamente alcançada". Assim, meridionalismo e unitarismo aparecem fortemente entrelaçados em G. Fortunato. Ainda que buscando uma motivação de classe (não "fetichista") para sua análise das questões meridional e nacional, Gramsci, em 1923, também iria propor o título *L'Unità* para o célebre jornal do Partido Comunista Italiano.

109. Em 1896, o deputado Francesco Pais-Serra publica o relatório conclusivo de um inquérito sobre as condições da economia e da segurança pública sarda, demonstrando o impacto negativo do protecionismo e da consequente proibição de trocas comerciais livres entre a Sardenha e a França, política implementada por Crispi, a partir de 1887.

110. Sobre o episódio entre L. Natoli e B. Croce, cf. § 40, neste caderno.

111. Nas eleições gerais de 1913, Molfetta, uma cidade meridional situada na Púglia, ganha destaque nacional por causa de G. Salvemini, o qual, candidato naquele distrito eleitoral, promove uma incisiva campanha

de opinião para denunciar o clima de intimidação e violência vigente no *Mezzogiorno*. Derrotado em Molfetta, um grupo de jovens socialistas turinenses — entre os quais, Gramsci — oferece a Salvemini a possibilidade de se candidatar por um distrito eleitoral de Turim, como forma de manifestar solidariedade aos camponeses da Púglia. Sobre este episódio, cf., neste volume, p. 150-151. As eleições de 1913 assinalam, ainda, a introdução do sufrágio universal masculino: assim, o corpo eleitoral passa de 8,30% para 23,20% da população. Neste novo contexto, ganha relevo o *mazziere*, propagandista filogovernamental muitas vezes responsável por atos violentos no período eleitoral, especialmente no Sul — como os que acabam por derrotar Salvemini.

112. Sobre o *Corriere della Sera* e seu diretor, Luigi Albertini, cf., em particular, vol. 2, p. 195 e 215-222. No *Corriere dela Sera*, em 6 de novembro de 1913, Ugo Ojetti escreve um importante testemunho, "Ricordi di una domenica di passione. L'elezione del 26 ottobre a Molfetta". Sobre U. Ojetti, cf. vol. 2, p. 298. Sobre Francesco Saverio Nitti e Antonio Salandra, cf. vol. 2, p. 300.

113. O "sardismo", que se fortalece depois da Primeira Guerra Mundial, tem características autonomistas e mesmo separatistas. O Partido Sardo de Ação, fundado em 1919, torna-se o modelo de outros partidos de base regional. Sobre Ivanoe Bonomi (1873-1952), cf. vol. 1, p. 469-470. Francesco Torraca (1853-1938), professor de Literatura, entra para o Senado em 1920. Entre 1918 e 1922, edita a revista *Volontà*, em torno da qual se reúne um grupo *combattentistico* (movimento nacionalista sustentado por ex-combatentes).

114. Em 1876, o governo liderado por Agostino Depretis, que assinala o advento ao poder da chamada "Esquerda", tem como uma das novidades a ampliação do grupo dirigente nacional, até então basicamente restrito aos políticos do Norte e do Centro. A presença de quatro ministros meridionais, no entanto, não altera a relação real entre Norte e Sul.

115. Em 1845-1846, em Cracóvia (na Galícia), a Áustria fomenta a rebelião camponesa para sufocar uma insurreição democrática e nacional, que encontrava apoio na aristocracia fundiária polonesa. Sobre esta iniciativa austríaca, cf. § 30, neste caderno. Na repressão desencadeada em 1852-1853, a Fortaleza de Belfiore, em Mântua, é o palco de execução de patriotas mazzinianos.

116. Na Sicília, em 1860, ocorrem inúmeras ocupações de terra por parte dos camponeses, que interpretam a "liberdade" trazida pelos garibaldinos como libertação da exploração dos proprietários de terra. Nino Bixio (1821-1873), adepto de Mazzini e Garibaldi, é um dos principais organizadores dos "Mil". Está presente, ainda, na campanha militar de Roma, em 1870.

117. Nas *Noterelle di uno dei Mille*, G. C. Abba narra seu diálogo com frei Carmelo, que expõe de forma contundente as reais aspirações à terra por parte dos camponeses sicilianos. Na verdade, o religioso não se junta a Garibaldi porque quer uma guerra não apenas contra os Bourbon, "mas [uma guerra] dos oprimidos contra os opressores, grandes e pequenos, que não estão apenas na Corte, mas em cada cidade, em cada aldeia". Em primeiro lugar, a luta desejada por frei Carmelo atingiria — em nome do Evangelho — as propriedades da própria Igreja.

118. A palavra *brigantaggio*, mais do que banditismo puro e simples, designa um complexo fenômeno de rebelião político-social de base camponesa, às vezes manipulado politicamente por setores políticos conservadores e clericais. No fim do século XVIII, o *brigantaggio* meridional insurge-se contra a República Napolitana e, depois da unidade, alimenta-se das esperanças frustradas de reforma agrária, sendo duramente reprimido pelo poder central. Cf., neste volume, p. 132.

119. O paralelo entre Gioberti e Mazzini também aparece no vol. 3, p. 341. Sobre Ferdinando Galiani e sua crítica às palavras altissonantes e vazias dos filósofos do século XVIII, cf. vol. 3, p. 124.

120. Gino Capponi (1792-1876), educador, historiador e político liberal-moderado da Toscana, em seu *Frammento sull'educazione*, de 1841, critica a pedagogia que abusa de preceitos e sufoca o livre desenvolvimento da criança, na linha de Rousseau e das teorias naturalistas da educação, como as do suíço J.H. Pestalozzi. Tanto G. Capponi quanto F. Confalonieri são promotores das escolas de ensino mútuo. Sobre Ferrante Aporti, cf. vol. 4, p. 207.

121. Sobre a função político-cultural de V. Gioberti, cf., *inter alia*, vol. 1, p. 395-396, e vol. 2, p. 159-160.

122. Em Novara (a "fatal Novara", expressão tomada de um verso de G. Carducci), em 23 de março de 1849, as tropas piemontesas de Carlos Alberto são derrotadas pelos austríacos, comandados pelo Marechal

Radetzki. Mais amplamente, no verão de 1849, são derrotadas as repúblicas revolucionárias estabelecidas na Itália Central, em Veneza e na própria cidade de Roma.

123. Os vienenses também se insurgem em 13 de março de 1848, obtendo uma Constituição; superada a crise, em agosto acontece o retorno do imperador e da corte a Viena. Um novo levante revolucionário, em outubro do mesmo ano, voltaria a ser sangrentamente reprimido.

124. Sobre Luigi Cadorna, Giorgio Sonnino e a política de nacionalidades na Primeira Guerra Mundial, cf., em particular, vol. 3, p. 178.

125. No correspondente texto A (caderno 1, § 117), Gramsci indica com mais precisão: "Os livros de César, mas especialmente o *De bello civili*, são um exemplo clássico de exposição de uma sábia combinação de política e arte militar: os soldados viam em César não só um grande líder militar, mas também um grande líder político." Com efeito, no *De bello civili*, a luta contra Pompeu pode ser indicada como uma luta contra a oligarquia dos senadores.

126. Gramsci possui no cárcere de Túri a edição francesa do livro de Emil Ludwig sobre Guilherme II, publicada em 1927. Segundo E. Ludwig, o imperador alemão, depois de ler no *Frankfurter Zeitung* um juízo de Bismarck sobre a primazia da política na condução das guerras, escreve irritado na margem do jornal: "Este erro grosseiro deve ser imediata e publicamente aniquilado pelo Estado-Maior imperial [...]. A política, durante a guerra, conserva o silêncio até o dia em que a estratégia lhe permite falar de novo!" Sobre E. Ludwig, cf. vol. 1, p. 480.

127. Sobre o significado a ser atribuído aos voluntários, cf. § 11, neste caderno.

128. Massimo D'Azeglio (1798-1866), aristocrata turinense que estuda em Milão e pertence ao círculo de Alessandro Manzoni — com cuja filha, Chiara, se casa —, muda seu interesse da literatura para a política nos anos 1840, sob a influência do livro de Cesare Balbo, *Delle speranze d'Italia*. Crítico do republicanismo mazziniano, torna-se brilhante propagandista dos nacionalistas de orientação moderada. Primeiro-ministro após a derrota de Novara, reorganiza o Exército piemontês e implementa medidas anticlericais. Com sua renúncia em 1852, assumiria a direção do governo Camillo Benso di Cavour.

129. Filippo Caronti (1813-1883) é um mazziniano que se destaca, em 1848, na insurreição antiaustríaca na Lombardia. Exila-se primeiro na Suíça e, em 1855, na Argentina, onde morre. Em dezembro de 1845, forma-se uma liga especial (*Sonderbund*) entre os cantões católicos, contra o governo federal de Berna. Em 1847, após um curto período de combate, os separatistas são derrotados, mesmo contando com a ajuda do rei piemontês, Carlos Alberto, e de seu ministro do Exterior, Solaro della Margarita, que esperavam obter vantagens territoriais com uma guerra civil na Suíça. Cf., neste volume, p. 209-210 e 261.

130. Em francês no original.

131. Józef Pilsudski (1867-1935), general e político polonês originalmente socialista, combate a dominação russa desde a época czarista e termina por subordinar a luta social ao objetivo da emancipação nacional. Proclama em 1918 uma República polonesa independente, da qual é o chefe de Estado até 1922. Em 1926, volta ao poder por um golpe de Estado e dirige uma ditadura militar com traços fascistas.

132. Na *Viagem* de Darwin, existe, de fato, esta referência à Batalha de Trafalgar, na qual Nelson, em 1805, vence a frota napoleônica franco-espanhola.

133. A reforma de 1882, ao abaixar de 25 para 21 anos o limite de idade e ao reduzir a soma total de impostos pagos que conferia o direito de voto, aumenta o corpo eleitoral de 2,2 para 6,9% da população. Assim, em 1880, registram-se 369.624 votantes; em 1882, 1.223.851. Mas, em 1894, o primeiro-ministro F. Crispi determina uma depuração extraordinária das listas, que reduz o corpo eleitoral de quase três milhões a pouco mais de dois e prejudica essencialmente o *Mezzogiorno*.

134. Piero Pieri (1893-1979) destaca-se como especialista na história militar do *Risorgimento* e da Primeira Guerra Mundial, entre outros períodos da vida italiana. Sobre este volume de P. Pieri, cf. § 48, neste caderno.

135. Felice Foresti (1789-1858), carbonário condenado à morte em 1821, tem a pena comutada para 20 anos de prisão em Spielberg. Deportado para os Estados Unidos em 1836, retorna à Itália em 1856, já partidário do programa de Cavour.

136. Literalmente, *Os feitos gloriosos de Deus pelos alóbrogos*. Os alóbrogos eram celtas da Gália Narbonense. Ironicamente, assim se designam

os habitantes do Piemonte e da Savoia. A expressão se torna inteiramente clara quando se sabe que, no século XII, o beneditino francês Guibert de Nogent escreve sobre a primeira Cruzada uma *Gesta Dei per Francos*, na qual os franceses são apontados como instrumentos da providência divina.

137. As observações de G. Carducci, originalmente publicadas em 1896, interessam a Gramsci como indicação do enfraquecimento do poder político do papado, um pré-requisito do *Risorgimento* apontado no § 2 deste caderno. Sobre Giosuè Carducci, cf. vol. 2, p. 285.

138. Cf., neste volume, p. 265.

139. Trecho de um comentário, não assinado, publicado na *Nuova Antologia* de 16 de outubro de 1927. Sobre esta polêmica e o "unitarismo obsessivo" de F. Crispi e dos sicilianos, cf. §§ 24 e 26, neste caderno.

140. Sobre os acontecimentos sicilianos de 1867, cf., § 23, n. 63, neste caderno.

141. Federico Confalonieri, libertado em 1832 depois de cumprir pena em Spielberg, vai para a América e só em 1837 retorna à Europa. Teresa Casati-Confalonieri, desesperadamente empenhada em salvar a vida do marido, morre antes de sua libertação, em 1830.

142. Farinata degli Uberti, que figura com destaque no Canto 10 do "Inferno" de Dante, comentado por Gramsci no vol. 6, é um líder gibelino da Florença do século XIII. Gabriele Rosa (1812-1897) escreve uma valiosa *Autobiografia*, publicada postumamente em 1912, em que retrata muito favoravelmente F. Confalonieri, seu companheiro em Spielberg.

143. Vítor Emanuel II, o primeiro rei da Itália, morre de complicações pulmonares em 1878, aos 57 anos. Guido Baccelli (1832-1916) ocupa o posto de ministro da Educação nos Governos de Agostino Depretis, Francesco Crispi e Luigi Pelloux. Sobre Paulo Fambri, cf., neste volume, p. 193.

144. Em *Federico Confalonieri* (Milão, 1898), Alessandro D'Ancona descreve um encontro em Viena, em 1824, entre seu biografado e o príncipe de Metternich, encontro no qual este último busca, inutilmente, detalhes sobre a conspiração lombarda de 1821 que incriminassem o Piemonte. O drama *Il conte Aquila*, de 1933, do jornalista e escritor Rino Alessi (1885-1970), serve de base para o filme *Teresa Confalonieri*, cujo lançamento é

noticiado pelo *Corriere della Sera* de 24 de agosto de 1934. Esta notícia é a provável fonte para a anotação de Gramsci no fim do parágrafo.

145. Francesco Pignatelli (1775-1853), aristocrata de orientação liberal, opõe-se à monarquia bourbonista e, mais tarde, torna-se jacobino. Em 1798, junta-se ao Exército republicano francês que ocupa Roma e lidera uma de suas divisões na campanha contra o Reino de Nápoles, que resulta no estabelecimento da breve República Partenopeia. Com a primeira restauração dos Bourbon, em junho de 1799, exila-se na França e no Norte da Itália. Em 1806, de volta a Nápoles, agora conquistada por Napoleão, ocupa cargos importantes sob José Bonaparte e Joachim Murat. F. Pignatelli também participaria de campanhas contra a Áustria. Carlos de Bourbon (1716-1788) é o primeiro de sua dinastia a reinar sobre Nápoles e a Sicília. Com a morte do irmão, Fernando VI, torna-se também rei da Espanha, com o título de Carlos III. Nino Cortese (1896-1972), professor de História, escreve importantes trabalhos sobre Nápoles e o *Risorgimento*.

146. O título exato do livro de Niccolò Rodolico é *Il popolo agli inizi del Risorgimento nell'Italia Meridionale*. Gramsci volta a mencioná-lo mais adiante, no § 57 deste caderno. Sobre N. Rodolico, cf. vol. 4, p. 376-377. Attilio (1810-1844) e Emilio Bandiera (1819-1844), venezianos inicialmente engajados na Marinha austríaca, filiam-se à *Jovem Itália* mazziniana e, depois, fundam a *Esperia*, uma sociedade de inspiração carbonária. Morrem na Calábria, numa expedição contra os Bourbon.

147. Cf., neste volume, p. 259.

148. Vítor Amadeu II (1666-1732) torna-se duque de Savoia em 1675, rei da Sicília em 1713 e da Sardenha em 1720. François-Maximilien Misson (1650?-1722) publica em 1691 o livro *Nouveau Voyage d'Italia*, cuja quarta edição Gramsci cita. Trata-se de um curioso "guia de viagem" à Itália, traduzido em várias línguas, com a peculiaridade de ter sido escrito por um protestante que se inspira em Pierre Bayle para criticar o catolicismo romano.

149. Neste parágrafo, Gramsci sugere um estudo da elite política piemontesa entre 1848-1849, um turbulento período em que se sucedem breves governos compostos por personalidades reacionárias, moderadas ou democráticas, e se prepara, afinal, o grupo moderado, que estaria à

frente da unificação. A rápida sucessão de gabinetes espelha uma conjuntura de acontecimentos críticos, como as derrotas ante os austríacos em Custoza e Volta (julho de 1848) e Novara (março de 1849), assim como a abdicação de Carlos Alberto em favor do filho, Vítor Emanuel II. Gramsci sugere, ainda, a hipótese de que a "desagregação" da oposição de esquerda ou centro-esquerda, envolvida nestes arranjos de modo subalterno, deixaria marcas na história subsequente. Solaro della Margarita é o personagem mais representativo do antigo governo absolutista de Carlos Alberto. O primeiro governo constitucional forma-se em março de 1848, com Cesare Balbo, ainda que, pelas normas do Estatuto albertino, os governos fossem responsáveis perante o rei e até pudessem ser minoritários no Parlamento. Em seguida, os governos de Gabrio Casati e de Vincenzo Gioberti apresentariam maior abertura aos elementos democráticos. O moderado Massimo d'Azeglio, primeiro-ministro entre 7 de maio de 1849 e 21 de maio de 1852, consegue alguma estabilidade, apesar de enfrentar crises graves. Em novembro de 1849, por exemplo, numa medida de constitucionalidade contestada, Vítor Emanuel II decreta a dissolução do Parlamento "por atos hostis à Coroa" — basicamente, a recusa de ratificar o tratado de paz entre a Lombardia e a Áustria — e torna pública a "Proclamação de Moncalieri", contra "a tirania dos partidos". D'Azeglio sairia vitorioso das novas eleições. Para assumir o poder em 1852, substituindo Massimo d'Azeglio, Benso di Cavour distancia-se dos deputados da direita e aproxima-se do bloco de centro-esquerda liderado por Urbano Rattazzi, num movimento que os adversários conservadores rotulam de "conúbio".

150. Depois das derrotas de Custoza e Volta, Gabrio Casati (1798-1877) se torna primeiro-ministro pelo curto período de um mês, com o apoio de Vincenzo Gioberti, então presidente da Câmara dos Deputados. G. Casati ainda seria ministro da Educação do Piemonte, responsável por uma célebre lei sobre a estrutura de ensino, que se aplicaria, em seguida, ao Estado italiano unificado. Sobre a Lei Casati, cf. vol. 2, p. 284.

151. Leonetto Cipriani, *Avventure della mia vita*, Bolonha, Zanichelli, 1934. Com toda a probabilidade, Gramsci toma conhecimento deste livro através de amplos trechos publicados pela *Nuova Antologia*, entre 1º de dezembro de 1933 e 16 de fevereiro de 1934.

152. Embora capelão da corte de Carlos Alberto, Vincenzo Gioberti é preso em Turim por suposto envolvimento com atividades mazzinianas. Na

verdade, por sua condição religiosa, Gioberti não responde a processo e, depois de vários meses de detenção, parte para o exílio.

153. Em março de 1821, a polícia austríaca realiza algumas prisões, ao saber de uma reunião em que se teriam acertado detalhes de uma iminente invasão da Lombardia pelo Piemonte. G. Pallavicino, sobre quem pairava a dúvida da autoria de revelações imprudentes sobre a suposta reunião, apresenta-se espontaneamente à polícia. Detido e interrogado, seus depoimentos levam a novas prisões, entre as quais a de F. Confalonieri.

154. O artigo de M. D'Amelio comenta, confusamente, o processo aberto em Viena em 1934 contra os organizadores de um *putsch* de inspiração nazista. O que interessa ao articulista, em particular, é a tese do procurador-geral de Viena, segundo a qual, nos casos de alta traição, só há crime se a respectiva ação fracassa; havendo êxito, não existe crime.

155. Luigi Castellazzo (1827-1890), militante mazziniano na Lombardia, ao ser preso em abril de 1852, recebe longa sentença por conspiração contra os austríacos. Anistiado e solto no ano seguinte, junta-se às campanhas militares de Garibaldi, o que lhe vale a estima de Carducci. A prisão de Castellazzo acontece poucos meses antes de sucessivos enforcamentos na Fortaleza de Belfiore, em Mântua. Em *I martiri di Belfiore e il loro processo*, a acusação de Luzio, que outros historiadores não subscrevem, é que Castellazzo teria delatado as atividades de seus companheiros, selando-lhes a sorte.

156. Cf., neste volume, p. 295.

157. Francesco Brioschi (1824-1897) ocupa cargos de relevo no Ministério da Educação no período pós-unidade, além de organizar, em 1863, o Instituto Técnico Superior de Milão. Sua *Teoria dei determinanti*, de 1854, credencia-o como uma das referências históricas da Matemática na Itália. Sobre Luca Beltrami, cf. vol. 2, p. 288.

158. Sobre as tentativas de reabilitação de personagens conservadores, cf. vol. 4, p. 194-196, em que, porém, Gramsci não menciona as polêmicas contra L. Settembrini. Luigi Settembrini (1813-1876), napolitano de orientação liberal-democrata, sofre a influência "neoguelfa" do *Primato*, de V. Gioberti. Envolvido na luta contra os Bourbon, chega a ser condenado à morte em 1849. Comutada a pena capital em prisão

perpétua, dedica-se, em dez anos de cárcere, à literatura e à tradução dos clássicos, escrevendo também a primeira versão de sua obra mais célebre, *Ricordanze della mia vita*, que seria publicada em 1879-1880. Em 1873, torna-se senador do Reino da Itália. Ao derrotar a República Partenopeia, em junho de 1789, à frente dos *sanfedistas*, o cardeal Ruffo assina armistício com a França, que inclui uma anistia aos republicanos de Nápoles. No entanto, Fernando de Bourbon, com a cumplicidade do Almirante Nelson, impede vários líderes republicanos de se exilarem e ordena sua execução.

159. Mencionado de passagem por G. Carducci no § 35 deste caderno, Santorre De Rossi di Santarosa (1783-1825) é um revolucionário idealista que participa com destaque das agitações de 1821, no Piemonte. Santarosa passa alguns anos exilado na Inglaterra, antes de aderir à causa da independência da Grécia, onde morre em ação. Gramsci sublinha o termo "girondino", talvez para destacar, em Stendhal, um juízo próximo ao de suas observações sobre o jacobinismo.

2. Caderno 25

1. Davide (ou David) Lazzaretti (1834-1878), nascido na região do Monte Amiata, na Toscana, luta como voluntário no Exército nacional em 1860. Torna-se eremita em 1868, depois de ter visões religiosas que o assinalam como profeta destinado a instaurar o reino da Justiça, que sucederia o da Graça (o pontificado de Pio XI, morto também em 1878) e prenunciaria a Reforma do Espírito Santo (o milênio). A sequência do parágrafo fornece novas informações sobre Lazzaretti.

2. Andrea Verga (1811-1895), psiquiatra e diretor de um grande hospital milanês, advoga a introdução da Psiquiatria nas universidades italianas. É indicado senador em 1876. O médico e criminologista Cesare Lombroso (1835-1909), expoente da cultura positivista de seu tempo, é o autor de um estudo famoso em que associa criminalidade e doença mental (*O homem criminoso*, 1874). Liga-se particularmente a Lombroso a teoria do criminoso nato, determinado hereditariamente para o crime e marcado, como tal, em sua estrutura morfológica.

3. Giacomo Barzellotti (1844-1917), especialista em filosofia e literatura, torna-se professor na Universidade de Roma, em 1896.

4. Giuseppe Rovani (1818-1874), republicano milanês que participa da luta pela unidade, torna-se conhecido como autor de romances históricos, muitas vezes publicados em folhetins de larga penetração popular. A primeira edição de *Manfredo Pallavicino* aparece em Milão, em 1845.

5. Em Benevento (cidade e província da Campânia, no *Mezzogiorno*), ocorre um frustrado levante popular em 1877, liderado, entre outros, pelos anarquistas Carlo Cafiero e Errico Malatesta. Sobre os "bandos de Benevento", cf., por exemplo, neste volume, p. 277.

6. Sobre Adriano Tilgher, cf. vol. 4, p. 360.

7. Sobre o livro de Ettore Ciccotti, *Confronti Storici,* editado em 1929, cf., em particular, vol. 1, p. 90-92. Sobre o próprio E. Ciccotti, cf. vol. 3, p. 404.

8. Em latim no original.

9. Em latim no original.

10. Tanaquilla é a mulher de Tarquínio, o Antigo, quinto rei de Roma, que a tradição faz reinar entre 616 e 579 a.C. Com seus dotes divinatórios, Tanaquilla tem um papel decisivo na ascensão do marido, que, de origem plebeia, se transfere da próspera cidade de Tarquínia, na Etrúria, para Roma, então pouco mais do que uma aldeia. Muitas lendas — como a violação de Lucrécia, que levaria ao fim da realeza — estão ligadas, direta ou indiretamente, aos jogos de poder de que participa Tanaquilla — os "episódios pessoais" referidos por Gramsci.

11. Em 1378, os cardadores de lã, ao lado de pequenos comerciantes e artesãos de guildas menos importantes, rebelam-se contra o poder oligárquico de Florença. Esta revolta leva a um governo radicalmente democrático, representativo de todos os grupos sociais, ainda que de breve duração: quatro anos depois, o poder dos patrícios e dos grandes comerciantes estaria plenamente restabelecido.

12. Por sua conexão com a história dos grupos subalternos, estão agrupados neste volume os parágrafos relativos às utopias e romances filosóficos. Cf. caderno 5, §§ 142 e 152, e caderno 6, §§ 34 e 157.

13. A *Fiera Letteraria*, em 1928, publica "L'arcipelago della fortuna", capítulo de um romance alegórico incompleto, de F. De Roberto, além de

dois trechos de uma novela póstuma, *L'ebbrezza*. Federico De Roberto (1861-1927), escritor siciliano adepto do verismo de Giovanni Verga, seu mestre confesso, constrói uma obra romanesca marcada por uma visão profundamente pessimista e cética do mundo. A *Nuova Antologia*, em 1934, publica um fragmento do romance inédito de V. Imbriani, *Naufragazia*. Vittorio Imbriani (1840-1886), escritor napolitano, participa das guerras de independência em 1859 e 1866, como voluntário garibaldino, passando depois a defender a monarquia dos Savoia. Seus romances, poemas e ensaios exibem latinismos, arcaísmos e formas dialetais, em estilo antimanzoniano e barroco.

14. A Academia dos *Lincei*, fundada em Roma, em 1603, pelo botânico Federico Cesi (1585-1630), é a primeira e mais prestigiosa academia científica italiana. Esta Academia está ligada, ainda, a Galileo Galilei, a quem acolhe em seus quadros e defende nas controvérsias com as autoridades eclesiásticas.

15. Cf. caderno 13, no vol. 3.

16. Anton Francesco Doni (1513-1574), escritor e editor, tem uma original produção, em que se destacam, além da sátira utópica comentada neste parágrafo, os volumes *Librerie* (um dos primeiros exemplos da arte da bibliografia, com informação e comentários sobre textos de seu tempo) e *I Marmi* (uma série de diálogos entre personagens de variada condição social, sobre temas sociais, morais, etc., nos degraus de mármore da catedral de Florença). Como editor, publica uma tradução da *Utopia*, de Morus, feita por Ortensio Lando, mencionada mais adiante.

17. Sobre Eugène Sue e o direito penal, cf., em particular, vol. 4, p. 109.

3. Dos cadernos miscelâneos

1. Durante a ocupação das fábricas turinenses, em setembro de 1920, alguns documentos da *Amma* (Associação das Indústrias Metalúrgicas e Mecânicas) foram publicados na edição piemontesa do *Avanti!*, para comprovar a existência de listas de trabalhadores "subversivos" e de outras medidas discriminatórias por parte dos empresários. Contudo, a circular mencionada por Gramsci, recomendando a não contratação de operários da Itália Central e Meridional, não se encontra entre estes papéis.

2. Giovanni Agnelli (1866-1945) funda a companhia Fiat de automóveis em 1899. Em poucas décadas, a Fiat se tornaria um complexo industrial gigante, beneficiado, inclusive, por encomendas militares. Depois da Primeira Guerra, G. Agnelli comanda a oposição dos industriais contra os sindicatos e outros movimentos da esquerda. Mussolini faz dele senador em 1923. Ricardo Gualino (1879-1964), além de ocupar posições de destaque no mundo empresarial, como a vice-presidência da Fiat, atua como mecenas no campo da cultura. Em 1931, R. Gualino, confinado na Ilha de Lipari, publica um livro de memórias, *Frammenti di vita*. A propósito de R. Gualino, cf. vol. 1, p. 403, e vol. 6, caderno 6, § 42 e caderno 14, § 7.

3. No conto "Fortezza", de Edmondo De Amicis, um carabineiro é torturado por bandidos sicilianos, ainda que não tenha a língua cortada. De Luigi Pirandello, ver o conto "L'altro figlio" (1905). G. Salvemini, na *Unità* de 30 de dezembro de 1911, critica o racismo de setores da imprensa no tratamento da questão dos italianos feitos prisioneiros na guerra da Líbia e cita, entre outros livros, o de Giovanni D'Adamo, *Il gran mascherone della civiltà* (Nápoles, 1897). Para Salvemini, tratava-se de também lembrar a ferocidade dos "cavalheiros" italianos cinquenta anos antes, na supressão do *brigantaggio* e da revolta de Palermo.

4. De modo sumário, Gramsci relaciona tópicos tratados mais extensamente em seu ensaio de 1926, "Alguns temas da questão meridional", cit., p. 141-148 e 152-153. Sobre a candidatura turinense do meridionalista G. Salvemini, cf., também, neste volume, p. 372-373. Em Turim, um pequeno grupo de comunistas consegue transformar a sessão inaugural de uma associação estreitamente *regionalista* — a *Giovane Sardegna* — num círculo sardo *socialista*, aberto à aliança com os operários do Norte. A Brigada Sassari, de formação regional, enviada para reprimir as agitações de 1917, torna-se alvo da ação política dos comunistas, que não só a neutralizam como instrumento repressivo como também influem duradouramente na consciência dos camponeses sardos que a compõem. Também por obra dos comunistas, depois do movimento de ocupação das fábricas, é derrotada uma proposta de gestão cooperativa, apresentada pela direção da Fiat. A ideia, apoiada pelos socialistas reformistas, submeteria a cooperativa ao pagamento de dividendos fixos aos proprietários e, de um modo geral, segundo os comunistas, subordinaria o operariado de Turim à política de G. Giolitti. Por fim, na cidade de

Reggio Emilia, baluarte do socialismo reformista, uma proposta análoga de cooperativismo é rejeitada pela ação, entre os demais operários, de apenas um comunista enviado de Turim. Gramsci menciona, ainda, o livro de Giovanni Zibordi, *Saggio sulla storia del movimento operaio in Italia. Camillo Prampolini e i lavoratori reggiani* (2ª ed., Bari, 1930). Camillo Prampolini (1859-1930), importante político socialista, cria em Reggio Emilia, em 1886, o jornal *La Giustizia*, ponto de referência da corrente reformista. É um dos fundadores do Partido Socialista, em 1892. Sobre C. Prampolini, cf., também, vol. 1, p. 481.

5. Piero Gobetti e Guido Dorso — e o livro deste último, *La rivoluzione meridionale* — também são discutidos em "Alguns aspectos da questão meridional", cit., p. 162-165. "Cordeiros e coelhos" é o título de um bem-humorado, mas cáustico, artigo de 1919, "Agnelli e conigli", agora recolhido em A. Gramsci, *Scritti giovanili 1914-1918*, Turim, Einaudi, 1958, p. 350-352. O artigo denuncia o protecionismo que, no mercado turinense, impede o consumo da carne de cordeiro sardo e estimula o da carne de coelho do Piemonte. Este foi um dos tópicos da ação política entre os pastores e camponeses sardos da Brigada Sassari ("B.S.", no texto). Não se conhece o sentido da expressão "Minas-Ferrovias".

6. Tal como no anterior § 57, Gramsci também retoma em todo este parágrafo, de modo sumário, tópicos difusamente tratados no ensaio "Alguns temas da questão meridional", cit., p. 148-150. Sobre o discurso de E. Ferri, cf., neste volume, p. 207-208. Sobre Roberto Forges Davanzati, cf. vol. 1, p. 478. Sobre Maurizio Maraviglia, cf. vol. 3, p. 403-404.

7. Eligio Cacciaguerra (1878-1918) funda em 1911 a Liga Democrata-Cristã, cujo órgão, *L'Azione*, é publicado na cidade emiliana de Cesena. Sobre o modernismo religioso, cf., *inter alia*, vol. 1, p. 476, além do caderno 20, "Ação Católica — Católicos integristas — Jesuítas — Modernistas", publicado integralmente no vol. 4.

8. Giuseppe Giulietti (1879-1953), fundador de uma combativa Federação dos Marinheiros, tem acidentada carreira: condecorado na Primeira Guerra, defende a aventura de Gabriele D'Annunzio em Fiume. Suas relações com o fascismo são conflituosas: confinado em 1926, supostamente por corrupção, viria posteriormente a aderir ao regime. Sobre G. Giulietti, cf., também, vol. 1, p. 114.

9. Gioacchino Ventura (1792-1861), orador e teólogo de orientação tomista, defende ideias democráticas e antimonárquicas, com base no Evangelho. Em 1847, profere famosa oração fúnebre por Daniel O'Connell, nacionalista irlandês morto em Gênova. Em 1848, elogia os liberais mortos em Viena e apoia a República Romana, mesmo depois da fuga de Pio IX. Com a tomada de Roma pelas tropas francesas, parte para o exílio voluntário na própria França, onde morreria. As expressões entre parênteses e em itálico indicam rubricas nas quais Gramsci pretendia retomar o presente parágrafo, que resta porém como texto B.

10. Referência ao conflito industrial de 1919, em Turim, quando o jornal *La Stampa*, de orientação giolittiana, busca contrapor técnicos e operários. Sobre este tema, cf., também, "Alguns temas da questão meridional", cit., p. 152.

11. Raffaele Garofalo (1851-1934), influente jurista de orientação conservadora, parece ser a fonte anônima, citada pelo jornal *Epoca*, que critica o abuso da administração da justiça por meio de circulares, durante o Gabinete Bonomi (1921-1922). Paradoxalmente, R. Garofalo defende a independência da magistratura contra o excessivo poder concentrado no Executivo. Sobre R. Garofalo, cf., em particular, vol. 2, p. 131.

12. Trata-se da "Milícia Voluntária para a Segurança Nacional", criada por Mussolini, em 1923, para tentar enquadrar os esquadrões fascistas dos camisas-negras.

13. George Macaulay Trevelyan (1876-1962), professor de História Moderna em Cambridge, também é o autor de um livro sobre Garibaldi. Sobre Daniele Manin, cf. vol. 4, p. 369.

14. Aldo Finzi (1891-1944), velho partidário de G. D'Annunzio e deputado desde 1921, torna-se um dos auxiliares mais próximos de Mussolini. Apesar de judeu, não é atingido pelas leis antissemitas de 1938. Expulso do Partido Fascista em 1942, é uma das vítimas do célebre massacre das Fossas Ardeatinas, em 1944, perpetrado pelos nazistas.

15. Raffaello Lambruschini (1788-1873), padre e pedagogo, destaca-se por sua orientação liberal-moderada, que o faz apoiar a unidade italiana e defender uma reforma institucional da Igreja. Cavour torna-o senador, após a anexação da Toscana ao Piemonte.

16. Quase todo o material deste parágrafo reproduz, não raro literalmente, o artigo mencionado de "Verax" (Tommaso Titoni). As observações de Gramsci estão sempre entre parênteses, às vezes entre aspas e, em dois casos, estão assinaladas pelas iniciais "A.G." Sobre T. Tittoni, cf., *inter alia*, vol. 2, p. 293, vol. 3, p. 369, e, neste volume, p. 184-185 e 210-213.

17. Sobre Alberto De Stefani, cf. vol. 4, p. 391. Giuseppe Volpi (1877-1947), industrial e homem de finanças, sucede a De Stefani como ministro das Finanças, em 1926. Volpi renegocia a dívida de guerra italiana com a Inglaterra e os Estados Unidos e consolida a dívida pública em geral. Deixa o cargo em 1928, mas, mesmo em suas atividades empresariais e como presidente da Confederação das Indústrias, continua como figura muito influente do fascismo até 1942. Em 18 de agosto de 1926, Mussolini pronuncia um famoso discurso em Pesaro, em que propõe uma política de defesa da moeda, à semelhança de outros países europeus, como a Inglaterra: 1 esterlino comprava 90 liras em 1922 e 150 em 1926. Para tanto, adota-se uma política deflacionista, com restrição de crédito e arrocho salarial, além do "Empréstimo do Litório" em novembro de 1926, ou seja, a troca de bônus do Tesouro por títulos de longo prazo. O objetivo é atingido em dezembro de 1927, embora à custa de compressão do mercado interno e dificuldades do setor exportador, o que suscita reticências em áreas do próprio governo, a começar pelo ministro Volpi.

18. Verax, "Problemi finanziari", cit., p. 296. Ênfase de Gramsci.

19. Ibid. p. 300. Ênfase de Gramsci.

20. Ibid. p. 303. Ênfase no original.

21. Ibid. p. 306.

22. A lista dos artigos de L. Luzzatti aparece no fim de seu necrológio, assinado por Tommaso Titoni, diretor da *Nuova Antologia*. Sobre Luigi Luzzatti, cf. vol. 2, p. 306.

23. Derrotado Napoleão em Leipzig (1813), J. Murat tenta evitar o colapso do Reino de Nápoles e busca se aproximar da Áustria e da Inglaterra. Mas, quando Napoleão foge da Ilha de Elba, Murat volta-se contra os austríacos e exorta os italianos à luta pela independência. Derrotado, refugia-se na Córsega e morre fuzilado na tentativa de reconquistar Nápoles.

24. Em 1857, num esforço para "normalizar" as áreas italianas sob domínio austríaco, Maximiliano de Habsburgo, irmão do imperador Francisco José, substitui Joseph Radetzky, o vencedor dos piemonteses em Custosa e em Novara.

25. Sobre Carlo Cattaneo, cf. vol. 2, p. 299. Gramsci volta a tratar de C. Cattaneo, *inter alia*, neste volume, p. 256-257.

26. Marco Minghetti (1818-1886), líder da direita, confere prioridade ao equilíbrio orçamentário e à consolidação do novo Estado italiano. Em 1873, chefiaria o último gabinete conservador, antes que a esquerda, de Agostino Depretis, passasse a controlar o Parlamento. Giovanni Lanza (1810-1882) é um político de centro-direita, que desempenha vários cargos de relevo ainda sob Cavour, no Piemonte. Em 1864, membro do Gabinete dirigido por Alfonso Ferrero Lamarmora, renuncia ao Ministério do Interior por discordar do imposto sobre a moagem do trigo proposto pelo então ministro das Finanças, Q. Sella. Opõe-se, em seguida, ao monopólio do tabaco, proposto durante o gabinete direitista e clerical de Luigi Federico Menabrea. Entre 1869 e 1873, com a queda de Menabrea, torna-se primeiro-ministro e indica Q. Sella como figura-chave do ministério.

27. Enrico Cialdini (1813-1892), ajudante de ordens de Vítor Emanuel II, elege-se deputado e, em 1864, é nomeado senador. Tem importante papel tanto na repressão aos movimentos antiunitários no Reino das Duas Sicílias, a partir de 1860, quanto na transferência da capital do reino para Florença, função que esta cidade exerce entre 1865 e 1870.

28. Theodor Mommsen (1817-1903), historiador alemão e Prêmio Nobel em 1902, renova os estudos da Antiguidade latina, especialmente com sua *História romana* (1856-1885). O episódio da resposta de Q. Sella a T. Mommsen também está na *Storia d'Italia dal 1871 al 1915*, de Croce (3ª ed., Bári, 1928). No discurso que Mussolini pronuncia na Câmara em 13 de maio de 1929, depois da assinatura dos Tratados de Latrão, existe a seguinte passagem: "A Itália tem o singular privilégio, do qual nos devemos orgulhar, de ser a única nação europeia a servir como sede de uma religião universal."

29. Em Amba Alagi, em 1895, as tropas etíopes de Menelik, mais numerosas e mais bem armadas, vencem a guarnição italiana. Tem início aí a derrocada dessa tentativa da Itália para se estabelecer na África Oriental.

30. Luigi Luccheni (1873-1910), anarquista, assassina a imperadora austríaca Elisabete, em Genebra, em 1898. A ele Pascoli dedica uma ode, "Nel carcere di Ginevra".

31. Em *Les Carnets* (Paris, 1927), Georges Louis reproduz algumas opiniões de diplomatas estrangeiros sobre Tommaso Tittoni, que, entre 1909 e 1916, nos anos de preparação e no período inicial da Primeira Guerra, fora embaixador em Paris. Além disso, aborda as relações entre T. Tittoni e Aleksandr Isvolski, embaixador da Rússia em Paris. René Marchand, *Un Livre Noir. Diplomatie d'avant-guerre et de guerre d'après les documents des archives russes*, Paris, 1927.

32. Em outubro de 1909, em Racconigi, residência de verão da Casa Real no Piemonte, Vítor Emanuel III e o czar Nicolau II assinam um acordo secreto, visando a apoiar mutuamente os interesses russos no Estreito de Bósforo e os interesses italianos no Norte da África, bem como se comprometendo a prestar informações sobre toda e qualquer negociação com uma terceira potência sobre questões do Leste europeu. No entanto, apenas alguns dias mais tarde, a Itália faria um novo movimento diplomático em direção à Áustria-Hungria, ignorando os termos do acordo de Racconigi.

33. Alberto Lumbroso, *Le origini economiche e diplomatiche della guerra mondiale*, Milão, 1926-1928. O livro de A. Lumbroso examina, especialmente, a história da expansão colonial da Inglaterra. Sobre A. Lumbroso, cf., em particular, vol. 2, p. 305. Sobre o incidente diplomático com os navios franceses *Carthage* e *Manouba*, cf., também, vol. 3, p. 215-216.

34. Em "Per la verità storica", T. Tittoni recorda o fato de serem vizinhas, em Paris, as sedes diplomáticas da Itália e da Rússia, fato do qual ele próprio se valera, anteriormente, em seus contatos com Isvolski. No novo contexto do poder soviético, esta alusão — dirigida ao conde Gaetano Manzoni, embaixador italiano na França, em 1928 — adquire, evidentemente, um significado ambíguo: Gaetano Manzoni, que ainda por cima fora embaixador em Moscou, podia — "consciente ou inconscientemente" — manter algum contato inconveniente com os soviéticos, segundo a "grosseira" sugestão de T. Tittoni.

35. Na verdade, o "escândalo" mencionado acontece em 1923. Numa sessão do Senado, ao ser Lenin mencionado casualmente, T. Tittoni interrompe

o orador e declara: "O Senado manifesta seu desprezo pelo nome que V. Exa. acaba de pronunciar." Esta frase, no entanto, foi cortada na transcrição da sessão, fato que o governo italiano usa em sua resposta ao protesto diplomático apresentado pela embaixada soviética.

36. Sobre François-August Koenigstein, dito "Ravachol", cf. vol. 4, p. 359.

37. Gramsci refere-se ao § 44 do caderno 1, um texto A, que ele retoma, supra, no caderno 19, § 24.

38. É bastante consistente a tese de que o governo inglês, depois de interceptar a correspondência entre os irmãos Bandiera e Mazzini, tenha informado previamente o governo napolitano sobre a expedição revolucionária. Lorde Aberdeen era, então, o ministro de Relações Exteriores.

39. Em 1848, na Lombardia, o engenheiro Paulo Fambri (1827-1897) alista-se como voluntário contra o Exército austríaco, do qual havia desertado. Depois da derrota, foragido no Piemonte, seria novamente voluntário da causa da unidade, antes de abraçar a política e o jornalismo. P. Fambri manteria, ainda, constante interesse sobre questões militares. A opinião negativa de Plon-Plon — Napoleão José Carlos Bonaparte (1822-1891), filho de Jerônimo Bonaparte — sobre os voluntários italianos aparece na *Vita di Cavour*, de Alfredo Panzini, cit.

40. Camillo de Franceschi afirma, no artigo citado: "O irredentismo, apesar do que possam ter asseverado em contrário os apregoadores do materialismo histórico e da luta de classes, que não se envergonharam de defini-lo, de má-fé, um equívoco intencional dirigido para entorpecer no povo o sentimento de fraternidade universal, foi a vitória da ideologia política sentimental sobre a ideologia utilitária."

41. Tomaso Monicelli (1883-1946), inicialmente crítico teatral do *Avanti!* e também autor de peças de fundo social, edita o semanário milanês *Viandante*, entre 1909 e 1910, antes de abraçar o nacionalismo e dirigir importantes jornais italianos, já sob o fascismo.

42. Provavelmente, Gramsci refere-se, aqui, à polêmica de Stalin contra os socialistas austríacos (particularmente Otto Bauer e Karl Renner), em seu ensaio de 1913, "O marxismo e o problema nacional". In J. Stalin, *O marxismo e o problema nacional e colonial,* São Paulo, Ciências Humanas, 1979, p. 1-62.

43. Ludo Moritz Hartmann (1865-1924), especialista em história italiana e membro da social-democracia austríaca, publica, na verdade, dois artigos na revista *Unità*, em 1915, em favor de um acordo entre Itália e Áustria. Estes artigos reaparecem na introdução de seu livro, *Il Risorgimento. Le basi dell'Italia moderna: 1815-1915*, 2ª ed., Florença, 1924. Em dezembro de 1910, a revista *Voce* dedica dois números especiais ao problema do irredentismo, com artigos, entre outros, de Angelo Vivante, Giuseppe Prezzolini, Giuseppe Antonio Borgese e Benito Mussolini. Em geral, estes artigos desaprovam o irredentismo nacionalista, mas defendem os interesses das minorias italianas no Império Austro-Húngaro. A recuperação dos territórios da *Italia irredenta*, isto é, ainda em poder da Áustria, é um dos motivos básicos da entrada da Itália na Primeira Guerra. Em 1919, o Tratado de Versalhes ratificaria boa parte das reivindicações irredentistas.

44. Cf., neste volume, p. 156-171.

45. Sobre Costantino Nigra, cf. vol. 3, p. 389.

46. Ivanoe Bonomi, *Leonida Bissolati e il movimento socialista in Italia*, Milão, 1928. Outra referência a Bonomi e a Bissolati, no contexto da influência cultural de Croce, pode ser encontrada no vol. 1, p. 288.

47. Sobre Filippo Buonarroti, cf. vol. 3, p. 378.

48. Em maio de 1797, envolvida na campanha napoleônica contra a Áustria, a República de Veneza, então dominada por um patriciado restrito e decadente, rende-se incondicionalmente aos franceses. O Tratado de Campoformio, no final do mesmo ano, atribuiria a Veneza e a Dalmácia aos austríacos, em troca de concessões aos franceses na Bélgica, na margem esquerda do Reno e na própria Itália.

49. Marc Monnier (1829-1885), poeta e crítico florentino de nascimento, mas de ascendência suíça, escreve originalmente em francês. Em 1862, sai a edição italiana dos dois livros mencionados, dedicados, respectivamente, ao *brigantaggio* meridional e ao submundo napolitano.

50. Sobre este mesmo artigo, cf., neste volume, p. 208.

51. Sobre este mesmo artigo, cf., neste volume, p. 219.

52. Antonio Ranieri (1806-1888), escritor napolitano lembrado por sua colaboração com o poeta Giacomo Leopardi, passa muitos anos exilado

em outras regiões da península e também no exterior. Elege-se deputado entre 1861 e 1881, antes de ser indicado senador do reino.

53. Em outros pontos dos *Cadernos*, Gramsci menciona os "fatos de agosto de 1917", em Turim: uma revolta popular contra a carestia, a falta de pão e a própria guerra, mas sem vínculo orgânico entre os revoltosos e os socialistas. Cf., por exemplo, vol. 2, p. 214-220, e, neste volume, p. 291-294.

54. O socialista Guido Mazzali contribui, frequentemente, sobretudo entre 1925 e 1926, para a revista *Conscientia*, de orientação neocalvinista, editada por Giuseppe Gangale (1898-1978), até ser fechada pelo fascismo em 1932. No artigo "Engels e l'anabattismo", publicado em 31 de outubro de 1925, G. Mazzali critica o que considera a incompreensão engelsiana da Reforma: "Se os adversários de [Thomas] Münzer haviam reduzido *celeradamente Deus à condição de um homenzinho pintado*, Engels o destituiu estupidamente de qualquer atributo [...]. Tomado inteiramente pela tese de que na base de todo movimento histórico está sempre um fato econômico, não teve tempo nem possibilidade de entender em seu justo valor a Reforma, que se punha e se efetivava simultaneamente como causa e efeito da civilização capitalista, que batia à porta com urgência."

55. Sobre Léon Daudet, cf. vol. 3, p. 375.

56. No texto de J. De Maistre, *Vedremo* (literalmente, "veremos") indica tergiversação ou incapacidade de tomar posição num sentido ou noutro. Gramsci recorre, neste parágrafo, a um artigo de Niccolò Rodolico, "Guelfismo e nazionalismo de Giuseppe De Maistre", publicado na *Nuova Antologia* de 16 de abril de 1928. Este mesmo artigo de N. Rodolico é citado no vol. 4, p. 194-196. Sobre De Maistre, cf. vol. 4, p. 376-377.

57. Em francês no original.

58. Filippo Virgili, "L'espansione della cultura italiana", *Nuova Antologia*, 1º de dezembro de 1928. Este artigo de F. Virgilii também é aproveitado no vol. 2, p. 93.

59. Sobre Francesco Crispi — e sua tentativa de expansão colonial, que fracassa na Etiópia —, cf., neste volume, p. 71-72 e 359.

60. Sobre a "semana vermelha" de junho de 1914, cf. vol. 3, p. 369. O ensaio de Giovanni Papini, "I fatti di giugno" (*Lacerba*, 15 de junho de 1914), volta a ser mencionado no caderno 23, § 8, no vol. 6. O ensaio de Gaetano Salvemini (Rerum Scriptor), "Una rivoluzione senza programma" (*Unità*, 19 de junho de 1914), reaparece neste volume, p. 298.

61. A atenção de Gramsci para o jurista e historiador P. Ellero (1833-1933), e sua conexão com a "história das classes subalternas", nasce de um artigo não assinado, "Il pensiero sociale di S. Agostino. La funzione disciplinatrice del Cristianesimo", publicado pela *Civiltà Cattolica* em 3 de setembro de 1932. Diz o artigo: "Em seu livro — inteiramente esquecido —, Pietro Ellero afirmava que o Evangelho estava animado pelo *princípio antipolítico*, que formava um tipo de cidadão que 'não poderia jamais se tornar magistrado, soldado, cortesão, súdito ou rebelde'."

62. Em setembro de 1864, o governo italiano de Marco Minghetti assina uma convenção com Napoleão III, protetor do que restara dos Estados Papais. Nos termos do acordo, as tropas francesas seriam retiradas de Roma em dois anos, período no qual Pio IX arregimentaria um exército internacional com funções apenas defensivas. O reino da Itália, além de renunciar à conquista de Roma, designaria outra cidade — precisamente, Florença — como a nova capital. Os protestos populares contra o acordo, especialmente em Turim, são duramente reprimidos, com dezenas de mortes. Apesar do descontentamento popular e de sua própria falta de entusiasmo pelo acordo, Vítor Emanuel II transfere sua residência para Florença.

63. Cipriano e Giona La Gala pertencem à grande onda de *brigantaggio* meridional entre 1860 e 1870, relacionada à reação antiunitária e à tentativa de restauração bourbonista. Os La Gala possuem passaporte do Vaticano, com visto francês e espanhol: daí as complicações diplomáticas advindas de sua prisão e subsequente condenação à morte no reino da Itália. Sobre o episódio da detenção em Gênova, cf. vol. 4, p. 205.

64. Concebido como uma espécie de embrião de partido, o Comitê Nacional Italiano, fundado em Londres, em 1850, por Giuseppe Mazzini, tem como objetivo a libertação total da Itália e sua transformação numa república unitária.

65. Gianforte Suardi, "Quando e come i cattolici poterono partecipare alle elezioni politiche", *Nuova Antologia*, 1º de novembro de 1927. Sobre este artigo, cf. vol. 4, p. 200-202.

66. Em abril de 1908, um tribunal de Milão processa e condena o Padre Giovanni Riva a 16 anos de reclusão, por graves delitos sexuais contra meninas de um colégio de freiras. Por favorecimento, também foi condenada a 10 meses de cárcere a diretora do instituto, irmã Maria Giuseppina Fumagalli. Gramsci também se refere a este fato no caderno 23, § 9, no vol. 6.

67. Filippo Meda (sobre quem, cf. vol. 4, p. 375) e Giulio Rodinò são importantes políticos católicos de orientação centrista ou moderada, que participam do Partido Popular desde sua fundação, em 1919, pelo Padre Luigi Sturzo. Guido Migliogli, também membro deste Partido, pertence à ala esquerda. Sobre G. Miglioli, cf., por exemplo, vol. 1, p. 472.

68. Cf., neste volume, p. 185-186.

69. Giuseppe Prina (1766-1814), ministro do reino da Itália, indicado por Napoleão, é assassinado pela multidão milanesa rebelada, em abril de 1814, pouco depois da derrota do próprio Napoleão. Em seguida, em plena Restauração, Milão e a Lombardia voltariam a ser ocupadas pela Áustria.

70. Nicolau de Cusa, filósofo e teólogo, é nomeado cardeal em 1448, apesar de combater a corrupção do clero católico e antecipar temas da Reforma protestante. Em suas obras filosóficas, sobretudo *A douta ignorância* e o *O Deus oculto*, consideradas uma antecipação da dialética moderna, Cusa defende a tese de que tanto Deus quanto o mundo são realidades infinitas formadas por uma unidade de contrários (*coincidentia oppositorum*), o que o levou a se chocar com a física aristotélica então dominante. Paolo Rotta (1873-1962), estudioso católico de filosofia antiga e medieval, é o autor de *Il cardinale Nicolo di Cusa, la vita e il pensiero* (Milão, 1928).

71. Entre 1499 e 1503, César Bórgia (ou Valentino, filho do papa Alexandre VI, sobre quem cf., em particular, vol. 3, p. 360) derrota os nobres da Romanha e reafirma a suzerania papal sobre a região. Com a morte de Alexandre VI, em 1503, o poder de Valentino entra em colapso: Veneza, então, anexa a Romanha. Em 1508, o papa Júlio II organiza a Liga de Cambrai, contra os venezianos, reunindo, entre outros, Maximiliano I, da Áustria, Luís XII, da França, e Fernando II, de Aragão. Ao readquirir controle sobre a Romanha, com a derrota de Veneza, Júlio

II muda rapidamente o sistema de alianças, formando com os próprios venezianos, agora enfraquecidos, a Sagrada Liga, para expulsar os franceses e, possivelmente, tornar-se o elemento dominante na península.

72. Ao longo dos *Cadernos*, e não apenas neste volume mas sobretudo no vol. 2, cf. os inúmeros parágrafos dedicados ao caráter e à função cosmopolita dos intelectuais italianos.

73. Sobre Bernard Groethuysen, cf. vol. 2, p. 294.

74. Sobre Leon Battista Alberti, cf. vol. 2, p. 292. Mais adiante, na p. 222, Gramsci menciona novamente Alberti como intelectual representativo do novo *ethos* burguês. Nos quatro volumes de *Della Famiglia*, publicados em 1437-1438, Alberti celebra em diálogos o valor da família, da educação e do dever cívico, além de alertar para a inconstância da fortuna e a necessidade de uma vida frugal.

75. Baldassarre Castiglione (1478-1529) publica, em 1528, *O cortesão*, um compêndio do ideal aristocrático de comportamento, linguagem e adestramento militar, largamente difundido em seu tempo. Sobre B. Castiglione, cf., também, vol. 2, p. 129 e 134.

76. Antonio Bruers (1887-1954), prolífico autodidata de inspiração dannunziana, desenvolve um eclético sistema filosófico, em que se misturam ciência, fé, idealismo, imanentismo, catolicismo e fascismo. Tem papel de destaque na cultura oficial, como vice-chanceler da Academia da Itália entre 1929 e 1943. Sobre A. Bruers, cf., em particular, vol. 1, p. 119, e caderno 1, § 99, no vol. 6.

77. Em 1898, por causa do aumento da taxa alfandegária sobre a farinha e o consequente aumento do pão, distúrbios sociais explodem em várias cidades. Em Milão, particularmente, o general Beccaris reprime duramente as manifestações, matando cerca de cem pessoas, ferindo e prendendo milhares de outras. Proclama-se o estado de sítio. Curiosamente, o Estado italiano teme a associação entre "vermelhos" (os socialistas e anarquistas) e "negros" (os setores clericais), fechando jornais democráticos e católicos e até mesmo dissolvendo comitês diocesanos e paroquiais. Todos os artigos de Maggiorino Ferraris mencionados no parágrafo aparecem na *Nuova Antologia*, nas datas indicadas. Sobre M. Ferraris, cf. vol. 2, p. 122.

78. Garibaldi controla a Sicília em julho de 1860, pondo fim ao domínio dos Bourbon na ilha. Vítor Emanuel II pede oficialmente a Garibaldi o encerramento da campanha, mas secretamente faz saber que não se oporia à continuação da luta. Garibaldi cruza o Estreito de Messina em agosto e, no mês seguinte, entra triunfalmente em Nápoles.

79. Michele Amari (1806-1889), notável estudioso da história siciliana, inclusive o período medieval de dominação árabe, opõe-se firmemente aos Bourbon e, antes de 1848, exila-se em Paris. Também participa da vida política da Sicília e da Itália unificada, como senador e ministro da Educação. Entre seus livros, está *La guerra del Vespro siciliano*, de 1842. Sobre as "Vésperas" sicilianas, cf. vol. 3, p. 384.

80. Vittorio Emanuele Orlando (1860-1952), natural de Palermo, como M. Amari, é o primeiro-ministro italiano entre 1917 e 1919. Em 1922, Orlando tenta formar um governo com a presença dos fascistas; mais tarde, porém, se afasta do regime mussoliniano. Em 1925, por exemplo, os fascistas o acusam de defender interesses mafiosos, ao apoiar candidatos da oposição em eleições locais. No segundo pós-guerra, V. E. Orlando voltaria a ter participação política destacada como constituinte.

81. Em 1806, Napoleão toma Nápoles, obrigando Fernando de Bourbon a fugir para a Sicília. Pressionado pelos ingleses, que o apoiam na ilha, a atenuar seu absolutismo, Fernando concede aos sicilianos uma Constituição em 1812. Vencido Napoleão, Fernando restaura o Reino das Duas Sicílias segundo o padrão absolutista. Em 1820, nova rebelião eclode em Nápoles e na Sicília. Os napolitanos obtêm uma Constituição liberal, mas se opõem violentamente às exigências sicilianas não só de retorno à Constituição de 1812, como também, basicamente, de independência.

82. A referência incidental a Agnolo Pandolfini deriva do fato de que, erroneamente, durante muito tempo, atribuiu-se a ele o terceiro livro de *Della Famiglia*, de L. B. Alberti. Sobre Giovanni della Casa, cf. vol. 2, p. 293.

83. Sobre Vittorio Cian, cf. vol. 3, p. 377.

84. Vittorio Rossi (1865-1938), professor e historiador de Literatura, torna-se presidente da prestigiosa Academia dos *Lincei*, em 1933. É autor de muitos estudos importantes sobre a literatura dos séculos XV e XVI.

85. A maioria das notas gramscianas sobre "intelectuais italianos" está reunida no vol. 2, *passim*. Citado em outros pontos dos Cadernos (cf., por exemplo, vol. 2, p. 122), Gramsci possui no cárcere o livro de H. Pirenne, *Les villes du Moyen Age: Essai d'histoire économique et sociale*, Bruxelas, 1927. Henri Pirenne (1862-1935), historiador belga, adquire reputação internacional por vários trabalhos sobre a dissolução do Império Romano e o regresso a formas econômicas agrárias e quase autárquicas na Idade Média, bem como a posterior retomada da vida urbana e do comércio. Relevante, ainda, é a contribuição de Pirenne sobre a história nacional da Bélgica.

86. Sobre estes artigos de Ezio Levi, recolhidos no volume *Castelli di Spagna* (Milão, 1931), cf. vol. 4, p. 27. E. Levi volta a ser mencionado neste volume, p. 259-260.

87. Sobre a questão das línguas ditas vulgares — e o paralelo entre França e Itália, com referência ao significado do Juramento de Estrasburgo —, cf., também, vol. 2, p. 79-83. Na Basílica de São Clemente, em Roma, há um afresco do final do século XI, no qual o nobre Sisínio ordena que três fâmulos — "Puxem, puxem, filhos da puta" — amarrem e arrastem São Clemente, milagrosamente confundido com algumas colunas, arrastadas em seu lugar. Trata-se de uma inscrição famosa, por ser um dos primeiríssimos registros do "vulgar" italiano.

88. Sobre Girolamo Savonarola, cf. vol. 3, p. 361. Gramsci volta a mencionar seu papel político em Florença neste volume, p. 334. Marco Berardi, o rei Marcone, é uma legendária figura popular do século XVI, condenado como herético pela Inquisição. Forma um pequeno exército, com o qual desafia, valentemente, o domínio espanhol na Calábria. Excomungado pela Igreja, procurado a peso de ouro e, afinal, completamente isolado, o rei Marcone é encontrado morto, somente em companhia da mulher.

89. Cola di Rienzo (1313-1354), de origem popular, tenta restabelecer a antiga República Romana em 1347, quando Roma está nas mãos de algumas poucas famílias nobres e o papado tem sua sede em Avinhão. Sua tentativa de reformar, como "tribuno do povo" e libertador de Roma, as estruturas do poder na cidade, a ideia de torná-la a capital de toda a península e até a pretensão de arbitrar a rivalidade entre Luís, o Bávaro, e Carlos IV, em torno do Sacro Império Romano — tudo

isso faz reunir, contra ele, uma poderosa coligação, que o derrota no fim de 1347. Cola de Rienzo morre em 1354, vítima de uma multidão enfurecida, numa segunda tentativa de governar Roma, dessa vez com o apoio do papa Inocêncio VI.

90. A escola poética siciliana, em língua vulgar, está ligada à corte do imperador Frederico II (1194-1250). No entanto, nem a escola poética nem o próprio poder político de Frederico II estão limitados à Sicília, espalhando sua influência para o Norte da península, pelo menos até a Toscana e a Romanha. Sobre Frederico II, cf., em particular, vol. 2, p. 110, e, neste volume, p. 243-244. Pier delle Vigne (1180-1249), calabrês de origem popular, estuda Direito em Bolonha e se torna importante auxiliar de Frederico II, de cujo reino esboça o estatuto, as *Constitutiones regni utriusque Siciliae*. Mais tarde, cai em desgraça e morre numa prisão toscana: segundo Dante (*Inferno*, canto 13, versos 52-78), é um suicida. De sua obra, restam muitas cartas oficiais em latim e alguns poemas em língua vulgar. Berardo Caracciolo ou mestre Berardo (1230?-1293), napolitano de família nobre, exerce atividade diplomática sob diversos papas e mantém grande influência na Cúria. É autor de várias cartas apostólicas e documentos oficiais em latim medieval, que sobreviveram em inúmeros manuscristos. Heinz (Enzo) de Hohenstaufen (1220-1272), filho de Frederico II, depois de um ataque a Bolonha em 1249, é feito prisioneiro pelo resto da vida. Enzo é também um dos poetas da "escola siciliana", embora quase nada de sua poesia tenha chegado até nós.

91. Guido De Ruggiero, "Erasmo e la Riforma", *La Nuova Italia*, janeiro de 1930. Este artigo consiste em trechos do livro mencionado por Gramsci, publicado no mesmo ano. Sobre G. De Ruggiero, um crociano que, em 1925, escreve uma clássica *História do liberalismo europeu*, cf., também, vol. 1, p. 479.

92. Sobre Félicité-Robert de La Mennais (ou Lamennais), cf., em particular, vol. 4, p. 234-235.

93. Ludovico Muratori (1672-1750), em sua vasta atividade de erudito, dedica-se especialmente à reconstituição da Idade Média italiana, em séries como os *Annali d'Italia*. Também interessado em temas morais de seu tempo, é acusado de jansenista pelos jesuítas. O historiador Pietro Colletta — em sua *Storia del reame di Napoli dal 1734 fino al 1825*,

publicada em 1834 — avalia positivamente alguns aspectos econômicos e sociais da Real Colônia de San Leucio, uma comunidade de caráter utópico, dedicada à agricultura e à manufatura da seda. Patrocinada pelo próprio Fernando de Bourbon, na segunda metade do século XVIII, San Leucio tem sua vida rigidamente codificada, segundo os princípios de uma comunidade ideal. Sobre Pietro Colletta, cf. vol. 3, p. 390.

94. Gramsci situa Riccardo Bacchelli, episodicamente, entre os escritores ditos "lorianos" (cf. vol. 2, p. 258); mas, sobre este autor, deve-se ver também caderno 23, § 33, no vol. 6.

95. Sobre o particularismo do "homem de Guicciardini", uma indicação crítica de Francesco De Sanctis que Gramsci frequentemente retoma, cf., em particular, vol. 1, p. 473.

96. Samuel Butler (1835-1902), em *Erewhon*, satiriza os costumes e as injustiças da época vitoriana, descrevendo um país imaginário cujas leis seriam contrárias às da Inglaterra. Em 1901, há uma nova edição do livro, *Erewhon revisited*.

97. Sobre Giuseppe Bottai, cf. vol. 3, p. 405. Sobre Giovanni Verga, cf. vol. 2, p. 285. O adjetivo "crispino" deriva do político siciliano Francesco Crispi.

98. Nunzio Nasi (1850-1935), deputado siciliano e ministro da Educação entre 1901 e 1903, no Gabinete Giuseppe Zanardelli, é acusado de irregularidades à frente do ministério. Privado de imunidade (entre seus inimigos, está o novo primeiro-ministro, Giovanni Giolitti), N. Nasi é submetido a investigação criminal e condenado a onze meses de prisão, em 1908, mesmo contando com forte apoio de sua base eleitoral siciliana, que o considera vítima de perseguição política.

99. Francesco Lomonaco (1772-1810), discípulo napolitano de Condillac, é uma das lideranças jacobinas da República Partenopeia. Com a derrota, parte para a França, onde apresenta um famoso relatório a Lazare Carnot, ministro da Guerra, sobre "as causas secretas" da catástrofre napolitana. Além de criticar o comportamento dos franceses, que abandonaram os republicanos à pesada reação dos Bourbon, F. Lomonaco defende não só a independência como a unidade italiana.

100. Publicado em 1929, o livro de G. Toffanin é pedido por Gramsci numa carta a Tania Schucht, datada de 23 de novembro de 1931 (cf. A. Gramsci,

Lettere dal carcere, ed. Antonio A. Santucci, Palermo, Sellerio, 1996, vol. 2, p. 498). Sobre Giuseppe Toffanin (1891-1980), sua concepção do Renascimento e, particularmente, do Humanismo, cf. vol. 2, p. 151-154.

101. Cf., neste volume, p. 224-237.

102. Por *Monte* deve-se entender, aqui, uma instituição pública de crédito.

103. No capítulo XXIV do livro primeiro de *O capital* — "A chamada acumulação primitiva" —, Marx se ocupa da função e importância da dívida pública. In K. Marx, *O capital*, Rio de Janeiro, Civilização Brasileira, 1998, livro 1, vol. 2, p. 828-882.

104. Raoul Ghezzi, *Comunisti, Industriali e Fascisti a Torino. 1920-1923. Cronistoria degli avvenimenti principali e Commento di critica interpretativa e ricostruttiva*, Turim, 1923.

105. Não há, nos *Cadernos*, nenhuma referência adicional à polêmica entre os historiadores Antonio Panella e Aldo Valori, por ocasião do quarto centenário do cerco de Florença e do fim de um novo e breve período republicano. Tal período tem início em 1527, quando o exército de Carlos V, do Sacro Império, saqueia a Roma de Clemente VII, um papa da família Médici, que também acaba derrotada em Florença. Francesco Ferrucci (1489-1530), comissário de guerra florentino, defende a cidade longamente sitiada pelas tropas de Carlos V e do próprio Clemente VII, que, reconciliados, lutam, agora, para restaurar o poder dos Médici. Mesmo ferido, é executado por Fabrizio Maramaldo, *condottiere* a serviço do imperador, contra quem lança uma invectiva famosa: "Covarde, você está matando um homem morto!"

106. Por "conservadores municipalistas" devem-se entender os que continuam ligados à tradição do Estado regional, contra a política nacional para a qual termina por se orientar o Piemonte.

107. Melchiorre Gioia (1767-1829), político e publicista de mente enciclopédica, torna-se, em 1801, historiógrafo da chamada República Cisalpina. Formada em 1797, na Itália Setentrional, por Napoleão Bonaparte, esta República se transformaria no Reino da Itália em 1804, também sob inspiração de Bonaparte.

108. Sobre os conceitos de guelfismo e gibelinismo, cf. vol. 2, p. 292.

109. Cf. vol. 3, p. 242-244.

110. Ferdinando Martini (1841-1928), ministro da Educação entre 1892 e 1893, é apontado governador da Eritreia, entre 1897 e 1900, e ministro das Colônias, entre 1914 e 1916. Torna-se senador em 1923. Sobre seu livro, cf., neste volume, p. 257-259.

111. Sobre Cavour, a diplomacia e a revolução, cf., neste volume, p. 278-279.

112. Cf., neste volume, p. 62-87.

113. Antonio Aniante (1900-1983), pseudônimo do romancista e teatrólogo Antonio Rapisarda, um "sicilianista" com passagem pelo fascismo, muda-se para a França em 1930, onde escreve *Vie et aventures de Marco Polo*, premiado pela Academia Francesa em 1938. Emilio Lussu (1890-1975), legendário combatente da "Brigada Sassari", funda o Partido Sardo de Ação, no primeiro pós-guerra. Em Roma, no período anterior ao cárcere, é um interlocutor relativamente frequente de Gramsci, sobre as condições dos camponeses da Sardenha. Exilado antifascista em Paris, E. Lussu também seria um dos fundadores do movimento socialista-liberal *Giustizia e Libertà*.

114. O jurista Gian Domenico Romagnosi (1761-1835), mestre de Carlo Cattaneo, torna-se suspeito diante dos austríacos, em 1821, por seu passado patriota e liberal. Detido por conspiração, perde a autorização para ensinar. Em seus últimos anos, dedica-se em particular à economia e à filosofia. Sobre o nexo Romagnosi-Cattaneo, cf. vol. 1, p. 447.

115. A polêmica entre Antonio Panella e Mario Puccioni, sobre o papel dos moderados toscanos em 1859, acontece ao longo de dezembro de 1927. Em abril de 1859, inicia-se a guerra contra a Áustria, com o apoio de Napoleão III. Os ducados de Parma e Módena, além da Toscana, unem-se ao Piemonte, depois das vitórias de Magenta e Solferino. Napoleão III, no entanto, estabelece uma paz em separado com os austríacos, ainda em julho de 1859, e a unificação italiana ficaria, ainda, como tarefa não resolvida. Sobre M. Puccioni e sua defesa dos moderados toscanos, cf., neste volume, p. 279-281.

116. Giovanni Nicotera (1828-1894), discípulo de Luigi Settembrini, participa de várias campanhas militares (a defesa da República de Roma, em 1849, a expedição garibaldina dos Mil) e se elege deputado em 1861.

Seria também ministro do Interior no Gabinete Depretis (o primeiro governo da "Esquerda") e no Gabinete Di Rudinì.

117. Em dialeto piemontês no original.

118. Em 1056, no Norte da península itálica, Arialdo e Pandolfo fundam a heresia "paterina", que só admitia como oração o Padre Nosso, para combater a corrupção do clero.

119. Felice Tocco, *L'eresia nel Medioevo*, Florença, 1884; Gioacchino Volpe, *Movimenti religiosi e sette ereticali nella società medievale italiana (secoli XI-XIV)*, Florença, 1922.

120. Emilio De Bono (1866-1944), oficial na guerra da Eritreia e da Líbia e general durante a Primeira Guerra, adere ao fascismo e, como "quadrúnviro", ajuda a organizar a Marcha sobre Roma. Em 1935, participa da aventura colonial no Norte da África, comandando as tropas italianas no início da guerra da Etiópia. Ministro de Estado em 1942, De Bono participa da reunião do Grande Conselho Fascista, em julho de 1943, que leva à destituição de Mussolini. Com a ajuda alemã, este reconquista o poder no Norte da Itália: De Bono, acusado de traição, é fuzilado por decisão do chamado Tribunal de Verona. Italo Balbo (1896-1940), oficial na Primeira Guerra, torna-se organizador de violentos esquadrões fascistas, especialmente na região de Ferrara. Também toma parte, como "quadrúnviro", na direção da Marcha sobre Roma e, no fascismo, desempenha importantes funções na milícia e na Aeronáutica, inclusive como ministro. Realiza travessias aéreas sobre o Atlântico, uma das quais para o Rio de Janeiro, em 1930-1931.

121. Francesco Crispi, *I Mille*, 2ª ed., Milão, 1927.

122. Giuseppe Cesare Abba, *Uomini e soldati. Letture per l'esercito e pel popolo*, Bolonha, 1890.

123. Sobre o desastre militar de Caporetto na Primeira Guerra, diante dos austríacos e dos alemães, cf. vol. 3, p. 177-180 e 231-234.

124. Giovan Pietro Vieusseux (1779-1863), comerciante de origem genebrina, funda em Florença, em 1819, um importante Gabinete Literário, ainda hoje existente. Nele, era possível encontrar publicações italianas e estrangeiras, muitas vezes censuradas em outros lugares da Itália.

Através de suas várias revistas, o Gabinete Vieusseux se transforma num centro irradiador das ideias nacionalistas e reformistas, além de ponto de contato com a grande cultura europeia: ao longo do tempo, foram sócios estrangeiros do Gabinete, entre outros, Stendhal, Schopenhauer, Dostoiévski, Zola e Gide. Sobre G.P. Vieusseux, cf. vol. 2, p. 235.

125. Escrito de memória, este parágrafo tem apenas uma incorreção: o primeiro jornal de G. Brunati, mencionado por Gramsci, chama-se *La Monarchia*, não *Il Sovrano*; cf., neste volume, p. 339. Giuseppe Brunati (1881-1949), jornalista e romancista, é um dos representantes do grupo fascista monárquico e anti-iluminista, que funda, em 1922, uma "Associazione imperialista monarchica italiana", contra o regime liberal e parlamentar. Confirmando a referência final de Gramsci, o *Sabaudo*, em 17 de janeiro de 1925, afirma com destaque: "A distribuição puramente comunista só é possível com a Monarquia"; ou então: "O comunismo extremado reside puramente no absolutismo monárquico."

126. Em alguns outros pontos, Gramsci refere-se à Constituição espanhola de 1812 e à análise que Marx lhe dedica; cf., por exemplo, vol. 3, p. 299-302; vol. 4, p. 66-67, e, neste volume, p. 113 e 282-283. Baldomero Espartero (1793-1879), que teria amplo papel na política espanhola do século XIX, luta contra a ocupação dos franceses de Napoleão, na Guerra de Independência (1808-1814). A resistência popular conduz, em 1812, à primeira Constituição da Espanha, marcada pelos princípios liberais da soberania nacional e da separação de poderes, mas duramente combatida pelos absolutistas (clero e aristocracia, além da massa camponesa sob hegemonia destes setores).

127. Augustin Thierry (1795-1856), um dos principais historiadores românticos, influenciado por Saint-Simon e por Walter Scott, escreve particularmente sobre as invasões germânicas, a conquista normanda da Inglaterra e a construção gradual das instituições liberais. Dois de seus livros, *Histoire de la conquête de l'Angleterre par les Normands* (1825) e *Récits des temps mérovingiens* (1840), conhecem amplo sucesso de público.

128. Gramsci descreve, provavelmente, algum tipo de tensão entre os fascistas ainda relativamente "legalistas" e os adeptos de uma solução abertamente "revolucionária", às vésperas da Marcha sobre Roma, em 28 de outubro de 1922. O quartel-general dos fascistas estava instalado

em Perúgia, na Úmbria, pronto para se deslocar até a capital: no número especial da *Gerarchia*, de outubro de 1927, Michele Bianchi faz a "estranha" referência anotada por Gramsci: M. Bianchi afirma, simplesmente, não ter conseguido contactar Vecchi em Roma, a não ser indiretamente, em 27 de outubro de 1922, para se reunirem em Perúgia para a jornada decisiva. Cesare Maria De Vecchi (1884-1959), representante da corrente católico-conservadora e monarquista no Partido Fascista, é um dos "quadrúnviros" que dirigiram a Marcha sobre Roma. Envolve-se na questão colonial como governador da Somália, a partir de 1923, e se torna embaixador da Itália junto ao Vaticano após a Conciliação. Ministro da Educação em 1935-1936, De Vecchi participa, ainda, do Grande Conselho Fascista. No pós-fascismo, condenado à morte, refugia-se na Argentina, sendo depois anistiado. Michele Bianchi (1883-1930), de origem socialista e sindicalista (como Mussolini), também participa da liderança da Marcha sobre Roma. Primeiro secretário-geral do Partido Fascista, desempenha funções burocráticas importantes, até se tornar ministro de Obras Públicas em 1929.

129. Severino Ferrari (1856-1905), poeta e filólogo, além de discípulo predileto de Giosuè Carducci, é amigo fraterno de Giovanni Pascoli, com quem mantém significativa correspondência. "Il Mago" é um pequeno poema satírico, em que se acham traços de Ugo Brilli, outro discípulo de Carducci.

130. Mario Camis, "Intorno alle condizioni alimentari del popolo italiano. Considerazioni statistico-fisiologiche", *La Riforma Sociale*, janeiro-fevereiro de 1926. Este mesmo artigo de M. Camis aparece citado no vol. 4, p. 266. Arrigo Serpieri, *La guerra e le classi rurali italiane*, Bari-New Haven, 1930. Arrigo Serpieri (1877-1959), conhecido especialista em questão agrária, trabalha, sob o fascismo, num bem-sucedido programa de defesa do solo, reflorestamento e irrigação. Gramsci possui no cárcere este livro de A. Serpieri e também o cita no vol. 4, p. 270-271.

131. Cf., neste volume, p. 73.

132. Giuseppe Musolino (1875-1956), um calabrês injustamente condenado em 1898, torna-se, ao fugir do cárcere, um legendário *brigante*, que, entre outras façanhas, se vinga dos acusadores e vira uma espécie de versão popular do conde de Monte Cristo. Novamente preso e condenado à prisão perpétua, enlouquece no cárcere.

133. Na mencionada conferência, N. V. Testa afirma: "Não se passava um santo dia sem que acontecesse alguma desordem; e, num domingo de abril de 1848, um pároco não hesitou em pregar, na igreja, que se poria à frente do povo e, 'com a bandoleira cheia de pedras, com enxadas e machados afiados, promoveria um tumulto, pois tudo era comunismo, todos eram irmãos'!"

134. Francesco De Sanctis (1817-1883), originalmente discípulo de Basilio Puoti (sobre este último, cf. vol. 2, p. 284), participa da insurreição de 1848 contra os Bourbon. Encarcerado entre 1850 e 1853, parte para o exílio, primeiro em Turim, depois em Zurique. Libertada a Itália Meridional nos anos 1860, De Sanctis retorna à pátria e se dedica intensamente à política (governador de Avelino, reformador da Universidade de Nápoles, ministro da Educação em vários gabinetes) e à literatura. A crítica literária de De Sanctis, especialmente a célebre *Storia della Letteratura Italiana* (1870-1871), traz a marca da estética hegeliana e é fundamental para o conhecimento da literatura e da sociedade italiana entre os séculos XIII e XIX. Gramsci comenta a obra de De Sanctis em várias passagens do vol. 6. Cf., em especial, caderno 23, §1.

135. Em março de 1862, com o Gabinete Urbano Rattazzi, parece haver melhores condições para completar a unificação territorial. Garibaldi reúne voluntários no Sul e se dirige para Roma, mas Rattazzi, temeroso da reação austríaca e também francesa (tropas de Napoleão III protegiam o papa Pio IX, em Roma), lança o Exército contra Garibaldi. Em agosto, Garibaldi é ferido e preso em Aspromonte, na Calábria. O governo Rattazzi cai logo em seguida, com a comoção pública gerada pelo confronto.

136. Antonio Mordini (1819-1902), ministro do governo provisório na Toscana, em 1849, destaca-se, sobretudo, como o representante de Garibaldi na Sicília, com poderes ditatoriais, em 1860. Preso depois de Aspromonte, termina por retomar sua cadeira de deputado, por várias legislaturas, e ser indicado senador, em 1896. Sobre as "coisas da Sicília", referidas por F. De Sanctis, cf., neste volume, p. 61-62.

137. Referência às agitações camponesas (ocupação de terras) e operárias (ocupação de fábricas) em 1919-1920, às quais se segue a reação fascista.

138. Sobre o artigo de Guido Bustico, "Gioachino Murat nelle memorie inedite del generale Rossetti", cf., neste volume, p. 172-173.

139. Entre 18 e 22 de março de 1848, uma rebelião popular consegue derrotar em Milão, ainda que provisoriamente, as tropas regulares da Áustria. No conselho de guerra milanês, Carlo Cattaneo é a personalidade de maior destaque: exilado em Paris, após o retorno dos austríacos em 6 de agosto, criticaria duramente o papel dúbio de Carlos Alberto num texto famoso, *L'insurrection de Milan 1848*.

140. Eugenio Rignano, *Per una riforma socialista del diritto successorio*, Bolonha, 1920. Eugenio Rignano (1870-1930), engenheiro industrial formado em Turim, é autor de vasta obra em economia política, sociologia, filosofia e educação. Está entre os fundadores, em 1907, da revista internacional *Scientia*, que Gramsci menciona no vol. 2, p. 206, ao lado do *Politecnico*, de Carlo Cattaneo.

141. Sobre Guglielmo Ferrero, cf. vol. 1, p. 478.

142. Um decreto real de 1913 nomeia para o Senado três socialistas reformistas do grupo de Leonida Bissolati: Francesco Lorenzo Pullé, Gerolamo Gatti e Luigi della Torre. Em declaração ao jornal *Il Mattino*, de Nápoles, Pullé alardeia, em meio à ironia geral: "Entro para o Senado com minha bandeira socialista, sem dela dobrar sequer uma fímbria."

143. Grigori Aleksandrovitch Potemkin (1739-1791), marechal russo e favorito de Catarina II, distingue-se nas guerras contra o Império Otomano e na anexação da Crimeia, em 1783. A viagem de Catarina à Crimeia, em 1787, seria um retumbante sucesso pessoal de Potemkin: conta-se que ele teria até mesmo erguido prósperas aldeias falsas no roteiro percorrido pela czarina. A partir de então, o termo "aldeia de Potemkin" designa uma tentativa de ocultar artificialmente realidades vergonhosas ou desagradáveis.

144. Sobre a orientação de *Il Secolo*, cf. vol. 2, p. 195-196 e 214-220 (em que Gramsci situa o jornal milanês, sinteticamente, na tradição do Partido de Ação).

145. Cf., neste volume, p. 177.

146. Francesco Coletti (1866-1940), professor de Economia Política e estatístico, passa longo período na Sardenha, ocupando-se de aspectos da vida social e econômica da ilha, em especial a criminalidade. Gramsci possui, no cárcere, um importante livro de F. Coletti sobre o problema da emigração, os *Studi sulla popolazione italiana in pace e in guerra*, de 1923.

147. O livro de D. Guerri, *Correnti popolari nel Rinascimento. Berte, burle e baie nella Firenze del Brunellesco e del Burchiello*, publicado em 1931, reaparece na p. 340 deste volume. Domenico Guerri (1880-1934) é autor de importantes trabalhos sobre Dante, Boccaccio e Maquiavel.

148. Giulio Augusto Levi (1879-1951), professor de Literatura Italiana atingido em 1938 pelo antissemitismo do regime fascista, é um renomado especialista em Giacomo Leopardi, a quem dedica monumental biografia em 1931. Nas citações de seu artigo publicado na *Nuova Italia*, os grifos são de Gramsci.

149. Este parágrafo sobre Filippo Lo Vetere — cujo livro, *Il movimento agricolo siciliano*, sai em 1903 — tem como fonte seu necrológio, publicado na revista *I problemi del lavoro*, de Rinaldo Rigola (1868-1954), dirigente sindical e socialista reformista.

150. Em Túri, Gramsci tem em mãos o livro mencionado de "Rerum Scriptor" (Gaetano Salvemini), publicado em 1922. Neste parágrafo, o "socialismo camponês" de Salvemini, meridionalista intransigente, é criticado por acarretar a contraposição com o sindicalismo reformista do Norte, o qual, por sua vez, aparece efetivamente como subalterno ao industrialismo protecionista. O episódio das eleições de Molfetta (cf., neste volume, p. 372-373) oferece um exemplo alternativo de aliança entre os operários turinenses e os camponeses do Sul, defendida por Gramsci.

151. Sobre estes acontecimentos de 1917 e muitos de seus personagens, cf., em particular, vol. 2, p. 214-220. Gramsci comete, aqui, uma imprecisão de data: o governo Boselli perde apoio parlamentar apenas no dia 25 de outubro. Paolo Boselli (1838-1932), protecionista e nacionalista, como Crispi, tem longa carreira política, marcada por preocupações com o desenvolvimento industrial e a formação técnico-científica. Decano da Câmara dos Deputados, em 20 de maio de 1915, apresenta o relatório que autoriza plenos poderes ao Executivo em caso de guerra. Em 1916, com a queda de Salandra, P. Boselli aparece como o único capaz de guiar um governo de coalizão nacional — com a participação, inclusive, dos socialistas reformistas Bissolati e Bonomi —, que dura até a derrota de Caporetto, no ano seguinte. No pós-guerra, desloca-se cada vez mais à direita, até apoiar, em 1922, a tomada de poder pelos fascistas.

152. Giuseppe Canepa, por ocasião da revolta turinense de agosto de 1917, encobre retoricamente sua "inépcia" — o termo é de Gramsci: cf. vol. 2,

p. 214-220 — com uma evocação do método experimental defendido pela *Accademia del Cimento*, fundada em Florença, no século XVII. Atribui-se jocosamente a Filippo Perrelli (1707-1789), religioso napolitano transformado em personagem de várias anedotas populares, um peculiar "método" de criação de cavalos, curando-os até mesmo da "doença" da fome.

153. Luigi Ambrosini, *Fra Galdino alla cerca. Per la coscienza politica dei popolari*, Milão, 1920. Sobre a orientação do *La Stampa*, de Turim, cf., em particular, vol. 2, p. 214-220.

154. A leitura deste trecho de *Certezze*, de Silvio D'Amico — "Sulle orme d'un martirio. Visita alla prigione di Silvio Pellico", no *Resto del Carlino* —, causa profundo impacto em Gramsci, então com a saúde muito abalada. Em 23 de maio de 1932, escreve à cunhada Tania (Tatiana) Schucht, pedindo-lhe, inclusive, que comente com Piero Sraffa a lamentável condição a que fora reduzido Confalonieri, tal como se deduz do texto de S. D'Amico. Cf. A. Gramsci, *Lettere dal carcere*, cit., vol. 2, p. 579. O historiador Paolo Spriano interpreta o episódio como uma maneira indireta de fazer saber a Tania e a Sraffa que Gramsci recusaria qualquer pedido de clemência em seu favor por parte de familiares: "Por nós interpelado em 1967, o professor Sraffa nos confirmou que aquele era exatamente o modo imaginado para advertir contra qualquer iniciativa lesiva à própria dignidade, que ele [Gramsci] jamais aceitaria, como, de resto, diz repetidamente, de viva voz, a Tatiana. Seria um suicídio moral e ele não pretende se suicidar." In P. Spriano, *Gramsci in carcere e il partito*, Roma, Riuniti, 1977, p. 64.

155. Giorgio Sonnino, líder da direita tradicional no fim do século XIX e no início do século XX, advoga, em seu famoso artigo de 1897, o retorno da Itália ao Estatuto concedido por Carlos Alberto ao Piemonte, em 1848. A direita de G. Sonnino e A. Salandra, seu afilhado político, só viria a ocupar estavelmente o poder no Gabinete intervencionista por ocasião da Primeira Guerra, depois do longo período giolitttiano.

156. Cf., neste volume, p. 208.

157. Em 6 de janeiro de 1913, tropas do governo atiram contra manifestantes em Roccagorga, uma pequena cidade não do Sul, mas do Lácio, matando 8 pessoas e ferindo várias dezenas. O termo "meridional", que Gramsci

coloca entre aspas, significa que este tipo de ação repressiva era comum no *Mezzogiorno* italiano, predominantemente rural. Benito Mussolini — então diretor do jornal socialista *Avanti!* — realiza ampla campanha em torno do massacre, o que o levaria a ser incriminado judicialmente, ao lado de outros colaboradores, como Giuseppe Scalarini.

158. Sobre Antonio Salandra, primeiro-ministro (1914-1916), Giorgio Sonnino, ministro das Relações Exteriores (1914-1919), e o Pacto de Londres — assinado secretamente, em 26 de abril de 1915, entre a Itália e os países-chave da *Entente* (França, Rússia e Inglaterra) —, cf., em particular, vol. 3, p. 205-206.

159. O. Czernin, *Im Weltkrieg* [Na guerra mundial], Berlim-Viena, 1919. Ottokar Czernin (1872-1932), ministro austro-húngaro do Exterior entre dezembro de 1916 e abril de 1918, busca negociar a paz, mas sem se dispor a fazer concessões à Itália nem abrir mão dos interesses austríacos nos Bálcãs. Czernin sai do governo, depois que o primeiro--ministro francês Clemenceau torna públicas, em 1918, as tentativas secretas de negociação empreendidas no ano anterior pelo Príncipe Sisto de Bourbon-Parma, cunhado de Carlos IV, imperador austro-húngaro. Nestas tratativas, desconhecidas por O. Czernin, Carlos IV reconhece a exigência francesa de anexar a Alsácia-Lorena, o que perturba seriamente as relações entre a Áustria e a Alemanha.

160. Sobre Pietro Badoglio, cf. vol. 3, p. 380-381.

161. Na cidade grega de Lepanto, na entrada do Golfo de Corinto, em 1571, registra-se a primeira grande derrota do Império Otomano contra a esquadra aliada de espanhóis e venezianos (e outros "italianos").

162. Giacomo Antonelli (1806-1876), secretário de Estado do Vaticano desde 1848, tem sua carreira intimamente ligada às vicissitudes do pontificado de Pio IX: a proclamação da República Romana em 1849, a restauração posterior do absolutismo papal, a ação político-diplomática contra o *Risorgimento*. Até 1870, é praticamente o administrador da cidade de Roma.

163. Em 1926, Enrico Mizzi (1885-1950) funda o Partido Nacionalista, em defesa da presença italiana na estratégica Ilha de Malta, sob domínio inglês entre 1800-1964. E. Mizzi, porém, não havia estado entre os

fundadores do Partido Nacionalista Italiano, como afirma a imprensa inglesa, que Gramsci acompanha pela *Rassegna settimanale della stampa estera* e pelo *Manchester Weekly Guardian*. Sobre a fundação do Partido Nacionalista Italiano, cf., neste volume, p. 174-175.

164. Michele Bianchi e Umberto Pasella, que se tornariam dirigentes do sindicalismo fascista, dirigem como anarcossindicalistas as lutas agrárias na província de Ferrara, sobretudo entre 1905 e 1907. Atribuem-se aos anarcossindicalistas, nesse período, inúmeros incêndios ocorridos no campo, em prejuízo das colheitas e das instalações de agricultores e grandes proprietários, hostis ao movimento dos assalariados rurais. Daí a definição de "tática do pau de fósforo".

165. Cf. "Il nuovo regolamento per l'esercito. Le norme di impiego delle truppe in servizio di P. S.", *Corriere della Sera*, 1º de junho de 1932.

166. Gramsci anota a aparente distância pública tomada por Ricciotti Garibaldi em relação aos atos oficiais pelos cinquenta anos da morte do avô. Sobre Ricciotti Garibaldi pesaria a grave acusação de estar a serviço de Mussolini já durante os anos 1920, quando, exilado na França, estava próximo dos emigrados anarquistas.

167. Entre os "talentos italianos" no tempo da Reforma, mencionados por A. Oriani, está Gerolamo Cardano (1501-1576), médico, astrólogo e matemático, cujo livro *Ars magna* constitui um dos fundamentos da álgebra; Marco Antonio Flaminio (1498-1550), autor representativo da poesia renascentista em latim e especialista em Aristóteles; Jacopo Nardi (1476-1563), importante historiador florentino e, como partidário republicano de Girolamo Savonarola, inimigo da família Médici; Renata D'Este (1510-1575), filha do francês Luís XII, que, em Ferrara, converte-se ao luteranismo e acolhe pensadores "heréticos", inclusive Calvino, contra a vontade do marido, Ercole II; e Lelio Socini (1525-1562), reformador religioso, que nega a divindade de Cristo e a Trindade Divina, como ideias contrárias ao monoteísmo. Stefano Porcari, também mencionado por A. Oriani, tenta instaurar uma espécie de República laica, em Roma, durante o pontificado de Nicolau V, e é enforcado em 1453. Já Francesco Burlamacchi — na pequena República de Lucca, atravessada por agitações sociais, políticas (contra a Florença dos Médici) e religiosas (filoluteranismo) — conspira para transformar a Toscana numa federação de cidades livres, sob a proteção da França. É decapitado em 1548.

168. Virgilio Brocchi se refere ao socialista maximalista Giacinto Menotti Serrati, diretor do *Avanti!* a partir de 1914, que empreende uma ativa batalha contra a intervenção italiana na guerra. Sobre G. M. Serrati, cf. vol. 2, p. 301.

169. Cf., neste volume, p. 267-269 e 309-310.

170. Em 1892, no Congresso de Gênova, nasce o Partido Socialista Italiano.

171. Sobre Cesare Pascarella, cf. vol. 2, p. 297.

172. Do historiador livornense Pietro Vigo (1856-1918), Gramsci possui seis dos sete volumes dos *Annali d'Italia: Storia degli ultimi trent'anni del secolo XIX*, publicados entre 1908 e 1915. O jornalista, dramaturgo e deputado radical Felice Cavallotti (1842-1898) polemiza, em várias ocasiões, com Costanzo Chauvet, que, de 1875 até 1918, dirige *Il Popolo Romano*, um jornal governista. Gramsci volta a se ocupar do jornalista e escritor Edoardo Scarfoglio (1860-1917) e seu *Il libro di don Chisciotte* (Milão, 1925) no caderno 4, § 68, no vol. 6. E. Scarfoglio é o fundador do jornal napolitano *Il Mattino*, várias vezes citado nos *Cadernos*.

173. Cf. Gino Doria, "Carlo Alberto", *La Nuova Italia*, 20 de março de 1931. Angelo Camillo De Meis (1817-1891), da escola hegeliana de Nápoles, cujos expoentes são Bertrando Spaventa e Francesco De Sanctis, é o autor de *Il sovrano: saggio di filosofia politica con riferenza all'Italia*, publicado em 1868 e republicado (por Croce) em 1927. De formação médico-científica, De Meis é um dos animadores, entre 1867 e 1870, da *Rivista bolognese*, uma das principais expressões deste hegelianismo que se opõe, simultaneamente, ao positivismo e ao espiritualismo tradicional, mas que se expressa politicamente de modo muito variado. Sobre o tema do monarquismo, cf., neste volume, p. 339.

174. Sobre Charles Maurras, cf. vol. 2, p. 303.

175. Gramsci possui, no cárcere, a primeira edição (1921) do livro de Croce, cujas páginas, às vezes, cita com precisão: cf., por exemplo, neste volume, p. 34. Na segunda edição do livro (1930), aparece o ensaio "Intorno alle condizioni presenti della storiografia italiana", que Gramsci pôde ler na revista *Critica*, em 1929. Quanto ao livro de G. Volpe, Gramsci possui a primeira edição (1927), mas tem notícia apenas indireta do prefácio à terceira edição, de 1931.

176. Camille Jullian, *Histoire de la Gaule*, Paris, 1907-1928. Sobre este mesmo livro de C. Jullian (1859-1933), cf. vol. 2, p. 114.

177. Em sua obra crítica, especialmente num estudo sobre Giacomo Leopardi, de 1881, Francesco Montefredini, discípulo menor de F. De Sanctis, ressalta a estranheza essencial das grandes individualidades em relação às "massas" e ao próprio contexto nacional, como teria sido o caso de Giordano Bruno e do próprio Leopardi.

178. As *Carte di Arborea* são uma coletânea de documentos sobre a história, a língua e a literatura sarda, sobre cuja falsidade não há mais dúvidas. Circulam na metade do século XIX, dentro do clima romântico-nacionalista que atravessa a Europa da época, como "prova" da conexão especial do sardo com o latim e, em geral, como arma de propaganda das reivindicações da Sardenha.

179. Sobre o paralelo Proudhon-Gioberti, cf., em particular, vol. 3, p. 50. Sobre a relação entre a derrota da Comuna parisiense e o pensamento de G. Sorel, cf., *inter alia*, vol. 1, p. 212-223 e 271.

180. Na *Miséria da filosofia* (São Paulo, Ciências Humanas, 1982), deve-se ver, particularmente, no cap. 2, "Metafísica da economia política", a primeira seção sobre o método.

181. O historiador inglês Bolton King (1860-1937) publica dois livros pioneiros: uma *História da unidade italiana*, em 1899, e uma biografia de G. Mazzini, em 1902. Também muito influente é seu livro *L'Italia oggi*, em que dá particular relevo às questões do *Mezzogiorno*, no contexto do problema nacional italiano. Por sugestão de Croce, este livro aparece em italiano em 1902, logo depois da edição inglesa original.

182. Gerolamo Ramorino (1792-1849), militar com passagem pelo Exército de Napoleão, participa do movimento constitucional no Piemonte, em 1821, da insurrreição polonesa, em 1831, e da tentativa mazziniana de invadir a Savoia — então sob controle do reino piemontês —, a partir da Suíça, em 1834. Em 1849, no posto de comandante de divisão, é tido como um dos culpados da derrota de Novara e fuzilado.

183. Cf., por exemplo, vol. 3, p. 232.

184. Sobre os princípios deduzidos do "Prefácio" de 1859 à *Contribuição à crítica da economia política*, bem como sobre os três momentos da análise de uma relação de forças, cf. vol. 3, p. 36-46.

185. Em textos reunidos no *Risorgimento senza eroe*, cit., P. Gobetti valoriza o papel do piemontês Luigi Ornato (1787-1842), filósofo, estudioso e tradutor de Marco Aurélio e Jacobi. Depois de Vittorio Alfieri, segundo Gobetti, L. Ornato teria significado um novo passo na construção de uma elite nacional, contribuindo, para tanto, com um cristianismo platonizante e um conceito de liberdade romântico, que superam as limitações do dogma católico tradicionalista.

186. Na revista *Il Cimento*, que sai entre 1852 e 1856, o filósofo Bertrando Spaventa e o crítico Francesco De Sanctis, entre outros intelectuais laicos, travam acesa polêmica com os escritores da *Civiltà Cattolica*. Sobre L. Taparelli, cf., neste volume, p. 172.

187. Na *Critica Fascista*, em 1º de maio de 1933, aparece o artigo "Pensiero religioso contemporaneo", assinado por "Novus": "No *Saggiatore* de fevereiro último, a oposição entre religião e Estado é formulada de modo muito rude: a primeira se traduz numa subjetividade relevante, diante da maciça, visível e potente objetividade do segundo. Volta-se, em substância, à definição, já deduzida do materialismo histórico, da religião como *privatsache*, assunto privado." Sobre as posições do grupo de *Il Saggiatore*, cf. vol. 4, p. 148-151. Sobre a fórmula da religião como "assunto privado", Gramsci pode também ter em mente as palavras de Lenin em *O Estado e a Revolução*. In V. I. Lenin, *Obras escolhidas*, Lisboa, 1978, vol. 2, p. 272-274.

188. Cecil Roth (1899-1970), renomado historiador judeu e professor de Oxford, além de seus trabalhos iniciais sobre a Itália, é autor de uma conhecida história da Inquisição na Espanha. Arnaldo Dante Momigliano (1908-1987) escreve vastíssima obra de história e historiografia: já em 1932, publica um importante trabalho sobre o imperador romano Cláudio. Judeu-piemontês, torna-se professor de História Romana na Universidade de Turim, em 1936. Em 1939, refugia-se na Inglaterra e, a partir de 1951, ensina na Universidade de Londres, de onde só sairia, em 1975, para a Universidade de Chicago. Uma síntese de suas orientações básicas encontra-se em *The Classical Foundations of Modern Historiography*, de 1990.

189. Leão Hebreu nasce em Lisboa, por volta de 1460, e morre provavelmente em Ferrara, entre 1520 e 1535. Escreve em língua "vulgar" (italiano) os *Dialoghi d'amore*, um livro híbrido entre o tratado e a poesia, entre o platonismo e a sensualidade. Sua metafísica amorosa — o amor como princípio universal — influencia o monismo de Giordano Bruno e Spinoza, além de deixar marcas, entre outros, em Ronsard, Montaigne, Cervantes e Camões.

190. Cf. a carta de F. Engels a Filippo Turati, de 26 de janeiro de 1894, publicada com o título "La futura rivoluzione italiana e il Partito socialista", *Critica sociale*, 1º de fevereiro de 1894. Nesta carta, essencialmente, Engels adverte a Turati que não confundisse a revolução democrática (pequeno-burguesa radical), que seria a próxima revolução italiana, e a revolução socialista (propriamente operária).

191. Em seu artigo, S. Valitutti afirma: "Observou-se que o sindicalismo foi, sob muitos aspectos, uma derivação do meridionalismo e que seus líderes foram quase todos meridionais. Certamente, ele se enraizou mais nas zonas economicamente mais atrasadas." O ensaio gramsciano sobre a questão meridional, publicado pela primeira vez em 1930, em Paris, pode ter sido a fonte desta afirmação: difundido clandestinamente na Itália, teria chegado ao conhecimento de S. Valitutti através de um militante de um grupo comunista romano, segundo testemunho verbal recolhido por Valentino Gerratana (*Quaderni del carcere*, cit., p. 2950).

192. Ivanoe Bonomi, *Le vie nuove del socialismo*, Palermo, 1907.

193. Nello Rosselli, *Carlo Pisacane nel Risorgimento italiano*, Turim, 1932. Nello Rosselli (1900-1937) — assim como o irmão, Carlo, um ano mais velho — liga-se à vertente política do socialismo liberal, representada pelo movimento *Giustizia e Libertà*. Antifascistas intransigentes, morrem ambos, na França, num mesmo atentado organizado pelos *cagoulards*, terroristas da extrema direita, a mando de Galeazzo Ciano, genro de Mussolini e ministro das Relações Exteriores. Sobre Nello Rosselli, cf., neste volume, p. 335 e 344-349.

194. Giovanni Ansaldo, o "Estrela Negra" do jornalismo genovês, inicialmente liberal gobettiano e amigo dos Rossellis, adere ao regime mussoliniano e justifica abertamente, na imprensa fascista, o assassinato de Carlo e Nello. Após 1945, seria diretor do jornal napolitano *Il Mattino*, então porta-voz de alguns dos setores mais clientelistas da Democracia Cristã.

195. Leone Ginzburg, "Garibaldi e Herzen", *La Cultura*, outubro-dezembro de 1932. Sobre este artigo de L. Ginzburg, cf., ainda, neste volume, p. 345. Aleksandr Ivanovitch Herzen (1812-1870), filósofo materialista e escritor democrata, é um dos fundadores do pensamento revolucionário russo. Inicialmente saint-simoniano, aproxima-se, depois da prisão e do exílio interno (1834-1842), do anarquismo e das teorias de Proudhon. Parte para a França em 1847 e torna-se amigo de grandes intelectuais, como Michelet e Victor Hugo, e de políticos revolucionários, como Mazzini e Garibaldi. Herzen, que dedicaria especial atenção aos acontecimentos e personalidades italianas, passa os últimos vinte anos de vida na Inglaterra, editando publicações de circulação clandestina na Rússia czarista.

196. A provável fonte desta análise sobre a situação no Reino da Iugoslávia é o artigo de Umberto Nani, "La crisi della Europa centro-orientale", *Educazione fascista*, fevereiro de 1933.

197. Provavelmente, esta segunda parte do parágrafo gramsciano deriva de uma resenha de Giorgio Candeloro, publicada na *Educazione fascista* de abril de 1933, sobre o livro de Carlo Capasso, *La Unione Europea e la Grande Alleanza del 1814-15*, editado em 1932.

198. Alberto Cappa, *Cavour*, Bari, 1932. Gramsci tem conhecimento direto deste livro, no cárcere.

199. Para um tratamento geral da questão, cf., em particular, vol. 1, p. 187-189.

200. Augusto Rostagni (1892-1961), filólogo clássico e, a partir dos anos 1930, professor de Literatura Grega e Latina em Turim, é autor, entre outros livros, de uma importante *Storia della Letteratura Latina*, publicada entre 1949 e 1952. O artigo mencionado por Gramsci está publicado em números sucessivos da *Italia Letteraria* (21 e 28 de maio, 4 e 11 de junho de 1933) e reaparece em outros dois parágrafos do caderno 17: § 32, no vol. 2, p. 186-187, e § 33, neste volume, p. 349-350.

201. Cf., *inter alia*, vol. 2, p. 157-159, e, neste volume, p. 224-237 e 240.

202. Sobre Lourenço de Médici, cf. vol. 3, p. 371. Cosme, o Velho (1389-1464), riquíssimo banqueiro, encarregado, inclusive, das finanças do Vaticano, inaugura a *signoria* ou, mais precisamente, o principado florentino dos

Médici em 1434. Mecenas, reúne em torno de si pensadores neoplatônicos, como Marsilio Ficino, e artistas de exceção, como Brunelleschi, Donatello, Fra Angelico. Uma de suas mais importantes iniciativas é o Concílio Ecumênico de Florença, em 1439, que, no entanto, falha na missão de superar o cisma da Igreja do Oriente. Cosme é, também, um dos sustentáculos do Humanismo, ao promover o estudo do grego na Universidade de Florença.

203. O conde Eduardo Soderini (1853-1934), historiador com acesso aos arquivos romanos, dedica-se principalmente ao pontificado de Leão XIII, tratando do novo catolicismo social, bem como das relações do Vaticano com a Itália, a França e a Alemanha, no tempo da *Kulturkampf*. Em seu artigo, Crispolto Crispolti também se refere a F. Salata e, indiretamente, a Tancredi Galimberti (1856-1939), político piemontês no período giolittiano, ministro e senador do reino a partir de 1929. Desde o século XIX, os Galimberti estão ligados às tradições cívicas do *Risorgimento*: o pai de Tancredi, Bartolomeo, funda a *Sentinella delle Alpi*, jornal laico e anticlerical, e o filho, Duccio, assassinado em 1944, seria proclamado herói nacional italiano, por sua atuação na guerrilha antifascista. O "Arquivo Galimberti" é uma instituição ainda hoje existente, na cidade de Cuneo.

204. Todo o parágrafo resume o artigo-resenha de Arminio Janner, "Problemi del Rinascimento", retomado no § 8 deste mesmo caderno, p. 339-341. Os comentários de Gramsci estão entre parênteses. Ernst Walser (1878-1929), filólogo em línguas românicas e professor da Universidade de Basileia, é autor de estudos sobre figuras-chave do Humanismo italiano, como, entre outros, Gioviano Pontano e Gian Francesco Poggio.

205. Sobre Luigi Pulci, cf. vol. 4, p. 134. Atacado por falta de ortodoxia religiosa, por volta de 1479 L. Pulci se retrata, introduzindo algumas crenças convencionais na boca de um personagem de *Morgante*, sua epopeia burlesca. O historiador Gioacchino Volpe trata deste aspecto da vida de Pulci num ensaio de 1893, publicado no *Giornale storico della letteratura italiana*.

206. No cárcere, Gramsci certamente tem acesso direto ao livro de Gioberti *Rinnovamento civile d'Italia*, na edição de 1925, como se deduz de inúmeras referências sempre neste mesmo caderno 17: cf. vol. 1, p. 267-271, vol. 3, p. 346, e, neste volume, p. 341-343 e 344-349.

207. Esta observação gramsciana entre parênteses refere-se ao seguinte trecho do artigo citado de A. Janner: "Walser acrescenta que o que podia haver de anticlerical naqueles humanistas já se encontrava na literatura satírica medieval contra o clero. Ele não vê, aqui, um corte nítido entre Idade Média e Renascimento; tal como na Idade Média, ao lado de certas tendências críticas, coexistiam inúmeras tendências sinceramente ortodoxas, uma fé profunda também animava os humanistas autores de *facetiae* contra o clero."

208. Sobre V. Gioberti, o "nó histórico de 1848-1849" e o *Risorgimento*, cf., particularmente, neste volume, p. 119-121.

209. Costanzo Rinaudo (1847-1937), secretário de Finanças em Turim, professor de História Geral na Escola de Guerra e diretor da *Rivista storica italiana*, é um medíocre e prolífico autor de textos didáticos, meros amontoados de datas e nomes de governantes. Algumas vezes, Gramsci critica jocosamente o efeito nefasto dos livros de C. Rinaudo, em artigos pré-carcerários no *Avanti!* piemontês, como a crônica "Figlio di poveri...": "Suas infinitas conferências, os cargos que ocupa nas várias divisões e comissões escolares, serviram ao professor Rinaudo para impor seus livros-texto nas escolas. [...] As pessoas inteligentes tiveram de dar duro para esquecer as sandices que o autor dos famigerados textos de história tinha depositado em seus cérebros." In A. Gramsci, *Cronache torinesi 1913-1917*, Turim, Einaudi, p. 689-692.

210. Neste parágrafo, Gramsci utiliza o artigo de Antonio Bruers, "Il centenario della abiura di Galilei" (*Gerarchia*, agosto de 1933), que traz a citação de uma passagem da monumental *História dos papas*, em 16 volumes, do historiador católico Ludwig von Pastor (1854-1928).

211. Sobre o ensaio crociano, cf. vol. 1, p. 423.

212. Cf., neste volume, p. 276 e 344-346.

213. Gaetano Salvemini ("Rerum Scriptor"), *Mazzini*, Roma, 1920.

214. Gramsci menciona, de passagem, o boletim oficial de 4 de novembro de 1918, que anuncia o armistício da *Entente* (inclusive a Itália) com a Áustria-Hungria.

215. Ferdinando Milone (1896-1987), especialista em geografia econômica e professor, depois de 1945, na Universidade La Sapienza, de Roma, é autor de importantes obras sobre o porto de Nápoles, a Albânia e a província de Pádua, além de dedicar-se, nos *Studi sul Mezzogiorno d'Italia (Sicilia e Calabria)*, ao problema dos desequilíbrios regionais.

ÍNDICE ONOMÁSTICO

Abba, Giuseppe Cesare, 61, 98, 269, 303, 363, 374, 402
Aberdeen, Lorde George Hamilton Gordon, 190, 390
Adams, R. C., 158
Agnelli, Giovanni, 149, 150, 243, 384, 385
Agnello de Ravena, 269
Alberti, Leon Battista, 217, 222, 283, 395, 396
Albertini, Luigi, 75, 92, 373
Alessi, Rino, 117, 377
Alexandre VI (Rodrigo Bórgia), papa (1492-1503), 215, 341, 394
Alfieri, Vittorio, 413
Alighieri, Dante, 231, 232, 239, 246, 249- 251, 377, 398, 407
Amari, Michele, 220, 313, 396
Amero d'Aste, Marcello, 183
Ambrosini, Luigi, 59, 75, 294, 362, 408
Andreoli, Giuseppe, 112
Andriulli, Giuseppe A., 196
Andryane, Alexandre Philippe, 84, 124, 278, 281, 369, 370
Anelli, Luigi, 30, 355
Aniante, Antonio, 254, 401
Ansaldo, Giovanni, 76, 326-327, 368, 414
Antonelli, Giacomo, 303, 409
Anzilotti, Antonio, 156
Aporti, Ferrante, 99, 374
Appony, Antal Rudolf, 112
Arcari, Paolo, 174
Arcoleo, Giorgio, 29
Aretino, Pietro, 336
Arialdo, 402
Arrivabene, Giangaleazzo, 189
Augusto, Caio Júlio César Otaviano, triúnviro com Antônio e Lépido, imperador (31 a.C.-14 d.C.), 13, 14

Baccelli, Guido, 116, 377
Bacchelli, Riccardo, 238, 399
Bachi, Riccardo, 204
Bacon, Francis, 143
Badoglio, Pietro, 300, 409
Bainville, Jacques, 110, 128, 352
Bakunin, Mikhail Alexandrovitch, 274, 276, 285, 327, 345, 367
Balbo, Cesare, 60, 107, 113, 263, 362, 375, 379
Balbo, Italo, 51, 402
Baldasseroni, Francesco, 270
Balfour, Arthur James, conde de, 52-53
Bandiera, Attilio, 118, 189, 275, 319-320, 390
Bandiera, Emilio, 118, 189, 275, 319-320, 378, 390
Barbadoro, Bernardino, 240, 241
Barbèra, Mario, 278, 281
Barbieri, Giuseppe, 111
Bard, 271

Barzellotti, Giacomo, 131-133, 263, 381
Barzilai, Salvatore, 212
Bassini, Edoardo, 78, 188-189, 368
Battaglia, Salvatore, 259, 260
Bauer, Otto, 390
Bayle, Pierre, 378
Beccadelli, Antonio, dito Panormita, 338
Beccaris, Bava, 395
Bechi, Giulio, 149-150
Bédarida, Henri, 127
Bell, Andrew, 363
Bellamy, Richard, 351
Bellarmino, Roberto, 17, 352
Bellieni, Camillo, 254
Belloni, G. A., 256, 262
Beltrami, Luca (Polifilo), 127, 380
Beltrani Scalia, Martino, 55, 360
Beltrani Scalia, Vito, 55
Berardi, Marco, dito rei Marcone, 232, 397
Berardo de Nápoles, mestre (v. Caracciolo, Berardo)
Bernstein, Eduard, 357
Bertalanffy, L. von, 213, 214
Bertani, Agostino, 256, 266
Bertucci Balbi-Valier, 198
Besta, Fabio, 241
Bevione, Giuseppe, 174
Bianchi, Michele, 273, 304, 404, 410
Bianchieri, Giuseppe, 195
Bini, Carlo, 50-51, 359
Biscottini, Umberto, 262
Bismarck-Schönhausen, Otto von, príncipe de, 61, 104, 357, 375
Bissolati Bermagaschi, Leonida, 196, 212, 292, 391, 406, 407
Bivona, duque de, 72, 366
Bixio, Gerolamo, dito Nino, 98, 266, 374
Bizet, Georges, 360
Blum, Léon, 365
Boccaccio, Giovanni, 338, 407
Bodrero, Emilio, 174
Bollea, Luigi Cesare, 24, 195, 353
Bonald, Louis-Gabriel-Ambroise, 151
Bonaparte, Jerônimo, 390
Bonaparte, José (v. José Bonaparte, rei de Nápoles)
Bonaparte, Napoleão (v. Napoleão I)
Bonaparte, Napoleão José Carlos (Plon-Plon), 194, 390
Bonaparte, Carlos Luís Napoleão (v. Napoleão III)
Bonfadini, Romualdo, 83, 124, 369
Bonghi, Ruggero, 29, 55, 56, 57, 265, 361
Bonifácio VIII, papa (1294-1303), 230
Bonomi, Ivanoe, 93, 196, 289, 326, 373, 391, 407, 414
Bordet, Louis, 290
Borelli, Giovanni, 75
Borgese, Giuseppe Antonio, 195, 391
Borghesani, Guido, 176
Bórgia, César, dito Valentino, 215, 216, 336, 394
Boselli, Paolo, 178, 291, 292, 293, 302, 407
Bottai, Giuseppe, 239, 399
Boullier, Auguste, 152
Bourbon, Roberto de, 359
Bourbon-Parma, Sisto de, 299, 409
Brachet, Auguste, 29
Brandileone, Francesco, 220-222
Bresciani, Antonio, 361
Brilli, Ugo, 404

Brioschi, Francesco, 127, 380
Brocchi, Virgilio, 308, 411
Brofferio, Angelo, 87, 371
Bronstein (v. Trotski, Lev Davidovitch)
Bruers, Antonio, 218, 219, 344, 395, 417
Brunati, Giuseppe, 270, 339, 403
Brunelleschi, Filippo, 416
Bruni, Enrico, 289
Bruno, Giordano, 214, 307, 344, 412, 414
Bukharin, Nikolai Ivanovitch, 371
Bulferetti, Domenico, 131-133
Buonarroti, Filippo, 197, 391
Buonarroti, Michelangelo, 336
Burckhardt, Jacob, 237, 336-338, 341
Burlamacchi, Francesco, 306, 410
Bustico, Guido, 172, 173, 283, 405
Butler, Samuel, 238, 399

Cabiati, Attilio, 48, 358
Cacciaguerra, Eligio, 151, 385
Cadorna, Luigi, 102, 282, 283, 292, 300, 365, 375
Cafiero, Carlo, 382
Calábria, Duque de, 241
Calvino, João, 306, 410
Camis, Mario, 275, 404
Camões, Luiz Vaz de, 414
Camozzi, Gabriele, 107
Campanella, Tommaso, 143, 307, 344
Campello della Spina, Paolo, 211
Camper, Petrus, 144
Candeloro, Giorgio, 415
Canepa, Giuseppe, 293, 407
Canestrini, Giovanni, 240
Cantù, Cesare, 282, 352
Caparelli, Filippo, 302
Capasso, Carlo, 415
Cappa, Alberto, 330, 331, 415
Capponi, Gino, 99, 374
Caprin, Giulio, 126
Caracciolo, Berardo, dito mestre Berardo, 233, 398
Caracciolo, Francesco, 27, 354
Cardano, Gerolamo, 306, 410
Cardarelli, Vincenzo, 29
Carducci, Giosuè, 111, 123, 124, 303, 370, 374, 377, 380, 381, 404
Carini, Giacinto, 223
Carlos I, de Habsburgo, imperador da Áustria, rei da Hungria como Carlos IV (1916-1918), 367
Carlos II, de Habsburgo, rei da Espanha e da Sicília (1665-1700), 352
Carlos III (v. Carlos de Bourbon)
Carlos IV, de Luxemburgo, imperador germânico (1346-1378), 230, 397, 409
Carlos V, imperador germânico (1519-1556), rei da Espanha como Carlos I, 222, 400
Carlos Alberto, rei do Piemonte-Sardenha (1831-1849), 107, 122, 203, 218, 219, 261, 295, 312, 359, 362, 374, 376, 379, 406, 408
Carlos de Bourbon, rei das Duas Sicílias (1734) e rei da Espanha como Carlos III (1759-1788), 117, 353, 378
Carlos Félix, de Savoia, rei do Piemonte-Sardenha (1821-1831), 54, 359
Carlos Magno, rei dos francos (768-814), imperador do Ocidente (800-814), 229
Carnesecchi, Pietro, 307

Carnot, Lazare, 239, 399
Caronti, Filippo, 107, 376
Carpi, Leone, 29
Casati, Carlo, 112
Casati, Gabrio, 379
Casati-Confalonieri, Teresa, 377
Casini, Tito, 290
Cassel, Gustav, 208
Castellazzo, Luigi, 123, 124, 380
Castellini, Gualtiero, 174
Castiglione, Baldassarre, 217, 222, 395
Catilina, Lúcio Sérgio, 349
Cattaneo, Carlo, 173, 256, 270, 284, 320, 388, 401, 406
Cau, Umberto, 75
Cavalli, Armando, 265
Cavallotti, Felice, 311, 411
Cavina, Luigi, 215, 216
Cavour, Camillo Benso, conde de, 36, 40, 47, 60, 63, 70, 84, 86, 95, 173, 184, 247, 251-254, 261, 266, 278, 279, 316, 317, 319, 330, 351, 353, 365, 370, 375, 376, 379, 386, 388, 401, 415
Ceria, Luigi, 126
Cervantes Saavedra, Miguel de, 414
César, Caio Júlio, 42, 104, 141
Cesarotti, Melchiorre, 111
Cesi, Federico, 143, 383
Chabod, Federico, 307
Chambord, Henri-Charles-Ferdinand de Bourbon, conde de, 32, 356
Chauvet, Costanzo, 311, 411
Chiattone, Domenico, 281
Chiòrboli, Ezio, 144, 145
Cialdini, Enrico, 176, 388
Cian, Vittorio, 222, 223, 274, 396
Ciano, Galeazzo, 414
Ciasca, Raffaele, 27, 354
Ciccotti, Ettore, 136, 138, 289, 382
Ciccotti-Scozzese, Francesco (pseudônimo, Calcante), 76, 194, 368
Cipolla, Carlo, 13, 302, 351
Cipriani, Leonetto, 122, 379
Cirillo, Domenico, 27, 354
Civinini, Filippo, 277
Civinini, Giuseppe, 277
Clausewitz, Karl von, 104
Clemenceau, Georges, 299
Clemente VII, papa (1523-1534), 400
Clemente XIV, papa (1769-1774), 353
Cola di Rienzo, 232, 234, 397
Colajanni, Napoleone, 74, 366
Coletti, Francesco, 289, 406
Colletta, Pietro, 237, 398, 399
Collotti, Francesco, 256
Colombo, Giuseppe, 174
Colwyn, Lorde, 166
Comte, Augusto, 211, 212
Confalonieri, Federico, 83, 84, 99, 115-117, 124, 126, 127, 195, 281, 295, 369, 370, 374, 377, 380, 408
Consiglio, Alberto, 276
Copérnico, Nicolau, 344
Coppola, Francesco, 174, 250, 304
Corradini, Enrico, 41, 150, 174, 178, 182, 207, 275, 304, 358
Cortese, Nino, 117, 118, 196, 378
Cortesi, Decio, 190
Cosmo, Umberto, 75
Credaro, Luigi, 216
Crispi, Francesco, 47, 69-74, 90, 92, 93, 98, 118, 174, 208, 223, 252, 253, 266, 278, 279, 359, 360, 372, 376, 377, 392, 399, 402, 407

Crispolti, Crispolto, 334, 335, 416
Cristofoli, Anna, 151
Croce, Benedetto, 16, 24, 29, 34, 36, 37, 73, 75, 90-92, 107, 114, 196, 221-223, 276, 282, 288, 312, 331, 343, 347, 351, 356, 357, 360, 364, 372, 388, 391, 411, 412
Cromwell, Oliver, 79, 85
Cuoco, Vincenzo, 63, 209, 316, 321, 364
Curci, Carlo Maria, 29, 51, 359
Cusa, Nicolau de, 213-214, 394
Czernin von Khudenitz, Ottokar, conde, 299-300, 409

D'Adamo, Giovanni, 149, 384
D'Adda, Carlo, 121
D'Amelio, Mariano, 123, 380
D'Amico, Silvio, 126, 295, 408
D'Ancona, Alessandro, 117, 220, 377
D'Annunzio, Gabriele, 41, 183, 336, 358, 385, 386
D'Assisi, Francesco (Francisco de Assis), 249
D'Ayala, Mariano, 300
D'Azeglio, Massimo, 106, 107, 119, 172, 175, 184, 195, 210, 375, 379
D'Azeglio, Prospero (na vida religiosa, Luigi) Taparelli, 172, 322, 413
D'Azeglio, Roberto Taparelli, 172
D'Este, Renata, 306, 410
Da Como, Ugo, 115, 116
Daladier, Edouard, 67, 365
Darwin, Charles Robert, 109, 376
Daudet, Léon, 205, 392
Davanzati, Roberto Forges, 150, 174, 385
De Amicis, Edmondo, 61, 149, 304, 363, 384
De Boigne, condessa, 54
De Bono, Emilio, 263, 268, 269, 402
De Carlo, Eugenio, 79
De Cillis, Emanuele, 189
De Laugier, Cesare, 56, 361
De Maistre, Joseph, 53, 151, 207, 245, 359, 392
De Meis, Angelo Camillo, 312, 339, 411
De Roberto, Federico, 143, 382-383
De Rubris, Marcus, 184, 210
De Ruggiero, Guido, 236, 237, 262, 398
De Sanctis, Francesco, 223, 277, 278, 281, 282, 327, 336, 337, 341, 399, 405, 411, 412, 413
De Sivo, Giacinto, 352
De Stefani, Alberto, 157, 169, 171, 177, 178, 387
De Vecchi, Cesare Maria, 273, 404
De Viti De Marco, Antonio, 45, 358
Del Vecchio, Giorgio, 174
Della Casa, Giovanni, 222, 396
Della Torre, Luigi, 406
Delle Vigne, Pier, 233, 398
Depretis, Agostino, 253, 266, 373, 377, 388
Devoto, Giacomo, 292, 293
Di Breme, Ludovico, 111
Di Carlo, Eugenio, 172
Dominique, Pierre, 262
Donatello, Donato di Betto Bardi, dito, 416
Doni, Anton Francesco, 144, 145, 383
Doria, Gino, 143, 311, 312, 339, 411
Dorso, Guido, 29, 31, 76, 84, 150, 205, 326, 355, 368, 385
Dostoiévski, Fedor Mikhailovitch, 403
Douhet, Giulio, 292

Drago, Aurelio, 186
Duncombe, Thomas Slingsby, 190

Einaudi, Luigi, 358, 367
Ellero, Pietro, 209, 393
Engels, Friedrich, 205, 289, 326, 370, 392, 414
Enzo, rei da Sardenha (1239-1272), 234, 398
Ercole II, duque, 306, 410
Espartero, Baldomero, 272, 403

Fabbri, Federico, 178
Fabbri, Luigi, 77, 368
Faggi, Adolfo, 239
Faina, Claudio, 185, 213
Faina, Eugenio, 185
Fambri, Paulo, 116, 193, 377, 390
Fatini, Giuseppe, 124, 134, 135
Federzoni, Luigi (pseudônimo, Giulio de Frenzi), 174, 304
Feletti, Pier Gaetano, 371
Filipe de Bourbon, rei da Espanha (1700-1746), 352
Fénelon, François de Salignac de la Mothe, dito, 143
Fermi, 282, 283
Fernando I, de Bourbon, rei da Sicília (1759) e das Duas Sicílias (1816-1825), 354, 381, 396, 399
Fernando II, o Católico, rei de Aragão e da Sicília (1479-1516), 394
Fernando VI, de Bourbon, rei da Espanha (1746-1759), 378
Fernando VII, de Bourbon, rei da Espanha (1808 e 1813-1833), 283
Ferrabino, Aldo, 308, 353
Ferrari, Aldo, 29
Ferrari, Giuseppe, 68, 77, 196, 254, 284, 288, 289, 352, 365
Ferrari, Severino, 274, 404
Ferraris, Carlo Francesco, 289
Ferraris, Maggiorino, 219, 395
Ferrero, Guglielmo, 285, 286, 406
Ferri, Enrico, 74, 150, 207, 289, 356, 367, 385
Ferrucci, Francesco, 243, 400
Finzi, Aldo, 155, 386
Flaminio, Marco Antonio, 306, 410
Foà, Carlo, 273
Fogazzaro, Antonio, 67, 365
Fontana, Attilio, 189
Foresti, Felice, 111, 376
Fortunato, Giustino, 75, 90, 91, 313, 367, 372
Fra Angelico, 416
Fra Diavolo (v. Pezza, Michele)
Franceschi, Camillo de, 194, 390
Francisco I, de Habsburgo, imperador da Áustria (1804-1835), 295
Francisco I, de Bourbon, rei das Duas Sicílias (1825-1830), 284
Francisco II, de Bourbon, rei das Duas Sicílias (1859-1860), 366
Francisco IV, duque de Módena (1814-1850), 360
Francisco José I, de Habsburgo, imperador da Áustria e rei da Hungria (1848-1916), 84, 97, 124, 127, 369, 388
Francqui, 167
Frank, Tenney, 141, 142
Frattini, Pietro, 123
Frederico II, rei da Sicília (1197-1250) e imperador germânico (1220-1250), 233, 234, 243, 244, 398
Fumagalli, Maria Giuseppina, 213, 394

Gabrieli, Giuseppe, 143
Galiani, Ferdinando, 99, 374

Galilei, Galileo, 383, 417
Galimberti, Tancredi, 335, 416
Gall, Franz Josef, 144
Gallenga, Antonio, 189
Gambaro, Angiolo, 156
Gandhi, Mohandas Karamchand, dito Mahatma, 248
Gangale, Giuseppe, 205, 392
Garibaldi, Giuseppe, 52, 63, 65, 66, 68, 79, 95, 184, 219, 252, 266, 276, 303, 308, 317, 319, 320, 351, 365, 374, 380, 386, 396, 405, 415
Garibaldi, Ricciotti, 306, 410
Garofalo, Raffaele, 152, 183, 185, 386
Garsia, Augusto, 262
Gatti, Gerolamo, 287, 289, 406
Gay, H. Nelson, 189
Gentile, Giovanni, 90, 156, 323, 356
Gentiloni, Vincenzo Ottorino, 362
Gerratana, Valentino, 8, 414
Ghezzi, Raoul, 243, 400
Ghiron, Isaia, 210
Ghisleri, Arcangelo, 30, 355
Giampaoli, Mario, 254
Giannino, rei, 133
Giannone, Pietro, 15, 351
Gide, André, 403
Giglio, Vittorio, 154
Ginzburg, Leone, 327, 345, 415
Gioberti, Vincenzo, 33, 41, 99, 100, 111-113, 119, 121, 122, 218, 219, 238, 247, 253, 274, 316, 317, 339, 340-343, 346, 348, 352, 356, 370, 374, 379, 380, 412, 416, 417
Gioia, Melchiorre, 245, 400
Giolitti, Giovanni, 59, 72, 75, 91-94, 212, 292-298, 362, 372, 384, 399
Giulietti, Giuseppe, 151, 385
Giusti, Giuseppe, 51, 281, 359
Giusti, Raffaello, 262
Gobetti, Piero, 29, 31, 75, 84, 150, 205, 265, 322, 326, 355, 357, 385, 413
Gori, Agostino, 210
Gramsci, Antonio, 7, 8, 351, 353-359, 361, 363-373, 375, 377-388, 390, 392-395, 397-399, 401, 403-408, 410, 411, 413-417
Grandi, Dino, 42, 43, 358
Grassi, G., 173
Gray, Ezio Maria, 174
Greppi, Emanuele, 174
Grimaldi, Achille, 305
Groethuysen, Bernard, 217, 395
Gualino, Ricardo, 149, 384
Guarino, Eugenio, 277
Guastalla, Rosolino, 278, 281, 369-370
Guerrazzi, Francesco Domenico, 55, 79, 360, 368
Guerri, Domenico, 290, 340, 407
Guibert de Nogent, 377
Guicciardini, Francesco, 217, 238, 251, 281, 282, 327, 399
Guidi, Angelo Flavio, 116, 117, 193

Hamilton, Robert, 165, 166
Hartmann, Ludo Moritz, 194, 195, 391
Hebreu, Leão, 324, 414
Heinz de Hohenstaufen (v. Enzo)
Hegel, Georg Wilhelm Friedrich, 81, 333
Helphand, Alexandre (Parvus), 86, 371
Henrique VII, Tudor, rei da Inglaterra (1485-1509), 230
Herriot, Edouard, 67, 365
Herzen, Aleksandr Ivanovitch, 327, 345, 415

Huch, Riccarda, 127
Hugo, Victor, 415
Humberto I, de Savoia, rei da Itália (1878-1900), 367

Imbriani, Vittorio, 143, 383
Imperiuzzi, Filippo, 131
Inocêncio VI, papa (1352-1362), 398
Isvolski, Aleksandr, 184, 185, 389

Jacini, Stefano, 173, 174, 193
Jacini, Stefano, jr., 173
Janner, Arminio, 336-338, 341, 416, 417
Jemolo, Arturo Carlo, 27
Joachim Murat, rei de Nápoles (1808-1815), 68, 172, 173, 283, 365, 387
José Bonaparte, rei de Nápoles (1806-1808), depois rei da Espanha (1808-1813), 68, 365, 378
Júlio II, papa (1503-1513), 215, 394-395
Jullian, Camille, 313, 412

Kemmerer, Edwin Walter, 208
Keynes, John Maynard, 208
Khrzanowski, Wojtiek, 102, 107
King, Bolton, 318, 412
Klingsland, Z., St., 108
Koenigstein, François-August, dito Ravachol, 186, 390

La Farina, Giuseppe, 55, 111, 360
La Gala, Cipriano, 210, 211, 393
La Gala, Giona, 210, 211, 393
La Mennais (ou Lamennais), Hughes-Félicité-Robert de, 151, 237, 238, 398
Labriola, Antonio, 34, 35, 39, 85, 231, 356, 357, 361
Labriola, Arturo, 194, 289
Lamarmora, Alfonso Ferrero, 176, 388
Lambruschini, Raffaelo, 156, 386
Lancaster, Joseph, 363
Lando, Ortensio, 383
Lanza, Giovanni, 176, 259, 388
Lassalle, Ferdinand, 289
Lattes, Dante, 323
Lavater, Johann Kaspar, 144
Laveleye, Émile-Louis-Victor de, 29
Lazzaretti, Davide, 131-135, 263, 265, 381
Leão X, papa (1513-1521), 336
Leão XIII, papa (1878-1903), 335, 416
Lelj, Massimo, 27, 115
Lemmi, Francesco, 27, 54
Lenin, Vladimir Ilitch Ulianov, 389, 413
Lennhoff, Eugen, 283
Leone, Enrico, 289
Leopardi, Giacomo, 391, 407, 412
Leopoldo II, grão-duque da Toscana (1824-1849), 56, 360
Levi, Ezio, 225, 259, 260, 397
Levi, Giulio Augusto, 290, 407
Libertini, Gesualdo, 183
Librino, Emanuele, 266
Linacher, Arturo, 61, 363
Lo Vetere, Filippo, 291, 407
Lodi, Uguccione da, 259
Loher, Franz von, 29
Lombroso, Cesare, 131, 145, 381
Lomonaco, Francesco, 239, 399
Loria, Achille, 145, 186, 289, 356
Losacco, Michele, 214
Louis, Georges, 184, 185, 389
Lourenço de Médici, dito o Magnífico, senhor de Florença (1469-1492), 16, 334, 415

Lovera di Castiglione, Carlo, 53, 359
Lucarelli, Antonio, 298
Luccheni, Luigi, 180, 389
Ludwig, Emil, 104, 375
Luís, o Bávaro, rei dos romanos (1314-1346) e imperador germânico (1328-1346), 230, 397
Luís Felipe de Orleans, rei dos franceses (1830-1848), 120, 223
Luís XII, de Valois-Orleans, rei da França (1498-1515), 394, 410
Luís XIV, de Bourbon, rei da França (1643-1715), 127, 352
Lumbroso, Alberto Emanuele, 185, 389
Lumbroso, Giacomo, 26-27, 324, 354
Lussu, Emilio, 254, 401
Lutero, Martinho, 306
Luzio, Alessandro, 84, 122-124, 156, 184, 281-283, 303, 308, 370, 380
Luzzatti, Luigi, 171, 172, 387
Lyautey, Louis-Hubert-Gonzalve, 32, 33, 356

Macola, Ferruccio, 207, 208
Maioli, Giovanni, 111, 304
Majorana, Salvatore, 202
Malaparte, Curzio, 29, 355
Malatesta, Errico, 73, 134, 276, 366-368, 382
Malatesta, Sigismondo, 336
Manes, Antonio, 128
Manfroni, Giuseppe, 197
Manin, Daniele, 155, 370, 386
Manin, Lodovico, doge de Veneza (1789-1797), 197
Manno, Giuseppe, 24, 353
Manzoni, Alessandro, 352, 375
Manzoni, Gaetano, 185, 389
Maquiavel, Nicolau, 16, 34, 68, 81, 144, 215-217, 222, 232, 249, 251, 285, 307, 316, 319, 321, 322, 336, 341, 344, 349, 407
Maramaldo, Fabrizio, 243, 400
Maraviglia, Maurizio, 150, 385
Marcello, Gerolamo, 183
Marchand, René, 184, 389
Marcone, Rei (v. Berardi, Marco)
Marconi, Piero (Paolo), 36
Marescalchi, Arturo, 305
Maria Sofia de Wittelsbach, rainha das Duas Sicílias (1859-1860), 73, 276, 277, 366
Mario, Jessie Meriton White, 256
Marozzi, Antonio, 294
Martello, Tullio, 78, 368
Martini, Ferdinando, 119, 178, 251-253, 257-259, 278, 401
Marx, Karl, 179, 242, 272, 274, 289, 370, 400, 403
Masaryk, Thomas Garrigue, 31, 39, 205, 357
Massari, Giuseppe, 121
Matteotti, Giacomo, 361
Maurras, Charles, 174, 312, 411
Maximiliano de Habsburgo, arquiduque da Áustria, imperador do México (1864-1867), 84, 173, 388
Maximiliano I, arquiduque da Áustria, imperador germânico (1493-1519), 394
Mayer, Enrico, 61, 363
Mayer, Teodoro, 161, 170
Mazzali, Guido, 205, 392
Mazzini, Giuseppe, 36, 41, 55, 66, 79, 98, 99, 115, 116, 118, 189, 190, 238, 252, 253, 274-276, 283, 308, 316-322, 327, 345-348, 352, 365, 374, 390, 393, 412, 415, 417

Mazziotti, Matteo, 121
Mazzoldi, Luigi, 111
Mazzoni, Giuseppe, 283, 360
Meda, Filippo, 173, 213, 394
Médici, Giacomo, 266
Méline, Félix-Jules, 180
Menabrea, Luigi Federico, 176, 388
Meneghini, Domenico, 213
Menotti, Ciro, 54, 360
Mercatelli, Luigi, 178, 180, 182, 183
Mérimée, Prosper, 54, 360
Messedaglia, Luigi, 193
Messineo, Enrico, 239
Metternich Winneburg, Klemens Wenzel Lothar, príncipe de, 112, 116, 335, 377
Mezzacapo, Carlo, 300
Mezzacapo, Luigi, 300
Michel, Ersilio, 210
Michelet, Jules, 415
Migliogli, Guido, 213, 394
Milone, Ferdinando, 350, 418
Minghetti, Marco, 29, 176, 388, 393
Minoletti, Bruno, 178
Mioli, Carlo, 202
Missiroli, Mario (pseudônimo, Spectator), 29, 30, 37-41, 68, 84, 91, 151, 194, 205, 326, 327, 355, 357, 365, 372
Misson, François-Maximilien, 119, 378
Mizzi, Enrico, 304, 409
Modigliani, Giuseppe Emanuele, 289
Momigliano, Arnaldo Dante, 323-325, 413
Mommsen, Theodor, 177, 288, 388
Monaco, Attilio, 332
Monanni, Giuseppe, 77, 196, 368
Mondaini, Gennaro, 262
Mongini, Luigi, 289
Monicelli, Tomaso, 194, 277, 390
Monnier, Marc, 198, 391
Montaigne, Michel Eyquem de, 414
Montanari, Carlo, 123
Montanelli, Giuseppe, 51, 55, 359, 360
Montefredini, Francesco, 29, 313, 412
Monti, Antonio, 62, 107
Monzani, Cirillo, 55, 56
Morandi, Carlo, 25, 27
Morandi, Rodolfo, 45-47, 358
Morghen, Raffaello, 243, 244
Moroncini, Francesco, 203
Mortara, Edgardo, 88, 371, 372
Mortara, Giorgio, 199, 201, 219
Morus, Tomás, 143, 144, 264, 383
Mosca, Gaetano, 29, 31, 32, 286, 355
Mosca, Oreste, 258
Motta, Giacinto, 155
Münzer, Thomas, 392
Murat, Joachim (v. Joachim Murat, rei de Nápoles)
Muratori, Ludovico Antonio, 237, 271, 398
Musolino, Giuseppe, 277, 404
Mussolini, Benito, 92, 194, 263, 299, 355, 358, 384, 386, 387, 388, 391, 402, 404, 409, 410, 414

Naldi, Filippo, 38, 357
Nani, Umberto, 415
Napoleão I, imperador dos franceses (1804), rei da Itália (1805-1815), 18-19, 22, 25, 53, 54, 67, 68, 79, 86, 87, 104, 120, 197, 205, 252, 262, 320, 329, 365, 369, 378, 387, 394, 396, 400, 403, 412
Napoleão III, imperador dos franceses (1852-1870), 106, 110, 223, 328-329, 360, 364, 393, 401, 405
Nardi, Jacopo, 306, 410
Nasi, Nunzio, 239, 399

Natali, Giulio, 239
Natoli, Luigi, 92, 114, 115, 372
Necker, Jacques, 170
Negri, Gaetano, 174
Nelson, Horatio, 128, 152, 376
Niceforo, Alfredo, 74, 367
Nicolau II, Romanov, imperador da Rússia (1894-1917), 389
Nicolau V, papa (1447-1455), 410
Nicolli, Pellegrino, 49, 50
Nicotera, Giovanni, 258, 401
Nietzsche, Friedrich Wilhelm, 336
Nigra, Costantino, 195, 391
Nitti, Francesco Saverio, 186, 294, 362, 367, 373
Nurra, Pietro, 198
Nuzzo, Giuseppe, 203

O'Connell, Daniel, 386
Ochino, Bernardo, 306
Ojetti, Ugo, 93, 180, 373
Olgiati, Francesco, 337
Olivetti, Angelo Oliviero, 196
Olivetti, Camillo, 164
Omodeo, Adolfo, 14-16, 19, 36, 37, 67, 298, 299, 343-348, 351, 357
Orano, Paolo, 74, 367
Oriani, Alfredo, 29, 30, 34, 38, 76, 151, 195, 306, 326, 354, 355, 410
Orlando, Vittorio Emanuele, 220, 221, 313, 396
Ornato, Luigi, 322, 413
Orsi, Delfino, 195
Orsini, Felice, 66, 99, 364
Ortolani, Giuseppe, 127
Ottolenghi, Raffaele, 87, 88
Ottolini, Angelo, 245

Padovani, Umberto Antonio, 218
Pagani, Carlo, 121
Pais-Serra, Francesco, 92, 372
Palcario, Antonio, 307
Pallavicino, Giorgio, 84, 111, 123, 124, 281, 370, 380
Pallavicino, Manfredo, 133, 382
Palma Castiglione, G. E., 29
Palmarocchi, Roberto, 334
Palmerston, Henry John Temple, visconde de, 121
Pandolfini, Agnolo, 222, 396
Pandolfo, 402
Panella, Antonio, 240, 241, 243, 257, 307, 400, 401
Pàntano, Gherardo, 292
Panzini, Alfredo, 84, 274, 370, 390
Papi, Ciro, 305
Papini, Giovanni, 208, 290, 353, 393
Paratore, Giuseppe, 198, 199, 208
Parini, Giuseppe, 111
Partesotti, Attilio, 112
Parvus (v. Helphand, Alexandre)
Pascarella, Cesare, 310, 411
Pascoli, Giovanni, 42, 150, 178-183, 263, 304, 358, 389, 404
Pasella, Umberto, 304, 410
Pastor, Ludwig von, 337, 344, 417
Pellico, Silvio, 281, 408
Pelloux, Luigi, 212, 377
Perego, Pietro, 111
Pernot, Maurice, 295
Peroni, Baldo, 21, 22
Perrelli, Filippo, 293, 408
Perrone, Lina, 239
Peruzzi, Ubaldino, 243, 280
Pessagno, Giuseppe, 202
Pestalozzi, Johann Heinrich, 374
Petrarca, Francesco, 232, 233, 338, 344
Petruccelli della Gattina, Ferdinando, 261
Pezza, Michele, dito Fra Diavolo, 27, 128, 198, 354

Pianell, Giuseppe Salvatore, 68, 365
Piccoli, Francesco, 290
Pieraccini, Gaetano, 207
Pieri, Piero, 110, 119, 307, 376
Pignatelli, Francesco, príncipe de Strongoli, 117, 378
Pilo, Rosolino, 223
Pilot, Antonio, 197
Pilsudski, Józef, 108, 376
Pingaud, Albert, 21, 353
Pio V, papa (1566-1572), 301, 302
Pio IX, papa (1846-1878), 21, 66, 209, 211, 218, 303, 386, 393, 405, 409
Pio X, papa (1903-1914), 362
Pio XI, papa (1922-1939), 66, 364, 381
Pirandello, Luigi, 90, 149, 384
Pirenne, Henri, 225, 397
Pisacane, Carlo, 66, 68, 275, 276, 285, 318-321, 326, 327, 335, 344-348, 364, 368, 414
Pitt, William, 166
Poerio, Carlo, 203
Poggio, Gian Francesco, 338, 416
Poma, Carlo, 123
Ponnelle, Louis, 290
Pontano, Gioviano, 416
Porcari, Stefano, 306, 410
Potemkin, Grigori Aleksandrovitch, 406
Prampolini, Camillo, 150, 385
Prezzolini, Giuseppe, 75, 91, 367, 368, 372, 391
Prina, Giuseppe, 213, 394
Proudhon, Pierre-Joseph, 79, 272, 316, 317, 368, 412, 415
Provenzal, Dino, 50
Puccioni, Mario, 257, 279-281, 401
Pulci, Luigi, 337, 338, 416
Pullé, Francesco Lorenzo, 287, 406

Quilici, Nello, 314

Rabizzani, Giovanni, 50, 51
Radetzki, Joseph, 374-375
Rambaldi, P. L., 124
Ramo, Luciano, 306
Ramorino, Gerolamo, 319, 320, 412
Ranieri, Antonio, 203, 391
Ranieri, Ranuccio, 53
Rasmussen, Emilio, 133
Rastoul, Amand, 151
Rattazzi, Urbano, 119, 120, 176, 379, 405
Raulich, Italo, 154
Ravachol (v. Koenigstein, François--August)
Regonati, F., 281
Renan, Joseph-Ernst, 145
Renard, Georges, 242
Renner, Karl, 390
Rerum Scriptor (v. Salvemini, Gaetano)
Rho, Edmondo, 334
Ricci, Federico, 191, 192
Ricci, Umberto, 204
Rignano, Eugenio, 285, 406
Rigola, Rinaldo, 291, 407
Rinaudo, Costanzo, 343, 417
Rinieri, Ilario, 53, 359
Riva, Giovanni, 213, 394
Robespierre, Maximilien, 82, 98
Robilant, Carlo Felice Nicolis, conde de, 193
Rocco, Alfredo, 174, 274, 275
Rodinó, Giulio, 213, 394
Rodolico, Niccolò, 118, 128, 244, 378, 392
Romagnosi, Gian Domenico, 256, 401
Romani, Giovanni, 198
Romano, Aldo, 55
Ronsard, Pierre de, 414

Roothaan, Johannes Philippus, 237
Rosa, Gabriele, 116, 256, 377
Rosmini Serbati, Antonio, 112, 156
Rosselli, Nello, 326, 327, 335, 344-347, 414
Rossetti, Giuseppe, 172, 283, 284, 405
Rossi, Agostino, 335
Rossi, Vittorio, 224-237, 240, 396
Rostagni, Augusto, 332, 349, 415
Rota, Ettore, 104
Roth, Cecil, 323, 413
Rotta, Paolo, 214, 394
Rouen, cardeal de (Georges d'Amboise), 216
Rovani, Giuseppe, 133, 382
Rudiní, Antonio Starraba, marquês de, 212
Ruffini, Enrico, 156
Ruffo di Banara, Fabrizio, 89, 128, 276, 354, 381
Rugiu, Vittorio, 75
Russo, Ferdinando, 258
Russo, Luigi, 256

Salandra, Antonio, 93, 291, 292, 299, 300, 373, 407-409
Salata, Francesco, 24, 83, 124, 203, 353, 369, 416,
Salimei, A., 300, 301
Salutati, Coluccio, 338
Salvani, Provenzan, 138
Salvatorelli, Luigi, 29, 36, 75, 357, 360
Salvemini, Gaetano (pseudônimo, Rerum Scriptor), 35, 36, 75, 91, 93, 150, 313, 348, 354, 356, 366, 367, 369, 372, 373, 384, 393, 407, 417
Salvotti, Antonio, 84, 122, 281, 370
Sandonà, Augusto, 112
Sansovino, Francesco, 222
Santarosa, Santorre De Rossi di, 111, 128, 381
Santucci, Antonio A., 400
Sardofontana di Riella, Francesco Paolo, 79
Savonarola, Girolamo, 334, 397, 410
Scala, Stefano, 109
Scalarini, Giuseppe, 299, 409
Scarfoglio, Carlo, 366
Scarfoglio, Edoardo, 411
Scarfoglio, Michele, 366
Scarfoglio, Paolo, 366
Scarfoglio, Salvatore, 366
Scarlatti, Amerigo, 119
Scarponi, Filippo, 305
Schicchi, P., 74
Schipa, Michelangelo, 244
Schopenhauer, Arthur, 403
Schucht, Tania, 399, 408
Scott, Walter, 403
Sella, Quintino, 41, 119, 175-178, 259, 288, 357, 358, 388
Sergi, Giuseppe, 74, 367
Serpieri, Arrigo, 275, 333, 334, 404
Serrati, Giacinto Menotti, 411
Settembrini, Luigi, 128, 258, 380, 401
Shakespeare, William, 145
Schuster, Felix, 168
Siciliani, Domenico, 350
Sieveking, H., 241
Sighele, Scipio, 174
Silva, Pietro, 24, 27, 61, 196, 295, 354, 363
Simone, Giovanni Battista, 53
Socini, Lelio, 306, 410
Soderini, Eduardo, 334, 335, 416
Solaro della Margarita, Clemente, 53, 119, 128, 209, 218, 219, 247, 270, 359, 376, 379
Solitro, Giuseppe, 111

Solmi, Arrigo, 29, 54, 196, 256, 360
Sonnino, Giorgio Sidney, 29, 102, 212, 292, 297, 299, 300, 355, 375, 408, 409
Sorbelli, Albano, 54, 196
Sorel, Georges, 39, 151, 289, 327, 345, 357, 412
Sòriga, Renato, 196, 283
Sorrento, Luigi, 302
Spadoni, Domenico, 213
Spaventa, Bertrando, 55-57, 322, 323, 411, 413
Spaventa, Silvio, 106, 107, 356, 360
Spectator (v. Missiroli, Mario)
Spellanzon, Cesare, 175
Speri, Tito, 123
Spinoza, Baruch, 414
Spriano, Paolo, 408
Sraffa, Piero, 408
Stalin, J., 371, 390
Stendhal, 128, 381, 403
Stuart, Roberto, 211
Sturzo, Luigi, 362, 394
Suardi, Gianforte, 212, 393
Sue, Eugène, 67, 145, 257, 272, 383
Swift, Jonathan, 143
Symonds, John Addington, 237

Taine, Hippolyte, 131
Talentoni, Bartolo, 304, 305
Talleyrand-Périgord, Charles-Maurice, príncipe de, 252
Tanaquilla, 138, 382
Tanari, Giuseppe, 78, 186-189, 368
Taramelli, Onorio, 133, 134
Tarquínio, 382
Tazzoli, Enrico Napoleoni, 40, 112, 123, 357
Testa, Nicola Valdimiro, 61, 277, 363, 405
Thierry, Augustin, 272, 403
Thorez, Maurice, 365
Tilgher, Adriano, 136, 382
Titta Rosa, Giovanni, 238
Tittoni, Tommaso (pseudônimo, Verax), 156, 170, 171, 184, 185, 195, 210-213, 389
Tittoni, Vincenzo, 210
Tocco, Felice, 260, 402
Toffanin, Giuseppe, 237, 239, 240, 337, 338, 349, 399, 400
Tolstoi, Leão, 248, 321
Torelli, Luigi, 62, 363
Torraca, Francesco, 93, 261, 373
Torres, A. Dragonetti de, 302
Torresani, Carlo, 112
Toscanelli, Nello, 186
Tosi, Guido Mario, 305
Tozzetti, Teresa Targioni, 210
Trevelyan, George Macaulay, 155, 386
Trombadori, Giuseppe, 281, 282
Trompeo, Pietro Paolo, 128
Trotski, Lev Davidovitch Bronstein, 86, 371
Turati, Filippo, 414
Turiello, Pasquale, 29, 31, 32, 355, 356

Uberti, Farinata degli, 116, 377
Ugoni, Filippo, 111, 115
Ulpiani, Celso, 193

Valentino (v. Bórgia, César)
Valitutti, Salvatore, 325, 326, 414
Valla, Lorenzo, 338
Valori, Aldo, 243, 268, 400
Vanini, Giulio Cesare Lucilio, 344
Vella, Giuseppe Frisella, 202
Ventura, Gioacchino, 151, 386
Verax (v. Tittoni, Tommaso)

Verdinois, Edoardo, 292
Verga, Andrea, 131, 381
Verga, Giovanni, 98, 239, 383, 399
Vermiglio, Pietro Martire, 306
Vieusseux, Giovan Pietro, 61, 270, 363, 402, 403
Vigo, Pietro, 311, 411
Villari, Luigi, 193
Villari, Pasquale, 29
Virgilii, Filippo, 207, 392
Viscardi, Antonio, 249
Vítor Amadeu II, rei da Sicília (1713-1720), rei do Piemonte-Sardenha (1720-1730), 119, 378
Vítor Emanuel I, rei do Piemonte-Sardenha (1802-1821), 54, 359
Vitor Emanuel II, rei do Piemonte-Sardenha (1849-1861) e da Itália (1861-1878), 62, 116, 119, 197, 259, 287, 322, 358, 377, 379, 388, 393, 396
Vítor Emanuel III, rei da Itália (1900-1946), 389
Vivante, Angelo, 194, 195, 391
Voigt, Georg, 237
Volpe, Gioacchino, 18, 19, 22-27, 196, 203, 238, 260, 262, 312, 343, 344, 352, 354, 402, 411, 416
Volpi, Giuseppe, 157, 387
Volpi, Guglielmo, 337
Vuoli, Romeo, 223

Walser, Ernst, 336-341, 416, 417

Zabughin, Vladimiro, 337
Zadei, Guido, 111, 151
Zago, A., 119
Zama, Piero, 195
Zamboni, Umberto, 273
Zaniboni, Aldo, 295
Zerboglio, Adolfo, 289
Zibordi, Giovanni, 150, 385
Ziekursch, Johannes, 357
Zini, Luigi, 29
Zita de Bourbon-Parma, 73, 367
Zola, Émile, 403
Zuppone-Strani, Giuseppe, 178, 180

O texto deste livro foi composto em Minion Pro, em corpo 11,5/15,5.

A impressão se deu sobre papel off-white pelo Sistema Digital Instant Duplex da Divisão Gráfica da Distribuidora Record.